注册制IPO

的新逻辑和新标准

投行小兵 著

法律出版社 LAW PRESS·CHINA

注册制IPO

的新逻辑和新标准

特别感谢以下朋友对本书的倾力支持

柯　铮　广东华商律师事务所　律师

卜亚婷　浙江省浙商资产管理有限公司　高级项目经理

孙　昀　深圳飘红资本管理有限公司　董事长

何为注册制

到底应该以怎样的逻辑和标准来选择IPO上市的企业，是一个一直有争议也有很多讨论的问题。从小兵的角度来说，小兵一直坚持认为，IPO的逻辑永远都是选择每个行业最好、最有竞争力的公司成为公众公司。

不管怎样的审核模式或方式，IPO的本质和内核不会改变，也不应该改变，只是在不同的模式下，对于怎样的企业是好的企业且符合IPO审核标准的企业，有不同的判断标准和侧重点。

从审核制到注册制，国内的IPO审核制度发生了很大的变革和进步，那么，我们又该以怎样的思路去看待IPO的本质呢？在注册制下，如何选择最优秀的公司呢？

小兵从自己的角度简单地为大家整理了几个思路，仅供参考：

1. 注册制并不是直接降低了IPO的门槛，并不是以前不能上市的企业现在就可以IPO了。上市门槛降低可能是我们对注册制审核最大的误解，尽管我们也发现很多以前IPO没有成功的企业现在成功上市了，但是我们可以把它理解为审核逻辑和标准的修正，而不是简单地降低上市门槛。

2. 注册制下设置了更加多样化和具有弹性的IPO审核标准，体现了更多的宽容和智慧。这是注册制审核改革最大的变化和进步，这样的标准可以吸引和允许各种发展阶段、各种业务模式、各种产业规模的企业按照各自的标准去上市，只要其符合IPO的审核标准和上市条件。

3. 注册制并不是没有底限的审核，多样化的IPO上市标准都有自己的准则和红线。在某种程度上，注册制审核开始用发展和积极的眼光看待规范性和历史性问题，但是企业不能有重大违规情形。同样，注册制对于每个行业、不同模式下的优秀企业有着不同的判断标准，只有满足最优秀的企业的条件才满足IPO标准，法律规定的上市条件并不直接跟企业上市的审核标准划等号。

4. 注册制不是不审核，也不是降低了IPO审核的要求和标准，而是改变了审核的角度和侧重点。对发行人和投行人员来说，要从宏观和微观去积极感受和分析这样的变化，才能在新的形势下保证不会“跑偏”。

5. 注册制要求我们更加关注企业的价值和未来的发展，只有质地优良且有明确未来发展空间的企业才是优秀的企业，才是值得IPO的企业。

6. 注册制在最大程度上和限度内淡化了行政手段对IPO审核的干预，强调商事领域的高度意思自治原则，很多问题只要不构成重大违规，只需要当事人双方互相认可即可。

7. 在注册制下，监管机构给了发行人足够的信任，一开始就假定企业是值得信赖的，在这样的前提下，再来质疑发行人存在的不合理之处或者不符合IPO标准的情形。发行人和投行人员应该充分尊重这样的信任，不能辜负这样的信任。为了这份信任，每一个参与者都不应作为旁观者，而是需要付出更多努力和诚信，否则这样“勉强”建立起的信任体系一旦坍塌，几乎没有补救的机会。

8. 注册制下最重要的审核基石是信息披露，信息披露就如同阳光，阳光是任何风险和“妖魔鬼怪”的天敌。当然，信息披露是注册制的必要条件但并不是充分条件，如果企业没有业务独立性，也没有未来，那么，即使信息如实披露，也不一定符合 IPO 的标准。

注册制，对 IPO 来说，是一个变革的时代，是一个看起来很好但并不完美的时代。

注册制，并不是一个大干快上的时代，更不是一蹴而就的时代。

注册制是中国特色的注册制，尚未成熟，需要呵护。无论是发行人还是监管机构，都需要充分认识注册制的内涵，坚守注册制底线坚决不动摇，不给任何人试探注册制底线和边界的机会。

没有任何独立思考的方案都是没有意义的，没有提出解决思路的观点也是没有意义的。作为基层的投行从业者，需要做的并不是批判这个时代，更不是反对这样的变化，而应该从细节和技术入手，做好一个微观个体能够做到的一切。

因而，在这本书里，我们研究注册制，仍旧是以具体的案例作为研究的样本。我们从每个具体的案例中找出一些共性的东西，从每个案例中发现一些新的变化，同时我们也将这些案例回归到注册制审核的大背景下，以期让大家通过这样的方式，对注册制的理解更具体、准确且有理有据。

注册制是一个新鲜的事物，尤其是在资本市场本身就不成熟的情况下，更是有很多争议和观点。

如何把注册制审核的一些问题说清楚，是一件很困难的事情，小兵只是尝试通过一些具体的案例，给大家提供一些思路和思考，仅供参考。如果有不正确的地方，欢迎多多指正和交流。

我们处在一个变革的时代，学习和思考是我们不辜负这个时代最基本的要求，也是我们能够做到的最基本的一点。

当下很多动荡，自然也会彷徨，未来更加漫长，坚信光明前方！

目　录

第三部分

规范问题的宽容

PART 01

第一部分

商业逻辑的敬畏

对于IPO审核来说，首先要做的也是最重要的，就是需要对发行人的商业逻辑进行剖析。无论发行人的商业模式或管理方式有多复杂，商业逻辑的基本规律必须得到充分的尊重。从这个角度来说，这是注册制改革的伟大之处，也是应有之义。

小兵一直认为，贯穿IPO审核的商业逻辑基本是三段论，具体为：企业是可以挣钱的—企业挣钱是经得起考验的—企业未来也是挣钱的。企业的商业模式清晰稳定，才能在行业竞争中保持充足的竞争力，因而才有了讨论企业是否具备持续经营能力的基础。

在IPO审核的实践中，一直存在缜密的逻辑关系和数据勾稽都无法应对复杂多变的商业合作环境的情形，瞬息万变的商业市场随时可以将看似天衣无缝的逻辑关系击破且重构。因而，在注册制审核下，如何能够充分全面地理解商业逻辑的重要性和复杂性，才是最关键的。

在目前的实践中，IPO审核要求发行人做到：有基础的商业逻辑合理性，不存在明显的违规行为，会计和税务处理不存在任何风险。同样，一些符合商业逻辑的创新事项逐渐被接受，纵然有一些可能存在潜在风险的情形，只要是风险可控，也会被宽容。

第一章　经销模式

1. 关于销售模式的问题，是发行人都必须明确界定且清楚解释的问题。按照是否针对最终客户，可以划分为直接销售和间接销售。

（1）所谓直接销售，就是发行人的客户直接使用和消耗从发行人处采购的产品，发行人与客户直接商谈业务合作，包括产品型号、数量、价格、交货期以及品质要求等所有的信息。

（2）所谓间接销售，其实主要就是经销模式。当然，在实践中，间接销售的情形也越来越多样且不断演变，有些形式是经销模式的演变，有的可能也不算是传统意义上的经销模式，因而现在不能将经销模式与间接销售模式直接画等号。

2. 经销模式，又分为代理式销售和买断式销售。

（1）代理式销售最典型的如发行人与商超的合作，一般是需要商超实际销售之后根据销售的对账单来确认收入，商超只负责提供销售渠道，不提供产品的相关风险管理。

（2）在 IPO 审核实践中，最常见的是买断式销售模式，就是发行人向经销商提供产品并转移风险后直接确认收入。

买断式销售模式，会因为发行人对经销商的管理和限制不同而存在很大的差异：有的发行人比较强势，会对经销商制定相关的管理和限制措施，如区分不同的经销商限定销售金额、限制销售区域、对销售价格提供市场指导价格、不允许跨区域销售，甚至有的发行人不接受退换货等。有的发行人对经销商渠道控制力不强，甚至某种程度上还依赖经销商的渠道，那么，经销商可以完全独立于发行人的管理，自主决定采购发行人产品的金额、时机，甚至可以自主决定产品的销售价格。

这两个极端的销售模式都算是经销商模式，只是因为发行人对渠道的控制力度不同而展现不同的情形。无论是什么情况，都需要重点核查经销商的最终销售情况，同时，如果发行人对经销商的控制力度越强，那么跟经销商一起进行业绩操纵的可能性就越大，因而更需要重点防备、审慎处理。

也正是因为这种情况，IPO实践中的经销商核查总是会有一个悖论：如果经销商很配合发行人的核查，那就说明经销商跟发行人关系不一般；如果经销商不配合发行人的核查，那么发行人又无法证明经销商的最终销售情况。

3. 随着商业合作越来越复杂，产业链分工也越来越精细，销售承担越来越多的职能，逐渐成为独立的行业和模式，也分享着产业链中越来越大的“蛋糕”。销售模式也逐渐裂变出一些其他的说法和具体形式，如渠道商模式、贸易商模式、中间商模式等。有些供应链管理公司从本质上就代表了典型的销售方式。具体情形为：发行人与最终客户直接进行业务合作的谈判，包括产品的调试、前期的推广、采购价格和数量的主要条款商谈等。等真正发生交易的时候，发行人与其他第三方进行合作，发行人对第三方签署合同、交付产品、收取价款，特殊情况下发行人可能还会按照要求直接将产品运输至客户要求的最终的地址。

存在这种情况的深层次商业背景有很多，简单总结有以下几种：（1）客户采购的产品是一个总集成的产品，需要诸多供应商提供，如果客户只需要向一个供应商采购集成之后的产品，那么发行人就需要向集成商提供产品。（2）客户是全球采购，出于效率考虑会有专门的供应链公司负责整个采购。（3）发行人的销售在某些区域需要当地一些专业人士的协助，必要时就需要通过地方这些渠道“走货”，从而形成了形式上的销售模式。

4. 销售推广需要当地有资源渠道协助的时候，除了可以形成经销销售的模式外，还形成了一种典型的销售模式，即居间模式。从最近的 IPO 审核实践来看，居间模式销售的情形也有了几个案例，居间费用的金额也超过了 2000 万元，显然目前 IPO 审核标准对这种销售模式也有了一定的接受度。

5. 发行人销售模式叫什么名字不重要，重点是在信息披露方面要详细描述发行人产品销售的流程、合作模式、权利义务转移节点、款项支付等内容。从财务核查的角度，重点关注销售是否真实、合理，是否符合基本商业逻辑。

案例 1　锦盛新材（300849）——供应链管理负责销售

【问询问题】

报告期内，发行人对外销售包括直接销售及通过供应链管理公司间接销售两种模式。请发行人代表说明：（1）在直接发货给终端客户的情况下，通过供应链管理公司进行间接销售而未向终端品牌客户直接销售的原因及合理性；（2）发行人对供应链管理公司的具体定价政策，报告期内部分主要客户单价持续下调的原因；（3）报告期境外供应链模式下销售收入持续下降的原因，相关销售收入是否具有稳定性和持续性；（4）报告期内供应链管理公司的终端销售实现情况。

【披露信息】

一、销售模式

由于国内外化妆品品牌企业对供应链管理模式的区别，公司在海外市场的直接客户和在国内市场的直接客户存在差异。国内市场一般是由化妆品品牌企业直接向公司进行采购，在国内市场公司的销售客户是化妆品品牌企业；海外市场的国际大品牌企业一般通过专业的供应链管理公司采购化妆品包装材料，因此，公司在国际市场的直接客户为专业的供应链管理公司。

（一）客户合作方式

公司的产品最终使用者主要为国内外知名化妆品品牌企业，在具体合作方式上，公司针对不同的客户及其特定的需求，制定了个性化的合作方式。

针对国内外知名化妆品品牌企业，在双方确定长期合作关系之前，客户一般要对公司进行考评，考评合格后，客户会向公司小批量采购进行测试，如测试合格，客户满意公司的产品质量，则开始向公司大批量采购；针对知名度较小的化妆品品牌企业或者订单量较小的企业，一般会在与公司沟通交流的过程中便决定是否建立合作关系。

（二）收入确认

公司产品的销售分为内销和外销，收入确认方式如下：

1. 内销收入确认：国内销售业务，根据与客户签订的销售合同或订单，完成相关产品生产，经客户验收合格并与客户对账确认后，确认收入。

2. 外销收入确认：出口销售业务，根据与客户签订的销售合同或订单，完成相关产品生产，完成出口报关手续并将货物装船后，确认收入。

（三）定价方式及结算方式

公司产品定价是由各部门计算产品成本，在此基础上，确定不同类型产品的成本加成比例后，向客户提供报价并协商确定最终价格。公司与客户结算以电汇为主，保证了销售后的及时回款。

二、发行人采用目前经营模式的原因及关键影响因素

1. 下游化妆品行业的需求状况。化妆品产品具有更新换代快、规格品种多等特征，这就要求化妆品包装企业具备大规模的生产能力和快速的反应能力。

2. 上游制造设备、原材料的供应及价格变化。化妆品容器注塑模具

及精密塑料零部件需要使用特定的精密机器设备进行产品制造，目前多数高精密的数控机床等设备以国外进口为主，注塑模具需要高规格的模具钢及金属辅料，注塑产品需要采购大量的塑料原料和外购配件。生产设备、原材料的供应和价格的变化直接影响行业的制造工艺及经营模式。

3. 行业本身的技术水平和竞争格局。公司形成了从塑料模具设计制造到塑料零部件注塑成型的全产业链模式，一般能参与到下游客户产品的开发、设计、制造，形成了适合自身具体情况的经营管理模式，能较好地应对行业的发展与变化。

三、供应链管理公司客户对应的最终销售情况

供应链管理公司向发行人发出采购订单，发行人完成生产并在产品上印刷最终客户的品牌、产品说明等信息后安排发货。产品部分由发行人根据供应链管理公司的要求直接发送给其下游客户，部分发送至供应链管理公司。供应链管理公司收到公司的产品后，部分与向其他供应商采购的产品组合后出售给下游客户，部分根据下游客户的交期要求逐步发货。发行人产品销售均为卖断式销售，不存在退货情况，仅存在少量因产品瑕疵换货的情况，且占比极小，公司对主要客户的销售已实现最终销售。

小兵评析

本案例是典型的供应链管理负责销售的情形。审核中关注的要点包括：（1）发行人直接发货给最终客户的情况下，为什么要间接销售？发行人向供应链公司发货是客户的要求而不是发行人可以自主决定的。（2）发行人跟供应链公司的销售价格是否自主决定，价格存在差异的原因。（3）供应链公司的最终销售情况，这个还是相对好核查的，毕竟都是公开透明的采购和合作关系。（4）供应链销售与直接销售毛利率差异情况，尤其是存在供应链销售毛利率比直接销售还要高的情况。在这种情况下，供应链公司应该不会承担更多

推广和销售的职能，因而分享的收益也不会很高，所以同一种产品供应链销售和直接销售毛利率都会降低，但是差距不会很大。并且，发行人客户既有境内的品牌客户，也有境外的知名客户，那么，毛利率因产品品质和客户层次不同而有很大差异，从而覆盖了供应链的毛利率差异，那也是很合理的。

案例2 甘源食品（002991）——商超销售的市场推广专项补助、专项返利和搭赠

【问询问题】

报告期内，发行人主营业务收入持续增长；销售以经销为主，电商渠道为辅。请发行人代表说明：（1）报告期内经销商的变化情况、原因及稳定性，是否会对发行人产生重大不利影响；经销商管理系统及跟踪机制的建设、运行情况，是否可以有效管控经销商的进销存情况。（2）主要经销商最终销售的实现情况、各期末的库存情况，是否存在通过经销商铺货调节收入的情形。（3）经销商市场推广专项补贴各明细费用的具体内容、性质、发生金额，与经销商的市场推广费是否存在对应关系，发行人对经销商的市场推广费是否可控。（4）市场推广专项补贴扣减收入或按销售费用列支的划分标准，是否有明确的协议约定，是否形成健全内部控制制度、政策或指引规范，执行是否到位，账务处理是否符合《企业会计准则》的相关规定，是否符合行业惯例，是否存在税务风险，相关风险的应对措施及其有效性。（5）近期新冠疫情对发行人生产经营的影响。

【披露信息】

发行人对经销商的激励政策有市场推广专项补贴、专项返利及搭赠三种。

一、市场推广专项补贴

市场推广专项补贴是公司对经销商最主要的激励政策，为鼓励经销

商开拓市场及组织活动，公司针对经销商进行点对点的专项补贴，补贴的内容主要包括经销商的卖场进场费、条码费、陈列费、临时促销员工资等。

对于经销商无法开具对应费用发票的市场推广专项补贴，公司在审批通过后，在审批的当期对形成的折扣进行预提，借记主营业务收入，贷记其他应付款。对于经销商开具了对应费用发票的市场推广专项补贴，公司在审批通过后，在审批的当期计入销售费用，借记销售费用，贷记预收款项。

二、专项返利

为推进特定品类、特定区域或特定渠道的产品市场推广，公司不定期推出专项返利计划。经销商与销售经理讨论拟定订货目标后向公司申请专项返利，经公司审批通过，在经销商订货达标后可享受一定的商业折扣。公司在批准专项返利的当期预提该折扣金额，冲减当期收入。

公司在批准专项返利的当期预提该专项返利金额，借记主营业务收入，贷记其他应付款。

三、搭赠

公司不定期根据市场销售情况、产品品种推广需要制定搭赠政策，搭赠与单次订货量挂钩，满足条件时销售部门直接根据已发布的政策进行搭赠。

搭赠货物与经销商所订货物一同发运，搭赠货物成本在结转对应订单成本时一并结转，借记主营业务成本，贷记存货。

小兵评析

1. 发行人的业务就是休闲食品的销售，几乎没有生产，主要是采购之后进行分装和品质检测之后，通过不同的方式对外销售。发行人的销售模式包括自己开网店和开店铺直销、经销商销售、KA 渠道和商超渠道等，快消品行业常见的销售方式均有涉及。

2. 发行人属于典型的快消品行业，这个行业的发展和成长对于产品的品质有很高的要求，品牌推广也更加重要，当然，最重要的还是销售渠道的控制和覆盖。对于消费者来说，对于快消品的需求是刚需，对于品牌有一定的依赖，但是更重要的是消费者可以随时看到你的产品，随时便捷地采购到产品。

3. 对于发行人来说，最重要的销售模式是经销模式，甚至很多商超的渠道也要通过经销商来间接实现铺货，因而发行人对经销商存在很强的依赖性。也就是这样的一个原因，发行人对经销商制定了很强的激励措施，主要包括市场推广专项补助、专项返利和搭赠三种。

4. 对于市场推广专项补助，发行人的金额还是比较大的，并不是很普遍的一种激励措施，补助的内容就是各种名义上的费用，不过本质上就是一种销售折让的情形，这里界定为销售折让也是说得过去的。当然，推广专项补助对于一些特定的客户，就是指可以开具增值税发票的客户，发行人也可以直接给客户打费用，那么这种情况下发行人就可以直接计入销售费用。在销售折让的情况下，发行人是可以通过红字发票直接抵扣销项税额的，这个是税务局明确允许的。

5. 关于专项返利的问题，这个应该是对经销商最常见的激励政策，发行人专项返利的金额不是非常大，每年保持在 1000 万元左右。具体的会计处理也比较简单，就是直接冲减销售收入，不过返利的计算标准倒是一个问题。

6. 搭赠也是一种激励措施，如经销商订购 100 箱送 1 箱相同产品，这与消费者购买商品“买五赠一”是同样的概念。发行人搭赠的金额随着销售数量的增加而增加，从某种意义上来说，发行人搭赠数量跟销售数量应该存在某种关联逻辑关系。搭赠的会计处理与返利和销售折让不同，将直接计入营业成本。

7. 目前休闲食品行业是相对垄断的竞争格局，具备一定市场地位和品牌知名度的企业是有明显的定价权的，在原材料成本价格降低的情况下产品终端价格可以不变甚至提高。对于名义上的中高端休闲食品行业来说，消费者对价格的敏感性并不是很高。

案例3　龙利得（300883）——非终端销售

【问询问题】

发行人披露说明非终端销售不是传统的“经销模式”，发行人对非终端客户的销售与对终端客户的销售在销售流程、合同双方权利义务、服务内容、产品交付、定价模式、收入确认、信用政策等方面均无实质性差异。(1) 请发行人代表说明报告期内对终端客户和非终端客户就上述主要事项的对比情况。(2) 请发行人代表说明最终客户通过非终端客户购买发行人产品的原因及合理性，该部分销售收入是否真实、是否实现最终销售，最终客户通过非终端客户购买发行人产品是否为行业惯例，最终客户、非终端客户与发行人是否存在关联关系，是否存在未披露的其他协议或利益安排。(3) 请发行人代表说明非终端业务的商业模式和财务处理与同行业公司的对比情况，存在差异的原因。请保荐代表人说明通过非终端客户对最终客户进行函证方式的原因、取得的函证结果是否可靠，是否采取了海外走访等其他替代方式进行核查，相关核查方式是否充分、独立、可靠，并发表明确意见。

【披露信息】

报告期内，在非终端客户中，客户采购纸板后用于其合作的包装公司或自行进一步生产加工，属于自用性质；采购纸箱产品直接对外出售，属于非终端使用性质。报告期内发行人与非终端客户发生交易主要系行业内分工协作，非终端客户掌握一定的业务资源，在取得订单后向发行人进行采购。

一、非终端销售与终端销售实质一致

发行人对非终端客户和终端客户的销售在业务流程、合同双方权利义务、服务内容、产品交付、定价模式、收入确认、信用政策等方面均无实质性差异，均是为客户提供定制化产品。发行人不存在对非终端客户的管理或者返利等政策，非终端客户并非发行人的代理商或者经销商。

二、非终端销售已经实现最终销售

非终端销售存在的主要原因：一方面是非终端客户能够为最终客户提供包括纸箱/纸盒产品在内的综合采购服务，并为其提供供应链等其他服务；另一方面非终端客户或者其从业人员在行业经营多年，与最终客户保持了长期稳定的合作关系，非终端客户手中积累了一批固定的客户资源，并熟悉最终客户的产品要求。非终端客户及其用户认可本公司产品，一直以来公司与非终端客户保持了长期稳定的合作关系。因此，这些非终端客户的存在是社会分工的需求。

中介机构已经采取了充分的核查方式，确认发行人对非终端客户已经实现最终销售，结论依据充分，具备合理性：

1. 分析与非终端销售交易的性质；

2. 核查非终端客户的基本情况和相关交易的背景；

3. 对非终端销售的真实准确性进行核查；

4. 核查非终端销售的退换货情况；

5. 核查物流信息和运费；

6. 核查收款情况；

7. 核查报告期各期末发行人存货情况，同时分析了非终端客户对发行人的采购频率、期末集中销售及期后退货情况，确认非终端客户不存在不合理的备货或囤货情况。

中介机构对于非终端客户已进行了函证、走访、分析性程序、穿行测试、核查非终端销售的物流信息和收款情况等核查程序，确认发行人与非终端客户的销售是真实的，已经实现最终销售。

小兵评析

1. 发行人有超过40%的销售收入不是直接销售给终端客户，这些非终端销售的客户主要是一些提供综合服务的企业，这些企业采购了发行人产品会进一步加工，或者跟其他的产品服务绑定在一起对外销售。从这个角度来说，尽管发行人的这些客户并不是最终使用产品的客户，但是从风险报酬转移以及权利义务承担的角度，其实跟直接销售是没有任何区别的，在这种情况下也可以认定是直接销售。

2. 小兵认为，发行人采取经销模式是对经销商有一定的决策权和管理权限，但是因为与经销商合作的模式、市场地位的对比以及话语权不同，发行人对经销商的管理权限存在很大的差异。比如，发行人对有些经销商可以设定销售价格、销售区域、销售数量以及激励措施等；而发行人对某些经销商则只能约定销售价格、质量控制等条款。无论怎样，在经销模式下，发行人对经销商应该都是有一定的约束力和控制权的。

3. 如果发行人对经销商没有任何管理权限和控制权呢？客户跟发行人完全是独立的，客户向发行人采购产品也是完全独立自主的，那么是不是也属于经销商呢？比如在最典型的贸易商的情况下，这个问题是可以探讨的。

案例4 王力安防（605268）——经销商服务费

【问询问题】

发行人销售服务费占比很高，销售服务费以经销商服务费为主，经销商销售服务费计算方法为客户合同价格减去出厂核定价格及安装费。请发行人代表说明：(1) 由经销商承担提供价格谈判、协调安装、使用说明等服务的必要性和商业合理性，是否符合行业惯例；(2) 经销商为发行人提供的居间服务、售后维修保养服务等销售服务费对应的各项具体服务是否可明确区分，销售服务费在确认和结算等方面是否具有明确的标准，相关计费标准是否具有公允性，报告期内是否保持一致，不同经销商之间的销售服务费定价标准是否存在显著差异；（3）发行人向经销商支付的上述销售服务费相关会计处理是否符合相关规定；（4）发行人是否存在通过经销商进行商业贿赂等违法违规行为，防范商业贿赂的内控制度是否健全，是否在有效执行。

【披露信息】

公司销售费用主要包括工程业务客户的服务费、职工薪酬、业务宣传费、差旅费和运费等。最近3年及一期，销售服务费发生占销售费用的比例分别为57.50%、62.00%、57.36%和53.83%，具体情况分析如下：

一、服务费的构成分析

公司销售费用中列示的服务费包括经销商服务费和电商平台服务费。经销商服务费主要因公司的工程客户和小部分电商客户而发生。电商平台服务费主要系公司在天猫商城、京东商城及苏宁易购销售的产品，平台根据成交金额按比例收取的技术服务费，以及天猫商城根据点击量收取钻石展位、直通车及品销宝等服务费用。

二、服务费产生原因分析

发行人的经销商服务费主要产生于工程业务客户，对于工程业务客户，除发行人将产品直销给工程业务客户且不负责安装服务的情况外，少量客户为发行人自行负责安装服务的工程业务客户，其余工程业务客户可以分为两类：一类为与发行人签订战略合作协议的战略客户；另一类为主要由发行人经销商开发的工程业务客户，但是由于客户对产品质量、预算约束、成本控制及管理等方面的考量，内部或者招标文件对供应商的生产资质等提出明确条件，故而由发行人协助经销商共同开发该类客户并由发行人与该类工程业务客户签订合同。

三、报告期服务费与销售规模对比及变动原因分析

报告期内，由于原材料价格上涨及工程业务客户竞争较为激烈，发行人工程业务客户实现销售毛利率分别为32.21%、30.21%、27.64%和27.05%，呈逐年下降的趋势，与此相对应，在发行人与经销商的合作模

式下，利润在发行人与经销商之间的分配比例大致均衡，在发行人销售毛利率逐年下滑的情况下，经销商提供服务赚取的利润占对应收入的比例也呈逐年下滑的趋势；此外，工程业务客户由于招投标和竞争等需要，项目与项目之间毛利率、服务费用率均波动较大，从而导致销售服务费占工程业务收入在一定范围内波动。

发行人销售服务费主要是由其对工程业务客户的特殊经营模式产生，具体如下：发货前，一般要求参与的经销商按出厂核定价格缴纳全额保证金至发行人处，合同金额超过全额保证金部分为安装成本及销售服务费，在发行人从客户处收到项目进度款时，首先解冻经销商缴纳的保证金，在项目安装完毕且通过验收确认收入并计提安装成本和销售服务费后，在从客户处收款金额超过初始全额保证金且收到服务提供方开具发票的情况下，将相关应付安装服务费支付给服务提供方；而同行业公司并无类似业务的经营模式，故发行人销售服务费与同行相比居于较高水平，但与业务模式匹配。

四、发行人与经销商合作开拓工程业务客户的必要性分析

经销商参与进来，一方面由于采取买断式销售模式，虽然资本、人力、门店等所需投入较高，但在市场零售价格与出厂价格之间存在较大的差价幅度的情况下，如果营销、安装及售后服务好，销售规模保持在较高水平上，则经济效益非常可观；另一方面经销商立足特定经销区域，天然具有渠道建设和深耕的基础和资源，有利于提高安装服务及售后服务的速度和服务质量。

小兵评析

1. 发行人是做安防工程的，这个行业的技术门槛并不是很高，商业竞争主要拼的还是客户资源和价格优势。也就是在这些类似的行业中，总是会存在一些灰色地带和额外的费用和支出，其实这样的情形跟我们所熟知的医药行业

并没有本质区别，只是医药行业更加典型也更加引人关注而已。

2. 发行人报告期内的销售费用逐年增加，2019 年已经达到了 2 亿元的规模，而这其中每年超过 50% 的费用是经销商服务费。而这个经销商服务费，尽管发行人做了很多的解释，其实本质的问题还是能知晓个大概。

3. 发行人的经销商服务费主要形成的过程和逻辑：发行人与工程客户进行合作，在这个过程中需要经销商提供安装服务；除了安装服务，发行人解释为了更好地利用资源发挥自己的优势，充分利用当地经销商的资源和经验，经销商还会为发行人提供价格谈判服务、协调安装服务、使用说明服务、组织消防质检验收服务等服务内容。

4. 从具体的会计处理来说，发行人向经销商销售产品确认收入，经销商向发行人提供安装服务计入营业成本，而经销商向发行人提供的其他业务，则需要计入销售费用，也就是销售服务费。从资金的流转来说，安装成本和服务费都是发行人收到工程客户支付的货款之后再支付给经销商的。

5. 在审核过程中，审核人员对这个问题也做了重点关注，主要的关注点也值得我们借鉴：（1）销售服务费形成的原因以及主要的商业合作背景；（2）销售服务费的主要支付对象以及提供服务的主要内容，甚至还要关注这样的服务的定价标准和依据；（3）销售服务费与对应的销售收入是否匹配，对于销售服务费占比逐年下降的原因，发行人向经销商支出销售服务费的必要性。

6. 值得特别注意的是，发行人就服务费也与同行业进行了对比。在可比上市公司销售规模都要远大于发行人的情况下，可比公司每年的销售服务费只有几百万元，而发行人却高达 1 亿元，尽管发行人做了很多商业模式合理性的解释，但是显然还是会存在争议。

第二章　医药、医疗行业的“两票制”

1. 医药行业的“两票制”已经实施了很多年，多数地区也已经全面落地该政策。“两票制”对于医药企业的销售模式的影响是颠覆性的，当然，“两票制”对于药品价格降低的作用，我们还需要用长远的目光来审视。

2. 关于医疗器械行业的“两票制”的政策其实也是明确的，但是在实施中的效果仍有些争议，并未在实践中真正全面落地。可见医疗器械行业比医药行业推广“两票制”甚至“一票制”的难度更大一些。

3. “两票制”对医疗企业行业的影响和对医药行业的影响没有本质区别。

4. 疫苗行业跟医药行业存在相同之处，但在行业惯例和经营逻辑上又存在差异。

5. “两票制”相关政策如下：

（1）2016年4月21日，国务院印发《深化医药卫生体制改革2016年重点工作任务》，其中鼓励实行分类采购。综合医改试点省要在全省范围内推行“两票制”（生产企业到流通企业开一次发票，流通企业到医疗机构开一次发票），积极鼓励公立医院改革试点城市推行“两票制”。总体评估国家药品价格谈判试点工作，逐步增加谈判药品品种数量，合理降低专利药品和独家生产药品价格。进一步推进高值医用耗材集中采购、网上公开交易等。

（2）2016年12月26日，原国务院医改办会同原国家卫生计生委等8部门联合印发《关于在公立医疗机构药品采购中推行“两票制”的实施意见（试行）》，规定在公立医疗机构药品采购中推行“两票制”。该通知要求，综合医改试点省（区、市）和公立医院改革试点城市要率先推行“两票制”，鼓励其他地区执行“两票制”。

案例5 天臣医疗（688013）——医疗企业的“两票制”

【问询问题】

请发行人说明：（1）发行人在“两票制”地区的业务开展情况，包括但不限于报告期内执行“两票制”前后的销售数量、平均单价、收入占比、销售费用等；（2）发行人在“两票制”地区的销售模式，是否存在商务服务商为发行人提供“两票制”地区的商业推广或其他服务，如是，补充说明其会计核算方法和采购金额；（3）对比说明报告期内同一销售模式下“两票制”地区和非“两票制”地区平均售价的差异，并分析差异产生的原因；（4）对比说明报告期内“两票制”地区和非“两票制”地区销售费用的金额、构成及销售费用率，并分析差异产生的原因及合理性。

请发行人说明市场推广费各项目支出的具体对象、对应的时间及金额，公司对推广活动开展、报销、发票管理等的内部控制政策及执行情况、支出审批流程、风险防范措施；主要支付对象与发行人是否有关联关系和其他利益安排，相关交易价格的制定依据是否公允，是否存在商业贿赂。

【披露信息】

一、发行人主要产品在全国范围内执行“两票制”的具体情况

目前，医用耗材“两票制”暂未在全国范围内全面施行，施行“两票制”的区域针对的医用耗材范围也有所差异。发行人主要产品为高端外科手术吻合器，在全国范围内尚未执行医保基金与企业直接结算。

二、对比说明报告期内同一销售模式下“两票制”地区和非“两票制”地区平均售价的差异，并分析差异产生的原因

“两票制”实施的区域，减少了医疗器械流通环节，公司以更接近终端中标价的价格将产品销售给经销商（配送商），使公司“两票制”区域售价格高于非“两票制”区域。同时，在“两票制”政策下，经销商（配送商）不负责公司产品的市场推广，由公司自主负责或委托第三方专业推广服务机构负责，公司将承担更多的销售费用，也使公司需要提高销售价格以覆盖市场推广成本。

三、对比说明报告期内“两票制”地区和非“两票制”地区销售费用的金额、构成及销售费用率，并分析差异产生的原因及合理性

2019 年，“两票制”区域的市场拓展费费用率高于非“两票制”区域，主要是在“两票制”区域内，公司对实施“两票制”的终端医院通过经销商（配送商）配送产品，公司以接近终端医院采购的价格销售，经销商（配送商）主要承担配送服务，公司需要组织第三方推广服务机构开展市场调研、市场推广、公司产品临床使用情况调研、终端医院覆盖等业务推广活动，发生的市场推广费具有较强的省份针对性，对应的费用由公司承担，导致市场推广费用率较高；而在非“两票制”区域，公司按照出厂价销售给经销商，对应的市场推广活动主要由经销商组织，经销商主要承担了与终端医院及临床医生沟通、市场调研及培育等工作，对应的费用由经销商承担，公司支付的销售费用主要为会展服务费相关费用，对公司产品进行专业的学术推广，除区域或科室会议外，一般不针对特定省份，对应的销售费用率较低。非“两票制”区域发生的相关费用，同样会对公司在实施“两票制”的省份的产品推广起到积极作用。

四、与原来董事 YULIN TAO 的海外推广费关联交易

1. YULIN TAO 的身份，历史上除了担任发行人董事外，是否与发行人及实际控制人、其他股东存在关系。聘任 YULIN TAO 作为公司海外业务推广顾问的原因，YULIN TAO 实际发挥的作用、过往业绩情况；发行

人所有海外销售顾问提供的具体服务情况、对发行人海外销售的具体作用和贡献情况。

关联方YULIN TAO帮助公司开拓国际市场，支持公司国际销售中心及意大利子公司销售团队业务开展，参与国际会议推介公司产品等。报告期内，公司境外销售收入大幅增长，境外业务拓展工作效果显著。

公司与关联方YULIN TAO签订的《顾问协议》是公司境外市场发展的正常所需，定价依据参照市场公允价格，综合考虑关联方YULIN TAO多年医疗器械销售经验、澳大利亚当地薪资水平及生活成本、公司开展相应活动所支付成本及关联方YULIN TAO作为公司海外业务推广顾问为公司所作贡献。

报告期内，公司支付关联方YULIN TAO的金额变动系报告期各年度澳元对人民币汇率变化所致。顾问费提高综合考虑了关联方YULIN TAO作为公司海外业务顾问的服务年限及公司境外业务拓展后工作量加大等原因。

除2014年10月至2019年11月，YULIN TAO担任公司董事外，YULIN TAO与发行人及实际控制人、其他股东不存在其他关联关系。

此外，公司还聘请了海外业务推广顾问帮助公司开拓国际市场，报告期内，公司境外销售业绩大幅增加，境外经销商数量及境外销售金额稳步增长。

2. YULIN TAO领取的报酬与公司其他管理人员、销售人员相比的差异情况、差异原因，公司是否存在其他工作性质或内容与YULIN TAO类似的人员，相关人员的薪酬情况及与YULIN TAO薪酬差异的原因。

公司支付给关联方YULIN TAO的海外业务推广咨询费系顾问费，与公司管理人员及销售人员薪酬差异较大的原因系：（1）关联方YULIN TAO为澳大利亚国籍，其报酬参考澳大利亚当地薪资水平及生活成本；（2）关联方YULIN TAO从业经历丰富，业务能力强，且为公司境外业务拓展作出较大贡献，报酬高于普通销售人员及管理人员薪酬。

2018年4月，公司聘请了第二位海外销售业务推广顾问USAMA NASR。关联方YULIN TAO报酬低于公司聘请的另一位海外业务推广顾问USAMA NASR的原因系：（1）USAMA NASR居住在迪拜，迪拜当地生活成本及薪酬水平较高；（2）USAMA NASR主要负责中东地区及南美地区，相较于其他地区，中东地区业务开展难度大，需要聘请具有丰富经验且了解当地国家文化、宗教、风俗的人员开展业务拓展工作；（3）USAMA NASR从事医疗器械销售工作多年，曾供职于国际知名医疗器械公司，销售经验丰富。

3. 发行人向YULIN TAO支付推广咨询费的性质，是否属于员工薪酬，YULIN TAO领取的报酬的去向，税收缴纳情况，及是否可能涉及对下游客户或其采购人员的支付，是否涉及商业贿赂。

发行人向关联方YULIN TAO支付的推广咨询费系顾问费，不属于员工薪酬。关联方YULIN TAO领取的报酬主要用于支付个人开销，关联方YULIN TAO已按照澳大利亚当地税务部门要求缴纳个人所得税。不存在对下游客户或采购人员的支付，不涉及商业贿赂。

根据《企业所得税法》第8条的规定，企业实际发生的与取得收入有关的、合理的支出，包括成本、费用、税金、损失和其他支出，准予在计算应纳税所得额时扣除。

根据《国家税务总局关于发布〈企业所得税税前扣除凭证管理办法〉的公告》（国家税务总局公告2018年第28号）第11条的规定，企业从境外购进货物或者劳务发生的支出，以对方开具的发票或者具有发票性质的收款凭证、相关税费缴纳凭证作为税前扣除凭证。

发行人向关联方YULIN TAO支付的推广咨询费系发行人拓展境外市场、管理境外经销商及维护境外大客户关系所发生的顾问费，双方已签订《顾问协议》、发行人已取得付款凭证及收据，符合上述规定，可以税前扣除。

小兵评析

1. 发行人向自然人提供市场推广费或者销售服务费的情形，在以前的 IPO 审核中基本上是谁都不敢逾越的雷区，审核实践中也基本不存在这种情形。当然，IPO 审核中不常见，并不代表以前实践中没有这种情况，只能说明以前的审核思路与具体的商业逻辑冲突很大。

2. 在最近两年的 IPO 审核实践中，这样的市场推广费的案例变多了，论证的思路和证据也越来越完备，包括推广人身份、推广人负责内容、推广费确定标准、支付金额跟销售金额的逻辑关系等。

3. 小兵觉得这样的思路是好事，有些事情只要是合法合规的商业合作，就应该大大方方说出来，而不是被逼着藏起来，甚至做了很多“技术处理”。

案例 6　康华生物（300841）——疫苗行业的“两票制”

【问询问题】

报告期发行人推广服务费占销售费用和营业收入比例较高，专业化学术推广商数量快速增长。请发行人代表：（1）说明产品通过省级公共资源交易平台销售给各地疾控中心，仍存在高额推广服务费的必要性和合理性；（2）说明专业化学术推广商家数快速增长的原因及合理性，推广方式和推广内容是否合法合规，专业化学术推广商是否建立了相关制度有效防范商业贿赂风险；（3）结合报告期内学术推广会议次数、信息收集量、市场调研次数、新增客户数量等，说明实际推广效果与支付的推广服务费是否匹配，各推广商之间的推广服务费价格是否存在明显差异及其合理性，与同行业上市公司相比推广服务费变动趋势及占比是否存在重大差异及其合理性；（4）说明是否就推广商的遴选、业务流程风控等建立了完善的制度，相关内控制度是否完整有效。

【披露信息】

一、营销模式

报告期内，基于公司经营目标、行业政策等因素，公司销售业务采取的营销模式为“自主营销模式+外部营销模式”。

（一）自主营销模式

报告期内，公司销售业务自主营销模式由营销团队主导并实施，主要包括：研究疫苗产品学术研究的历史，疫苗产品国内外的销售情况，临床使用情况，汇总市场信息，研究竞争产品的信息，专家网络的建立和维护，大型学术会议，专业书刊信息的收集与参与编写，对推广商进行甄选、管理、考核、培训等。

（二）外部营销模式

报告期内，公司外部营销模式由公司营销团队主导，聘请专业化推广商佐以专业化学术推广的方式实现。

（三）营销网络及管理

报告期内，公司设营销管理中心，统一管理公司的营销活动，制定一系列管理制度对公司营销系统进行管理。公司的营销网络布局从疾控中心辐射并下沉至疫苗接种网点，截至2018年年末，公司营销网络已覆盖国内超过30个省、自治区、直辖市，网络贯通超过全国900个区县疾控中心。

二、推广费的具体分析

报告期内，公司销售费用总额逐渐增加，主要原因为：（1）由于2016年4月行业流通政策调整，疫苗经销商无法采购公司疫苗产品，为适应政策调整，公司通过与外部推广商协作及自主营销的方式加大市场推广及产品宣传力度，并通过引进销售人才组建专业化营销团队，完善薪酬激励机制，导致推广服务费、会务费及职工薪酬增幅明显；（2）自2016年4月起，公司需承担疫苗运输至疾控中心前的冷链运输及仓储费，随着业务规模扩大，仓储物流费增加。

三、推广费的匹配关系

1. 应付推广服务费的核算依据。推广服务费核算依据为经公司营销部门审核、财务部门复核的《推广服务费用结算核算月报表》，推广商完成推广服务后，向发行人提供推广服务结算资料，发行人对结算资料的真实性、合理性及合规性进行审核，根据相关协议向推广商支付推广服务费用。应付推广服务费系推广商已提供服务未支付的费用。

2. 解释应付推广服务费具体构成，与各推广商提供推广服务间匹配关系等。

小兵评析

1. 2016 年 4 月，国务院对《疫苗流通和预防接种管理条例》进行了修订（该条例已于 2020 年 3 月 27 日废止），其中最重要的一个改革是采购疫苗，应当通过省级公共资源交易平台进行。疫苗生产企业应当直接向县级疾病预防控制机构配送第二类疫苗，或者委托具备冷链储存、运输条件的企业配送。接受委托配送第二类疫苗的企业不得委托配送。

2. 因为规则的修订，发行人只能修改销售模式，将经销变更为直销，同时增加了营销的力度。发行人的营销模式分为自主营销和外部营销两种方式。自主营销就是自己的营销团队自己干活，财务上体现的主要是会议费用从 100 多万元增加至 1000 多万元。外部营销就是自己的团队主导，但是具体执行和干活是委托外部专门的营销机构。从这个角度来说，这个规定跟“两票制”应该是不同的形式，但仍属于同一个核心。

3. 发行人对推广费做了很多解释，除了我们常见的医疗行业的解释思路之外，这个案例在很多方面解释得更加详细和具体。具体体现在：

（1）推广商提供服务的主要内容，从信息收集到客户拜访再到形成订单，这些服务推广商都可以提供。

（2）主要合作推广商的基本情况，发行人披露了 12 家主要的推广商情况，有的注册资本只有10万元。

（3）每一个推广商对应的客户数量，每个推广商会服务三五个客户，有的多达几十个，但不知道这样的统计是否真实发生。

（4）推广商协助公司实现收入的情况，统计每个推广商帮助公司实现的收入，但是未明确这样的数据是按照怎么样的口径和方式统计出来的。

（5）推广服务费的核算标准，这一项做了更加详细的说明，如收到一条有效反馈50元，拜访一次客户100元等。

（6）推广服务费占营业收入的比例以及与同行业上市公司对比是否合理，推广服务费与营业收入的变动趋势是否匹配等。

4. 监管机构也对这个问题做了关注，最核心的一点就是在省级交易平台集中采购的情况下，发行人采用外部推广服务模式的必要性和合理性。对于这种模式的必要性，发行人做了解释，不过都是比较泛泛的说明，不具有较强的说服力。

第三章　特殊商业模式

1. 在注册制下，出现了许多全新的业务模式和商业思路，发行人如能解释清楚业务流程和商业逻辑的合理性，同样可以得到审核机构的认可。

2. 对于审核机构关注到发行人业务的特殊情况，中介机构通常需加大核查力度并扩大核查范围，才能核验发行人真实的业务情况并对业务模式的合理性进行解释。

3. IPO 审核中也提出了“生态圈”等一些新概念，在生态圈里成长的企业不能用传统思维去看待，企业关联交易和同业竞争并不一定构成 IPO 的实质性障碍。

第一节　业务独立性

案例 7　丽人丽妆（605136）——生态圈下的业务独立性

【问询问题】

阿里巴巴集团子公司阿里网络为发行人的第二大股东，发行人业务基本通过阿里巴巴集团控制的天猫/淘宝平台开展。请发行人代表说明：(1) 发行人与阿里网络及关联方关于优先业务合作的约定具体内容、实际执行情况以及对发行人业务及财务状况的影响；(2) 发行人与阿里巴巴集团各类业务定价的公允性，是否存在利益输送行为或其他利益安排等情形；(3) 平台服务费中各品牌保底协议的具体情况，2019 年联合保底政策是否为发行人设立，是否具有稳定性，上述政策对发行人财务状况的影响；(4) 广告推广费占相应业务收入的比例与同行业可比公司存在差异的原因及合理性；(5) 报告期内汉高品牌推广费变动的原因及合理性；(6) 各品牌获客成本存在较大差异及合理性，2019 年汉高等部分品牌获客成本大幅下降的原因及合理性，是否因阿里巴巴入股而存在降低获客成本、增加获客渠道等特殊利益安排；(7) 发行人其他平台业务较少的原因及合理性，是否对天猫/淘宝平台构成重大依赖；(8) 结合发行人业务、竞争对手、市场份额等方面说明发行人业务的稳定性及发行人经营模式和盈利模式的可持续性。

【披露信息】

一、公司的主要服务

公司主要从事电商零售业务和品牌营销运营服务。其中，电商零售业务是公司的核心业务。

二、发行人与阿里巴巴关联交易情况

报告期内，公司与阿里巴巴集团发生的经常性关联交易平台运营费用确系业务经营需要，阿里巴巴集团按照行业统一定价机制向公司收取平台运营费用。

三、广告推广服务

公司支付给阿里巴巴集团的平台广告推广费用中，阿里巴巴集团推出的直通车、钻展、品销宝等产品，均为天猫平台上的标准产品，定价依据为阿里巴巴集团统一确定，定价方式为竞价模式，所有店铺均可通过网上系统参与竞拍，根据购买时长、展示时间、点击量及展示量等设定竞拍价，根据竞拍成功价支付相应的费用。不存在针对公司的特殊政策及条款，不存在通过输送利益损害公司及股东利益的情形，公司与阿里巴巴在广告推广费用、推广活动安排、搜索排序及其他交易条件方面与其他公司一致。

四、品牌方返利情况

（一）品牌方返利的主要形式

公司根据返利相关指标的完成情况确定应获得的返利，品牌方支付返利的主要形式包括现金返利、货物返利、红票结算和票扣结算。

（二）品牌方返利的条款

发行人主要在与品牌方签订的合作协议中约定返利条款，发行人与各品牌约定的返利条款根据商业谈判的结果各有不同。返利条款主要包括返利目标、计算基数、返利计算比例三个要素。

（三）计提返利的依据

发行人依照返利条款的约定，根据返利目标的达成情况，确定返利计算比例。发行人根据相应品牌的返利基数，按照品牌商品采购额，或相应官方旗舰店的销售额等乘以返利计算比例，得到当期返利计提的金额，并通过与品牌方的邮件往来，对返利计提金额进行确认。

（四）返利计提情况及实际返利情况

报告期内发行人返利结算金额占返利计提金额的比例分别为101.95%、80.04%、117.77%、144.19%，报告期内平均比例为107.46%。

公司根据预计销量和当期的采购金额，依照合同约定的返利比例预提返利，计入“其他应收款—品牌方返利”，并冲减当期存货金额。之后根据存货的实际销售实现情况，将已预提的返利结转计入各期成本；根据品牌方实际确认的返利金额，调整预估返利及各期摊销计入成本的金额。

（五）品牌方返利的支付政策

品牌方的返利支付政策包括返利结算方式及结算周期。返利结算方式根据与不同品牌的合作协议的约定，及品牌方与发行人实际结算情况的不同，包括现金返利、货物返利、红票结算、票扣结算四种方式；返利的结算周期包括月度结算、季度结算、年度结算等方式。

小兵评析

1. 我们可以做这样一个假设：如果发行人没有阿里网络的入股，IPO 还会顺利通过审核吗？如果发行人的运营渠道并不全部是通过淘宝和天猫，会顺利通过审核吗？

2. 随着这两年互联网运营模式的发展和成熟，IPO 审核中也提出了一个“生态圈”的概念。在生态圈里成长的企业不能用传统思维去看待，同样，这个生态圈也不能简单看作一个普通的企业，比较典型的生态圈有阿里系、京东系、小米系等。

3. 生态圈的概念可能重构了传统的商业模式和商业逻辑，在这样的改变下，传统的同业竞争和关联交易的考量思维显然已经不合适。比如，最简单的情形：阿里可能投资了很多同行业企业，同时，阿里系也是发行人的重要股东且是最重要的客户，这时候，发行人就存在大规模的关联交易和潜在同业竞争的问题。如果放到生态圈去考量，这样的业务模式是存在合理性的，那么同业竞争和关联交易并不一定构成 IPO 的实质性障碍，在注册制情况下更应该如此。

4. 可是，小兵觉得 IPO 审核逻辑永远都是选择优秀的企业上市成为公众公司，那么一个优秀的企业不管怎样必须有一个条件：独立面对市场竞争的能力。企业可能高速发展、可能快速成长，可能收入和利润规模都很大，可能未来也是前途无量，可是我们终究要问：企业实现的这一切是独立努力的结果吗？对于本案例来说，阿里网络持有发行人 19.5% 的股份，是发行人第二大股东，而发行人运营的渠道基本上全部是淘宝和天猫，几乎没有其他渠道。

5. 在天猫和淘宝的平台上，像发行人这样规模的企业应该还有很多，是不是这些企业都会 IPO 上市呢，还是只有阿里看上的企业才可以？当然，我们可以说，阿里不会因为投资了发行人而在流量和服务上向发行人倾斜，或许发行人在 IPO 上市之后在阿里助力之下也会一直成长甚至成为伟大的公司，但是小兵认为这样的发展对其他公司是不公平的。

6. 发行人在第一次审核的时候，争议的焦点其实根本就不是发行人与阿里的关联交易问题，而是发行人完全依赖于阿里渠道的问题，就是有业务独立性的问题。第二次审核时，发行人的业务模式并没有根本改变，最大的变化是与阿里网络和关联方签署了优先业务合作协议，这个协议的内容我们也是不得而知的。只是因为这个协议发行人就实现了本质改变，还是发行人顺应了注册制的审核变化，我们不得而知，小兵觉得这样的模式 IPO 风险还是很大的。反之，一些互联网运营企业同时拥有天猫、京东、唯品会等多个渠道，尽管有所侧重但是也在极力均衡，这样的企业是值得鼓励的。

7. 最后我们思考：发行人为什么不能开拓其他的运营渠道，是能力有限很难突破，还是因为阿里网络的约束？

案例 8 瑞丰新材（300910）——前员工独立维护客户离职后创业

【问询问题】

根据申报材料，公司前主要客户中的印度客户汉斯顿国际由前员工狄加胜独自开拓并全权负责后续维护，狄加胜从公司离职后，汉斯顿国际未再与公司签订新的销售订单，转为向狄加胜控制的广州天润采购。请发行人披露：（1）发行人与广州天润的合作情况，是否签订长期协议，相关客户的稳定性。（2）发行人是否存在其他员工独立开发、独立维护重要客户的情形；若存在，请测算相关情形占营业收入的比例，披露是否存在其他员工离职引起的重要客户流失的风险。

【披露信息】

一、发行人与广州天润的合作情况，是否签订长期协议，发行人与相关客户的稳定性

广州天润销售额于 2018 年度及 2019 年度快速增长主要原因系：发行人原海外事业部经理狄加胜离职后通过其控制的广州天润开展润滑油添加剂商品销售活动，由于印度客户汉斯顿国际由狄加胜独自开发并进行后续维护，因此其离职后，汉斯顿国际开始转向通过广州天润与公司进行业

务合作，因此发行人对广州天润的销售快速增长，但发行人2017年度至2019年度对汉斯顿国际及广州天润的合计销售额整体未发生较大异常变化。

（一）发行人与广州天润报告期内的具体合作情况

发行人自2018年与广州天润合作以来，合作情况良好。发行人销售给广州天润的产品主要为润滑油添加剂，占比97%以上。

发行人销售给广州天润的润滑油添加剂产品销售均价略低于销售给汉斯顿国际的销售均价，主要原因是汉斯顿国际为海外客户，而广州天润为国内客户，发行人外贸客户不含税销售价格略高于内贸客户价格。

2019年度，发行人销售给广州天润的主要产品平均价格与类似产品平均销售价格总体上无明显差别，个别型号因采购量、产品客户构成等因素影响波动较大，但占比相对较小，发行人不存在利益输送的情况，亦不存在通过该公司进行调节业绩的情形。

（二）发行人与广州天润是否签订长期协议，发行人与该客户的稳定性

自2018年6月发行人与广州天润开始合作以来，公司未与其签订长期协议，亦未有其他特殊安排，公司与广州天润签订的产品购销商业合同无重大异常条款，与其他国内客户签署的商业合同亦无实质性差别，产品销售定价亦系公司产品向国内客户销售的市场价。

报告期内公司与广州天润保持了良好的持续合作关系。狄加胜自公司离职自主创业后，继续通过广州天润从事润滑油添加剂等产品销售活动，依然会选择公司作为其主要的供货商。同时，鉴于润滑油添加剂行业特性，下游大客户为保证产品质量及品质连续性，一般不会轻易更换供应商，因此狄加胜为保证其客户使用产品的连续性，也存在与公司进行长期商业合作的意愿。

因此，虽然发行人与广州天润未签订长期合作协议，但公司将与其保持持续稳定的合作。

二、发行人是否存在其他员工独立开发、独立维护重要客户的情形；若存在，请测算相关情形占营业收入的比例，披露是否存在其他员工离职引起的重要客户流失的风险

报告期内，除公司2017年、2018年的重要客户汉斯顿国际系由公司原海外事业部经理狄加胜独立开发、独立维护及重要客户广州天润系狄加胜所控制外，发行人不存在其他员工独立开发、独立维护重要客户的情形。公司不存在因其他员工离职而引起重要客户流失的风险。

三、进一步结合境外收入的具体区域、客户情况披露境外收入增长较快的原因和合理性

公司凭借产品品质以及具有竞争力的产品价格，逐步扩大了中东地区市场销售规模，进而促进了公司整体境外销售的增长。

四、说明获取中东地区客户的方式，相关采购占客户同类型采购的比例，结合公司产品的优劣势、中东地区客户原供应商情况等分析中东地区销售收入大幅增长的合理性

报告期内，公司中东地区的销售收入增长较快。针对中东地区客户，公司主要采取以下方式获取客户：积极参加行业国际展会；公司通过行业期刊杂志、互联网搜索等方式获取中东客户信息；部分老客户在使用公司产品后，亦会向其他客户推荐公司产品或将其他有需求的客户向公司推荐；部分客户主动联系公司沟通合作情况等。此外，针对老客户，公司销售人员亦持续对其进行跟踪沟通，经常与客户沟通购销情况，实时了解客户需求，努力争取老客户的增量需求及存量需求。

五、披露各报告期末中东客户应收账款情况，包括金额、账龄、坏账准备计提情况、期后回款情况等，说明是否存在难以收回情形，相关应收账款坏账计提是否充分

报告期各期末，公司中东地区客户应收账款账龄主要在1年以内，期后回款比例分别为100.00%、100.00%和80.85%，整体回款情况良好，不存在无法收回的情形。

保荐机构及申报会计师访谈了发行人销售负责人、财务负责人，查阅了发行人中东地区客户的销售资料并执行了内控测试，查阅了有关海关资料及收款单据等，复核了应收账款账龄情况及坏账准备计提情况，查阅了期后回款单据，实地走访并函证了中东地区主要客户等。

小兵评析

1. 发行人的印度客户是由某个员工全权负责维护，发行人是无法参与的，员工有绝对的控制权。员工离职后设立了一个公司，员工从发行人那里采购产品，然后再销售给自己维护的印度客户。

2. 发行人销售给员工设立公司的价格与其他销售价格差异不大，不存在利益输送的情形。发行人除了这个客户比较特殊之外，没有其他这样类型的客户了，否则这个企业的业务独立性就存在问题。这么看来，无论是什么时候、什么领域，拥有自己的核心客户资源是极其重要的。

3. 发行人 2019 年境外销售增加了接近 1 个亿，并且无论是销售区域还是销售客户都非常分散。在境外销售中，中东地区的销售又是占比和增长最快的，这也必然成为审核的重点。尽管发行人做了很多的解释，不过主要还是从商业逻辑上进行定性分析，这也对中介机构财务核查的流程和比例提出了更高的挑战。

第二节 客户或供应商的关联关系

案例 9 芯海科技（688595）——前员工成为经销商

【问询问题】

根据保荐工作报告，2019 年发行人向前员工成立的经销商的销售收入占比超过10%。

请发行人说明：前员工的离职时间、入股或成立相关经销商的时间、是否仍直接或间接持有发行人股份，相关经销商的注册资本、主要经营业务、报告期各期发行人向其销售的产品类型及金额、对应的终端客户、是否实现最终销售，相关交易的定价原则及公允性，是否存在关联交易非关联化，是否存在以不公允的价格向发行人输送利益的情形。

【披露信息】

1. 前员工的离职时间、入股或成立相关经销商的时间、是否仍直接或间接持有发行人股份，相关经销商的注册资本、主要经营业务。自发行人设立以来，其前员工成立经销商情况见表1－3－1：

表1－3－1 发行人的前员工成立经销商情况

序号	前员工姓名	对应经销商名称	离职时间	入股或成立经销商时间	注册资本	主营业务
1	桑仁东	深圳市合力为科技有限公司（以下简称合力为）	2010－11－01	2014－01－10	50万元	电子产品、软件与集成电路、家用电器、安防产品、感应设备、智能家居系统设备的设计、开发、销售
2	涂强		2012－03－01			
3	陈明鑫		2013－07－03			
4	刘小灵	深圳市乐得瑞科技有限公司（以下简称乐得瑞）	2014－11－18	2016－03－18	500万元	移动电源业务
5	田效麒	深圳市兴格睿科技有限公司（以下简称兴格睿）	2017－05－30	2017－06－29	100万元	电子产品的技术开发与销售

上述已离职员工不存在直接或间接持有公司股份的情形。

2. 报告期各期发行人向其销售的产品类型及金额以及对应的终端客户。

3. 上述经销商是否实现最终销售。报告期内，上述经销商期末库存及期后实现销售的具体情况见表1-3-2：

表1-3-2　经销商合力为、乐得瑞、兴格睿期末库存及期后实现销售的情况

单位：万颗

项目	2020-03-31/2020年1~3月	2019-12-31/2019年	2018-12-31/2018年	2017-12-31/2017年
期末经销商库存数量	362.19	508.31	450.75	387.29
经销商期后一季度销售数量	—	847.54	1103.37	950.73
期末库存占期后销售比例	—	166.74%	244.79%	245.48%

注：1. 经销商期后销售数量指合力为、乐得瑞、兴格睿2017年年末、2018年年末和2019年至次年一季度末（次年3月末）关于发行人产品的销售实现数量；
2. 合力为、乐得瑞、兴格睿未提供2020年3月末的期后销售数量；
3. 期后销售数量占期末库存数量比例大于100%即已全部实现销售。

4. 相关交易的定价原则及公允性分析。上述经销商的定价原则为市场定价，其主要产品平均售价与公司的销售平均售价对比已申请豁免披露。

发行人向合力为销售的芯片的终端产品主要为商用秤。因合力为的竞争对手的产品类似，对合力为的销售存在价格冲击。发行人考虑到终端应用产品市场份额的拓展有利于公司未来的出货量，故发行人针对合力为提供了价格支持，即降低其采购成本，从而增强其竞争力，以拓展其市场份额。

此外，该芯片产品2020年1~3月整体销售平均价格较高主要系2020年1~3月，发行人向部分经销商销售的该类芯片被运用于红外测温枪，而红外测温枪系列产品因需求旺盛而整体售价较高，从而提升了平均售价。该芯片销售收入及占比已申请豁免披露。

该芯片产品仅为发行人向合力为所销售的产品之一，且公司对合力为在报告期内销售占收入总额比例较低，其中该型号产品销售占比亦较低，发行人对其供货价格的折扣并未对报告期内的收入及利润产生明显影响。

除此之外，上述经销商其他产品销售价格与公司整体平均售价基本一致，价格公允。不存在以不公允的价格向公司输送利益的情形。

小兵评析

1. 在注册制的审核理念下，我们对很多问题更加宽容，会用更加长远和全面的眼光看待问题，于是 IPO 审核实践中也出现了很多新的情形。对于这些问题，尽管不构成 IPO 实质障碍，不过也需要发行人和中介机构充分核查、全面揭示并披露才可以。

2. 发行人有三家前员工设立的经销商，并且与发行人合作销售的金额占比超过 10%，自然会关注到合作的真实性问题，必然要对这三个经销商的销售做针对性的核查和解释。

3. 在审核过程中，还关注到：员工设立的经销商与发行人合作的合理性，销售价格是否与其他经销商存在不同，是否存在关联方非关联化的情形，是否存在年底突击确认收入的情形等。

案例 10 天能股份（688819）——实控人向经销商提供融资

【问询问题】

请发行人说明：(1) 报告期各期，与经销商业务占长兴民间融资服务中心有限公司（以下简称长兴民融）业务的比重，长兴民融未来的业务定位，其业务开展是否主要为经销商提供融资服务；(2) 在撮合交易中，长兴民融是否提供担保，自有资金出借及撮合交易截至目前的存量及历史借款的收回情况；（3）取得融资的经销商与公司的交易和其他未取得融资的经销商与公司的交易在采购量、采购价格等方面是否存在差异及具体表现，是否存在通过提高融资服务来增加公司经销收入的情况。

【披露信息】

根据回复材料，公司实控人通过其控制的天畅投资设立了长兴民融。2017～2019 年，长兴民融以自有资金向公司经销商出借的金额分别为 180 万元、9963 万元和 15,221 万元；2018 年及 2019 年，长兴民融撮合第三方向公司经销商出借的金额分别为 4185 万元和 9690 万元。长兴民融对经销商融资规模快速增长。

一、比照关联交易披露的其他交易情况

报告期内，公司部分经销商存在向长兴民融借贷资金的情形。

长兴民融系地方性民间融资服务平台，主要目的为规范民间融资行为、引导民间资金支持实体经济发展，长兴民融的日常运营受长兴县金融办严格监管。公司实际控制人张天任通过天畅控股有限公司持有长兴民融 40% 股份。

长兴民融向部分公司经销商提供融资服务主要有两种模式：一种系长兴民融以自有资金向公司经销商提供借贷资金并相应收取利息；另一种系长兴民融作为融资撮合平台，撮合第三方向公司经销商提供借贷资金，公司经销商向资金提供方支付资金借贷利息，长兴民融作为平台服务方从中收取部分服务费用。

2017 年、2018 年及 2019 年，长兴民融以自有资金向公司经销商出借的金额分别为 180 万元、9963 万元和 15,221 万元；2017 年、2018 年及 2019 年，长兴民融撮合第三方向公司经销商出借的金额分别为 620 万元、4185 万元和 9690 万元。

二、报告期各期，与经销商业务占长兴民融业务的比重，长兴民融未来的业务定位，其业务开展是否主要为经销商提供融资服务

1. 与公司经销商业务占长兴民融业务的比重情况。长兴民融系在地

方政府鼓励和引导下，由地方骨干民营企业和地方政府共同出资设立，日常业务受到地方政府严格监管的民间融资服务机构，其业务开展并非主要为公司经销商提供融资服务。

2. 长兴民融系在地方政府引导下由地方骨干民营企业与地方政府共同出资设立的民间融资服务机构，相关业务行为受到政府部门严格监管，长兴民融向公司经销商提供融资服务系市场化行为。

在地方政府倡导与鼓励的背景下，公司实际控制人张天任联合长兴县地方政府及当地其他骨干民营企业共同出资设立了长兴民融。

鉴于天能股份经销商数量多，资金周转快且存在销售高峰期的资金需求，长兴民融主动开发了面向天能股份经销商的融资服务。公司经销商由于自身经营模式、资产状况等原因，向银行等大型金融机构贷款普遍存在一定难度且效率不高，故公司部分经销商选择向长兴民融等民间融资机构拆借资金。长兴民融与公司经销商间的资金拆借业务系市场化行为。公司未参与长兴民融的业务过程，未参与经销商的选择；长兴民融向经销商提供资金系其自身在经批准的业务范围内，独立自主开展的业务行为，且该等经销商收到贷款资金额度不与公司向其销售的情况挂钩。

3. 在撮合交易中，长兴民融是否提供担保，自有资金出借及撮合交易截至目前的存量及历史借款的收回情况。

长兴民融撮合第三方向公司经销商提供资金借贷的业务中，长兴民融未向公司经销商提供担保。

截至 2020 年 4 月 30 日，长兴民融以自有资金向公司经销商借款余额 915 万元。目前及历史上未存在贷款逾期未收回的情况。截至 2020 年 4 月 30 日，长兴民融撮合第三方向公司经销商提供资金余额为 9378 万元。目前及历史上存在提供的资金逾期未收回 1 笔，金额 50 万元，目前该笔借款协商催收未果，长兴民融已采取相应诉讼措施，相关的诉讼保全已在进行中。

4. 取得融资的经销商与公司的交易和其他未取得融资的经销商与公司的交易在采购量、采购价格等方面是否存在差异及具体表现，是否存在通过提高融资服务来增加公司经销收入的情况。

（1）取得融资的经销商与公司的交易量报告期内保持稳定。2017～2019年，长兴民融提供过融资服务的公司经销商数量共计176家，公司对该等经销商的合计销售收入及销售数量占比均为20%左右，占比较小，且保持稳定并呈逐年下降趋势。

（2）取得融资的经销商交易价格与未取得融资的经销商交易价格不存在重大差异。

（3）公司不存在通过提高融资服务来增加公司经销收入的情况。长兴民融与公司经销商间的资金拆借业务系市场化行为。公司未参与长兴民融的业务过程，未参与经销商的选择；长兴民融向经销商提供资金系其自身在经批准的业务范围内，独立自主开展的业务行为，且该等经销商收到贷款资金额度不与公司向其销售的情况挂钩。

2017～2019年，前述与长兴民融存在融资业务的经销商通过长兴民融获得的贷款金额不到公司向其销售金额的6%，占比较小，不构成该等经销商的重要资金来源，且不存在与销售挂钩的情形，该等经销商合计贷款金额不到公司主营业务收入的1%。

公司不存在通过提高融资服务来增加公司经销收入的情况。

5. 长兴民融向发行人经销商提供资金的利率，借款还款条款等安排是否与其他借款方一致，发行人与长兴民融是否就未来继续开展业务有明确的约定和安排。

（1）长兴民融向公司经销商提供资金系其自身的市场化的贷款行为，其向公司经销商和非发行人经销商提供资金的利率大体相当，借款还款条件一致。

（2）公司目前与长兴民融无业务往来，也未就未来的业务开展作出明确约定和安排。

对于公司经销商与长兴民融之间的资金借贷行为，公司已制定相关制度，对自身在上述业务过程中可能出现的行为进行了规范。

2017～2019 年，长兴民融提供过融资服务的公司经销商数量共计 176 家，公司对该等经销商的合计销售收入及销售数量占比均为 20% 左右，且保持稳定并呈逐年下降趋势。2017～2019 年，前述与长兴民融存在融资业务的经销商通过长兴民融获得的贷款金额不到公司向其销售金额的 6%，占比较小，不构成该等经销商的重要资金来源，且不存在与销售挂钩的情形，该等经销商合计贷款金额不到公司主营业务收入的 1%。公司不存在通过提高融资服务来增加公司经销收入的情况。

综上所述，长兴民融向公司经销商提供资金系其自身的市场化的贷款行为，相关贷款条件按照市场化交易的原则确定，其向公司经销商和非公司经销商提供资金的融资成本大体相当，借款还款条件一致。公司不存在通过提供融资服务来增加公司经销收入的情况。

小兵评析

1. 在以前实际控制人体外向经销商提供财务支持还算是非常敏感的问题，在目前来看，已经成为可以接受的商业惯例。

2. 具体到本案例来说，实际控制人设立了小贷公司然后向供应商提供融资业务，同时提供间接的融资服务，金额很大、范围很广，涉及的供应商也很多，是一个值得关注的经典案例。

第三节　业务模式的创新

案例 11　恒辉安防（300952）——发行人与客户共同设立公司

【问询问题】

根据申报材料，美国 MCR Safety 子公司孟菲斯亚洲与发行人合资设立恒劢安防，发行人持有恒劢安防80%的股份。根据双方合作约定，美国MCR Safety需在恒劢安防产品质量及生产成本满足要求的情况下，向恒劢安防转移安全防护手套业务的销售订单；发行人需在原有客户同意的前提下，向恒劢安防转移双方北美地区共同客户的业务。目前，实际转移的客户系公司与美国MCR Safety的共同客户美国Fastenal。请发行人补充披露：（1）与美国MCR Safety合作的模式，包括相关交易的物流、资金流，双方开展合作的原因及背景；发行人销售Fastenal品牌产品直接发往Fastenal公司，MCR Safety在发行人销售Fastenal品牌产品中起到的作用，相关交易安排是否具有商业合理性。（2）美国MCR Safety控股股东变化是否导致双方合作面临不利影响，双方合作推进是否顺利，相关风险提示披露是否充分。

【披露信息】

一、与美国MCR Safety合作的模式、双方开展合作的原因及背景以及MCR Safety在发行人销售Fastenal品牌产品中起到的作用

（一）与美国MCR Safety合作的模式

根据公司与美国MCR Safety的合作约定，美国MCR Safety向恒劢安防转移销售订单，公司向恒劢安防转移双方北美地区共同客户的业务。产品由恒劢安防生产完成后，经美国MCR Safety销往客户，美国Fastenal品牌产品亦通过美国MCR Safety实现销售。

（二）发行人与美国MCR Safety合作的原因及背景

1. 美国MCR Safety拟通过参股生产基地，保障高品质产品供应稳定。

2. 发行人凭借自身实力与美国MCR Safety合资设厂，拟借此获得稳定的销售渠道，美国MCR Safety在长期的商业洽谈和体系审核过程中高度认可公司的技术水平、管理水平及生产能力，提出通过合资设厂的方式与公司建立战略合作关系。

3. 发行人与美国MCR Safety拟通过合作开发北美市场。

（三）美国MCR Safety在公司销售美国Fastenal品牌产品中起到的作用及交易安排合理性

美国Fastenal成立于1968年，系美国上市公司，系美国MCR Safety的重要客户，双方基于优势互补建立了良好的合作关系，美国Fastenal安全防护用品的销售渠道维护、售后服务等主要由美国MCR Safety负责。

公司与美国MCR Safety合作之初就将美国Fastenal业务转移作为重点工作。为整合销售渠道优势与生产制造优势，公司移交了美国Fastenal业务，产品通过美国MCR Safety向美国Fastenal销售，由美国MCR Safety统一提供售后维护与服务。虽然进行了3%～7%的价格下调，但销售金额实现了翻倍增长，对经营业绩产生了积极影响。

二、美国MCR Safety控股股东变化是否导致双方合作面临不利影响，双方合作推进是否顺利，相关风险提示披露是否充分

2020年8月，英国Bunzl收购美国MCR Safety。英国Bunzl亦系发行人的重要客户，2019年销售收入为93.27亿英镑，该次收购对公司与美国MCR Safety的合作不构成重大不利影响。

2019年，英国Bunzl收购了公司客户美国Liberty。2017年至2020年6月，公司对美国Liberty销售金额分别为1935.17万元、1613.25万元、1535.16万元和827.77万元，销售金额保持稳定。

发行人与美国MCR Safety合作基础稳固、成效显著，美国MCR Safety后续经营稳定，英国Bunzl亦系公司长期合作客户，英国Bunzl收购美国MCR Safety对公司与美国MCR Safety合作不构成重大不利影响。

三、业务转移情况以及第一大客户控制权变更风险

（一）发行人向美国MCR Safety转移美国Fastenal业务的情况

业务转移后，美国MCR Safety负责美国Fastenal的客户维护与服务，并将更多订单下达给发行人，2019年美国Fastenal产品销售额达9805.03万元，较2017年直接销售金额4972.70万元增长97.18%。发行人亦向

美国 MCR Safety 让渡部分商业利益，销售价格较原直接向美国 Fastenal 销售调低 3% ~7%。业务移交统一了销售渠道，提升了客户服务质量，美国 Fastenal 品牌产品销售金额增长较快，对经营业绩产生了积极影响，相关交易安排具有商业合理性。

（二）第一大客户控股权变更风险

2018 年至 2020 年 6 月，美国 MCR Safety 系发行人第一大客户。2020 年 8 月，英国 Bunzl 收购了美国 MCR Safety，英国 Bunzl 亦系发行人报告期前五名客户，各期销售金额分别为 2110.70 万元、4613.83 万元、4296.74 万元和 2143.95 万元。英国 Bunzl 收购美国 MCR Safety 将导致公司第一大客户控股权发生变更，若后续美国 MCR Safety 经营策略发生变动，则其与发行人的合作存在不确定性，可能对发行人业绩产生不利影响。

小兵评析

1. 应该说，这个案例展现了一种全新的业务模式和合作思路，而这样的思路在目前的注册制审核理念下，逐渐被允许和认可，而不用跟以前一样，很多问题讳莫如深，不知道一个问题的边界在哪里。

2. 发行人和一个美国公司合资设立了一个合资公司，发行人持有 80% 股份。发行人和这个美国公司拥有同一个客户，美国公司向这个客户提供产品销售、运维和日常服务业务，而发行人向这个客户提供代工的生产业务。发行人和美国公司对于同一个客户分别提供不同领域的服务，这样的业务合作转移具有一定的商业逻辑。

3. 在这样的业务合作模式下，业务转移的主要流程是，美国公司向合资公司转移销售订单，发行人向合资公司转移双方北美地区共同客户的业务。产品由合资公司生产完成后，经美国 MCR Safety 销往客户，美国 Fastenal 品牌产品亦通过美国 MCR Safety 实现销售。美国公司品牌产品与美国 Fastenal 品牌产品均由美国 MCR Safety 直接回款。

4. 特别值得注意的另外一个问题是，2020 年 8 月，英国 Bunzl 收购美国 MCR Safety。报告期内，发行人向英国 Bunzl 销售金额分别为 2110. 70 万元、4613. 83 万元、4296. 74 万元和 2143. 95 万元，各期分别是发行人第四大、第二大、第二大和第三大客户。

5. 如果按照以前的审核政策，发行人重要的客户实际控制人发生了变化，至少要运营一定的等待期的，而现在基本上只要能够解释清楚就可以。这也算是 IPO 审核理念的一个重要变化。

案例 12 福然德（605050）——供应链企业总额法确认收入

【问询问题】

发行人对加工配送业务和非加工配送业务均按照总额法进行核算。请发行人代表：(1) 说明两种销售模式均采用“总额法”确认收入的原因和合理性，是否符合会计准则的规定，是否自该等业务开展以来一贯按总额法确认收入，是否以增加发行人收入规模为目的；(2) 结合发行人重大购销合同主要条款，并对照《企业会计准则第 14 号——收入》，说明非加工配送业务采用总额法确认收入是否合理。

【披露信息】

一、发行人的主营业务

公司主营业务为中高端汽车、家电等行业企业或其配套厂商提供完整的钢材物流供应链服务。公司销售的产品按是否经过加工分为加工配送类钢材和非加工配送类钢材，具体产品分为镀锌钢、冷轧钢、热轧钢、电工钢、彩涂钢等钢材卷料或板料。

二、加工模式

公司加工模式主要为对钢材的剪裁加工，分为加工销售和受托加工两种模式。其中，加工销售业务为公司根据客户需要采购钢材并经加工后销售给客户；受托加工为公司根据客户要求，单纯为其提供的钢材经加工后进行配送。

三、销售模式

公司的销售模式主要采用直销模式，即针对目标客户，根据客户订单需求而实施采购、加工、配送的销售模式。

目前公司80%以上的销售收入来自指定的终端用户，客户通常采用按月下单，同时向公司发出其未来2~3个月的生产计划。客户与公司确定产品价格、规格、数量等需求，公司通过采购、加工等流程达到客户需求后向客户进行配送销售。

四、销售商品业务收入

公司销售商品业务收入主要包括汽车用钢和家电用钢等的加工、配送业务。根据配送方式的不同，分为主动配送及自提两种方式，收入确认方法如下：

1. 主动配送：公司根据合同、订单确认的交货期安排产品的配送，在产品运抵客户或委托方指定客户后，经对方验收后确认收入。

2. 自提：公司根据合同、订单确认的交货期安排产品的自提，在核实客户提供的提货人员信息和车辆信息后，将产品交予提货人员，现场确认配送品种、价格和数量是否符合合同、订单的规定，经对方验收后确认收入。

五、非加工配送业务的收入确认对象，分为销售商品及相关依据

公司非加工配送业务的收入确认对象主要为中高端汽车、家电等行业企业或其配套厂商以及其他中小型客户。

公司的主要盈利来源为加工配送业务，非加工配送业务在一定程度上属于为客户提供综合服务的一种手段。具体来说，部分下游客户在加工配送订单之外，一般会附带一些非加工配送业务订单，而非加工配送业务由于不含加工增值环节，其盈利相对较低，但公司出于维护客户关系、提升服务质量的考虑，往往会接受非加工配送业务订单。

公司整体实行以销定采的模式，根据客户的加工和非加工配送的订

单需求、库存情况而确定供应商，制订整体采购计划。公司购入原材料后，材料的风险报酬即转移给公司并计入存货，公司将材料送至客户指定的第三方仓库或材料仓库，或将产品交予客户安排的提货人员，并经对方验收确认后，材料的风险报酬即转移给客户，公司据此确认收入和结转成本。公司非加工配送的业务实质与加工配送业务一致，同为销售商品，具体判断依据见表1－3－3：

表1－3－3　公司非加工配送业务与加工配送业务同为销售商品的依据

判断依据	根据公司与客户的业务实质和相应合同条款判断
1. 将商品所有权上的主要风险和报酬转移给购货方	公司根据合同、订单确认的交货期安排产品的配送或客户的自提，在产品运抵客户、委托方指定客户或在将产品交予客户安排的提货人员后，经对方验收并取得对方签收的出库单。此时，公司已将商品所有权上的主要风险和报酬转移给购货方
2. 公司不再保留通常与所有权相联系的继续管理权，也不再对已售出的商品实施有效控制	公司根据合同、订单确认的交货期安排产品的配送或客户的自提，在产品运抵客户、委托方指定客户或在将产品交予客户安排的提货人员后，经对方验收并取得对方签收的出库单。此时，公司不再保留通常与所有权相联系的继续管理权，也不再对已售出的商品实施有效控制
3. 收入的金额能够可靠地计量	公司根据合同、订单确认的交货期安排产品的配送或客户的自提，在产品运抵客户、委托方指定客户或在将产品交予客户安排的提货人员后，经对方验收并取得对方签收的出库单。此时，根据合同约定的价款，公司收入金额能够可靠地计量
4. 相关的经济利益很可能流入	公司根据合同、订单确认的交货期安排产品的配送或客户的自提，在产品运抵客户、委托方指定客户或在将产品交予客户安排的提货人员后，经对方验收并取得对方签收的出库单。此时，根据合同的结算方式等条款约定，相关的经济利益很可能流入公司
5. 相关的已发生或将发生的成本能够可靠地计量	公司根据合同、订单确认的交货期安排产品的配送或客户的自提，在产品运抵客户、委托方指定客户或在将产品交予客户安排的提货人员后，经对方验收并取得对方签收的出库单。此时，相关的已发生或将发生的成本能够可靠地计量

由表1-3-3可见，公司非加工配送业务的收入同时满足销售商品收入确认的五个条件，可确认分类为销售商品业务。

六、加工配送、非加工配送、来料加工及其他三类业务的收入确认方法

公司对加工配送、非加工配送、来料加工及其他三类业务的收入确认方法见表1-3-4：

表1-3-4　公司对加工配送、非加工配送、来料加工及其他三类业务的收入确认方法

<table>
<tr><th>收入类别</th><th>收入确认方法</th></tr>
<tr><td>加工配送</td><td rowspan="2">公司销售商品业务收入主要包括汽车用钢和家电用钢等的加工、配送业务。根据配送方式的不同，分为主动配送及自提两种方式，收入确认方法如下：(1) 主动配送：公司根据合同、订单确认的交货期安排产品的配送，在产品运抵客户或委托方指定客户后，经对方验收后确认收入。(2) 自提：公司根据合同、订单确认的交货期安排产品的自提，在核实客户提供的提货人员信息和车辆信息后，将产品交予提货人员，现场确认配送品种、价格和数量是否符合合同、订单的规定，经对方验收后确认收入</td></tr>
<tr><td>非加工配送</td></tr>
<tr><td>来料加工及其他</td><td>公司针对客户的业务需求提供来料加工、仓储及吊装服务。对于来料加工，公司在完成加工时确认为当期收入；对于仓储服务，公司按照吨数与天数确认仓储收入；对于吊装服务，公司按照吊装吨数确认吊装收入</td></tr>
</table>

小兵评析

1. 发行人是属于典型的物流供应链企业，业务内容和经营模式也比较简单，就是给下游大型的制造企业提供钢材的加工和配送服务。发行人下游客户主要是中高端汽车和家电企业，这些企业也确实都是钢材消耗大户。

2. 发行人业务主要分为加工配送业务和非加工配送业务，加工配送就是发行人自己买了钢材进行简单的裁剪、整理、分包等工序之后销售给客户。非

加工配送业务算是前一种业务的延伸业务，就是同一个客户请求发行人配送时，顺带配送其他的钢材。这样，两种业务模式确实是符合商业逻辑的。

3. 关于供应链服务，是商业分工和产业链切割的重要体现，在某些特殊领域尤其是大宗商品采购销售领域有独特的价值。简单来说，一方面，可以利用自身优势最大限度地整合资源以解决供应和需求的错配问题，实现资源使用效率的最大化。另一方面，供应链服务提供了资金的垫付作用，最大限度帮助客户解决资金成本问题，这也是供应链企业很重要的一个竞争优势，如有的供应链企业如果能取得更低成本的资金，那其行业竞争优势就很明显。

4. 关于这种业务模式，从会计角度来说，一个很重要的问题就是总额法和净额法确认收入的问题。如果说加工配送业务还能体现发行人的加工和生产职能，那么简单的配送业务确实存在一些争议，不过发行人解释的理由还是可以接受的。

案例 13 三人行（605168）——双向返利

【问询问题】

报告期发行人存在向客户返利和取得互联网媒体返利的情形。请发行人代表：（1）结合广告投放代理合同及相关商务政策补充条款约定，说明发行人向媒体供应商收取的返利是否归发行人所有，是否存在向客户继续返还的义务；（2）说明报告期除部分客户外，其他客户返利较少的原因及合理性，是否存在潜在的纠纷或风险；（3）说明报告期取得互联网媒体返利与客户返利的增长及其匹配关系；（4）说明返利是否符合行业惯例，是否构成商业贿赂，是否符合相关法律法规的规定。

【披露信息】

发行人在为客户提供数字营销服务时，存在从互联网媒体取得返利及向部分客户返还互联网媒体返利的情形。报告期内，互联网媒体给予发行人的返利政策主要为阶梯式返利政策，发行人给予客户的返利政策包括阶梯式和固定式返利政策。发行人从互联网媒体获取返利和向客户返还返利的情况符合行业惯例，返利金额符合与互联网媒体和客户约定的返利政策。返利的具体情况如下：

一、互联网媒体返利

公司合作的互联网媒体的返利政策主要包括阶梯式返利政策和固定比例返利政策。其中，阶梯式返利模式的特点是互联网媒体提供的返利比例随着媒体资源采购金额的增加而增加，呈阶梯式特征。对于提供阶梯式返利模式的互联网媒体，公司通过代理众多客户的广告投放需求，提升采购媒体资源的总金额，从而获得该类媒体较高比例的返利政策。此外，少部分互联网媒体的返利比例系与采购媒体资源金额无关的固定返利比例。

互联网媒体返利与公司采购金额密切相关，其性质属于商业折扣，将导致公司营业成本的减少。因此，公司在各月结转主营业务成本的同时，暂估相应的返利金额，冲减营业成本，同时减记互联网媒体的应付账款，并转出相应的进项税。

二、对客户返利返还

公司合作的部分客户会对公司取得的互联网媒体返利提出返还要求。对于存量客户，在确定返利返还政策时，客户一般会综合考虑当年广告投放规模及公司过往服务质量等因素，最终由客户与公司协商确定，并在年度合作协议中约定。

对于新增客户，客户会在招投标时要求竞标公司对返利返还比例进行报价，公司会综合客户所处行业、声誉及广告投放规模等因素，并考虑公司的人力成本及财务投入情况，在标书中形成最终的返利返还报价；中标后，公司将与客户在合作协议中明确约定相应的返利返还政策。

公司对客户的返利与客户营销投放金额密切相关，其性质属于商业折扣，将导致公司营业收入的减少。因此，公司在各月确认主营业务收入的同时，暂估相应的返利金额，冲减营业收入，同时减记客户的应收账款，并转出相应的销项税。

小兵评析

1. 无论是正常的商业活动还是 IPO 审核实践，尽管返利情形不是非常普遍，但也不是什么稀奇的事情。

2. 关于返利的商业本质，是对相对透明的一种产品交易价格的修正。在买方市场的情况下，取得返利的一方必然是占据绝对地位和话语权的卖方，也就是客户。只是从 IPO 的角度来说，发行人可能是产业链上的不同主体，有的作为供应商存在，有的作为客户存在。从返利的具体情形来说，有的发行人是取得返利，有的发行人是支付返利。

3. 不管怎样，我们以前遇到的情况都是单方面的返利，也就是发行人要么取得返利，要么支付返利，而像本案例发行人的这种情况确实不常见。发行人首先是向媒体采购相关广告资源，这时候媒体会向发行人支付相关返利。另外，发行人从客户那里取得媒体推广宣传的业务，然后发行人也需要向客户支付返利。

4. 从具体的情形来看，最后一年发行人不论是取得返利的金额，还是支付返利的金额都将大幅增加，这可能与业务规模相符合。比较有意思的一点是，最后一年发行人从媒体供应商那里取得的返利是 1.7 亿元，而同期支付给客户的返利是 1 亿元，也就是说，通过返利就赚了 7000 万元。

5. 鉴于返利对发行人的盈利水平有直接的影响，且实践中对于返利的规定又以各种形式存在，因为在 IPO 审核过程中对这个问题一直很谨慎。发行人的这种情形能够通过审核，某种程度上也体现了审核理念的变化。当然，发行人肯定对这个问题做了诸多的核查和解释工作，只是披露信息没有那么详细而已。

6. 监管机构审核中也对这种双向的返利情况作了关注，最典型的就是关注媒体给发行人的返利本质上是属于发行人的，还是应该直接给客户返利的。此外，也关注到是否构成商业贿赂的问题。

案例14 金丹科技（300829）——向经纪人采购

【问询问题】

报告期各期发行人前十大玉米供应商均为经纪人，发行人向前十大经纪人采购金额占当期玉米采购额的比例较高。请发行人代表说明：(1) 向前十大经纪人采购金额占当期玉米采购额的比例较高且呈持续上升趋势的原因，是否对前十大经纪人构成重大依赖，是否符合行业惯例，发行人及董监高与玉米经纪人是否存在关联关系；(2) 玉米采购价格的定价机制，向前十大经纪人采购价格与农户及其他经纪人采购价格是否存在重大差异，采购价格是否公允，应对玉米价格波动的措施及有效性；(3) 2015年9月成立的河南盈安煤业有限公司2016年成为发行人第二大供应商，2017~2018年成为发行人第一大供应商的原因及合理性，采购的价格是否公允，与发行人是否存在关联关系或其他利益安排；(4) 现金交易比例及其变动原因及合理性，现金支付模式占比及变动是否符合行业惯例，与同行业可比公司是否存在重大差异。

【披露信息】

一、玉米采购模式

公司生产所需主要原材料为玉米，公司位于黄淮海夏播玉米主产区，在原材料的供应方面具有显著区位优势。报告期内，发行人主要向公司所在地周边的玉米经纪人及农户进行收购，采取就近连续采购的策略，由玉米供应商送货到厂，采购价格采取随行就市的定价模式。

公司原粮收购部配备有电子磅、自动取样机、水分测定仪、电脑及原粮收购信息系统等软硬件设备，以保障原粮收购的顺利进行。

玉米作为大宗交易的农产品，其市场价格公开透明，报告期内，公司玉米到厂收购价格与周边22家玉米深加工企业的到厂收购价格相近，且与河南周口玉米（新国标二等）现货价基本相当，变动趋势一致。

二、中介机构关于发行人玉米采购的核查

1. 询问发行人原粮收购部负责人、财务总监、玉米采购出纳、玉米采购开票人员，了解公司玉米采购、开票、记账、付款等整个业务流程，分析其交易模式是否符合行业惯例。

2. 实地查看发行人玉米采样、质检、过磅、入库、开票、付款的实际操作现场，与具体操作人员进行了沟通交流，了解发行人玉米采购控制制度的实际执行过程。

3. 对发行人报告期内玉米采购情况进行控制测试，通过抽查质检单、过磅单、入库单、收购发票、记账凭证等，核查整个采购过程的真实性、准确性及内部控制的有效性。

4. 取得报告期公司玉米供应商采购明细表，根据期初应付玉米款、当期玉米采购量及采购金额、当期支付玉米款金额计算期末应付玉米款金额，并与各期末应付各玉米供应商款项进行核对。

5. 取得报告期各期玉米采购明细、付款明细、换票明细表、存货—玉米原粮收购报表等，生成玉米采购及开票汇总表、玉米采购及付款汇总表，并和账面核对。

6. 取得公司玉米采购银行支付流水及现金付款记录，与玉米采购明细表支付金额进行比较，核对玉米收购款项支付的真实性。

7. 获取发行人有关现金交易的内部控制制度，检查现金交易的内部控制是否能够保证现金收支的完整、准确、安全。

8. 取得发行人报告期内现金日记账，对其中的大额现金交易进行查验，检查现金交易的背景、内容及收支凭证等，并对发行人期末库存现金进行监盘。

9. 选取发行人各年前二十大玉米供应商，并抽样其他小额玉米销售农户，进行现场访谈并函证，核查其与公司及公司董事、监事、高级管理人员是否存在利益及亲属关系，公司向其采购玉米的价格确定机制、交易价格公允性、报告期采购量、采购额、款项支付方式及变动情况，以及双方是否存在其他利益输送安排等。

10. 取得发行人各期前十大玉米供应商用于收款的银行账户流水，与发行人付款账户银行流水进行双向核对，并核查其玉米销售款项的资金流向。

11. 取得河南周口地区玉米现货市场公开成交价格及周边区域玉米深加工企业到厂收购价格，并将之与公司玉米收购单价进行比较，分析公司玉米采购单价是否与市场价格出现明显背离。

12. 将发行人财务账各期玉米采购、入库量与原粮收购部各期玉米采购过磅数量、制糖车间玉米领用月报表数量进行核对，分析其玉米收发存核算是否准确、完整。

13. 了解发行人玉米领料的成本结转方法，根据各期玉米采购入库数量及金额，结合各期玉米领用出库数量，计算了各期应当结转的玉米领料成本，并与发行人财务账各期实际玉米结转成本进行对比，核查是否存在异常差异。

14. 对发行人报告期各期末的玉米库存进行盘点，并获取了发行人存货盘点记录，编制监盘底稿，佐证玉米采购及成本核算的真实性、准确性及完整性。

保荐机构及发行人会计师、律师经核查后认为，报告期内发行人不存在大额现金支付玉米采购款的情形，且报告期内现金支付金额及占比已大幅下降；发行人已制定了一系列涵盖原料采购全流程的内部控制制度并有效执行，确保了报告期内玉米采购金额及成本核算的准确、完整。

三、玉米采购情况

（一）玉米采购涉及的人数

报告期内，公司玉米供应商人数呈下降趋势，主要原因是一方面随着近些年农村土地承包经营权流转，玉米种植户日益集中且呈规模化趋势；另一方面部分小规模玉米种植户出于交易便利性考虑将其所种玉米委托经纪人销售。2019年上半年，公司玉米供应商人数较少，主要是因为上半年主要由经纪人采购玉米。

（二）前十大玉米供应商采购情况

报告期内，公司向前十大玉米供应商采购玉米金额占当期玉米采购总额的比例分别为45.11%、53.94%、55.20%和64.33%，呈集中趋势；主要原因是：（1）近些年农民土地承包经营权日益集中，相应玉米种植也呈规模化趋势；（2）出于交易便利性考虑，越来越多小规模玉米种植户就近委托附近玉米大户、经纪人对外销售玉米；（3）玉米经纪人之间的竞争，部分经纪人凭借信息、服务优势也使公司玉米采购集中程度有所上升。

（三）玉米采购价格及定价原则

报告期内，公司玉米采购定价结合公司玉米库存及生产计划情况，采取随行就市的原则定价。公司的玉米收购价格对所有玉米供应商均一致，玉米种植农户和经纪人无差异。

（四）玉米采购的结算方式、开具发票方式及税务处理

报告期内，公司玉米采购一般采取现款现货结算，即农户所售玉米经检验合格并入库后，凭过磅单及发票向公司财务部玉米采购出纳处申请付款。

公司持有《粮食收购许可证》，具有农产品收购发票领用及开票资格。为鼓励农产品深加工企业做大做强，促进农产品流通，自2015年12月起，经郸城县国税局考察批准，公司开始向玉米经纪人合并开具收购发票。

小兵评析

1. 小兵总结过关于农业企业的定义：狭义上的农业企业，我们可以界定为以养猪养鸡养花养草为代表的农业类企业；而广义上的农业企业，还包括上

游供应商或者下游客户与农户农民直接交易合作的加工类企业或者农资农具类企业。对于下游客户是农户的企业来说，发行人一般通过经销商或者贸易商的方式解决，一般不直接跟农户交易；对于上游供应商是农户的发行人来说，情况则要复杂得多。

2. 某些发行人，生产所需原材料是农产品，鉴于农产品有时令性、季节性、存储困难等特点，企业所需原材料除了可以通过贸易商大宗交易实现之外，还有很大的部分需要直接跟农户现场采购。这种采购方式存在的问题显而易见，主要情形包括：（1）现金结算的比例比较高；（2）存在个人卡结算的情形；（3）供应商数量众多且分散，核查难度陡增；（4）规范意识不强，财务和税务凭证不齐全；（5）采购价格不透明且波动大，采购的公允性和合理性证明难度大等。

3. 上述情形，都是企业生产经营所必须面对的问题，而这些交易形式和存在的问题又很有可能成为 IPO 审核的实质性障碍。为了解决这个问题，实践中发行人和中介机构都在努力，目前来看常见的解决方案就是通过农村合作社和农户经纪人的方式来解决分散采购的问题。显而易见，如果将大规模的分散采购集中到几个组织甚至几个人身上，那么存在的问题会更加容易解决。

4. 当然，这样的合作社或者经纪人模式是很松散的，只是形式上有了一个牵头人，交易和结算有了一个统一的对接方而已。经纪人与合作社成员每年也会有变化，因而在核查方面还是会存在一些变数，不过较之前的模式还是有很大提升的。

5. 具体到本案例，发行人原材料基本上就是玉米，发行人主要通过经纪人的方式解决玉米采购的问题，前十大经纪人的采购占比非常高。报告期内，公司玉米供应商人数分别为 1092、1055、632 和 76，呈下降趋势，前十大经纪人的销售占比从 45% 提高至 65%。审核过程中重点关注的问题是：（1）前十大经纪人采购金额很高且持续上升的原因，是否存在对经纪人的依赖。（2）玉米采购价格如何定价，向经纪人采购与向农户采购价格差异是否很大，如何保证价格的公允性。（3）经纪人与发行人以及相关人员是否存在关联关系。（4）有些经纪人突然出现就成为第一大供应商或者突然消失，这也反映出经纪人的不稳定性。

6. 发行人也对这个问题做了充分的披露和解释，在经纪人采购中还有针对性地设计了一些内控措施。

7. 发行人也详细披露了保荐机构和会计师的核查过程和方法，一共 14 条，非常详细，可以借鉴作为核查的工作底稿。同样，发行人向农户采购玉米的信息也是相当详细的，同样值得参考。

第四节　另类商业模式

案例 15　华奥汽车（取消审核）——合作方同时是竞争对手

【问询问题】

申报材料显示，发行人主营业务的实际开展场所为合作的 4S 店内，发行人通过支付技术服务费的方式与 4S 店开展合作，报告期末发行人与 998 家汽车 4S 店开展了合作，4S 店为发行人提供必要的数据支持、设备支持、宣传展示、工位使用等服务，同时获得技术服务费收入。报告期内少量合作汽车经销商及其 4S 店存在直接或间接为发行人代收客户款项的情形。

请发行人：（1）补充披露报告期内合作汽车经销商变动数量、分布区域及交易金额前二十名的合作汽车经销商的情况；（2）分析向主要合作汽车经销商采购金额变动的原因及合理性，各期新增合作汽车经销商及 4S 店的原因及合理性；（3）补充说明发行人主营业务与 4S 店提供的车辆检修服务的关系、是否存在直接竞争关系，检测技术、检测设备、检测工序、服务时段、应用场景、技术人员等是否重合，说明发行人在人员、资产、业务、技术和财务上与 4S 店是否相互独立；（4）补充披露代收客户款项的合作汽车经销商及其 4S 店的具体情况，说明代收款项的原因及合理性，相关业务是否真实，是否存在为发行人承担成本支出或费用的情形，是否存在利益输送；（5）补充说明是否存在从汽车经销商获取的客户的车型超出4S店服务范围的情形。

【披露信息】

一、发行人主营业务情况

华奥汽车的主营业务为机动车检测评估和延长保修服务。发行人的机动车检测评估业务主要为对在用小型乘用车辆核心零部件寿命及可靠性、影响车辆价值的因素进行检测评估，通过提供快速、无拆解的检测服务并出具车辆检测报告，使车辆使用者、相关服务提供商及交易方知晓该车辆的运行情况，并能够以检测结果为基础对该车辆出具车况描述、价值评估、整备项目建议等意见。

二、主要经营模式

（一）检测评估服务模式及参与各方的关系

华奥汽车的检测业务是基于机动车主对准确的、公正的、高效的、成本合理且可分散实施的针对汽车零部件寿命及可靠性检测、影响车辆价值主要因素的检测、故障检测以及检测结果相对应的维修方案需求而开展的。

（二）延长保修服务模式及参与各方的关系

公司提供延长保修服务过程中，各方之间的主要关系如下：

1. 华奥汽车同延保客户之间的关系

产品购买阶段：客户向发行人购买延长保修服务，双方签订业务合同，客户向发行人支付延长保修服务相关款项；维修阶段：机动车车主购买发行人的延长保修服务后，在车辆的原厂保修期限或行驶里程过后，由发行人承担相关部件的维修责任，发行人制订车辆维修方案，并支付车辆维修所需费用，客户不再向发行人或其他方支付维修费用。

2. 华奥汽车同合作4S店之间的关系

（1）产品购买阶段：合作4S店为公司提供销售服务所需的场所支

持，为公司驻店销售人员提供营销场地并设置业务系统；针对合作4S店向公司提供的上述各项服务，公司对在合作4S店内完成的服务按照一定的比例向合作4S店支付技术服务费。

(2) 维修阶段：在客户车辆出现延长保修服务范围内的故障时，由华奥汽车承担相关部件的维修责任，制订车辆维修方案，并委托合作4S店按照华奥汽车制订的维修方案具体实施维修工作。

(三) 机动车延长保修应用场景下，检测评估与延长保修业务的相互关系、各自定价体系及依据

1. 业务定位。

检测业务是公司的核心和优势业务，是公司收入和利润的主要载体；延保业务是公司的特色业务，是公司拓展检测业务的重要场景。

2. 机动车检测和延保的定价依据。

检测评估服务是华奥汽车的核心业务，该项业务定价时，主要考虑直接成本（包括不限于技术服务费、检测人员工资、检测车辆折旧、房租等)、公司运营成本（包括不限于销售服务网络建设和维护的成本、公司整体的管理成本、运营支出等）和车主价格承受能力三方面因素。公司延长保修服务直接成本包括向保险公司支付的延长保修责任保险费用和延长保修服务相关的技术服务费，上述两项成本是公司延长保修产品价格的主要影响因素。

3. 发行人检测及延保业务具有独立的执行价格，价格变动不存在一致性。

三、4S店代收款服务

在同部分合作4S店合作过程中，华奥汽车采用由合作4S店代收款模式开展业务。

对于代收款模式业务，华奥汽车均派驻销售人员直接销售，并通过统一的业务系统控制整个业务流程。

四、发行人与4S店业务合作的商业逻辑和合理性

（一）主要业务全面依托4S店而又未被4S店取代的商业逻辑及其合理性

在商业应用中，存在汽车经销商（4S店）提供延保产品服务的情形。4S店提供的延保产品主要集中在新车购置环节，伴随新车销售的发生而同步销售核心零部件的延保服务，一方面，由于销售的新车均经过了汽车厂商的出厂前的质量检验，不需要独立的检测评估环节，因此，4S店可以直接为新车车主提供延保服务；另一方面，华奥的核心优势和业务环节是存量机动车而不是新车的检测评估，因此，新车车主不是华奥汽车的主要目标客户群体。

（二）向4S店支付的费用在成本和销售费用中划分的依据、合规性、准确性和合理性

发行人向合作4S店支付的费用包括技术服务费和渠道推广费，其中，技术服务费的确认标准同产品售价直接挂钩，计入主营业务成本；渠道推广费和销售产品无直接对应关系，计入销售费用。

小兵评析

1. 发行人的业务模式并不复杂，全部的业务基本上都是来源于4S店的工作场景，车辆检测业务收入占比超过80%，而延保业务占20%左右。

2. 车辆检测业务的获客渠道基本上就是4S店，比如要修车、卖车、买保险，车主到4S店，4S店的销售就会向发行人驻店的销售人员提供业务机会。发行人延保服务是跟保险公司合作，说白了就是车主去跟发行人买保险，发行人再去跟保险公司买保险，并且保证一一对应的关系，发行人就是保险公司的“二道贩子”。

3. 对于发行人盈利占比最大的车辆检测业务，该业务如何建立与4S店的合作关系，同时怎么具有内在的商业逻辑合理性，自然是审核关注的要点。这

个问题发行人也做了很多的解释。发行人为了解释自己业务的合理性，从网上找到了很多车主被4S 店坑害的案例，主要是过度保养和修理的问题。发行人是为了解决这个问题的，而解决这个问题的方式竟然是跟4S 店合作，这个解释小兵认为仍然不够清晰。

4. 对于延保业务就更不可理解了，发行人解释说保险公司不做存量车的延保业务，主要做新车延保业务，发行人就是中间保险业务的“搬运工”，对于延保业务来说，保险费是保险公司出，修理业务是4S 店来修，发行人盈利的合理性存疑。

案例 16 会通新材（已过会）——与大客户关联交易

【问询问题】

请发行人说明：（1）2013 年筱璘取得广东圆融实际控制权的方式；（2）结合会通有限及百年模塑的实际控制人均为何倩嫦等情况，说明对“资产包公司”进行上述转让的原因及合理性；（3）转让“资产包公司”发生在2012 年10 月，而筱璘2016 年11 月才辞任公司董事长的原因，结合会通有限的经营决策情况，说明筱璘作为会通有限董事长不再负责会通有限的经营管理的具体体现；（4）2008～2016 年筱璘任发行人董事长的同时经营广东圆融，是否违反《公司法》第148 条的相关规定；（5）结合筱璘与何倩嫦历史上的股权转让、股份代持、债务抵销等情况及除筱璘外其他股东历史上在发行人处的任职情况，说明筱璘是否应比照关联方、发行人收购广东圆融是否应比照关联交易披露；（6）结合2018 年收购广东圆融股权时与相关股东的协商情况、交易方案的确定及与广东圆融相关股东签署的相关协议的内容，说明2018 年收购广东圆融73% 股份时对于剩余27% 股权的处置是否纳入考虑及其具体情况；（7）收购广东圆融是否应当进行股份支付并测算股份金额对于发行人经营业绩的影响，进行股份支付处理后发行人是否仍然符合上市标准。

【披露信息】

发行人2018年及2019年分两次收购广东圆融股份，其中，2018年采用发行股份的方式，除朗润资产仍保留广东圆融27%的股份外，发行人收购广东圆融73%的股权；2019年采用现金收购的方式，收购朗润资产持有的广东圆融剩余27%的股份。朗润资产的实际控制人为筱璘，筱璘与发行人实际控制人何倩嫦存在多次股权转入、转出。

1. 广东圆融与发行人的交易和往来。2013年，筱璘取得广东圆融实际控制权。根据何倩嫦与筱璘的约定，就“资产包公司”的转让事宜，朗润资产应按照1944万元基础对价加浮动对价支付给百年模塑。2013年，股权转让时，朗润资产暂未向百年模塑支付对价。2016年12月，朗润资产通过债权债务抵销的方式支付了前述对价。

2. 2008～2016年筱璘任发行人董事长的同时经营广东圆融，是否违反《公司法》第148条的相关规定。

2009年10月至2012年9月，筱璘为会通有限的董事长，广东圆融为会通有限的子公司，筱璘通过参与会通有限的经营管理间接参与会通有限子公司广东圆融的经营管理具有合理性，不违反《公司法》第148条的规定；2012年10月至2016年11月，由于相关股东对《公司法》的理解不充分，导致筱璘挂名发行人董事长期间同时经营广东圆融的事项未履行会通有限股东会审议程序，不符合《公司法》第148条的规定，但发行人当时的股东均知悉并同意筱璘经营广东圆融的行为，对于筱璘经营广东圆融的行为不存在异议、纠纷或潜在纠纷；筱璘挂名会通有限董事长期间同时经营广东圆融未给会通有限及其股东造成不利影响，会通有限的股东确认不会因筱璘同时经营广东圆融而向筱璘追究任何责任。

3. 结合筱璘与何倩嫦历史上的股权转让、股份代持、债务抵销等情况及除筱璘外其他股东历史上在发行人处的任职情况，说明筱璘是否应比照关联方、发行人收购广东圆融是否应比照关联交易披露。

发行人已于《招股说明书》（首次申报稿）中将筱璘作为发行人的

关联方、将发行人收购广东圆融27%股权作为关联交易进行披露。

鉴于筱璘在报告期之前为发行人的关联方，在2018年12月发行人收购广东圆融73%股权后，成为间接持有发行人5%以上股份的股东并构成发行人的关联方，就发行人2018年收购广东圆融73%股权的事宜，发行人将该次收购比照关联交易进行了补充披露。

4. 收购广东圆融是否应当进行股份支付并测算股份金额对于发行人经营业绩的影响，进行股份支付处理后发行人是否仍然符合上市标准：

（1）收购广东圆融是否应当进行股份支付。公司2018年12月向广东圆融原股东发行股份购买广东圆融股权，是公司与广东圆融原股东根据市场原则确定交易对价，其价格具备合理性和公允性，不符合股份支付的有关定义“企业为获取职工和其他方提供服务而授予权益工具或者承担以权益工具为基础确定的负债的交易”，因此不涉及股份支付。

（2）模拟测算2018年广东圆融的股东取得会通新材股权的股份支付及对经营业绩的影响，模拟后公司仍然符合上市标准。

5. 公司实际控制人为何倩嫦女士，其持有公司140,571,428股股份，占公司本次发行前总股本的34.01%。何倩嫦女士的父亲何享健为美的集团实际控制人。

美的集团作为家电行业的龙头企业，公司向其销售改性塑料，符合公司主营业务发展的需要。除关联销售外，其他关联交易的金额及占比较小。未来公司将继续保持与美的集团的合作，但随着公司除美的集团以外客户的拓展，预计其收入占比将有所下降，公司对美的集团不存在依赖。

小兵评析

1. 本案例中，主人公是发行人、实际控制人何倩嫦以及名义董事长筱璘，如果要讲清楚这个资产来来往往的故事，需要一些时间和耐心，毕竟这个事情跨度10多年之久：

（1）公司在2008年成立，然后各地布局设立了很多子公司。2012年，公司认为扩张过快，决定实施战略收缩。实际控制人何倩嫦决定将广东圆融在内的资产包转让给百年模塑。百年模塑也是何倩嫦实际控制的公司。

（2）经何倩嫦与筱璘协商一致，尽管资产包是何倩嫦实际控制，但是由筱璘负责经营管理，同时筱璘退出会通有限的经营管理。

（3）在经营“资产包公司”的过程中，筱璘认为“资产包公司”具有经营价值，希望受让“资产包公司”的股权，经过股权转让，筱璘取得“资产包公司”的实际控制权。

（4）2013年，筱璘及其家人有移民的意愿。经筱璘了解，如其本人名下有较多的投资资产，可能会导致移民审核手续较为烦琐。筱璘不希望将“资产包公司”登记在自己名下，因此在受让“资产包公司”的股权时，安排“资产包公司”之间形成交叉持股。

（5）2012年，筱璘的子女在国外留学。美的集团作为知名企业，筱璘担任美的集团关联企业的董事长有助于子女申请学校，因此筱璘希望保留其在会通有限的董事长身份。基于对筱璘个人诉求的理解，并考虑到筱璘仍持有会通有限的股权，何倩嫦同意筱璘继续挂名会通有限的董事长，挂名董事长一直到2016年11月。

（6）考虑到广东圆融已具有独立上市的可能性，为了规范广东圆融的股权结构、还原真实持股状态，2016年10月至11月筱璘安排资产包公司进行了一系列股权转让。“资产包公司”均成为朗润资产的控股子公司，筱璘显名为“资产包公司”的实际控制人。“资产包公司”交叉持股期间，筱璘为广东圆融的实际控制人。

（7）2016年，会通有限开始筹备上市工作，筱璘控制的朗润资产作为会通有限的重要股东，其控制的广东圆融、合肥圆融与会通有限构成同业竞争。筱璘当时希望未来以广东圆融为主体谋求单独上市，不希望并入会通有限。为了解决会通有限的同业竞争问题，朗润资产同意退出对会通有限的持股，同时，筱璘辞去了会通有限的董事长职务。

（8）2012 年 10 月至 2016 年 11 月，筱璘仅挂名会通有限的董事长职务，未实际参与会通有限的经营管理工作。在此期间，会通有限在经营管理层面实行总经理负责制，并建立了以李健益为总经理的有效运转的职业经理人管理体系，总经理全面负责公司经营管理相关的各项具体事务。

（9）发行人 2018 年收购广东圆融 73% 的股权后，筱璘及朗润资产成为持有发行人 5% 以上股份的股东，构成发行人的关联方，据此，发行人 2019 年收购广东圆融 27% 的股权构成关联交易。

（10）发行人 2018 年收购广东圆融股权时，系于 2018 年 9 月开始进行商业谈判并初步达成交易方案，于 2018 年 11 月确定交易方案并达成正式收购协议。在交易各方进行协商及确定交易方案的过程中，未就剩余 27% 股权的相关事宜进行讨论。

（11）公司 2018 年 12 月向广东圆融原股东发行股份购买广东圆融股权，是公司与广东圆融原股东根据市场原则确定交易对价，其价格具备合理性和公允性，不符合股份支付的有关定义“企业为获取职工和其他方提供服务而授予权益工具或者承担以权益工具为基础确定的负债的交易”，因此不涉及股份支付。

（12）可以解释不构成股份支付，但是收购价格如此不合理又怎么解释？如果模拟计算股份支付影响金额，竟然有 4 亿多元。模拟测算 2018 年广东圆融的股东取得会通新材股权的股份支付及对经营业绩的影响，模拟后公司仍然符合上市标准。

2. 朗润资产是筱璘实际控制的公司，朗润资产曾经持有发行人的股份，后来又转让发行人的股份，在股权进进出出中，自然关注到对价支付问题，后来各种支付对价通过债权债务抵销的方式解决了。

3. 2016 年发行人要上市，广东圆融与发行人构成同业竞争，为了解决同业竞争问题，朗润资产转让了全部持有的发行人股份。但是 2018 年，不知道为什么，发行人又收购了广东圆融 73% 股份，关键是收购价格在招股说明书的披露中未能体现合理性。

4. 发行人实际控制人何倩嫦是美的集团实际控制人何享健之女，发行人与美的集团在产品销售和采收以及房屋租赁、资金拆借方面均存在关联交易的情形。一个企业是独立创业，产品慢慢成熟，小客户得到认可，最终实现了对美的集团的销售，甚至美的集团还入股了发行人成为重要股东。如果一个企业是一开始直接跟美的进行业务合作，靠着美的站稳了脚跟或者打开了市场，再去和其他小的企业合作就是另一种商业逻辑了。

PART 02

第二部分

基本规则的尊重

以往，市场对IPO审核最大的诟病和质疑就是窗口指导和潜在的规则比较多，这就导致审核标准不透明、审核周期不确定，发行人和中介机构对于很多问题的处理思路不能准确把握。

在注册制下，IPO审核强调信息披露，信息披露的前提自然是合规，即符合基本的规则。在这样的情况下，发行人的问题解决方案只要不违反强制性规定，那么在合理的空间内都可以解释并且被认可。

注册制下产生一些新的规则，鼓励发行人根据自己的特殊情况选择适用，但不得突破规则的底线，不得违背上市审核的基本原则。同时，任何问题的处理都应该尊重事实和基本规则，不得规避规则。

当然，我们也必须意识到，我们对问题的判断和解决是基于对规则的尊重，遵守规则也是最低的、最基本的标准。是否能够满足合理性，是否在合规的范围内刻意规避某些问题，是否满足常识性的任职等问题，倒是我们在合规之外更需要认真对待和思考的。

第一章　分拆、红筹、换股

1. 分拆上市包括A股分拆上A股和境外上市分拆回归A股上市。

2. 受国内IPO利好政策的影响，许多已经在境外上市或已经搭建红筹架构拟在境外上市的企业纷纷计划回归A股，如满足相应条件，可保持红筹架构上市，或选择拆除红筹架构后上市。

3. 在注册制利好因素的影响下，此消彼长，借壳重组的案例逐渐减少。

附：《首发业务若干问题解答》（2020年6月修订）

问题12. 对于发行人控股股东位于境外且持股层次复杂的，应如何进行核查和信息披露？

答：对于控股股东设立在境外且持股层次复杂的，保荐机构和发行人律师应当对发行人设置此类架构的原因、合法性及合理性、持股的真实性、是否存在委托持股、信托持股、是否有各种影响控股权的约定、股东的出资来源等问题进行核查，说明发行人控股股东和受控股股东、实际控制人支配的股东所持发行人的股份权属是否清晰，以及发行人如何确保其公司治理和内控的有效性，并发表明确意见。

问题22. 发行人为新三板挂牌、摘牌公司、H股公司，或者涉及境外分拆、退市的，除财务信息一致性外，发行人和中介机构在信息披露、相关合规性、股东核查等方面应注意哪些事项？

答：发行人曾为或现为新三板挂牌公司、境外上市公司的，应说明并简要披露其在挂牌或上市过程中，以及挂牌或上市期间在信息披露、股权交易、董事会或股东大会决策等方面的合法合规性，披露摘牌或退市程序的合法合规性（如有），是否存在受到处罚的情形。涉及境外退市或境外上市公司资产出售的，发行人还应披露相关外汇流转及使用的合法合规性。保荐机构及发行人律师应对上述事项进行核查并发表意见。

此外，对于新三板挂牌、摘牌公司或H股公司因二级市场交易产生的新增股东，原则上应对持股5%以上的股东进行披露和核查。如新三板挂牌公司的股东中包含被认定为不适格股东的，发行人应合并披露相关持股比例，合计持股比例较高的，应披露原因及其对发行人生产经营的影响。

第一节　分拆上市

案例17　上纬新材（688585）——我国台湾地区上市公司分拆A股上市

【问询问题】

招股说明书披露，发行人最终控股股东上纬投控系我国台湾地区证券交易所上市公司。请发行人说明：（1）发行人在大陆上市是否符合我国台湾地区相关监管要求、是否依法履行有关程序；（2）发行人各级控股股东关于发行人股份锁定、减持、稳定股价、避免同业竞争等以及其他承诺是否履行了完备的法律程序，相关信息披露是否一致，是否符合相关监管要求。

【披露信息】

1. 招股说明书披露，发行人最终控股股东上纬投控系我国台湾地区证券交易所上市公司。

（1）发行人在大陆上市是否符合我国台湾地区相关监管要求、是否依法履行有关程序。上纬投控就上纬新材在上交所首次公开发行股票并上市事宜，在我国台湾地区现行规定中，仅“台湾证券交易所股份有限公司营业细则”有相关规范。上纬投控已按照“台湾证券交易所股份有限公司营业细则”的有关规定完整履行了必要的审议程序，作出了有效的决议并进行了必要的信息披露。

（2）发行人各级控股股东关于发行人股份锁定、减持、稳定股价、避免同业竞争等以及其他承诺是否履行了完备的法律程序，相关信息披露是否一致，是否符合相关监管要求。

上纬投控已按照“台湾证券交易所股份有限公司营业细则”有关规定，履行了完备的法律程序，对外披露信息与发行人对外披露信息一致，符合相关监管要求。我国台湾地区建业法律事务所亦对此事项进行了核查，并在其出具的法律查核事项报告书中予以确认。

2. 2019年3月13日，上纬投控召开2019年第二次董事会会议，审议通过了《本公司之子公司上纬新材料科技股份有限公司首次公开发行人民币普通股（A股）股票并申请在海外证券交易所上市案》；2019年5月31日，上纬投控召开股东会，审议通过了《本公司之子公司上纬新材料科技股份有限公司首次公开发行人民币普通股（A股）股票并申请在海外证券交易所上市案》。

（1）上纬投控关于上纬新材料科创板发行上市的相关决议及授权不存在有效期，上纬投控历次相关信息披露及时。

（2）公司各级控股股东关于发行人股份锁定、减持、稳定股价、避免同业竞争等以及其他承诺无须履行上纬投控股东常会审议程序。

依据我国台湾地区建业法律事务所出具的《法律查核事项补充报告书》，公司各级控股股东关于公司股份锁定、减持、稳定股价、避免同业竞争等以及其他承诺无须履行上纬投控股东常会审议程序。上述承诺事项已经上纬投控董事会审议通过，并于股东会上进行了完整报告。

3. 高级管理人员频繁变动。律师工作报告显示，发行人高级管理人员变动频繁。

报告期内，公司财务负责人先后由谢小海、洪玫菁、谢珮甄担任。

变动原因主要是报告期初公司进行了一系列同一控制下的重组，并相应地调整了公司组织架构及部分岗位的人员任职安排。上述历次财务负责人变动均系公司正常的人员任职调整，未对公司造成重大不利影响。

报告期内，公司董事会秘书先后由许崇礼、谢珮甄担任。变动原因主要是公司对高管人员分工作出的调整，未对公司造成不利影响。

小兵评析

1. 发行人的间接控股股东是我国台湾地区上市公司，属于我国台湾地区上市公司分拆在大陆上市的案例。

2. 从案例披露的信息来看，我国台湾地区交易所对于分拆上市没有特殊的规定，需要成立一个关于子公司挂牌审查的特别委员会，其他事项只需要上市公司董事会或者股东大会审议通过就可以了。

3. 我国台湾地区上市公司分拆上市，没有对盈利规模以及人员等作出明确要求，相对比较简单。

4. 这个案例的高管变动还是比较大的，不过只要有合理的理由，一般不会被认定为高管重大变化。审核机构还关注到财务总监和董秘频繁变化的情况，尤其是财务总监，由于岗位职责比较敏感，如果报告期内存在重大变动或者离职的情况，是需要详细解释清楚的。

案例 18 天能股份（688819）——H 股分拆科创板上市

【问询问题】

请发行人：（1）提供香港联交所就发行人分拆上市的确认函，说明香港联交所的批准是否具有时效性或附条件，在何种情况下会改变前述批准；（2）说明豁免天能动力对原股东履行强制配售义务的具体条件及履行情况，是否存在纠纷或潜在纠纷风险；（3）香港联交所对本次分拆关注的主要问题及其解决情况、发行人信息披露与天能动力在香港的信息披露是否存在重大差异，以及前述情况是否对本次发行构成障碍。

【披露信息】

1. 发行人的间接控股股东天能动力为H股上市公司，发行人本次上市构成天能动力的分拆上市。2019年4月18日，香港联交所作出书面批复，同意天能动力实施分拆，有条件豁免其对原股东应履行的强制配售义务，并保留撤回和修改前述批准和豁免的权利。

（1）公司已提供香港联交所就公司分拆上市的确认函。

（2）香港联交所的批准无时效性限制。

根据香港联交所作出的确认函（香港联交所于2019年4月18日发出的书面通知，以下简称《确认函》）、《香港联合交易所有限公司证券上市规则》、香港律师事务所Minter Ellison LLP，具备对香港法律事宜发表意见之资格的律师事务所与香港联交所沟通后铭德律所回复公司的邮件，香港联交所前述对本次分拆上市的批准不存在时效性限制。

（3）香港联交所批准所附条件及可能改变前述批准的情形。香港联交所核心关注以下两种重大更新情况是否发生，或者以下所附条件是否能予以满足：

①本次分拆是否构成“非常重大的出售”，如构成，则天能动力需再次刊发公告、通函、召开特别股东大会审议通过本次分拆上市。

鉴于香港联交所本次批准系以本次分拆构成“主要交易”为前提而作出，若后续因情况变化导致本次分拆上市构成如下所述“非常重大的出售”情形的，则天能动力需向香港联交所就相关事项进行说明，并需再次刊发公告、通函。

构成“非常重大交易”的情形：待本次发行确定发行价格、募集资金总额后，计算前述确定日前5个交易日天能动力平均市值，如本次发行的募集资金金额占该平均市值75%或以上的，则本次分拆上市构成“非常重大的出售”。

②本次分拆后余下业务部分是否能保持市值不低于5亿港元，如低于，则可能撤回批准。

(4) 豁免履行强制配售义务的具体条件。根据香港联交所于2019年4月18日发出的《确认函》，香港联交所豁免天能动力严格遵守《香港联合交易所有限公司证券上市规则第15项应用指引——有关发行人呈交的将其现有集团全部或部分资产或业务在本交易所或其他地方分拆作独立上市的建议之指引》（以下简称《第15项指引》）第3条第f款项下强制配售义务的条件为，要求天能动力发布一个含如下内容的公告：①不向股东提供相关保证（履行强制配售义务，下同）的理由；②境内规则对提供相关保证的限制；③天能动力董事会向天能动力确认：本次发行及相关保证的豁免公平且合理，符合天能动力及其股东的整体利益。

(5) 天能动力已按照豁免条件所载明事项履行相关程序。2019年6月24日，天能动力就召开特别股东大会事宜发布公告，公告中就前述豁免条件中涉及的内容进行了阐释和说明。

(6) 不存在纠纷或潜在纠纷风险。香港联交所基于相关规则豁免天能动力对原股东履行强制配售义务，天能动力已经根据相关要求作出了相关披露，因此豁免天能动力对原股东履行强制配售义务不存在纠纷或潜在纠纷风险。具体分析如下：

①相关豁免系香港联交所基于相关规则作出。根据香港交易所集团官方网站的资料（https：//www. hkexgroup. com/About – HKEX/Organisation/Principal – Subsidiaries？ sc_ lang = zh – HK），香港交易所集团经营证券及衍生产品市场，是香港上市公司的前线监管机构，其通过旗下全资拥有的附属公司香港联交所经营香港唯一认可的证券市场。为实现前述目的，香港交易所集团就在香港联交所上市之证券及该等证券的发行人事宜发布了《香港联合交易所有限公司证券上市规则》及相关的指引规则。于分拆上市而言，其适用《第15项指引》，若分拆公司的上市地点不在香港，则香港联交所有权决定是否对强制配售义务进行豁免。

因此，香港联交所关于公司于本次发行上市中豁免遵守配售义务的批准是其基于《第15项指引》作出的监管行为。

②相关义务的豁免系基于规则规定导致的客观不能而作出。

③天能动力已经根据相关要求作出了相关披露。

④截至本回复报告出具日，投资人未就上述豁免事宜向天能动力提起诉讼。

根据Carey Olsen律所出具的法律意见及天能动力出具的说明，截至本回复报告出具日，天能动力投资人未就上述豁免事宜向天能动力提起诉讼。

综上所述，天能动力已按照豁免其对原股东履行强制配售义务的具体条件履行相关程序，不存在纠纷或潜在纠纷风险。

（7）香港联交所对本次分拆关注的主要问题及其解决情况。

香港联交所对本次分拆关注的主要问题为天能动力（0819. HK）剔除本次分拆板块（公司）后剩余板块（余下集团）是否仍然满足独立的上市地位，主要包括余下集团是否具备自己独立的资产、业务、人员及财务，余下集团与公司间关联交易的必要性及定价公允性，余下集团能否满足《香港联交所主板上市规则》中5亿港元的最低市值要求，余下集团的财务指标是否满足上市规则相关规定等内容。

①余下集团的业务、资产、人员及财务与公司相互独立。

②余下集团与公司之间关联交易的合理性、必要性及定价公允性。

余下集团与公司间关联采购主要系废旧铅蓄电池采购，关联销售主要系铅锭及铅合金的销售。

第一，关联交易的合理性、必要性。余下集团目前主要业务为回收废旧铅蓄电池等并加工成铅产品出售，而公司作为国内铅蓄电池行业的龙头企业，在其生产经营过程中会产生大量废旧铅蓄电池，同时余下集团的生产基地与公司的部分生产基地相邻或相近，其向公司采购废旧铅蓄电池可节约采购成本。因此，余下集团向公司采购废旧铅蓄电池具有合理性和必要性。

第二，关联交易定价的公允性。余下集团向公司采购废旧铅蓄电池，按照结算期间上海有色金属网（https：//www. smm. cn/）实时公布的废旧铅蓄电池均价为基础确定；余下集团向公司销售铅锭按照结算期间上海有色金属网实时公布的铅锭产品均价为基础确定；余下集团向公司销售铅合金按照“结算期间内上海有色金属网对应的合金中各金属均价及含量计算的金额+相应的加工费”为基础确定。上述交易的定价方式符合行业惯例，与余下集团或公司与第三方之间的交易定价模式一致。

③余下集团满足5亿港元的最低市值要求。根据《香港联交所主板上市规则》第8.09条第2款，余下集团需满足5亿港元的最低市值要求。

余下集团属于“C42废弃资源综合利用业”，余下集团按照A股及H股同行业公司的平均市盈率、市净率水平测算的估值规模均显著大于5亿港元，满足《香港联交所主板上市规则》的相关要求。

④余下集团满足上市规则中规定的其他财务指标。

（8）发行人信息披露与天能动力在香港的信息披露是否存在重大差异。

天能动力就公司在本次分拆事项中涉及的业务架构调整、员工股权激励、外部投资者引入、报告期内主要财务信息、分拆上市预计融资规模及募集资金投向等内容进行了披露，天能动力披露的前述内容与公司本次首发上市申请文件中的内容不存在重大差异。

公司本次A股首发上市申请文件中披露的2016年度、2017年度、2018年度及2019年1~6月的财务数据未直接在香港联交所进行披露，但与天能动力对应期间合并财务报表中公司的原始财务数据存在部分差异，总体上差异比例较低，不属于重大差异。天能动力在公司提交首发上市申请文件时在香港联交所披露了本次分拆的进展情况公告，并在进展情况公告中对前述差异情况进行了披露。

2. 招股说明书披露，根据《香港联合交易所有限公司证券上市规则》的规定，本次分拆上市时，如发行人新发行股份的行为被视为天能动力一项非常重大的出售事项，则尚需天能动力股东大会再次审议。

（1）“非常重大”的具体含义。

根据《香港联合交易所有限公司证券上市规则》，本次发行构成天能动力出售其资产的一项交易，本项交易需要进行“五项测试”以判断是否构成“非常重大”。“五项测试”的具体内容以及交易是否构成“非常重大”的判断标准如下：

①“五项测试”的具体内容见表2－1－1：

表2－1－1　“五项测试”的具体内容

测试项目	测试标准
资产比率	有关交易所涉及的资产总值，除以香港上市公司的资产总值
盈利比率	有关交易所涉及资产应占的盈利，除以香港上市公司的盈利
收益比率	有关交易所涉及资产应占的收益，除以香港上市公司的收益
代价比率	有关代价除以香港上市公司的市值总额。市值总额为香港联交所日报表所载香港上市公司证券于有关交易日期之前5个营业日的平均收市价
股本比率	香港上市公司发行作为代价的股份数据，除以进行有关交易前香港上市公司已发行的股份总额

②相关指标达到75%或以上则构成非常重大的出售事项根据前述“五项测试”的测算结果，资产出售交易被分为如下几类，见表2－1－2：

表2－1－2　资产出售交易的种类

交易种类	资产比率	代价比率	盈利比率	收益比率	股本比率
股份交易	低于5%	低于5%	低于5%	低于5%	低于5%
须予披露的交易	5%～25%	5%～25%	5%～25%	5%～25%	5%～25%
主要交易—出售事项	25%～75%	25%～75%	25%～75%	25%～75%	不适用
非常重大的出售事项	75%或以上	75%或以上	75%或以上	75%或以上	不适用

（2）是否适用需结合后续公司A股发行价格、募集资金总额及天能动力市值而定。

（3）本次分拆若构成“非常重大”，后续是否仅需再次召开股东大会审议、是否存在不能通过的风险、是否还存在其他决策审批程序，以及尚未履行程序的预计时间规划。

（4）本次分拆若构成“非常重大”，则需履行再次召开特别股东大会审议等程序，特别股东大会审议不能通过的风险较小，具体原因分析如下：首先，本次分拆及A股上市方案、天能动力及公司的经营状况等均未发生重大变化，且有利于天能动力股东利益，除实际控制人外的其他股东亦对于本次分拆方案的支持率高。其次，公司实际控制人支持本次分拆方案。综上所述，若因构成“非常重大”而需天能动力再次召开特别股东大会审议本次分拆上市的，不能审议通过的风险较小。

小兵评析

1. 最近一段时间，境外（尤其是我国香港特区）分拆上市的案例还是有一些的，其中对于分拆上市需要关注的重点问题、履行的程序以及取得的文件都有披露。对比来看，小兵觉得本案例对于分拆上市相关问题的总结是最完全的，这里再跟大家分享一次。

2. 关于香港分拆境内A股IPO上市，在程序方面需要重点关注的问题包括：

（1）香港联交所出具关于分拆上市的确认函，并且确认函并没有明确的时效性，不存在过期的情形。

（2）关注本次分拆是否构成“非常重大的出售”，如构成，则香港上市公司需再次刊发公告、通函、召开特别股东大会审议通过本次分拆上市。

（3）构成“非常重大交易”的情形：待本次发行确定发行价格、募集资金总额后，计算前述确定日前五个交易日天能动力平均市值，如本次发行的募集资金金额占该平均市值75%或以上的，则本次分拆上市构成“非常重大的出售”。

（4）本次分拆若构成“非常重大”，后续是否仅需再次召开股东大会审议，是否存在不能通过的风险，是否还存在其他决策审批程序，以及尚未履行程序的预计时间规划。

（5）本次分拆后余下业务部分是否能保持市值不低于5亿港元，如低于，则可能撤回批准。

（6）根据香港联交所于2019年4月18日发出的《确认函》，香港联交所豁免天能动力严格遵守《第15项指引》第3条第f款项下强制配售义务是有条件的。根据Carey Olsen律所出具的法律意见及天能动力出具的说明，天能动力投资人未就上述豁免事宜向天能动力提起诉讼。

3. 此外，重点关注的实质性问题包括：

（1）余下集团的业务、资产、人员及财务与公司是否相互独立，是否存在同业竞争的情形。

（2）余下集团与公司之间关联交易的合理性、必要性及定价公允性。

（3）余下集团满足上市规则中规定的其他财务指标。余下集团最近1年股东应占盈利不得低于2000万港元，及其前两年累计的股东应占盈利亦不得低于3000万港元。

（4）发行人信息披露与天能动力在我国香港特区的信息披露是否存在重大差异。

案例19　盛美股份（已过会）——纳斯达克上市公司分拆子公司科创板上市

【问询问题】

招股说明书披露，发行人控股股东美国ACMR为纳斯达克上市公司，持有发行人91.67%的股权。美国ACMR为控股型公司，未实际从事其他业务。

请发行人披露：（1）ACMR分拆发行人在科创板上市是否履行了法

定审批程序，是否取得了相关政府监管机构以及纳斯达克的批准、授权、同意，或履行通知、备案等程序；（2）ACMR分拆发行人在科创板上市是否充分履行了纳斯达克相关信息披露义务；（3）本次发行上市对ACMR中小投资者的具体影响，相关股东之间是否存在纠纷或者潜在纠纷；（4）发行人本次信息披露与美国ACMR上市申请文件及上市后的信息披露是否存在差异，差异原因及合理性。

【披露信息】

一、美国ACMR分拆发行人在科创板上市的相关程序

（一）关于政府监管机构以及纳斯达克的审批程序

根据美国联邦证券法律规定、现行有效的特拉华州法律以及纳斯达克规章条例的规定，美国ACMR的下属控股子公司发行人申请首次公开发行股票并在科创板上市，美国ACMR需向美国证券交易委员会就发行人本次发行上市事宜进行必要的信息披露，发行人本次发行上市申请无须获得美国证券交易委员会和纳斯达克的任何授权、同意、批准或其他行动，也无须履行通知、备案等程序。

（二）关于美国ACMR股东批准程序

鉴于《特拉华州普通公司法》、纳斯达克现行上市规则和美国ACMR的《经重述注册证书》均未要求盛美半导体本次发行上市必须经美国ACMR股东批准，因此，发行人本次发行上市无须获得美国ACMR股东批准。

（三）关于美国ACMR董事会审议程序

根据境外律师出具的关于美国ACMR的法律意见书和美国ACMR的《经重述注册证书》，美国ACMR的业务和事务由董事会管理，或者根据董事会的指示进行管理，发行人本次发行上市申请已取得美国ACMR董事会批准。

二、ACMR分拆发行人在科创板上市是否充分履行了纳斯达克相关信息披露义务

根据境外律师出具的关于美国ACMR的法律意见书和美国ACMR的

信息披露文件，美国 ACMR 已就发行人本次发行上市事宜进行了书面信息披露。

三、本次发行上市对 ACMR 中小投资者的具体影响，相关股东之间是否存在纠纷或者潜在纠纷

根据境外律师出具的关于美国 ACMR 的法律意见书、美国 ACMR 的声明及其 A、B 类普通股前五大股东出具的声明与承诺函，前述股东与美国 ACMR 其他股东之间不存在与发行人本次发行上市相关的纠纷或潜在纠纷。美国 ACMR 的任何股东未就本次上市针对公司向任何法院、政府或行政机构提起任何未决、预期或潜在的法律行动、程序或诉讼。

四、发行人本次信息披露与美国 ACMR 上市申请文件及上市后的信息披露是否存在差异，差异原因及合理性

（一）非财务信息对比

美国 ACMR 披露的内容与发行人招股说明书的披露内容存在差异，主要系美国 ACMR 文件翻译、数据取整、信息理解差异等原因造成，发行人招股说明书涉及的相关内容披露准确，上述差异对本次发行上市投资者价值判断不构成重大不利影响。

（二）美国 ACMR 财务信息与公司差异对比

公司控股股东美国 ACMR 为纳斯达克上市公司，公司为美国 ACMR 合并报表范围内的子公司，在美国 ACMR 上市申请文件及上市后的信息披露文件中未单独披露公司的财务数据。若以公司在本次发行上市申请文件中披露的财务数据与控股股东美国 ACMR 对应期间合并财务报表中的财务数据直接比较，截至本招股说明书签署日，发行人本次发行上市披露的信息与美国 ACMR 上市申请文件及上市后披露的信息不存在重大差异。

小兵评析

1. 在目前注册制的审核标准下，特殊股权结构的公司是允许 IPO 直接上

市的。发行人作为纳斯达克上市公司分拆子公司科创板上市的案例，尽管规则上没有任何障碍，不过也可以作为一个不多见的经典案例来研究。

2. 发行人控股股东是美国纳斯达克上市公司，这个上市公司就是一个控股型公司，没有从事任何业务，纳斯达克上市公司的盈利基本上来自发行人。在这种情况下，可能需要更加关注分拆上市对控股股东的股东利益是否有损害，是否存在纠纷，是否经过了相关的决策和审批程序等。

3. 具体来讲，在IPO审核过程中，主要关注的审核问题有：（1）分拆上市是否履行了法定审批程序；（2）分拆上市是否履行了相关的信息披露义务；（3）分拆上市是否损害纳斯达克中小投资者的利益，是否存在纠纷或潜在纠纷；（4）分拆上市的信息披露与原来的披露是否存在重大差异（包括财务信息和非财务信息的披露）。

4. 对于这几个问题，发行人做了详细解释，也可以作为我们判断境外分拆上市的审核标准，具体如下：（1）美国上市公司分拆子公司上市，不需要相关的法定审批程序，也不需要履行通知备案流程；（2）分拆上市不需要股东大会的审议，只需要董事会内部的审议决定；（3）分拆上市需要在美国上市公司层面进行相应的信息披露；（4）充分论证本次分拆上市的价格以及募集资金的情况，确保不损害美国上市公司股东的合法权益，不存在相应的纠纷或潜在纠纷。

第二节　境外架构上市

案例20　福立旺（688678）——控股股东为BVI公司

【问询问题】

根据招股说明书，WINWIN直接持有公司64.14%的股份，为公司的控股股东，注册地在英属维尔京群岛（The British Virgin Island，BVI），许惠钧、洪水锦、许雅筑分别持有WINWIN30%、60%、10%的股权。

请保荐机构和发行人律师对控股股东注册地的法律环境是否健全、控股股东能否履行相关承诺，公司上市后能否被持续有效监管进行核查并发表明确意见。

根据申报材料，2017年8月7日，许惠钧以1.50万美元、许雅筑以0.50万美元的价格分别取得洪水锦持有的WINWIN 30.00%、10.00%的股权，从而间接持有福立旺的股份。由于许惠钧、许雅筑在作出前述投资之前未根据我国台湾地区的相关要求申请许可，2020年2月17日，我国台湾地区有关部门向许惠钧、许雅筑出具处分书分别裁处许惠钧、许雅筑新台币5万元罚款，合计10万元新台币。请发行人提供我国台湾地区有关部门处分书，并说明上述处分对实际控制人在大陆相关投资和经营的影响。

【披露信息】

一、关于WINWIN

（一）控股股东注册地的法律环境是否健全

根据WINWIN法律意见书，在符合BVI的法律法规和程序的情况下，BVI法院有权对所属公司下达指令，如财产冻结、信息披露和指定接管人等。2020年1月28日，BVI高等法院作出一份判决［案号为BVIHC（COM）0032 of 2018］，首次承认并执行一份中国大陆民商事案件判决。BVI属于判例法体系，前述判决的作出为日后中国大陆的生效法律文件在BVI的执行提供了法律依据。

（二）控股股东能否履行相关承诺

1. 发行人的控股股东及实际控制人均已作出股份锁定及减持、稳定股价、避免同业竞争、规范关联交易及履行信息披露等承诺，该等承诺的约束力已经涵盖WINWIN及实际控制人。

2. 从责任主体上看，控股股东违反公开所作出的承诺，依然产生控股股东和实际控制人的责任。发行人的实际控制人许惠钧、洪水锦和许雅筑直接持有控股股东WINWIN的股权，洪水锦任WINWIN的董事。许惠钧与洪水锦系夫妻关系，许雅筑系许惠钧与洪水锦的女儿，目前均居住在上海市青浦区，如有监管需要相关文件可直接送达控股股东董事和实际控制人，如有监管责任可由控股股东和实际控制人承担，不影响被监管主体的追溯和责任主体的明确。

3. 本次发行上市后，发行人作为社会公众公司，受到监管机构、投资者和社会公众的监督，发行人控股股东需按规定公开披露权益变动、避免同业竞争、规范关联交易、履行信息披露义务方面的相关信息及资料，如违反相关规定，将承担相应的法律责任。

4. BVI 具有完善的立法、司法体系及现代化且高效的法律监管制度，可以有效督促发行人控股股东持续遵守相关承诺。

5. 发行人已建立健全的公司治理结构和规范的内部管理制度，且一直有效运行，能够确保公司治理和内控的有效性，且境外架构系发行人实际控制人 100% 持股，实际控制人能够完全控制控股股东切实履行相关承诺及信息披露义务。

综上所述，发行人控股股东能够持续遵守并履行上述股份锁定及减持、稳定股价、避免同业竞争、履行信息披露等相关承诺，且公司上市后能被持续有效监管，发行人控股股东注册在境外不会对公司治理和内控的有效性、参与资本市场各类行为以及股权清晰等造成不利影响。

二、关于实际控制人处罚

（一）请发行人提供我国台湾地区有关部门处分书，并说明上述处分对实际控制人在大陆相关投资和经营的影响

发行人实际控制人未经我国台湾地区有关部门许可即通过 WINWIN 间接投资福立旺事宜，违反了我国台湾地区的相关要求，但为可补正的事项。

福立旺的经营范围不属于我国台湾地区有关部门规定的禁止类投资项目，而为一般类投资项目，经投资人主动陈报、缴纳裁罚金额并补办许可后，即可补正先前未经许可投资的违规事项。即为可补正的事项，而非强制需撤销投资的禁止事项。

发行人实际控制人已完成我国台湾地区有关部门补正程序，因此，上述处罚对于实际控制人在大陆相关投资和经营不会产生实质性不利影响。

（二）请保荐机构和发行人律师根据《审核问答》第5条核查并发表明确意见

1. 发行人控股股东设置境外架构的原因及其合理性。

发行人实际控制人许惠钧、洪水锦、许雅筑通过BVI公司WINWIN间接持有发行人的股份，主要原因系发行人实际控制人为中国台湾人，境外架构系发行人实际控制人基于持股商业惯例并结合自身实际情况为向中国境内投资而搭建，具有商业合理性。

2. 设置境外架构的合法性、持股的真实性，是否存在委托持股、信托持股，是否有各种影响控股权的约定，股东的出资来源等，发行人控股股东和受控股股东、实际控制人支配的股东所持发行人的股份权属是否清晰。

根据Samuels Richardson & Co. 律师事务所就WINWIN有关事项出具的法律意见书及发行人实际控制人出具的书面确认文件，WINWIN系依据BVI法律规定合法成立并有效存续的公司，发行人实际控制人许惠钧、洪水锦、许雅筑通过WINWIN间接持有发行人的股份，不存在委托持股、信托持股或其他各种影响控股权的约定，出资均为实际控制人家庭自有资金，真实、合法；WINWIN所持发行人的股份权属清晰。

3. 发行人公司治理和内控的有效性。

发行人已建立健全的公司治理结构和规范的内部管理制度，且一直有效运行，能够确保公司治理和内控的有效性，且境外架构系发行人实际控制人100%持股，实际控制人能够完全控制境外架构切实履行相关承诺及信息披露义务，因此，境外架构设置不会对发行人公司治理和内控的有效性产生不利影响。

小兵评析

1. 这个案例最典型的就是发行人的控股股东是 BVI 公司，实际控制人持有这个公司 100% 的股份，这算是在注册制审核理念下，对于公司股权架构最大的宽容和让步。

2. 对于这种情形，审核机构最关心的自然是 BVI 公司作为发行人控股股东，是否能够保证合法合规经营，是否能够接受中国相关法律制度的监管，同时控股股东能否履行相关承诺等。

3. 对于这些疑问，发行人做出了自己的解释，最关键的是，发行人还取得了境外律师对于相关事项的专项法律意见书。主要解释有：（1）BVI 当地有完善的金融监管体系，并且已经有案例可以适用中国的商事主体。（2）控股股东相关的承诺都可以履行，主要理由是背后的实际控制人都住在上海，如果有处罚和监管意见可以随时送达，而 BVI 公司是实际控制人 100% 控制的公司。（3）发行人同时找到了其他两家在科创板上市的控股股东为 BVI 公司的案例，现在注册制审核下，找同样的案例成为最重要的说明方式和思路。

4. 这样的先例当然是好的，不过真正实施的效果还是要等这一批企业上市之后，待后续的监管实践来验证。其实，不管发行人怎么解释，境外主体的监管风险都是真实存在的。

5. 发行人在转让控股股东股权的时候，没有取得我国台湾地区相关部门的许可。发行人解释公司业务不属于禁止投资事项，并且后续也补充提交了许可申请，我国台湾地区也做了事后确认的许可，同时对违规行为作出处罚。从某种意义上来讲，这个问题的上述解决思路是最合适到位的。

案例21 华丰股份（605100）——红筹架构 IPO

【问询问题】

请发行人说明实际控制人为中国籍而设立境外控制架构的原因，发行人中外合资企业设立的背景和目的，实际控制人是否为发行人带来资金、先进技术或管理经验，实际控制人相关出资来源是否合法，相关税收、外汇行为是否合法。请保荐机构和发行人律师对前述问题及发行人设置此类架构的原因、合法性及合理性，持股的真实性，是否存在委托持股、信托持股，是否有各种影响控股权的约定，股东的出资来源进行核查，说明发行人控股股东和受控股股东、实际控制人支配的股东所持发行人的股份权属是否清晰，以及发行人如何确保其公司治理和内控的有效性，并发表明确意见。

【披露信息】

Engineus Power 目前直接持有发行人 4500 万股，占公司本次发行前股本总额的 69.2308%，是发行人的控股股东。

Engineus Power 是一家于 2006 年 2 月 15 日在 BVI 设立的商业公司，公司编号为 1010988。Engineus Power 授权发行股本 10,000,000 股，每股面值 1.00 美元，实际发行股份 4,525,291 股，每股面值 1.00 美元。Dynamax International Limited 持有其 4,525,291 股，持股比例为 100%。Engineus Power 董事为徐华东。Engineus Power 主要业务为投资，目前仅持有华丰动力股份。

截至招股书出具之日，Engineus Power 的股权结构见图 2－1－1：

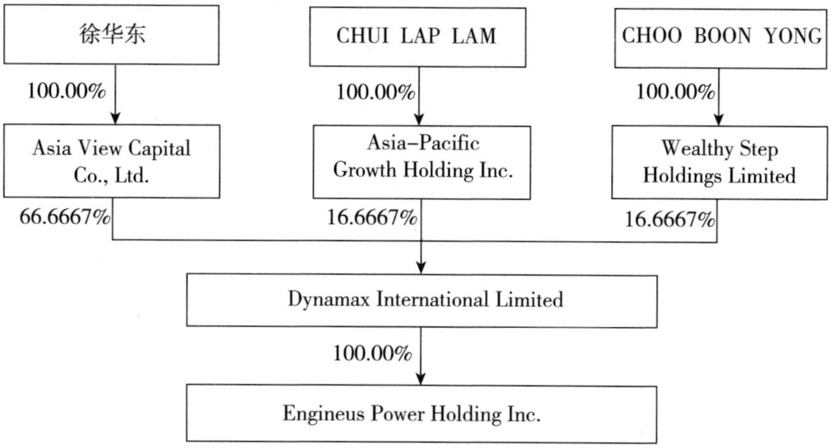

图 2－1－1　Engineus Power 的股权结构

本公司实际控制人为徐华东先生、CHUI LAP LAM女士，徐华东先生与CHUI LAP LAM女士为夫妻关系。截至本招股说明书出具之日，徐华东先生间接持有公司48.8462%股权；CHUI LAP LAM女士间接持有公司11.5385%股权。徐华东先生、CHUI LAP LAM女士两人合计持有公司60.3847%股权。

发行人披露的股权结构见图2-1-2：

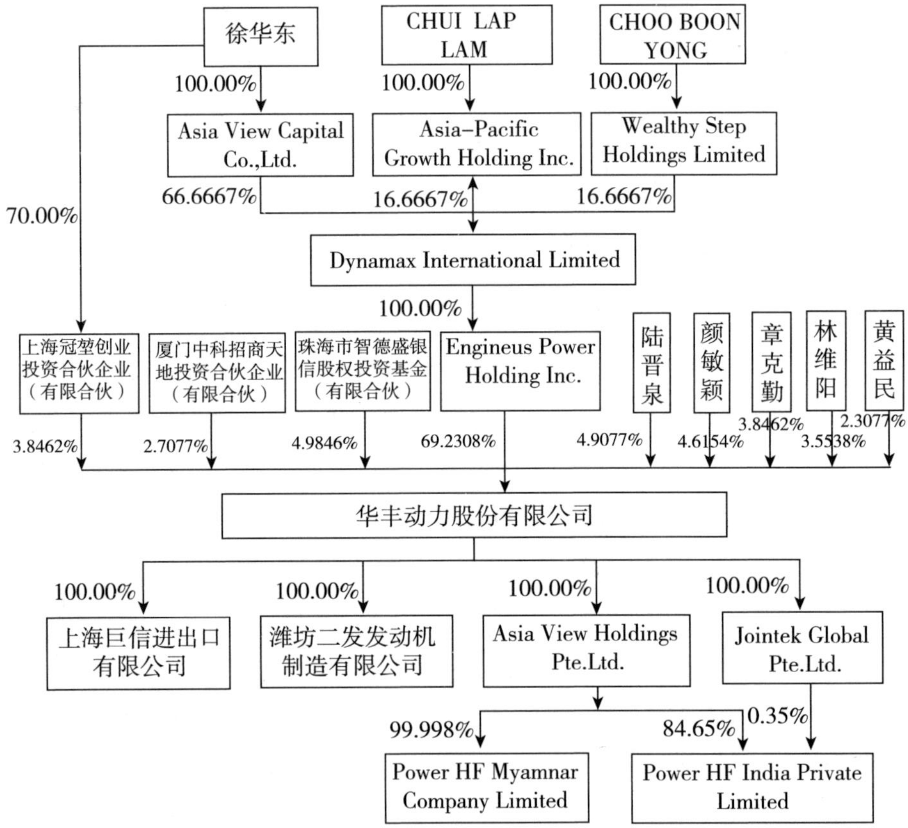

图2-1-2 发行人披露的股权结构

小兵评析

1. 发行人披露的最新的股权架构，即典型的 WFOE 模式的红筹架构。

2. 境外上市因为不能以境内经营主体作为上市主体，因而一般都会在境外设立一个控股型的主体作为上市主体，通过 100% 持股和协议控制的方式间接实现对境内经营实体的控制，从而通过 IPO 实现证券化。对于本案例发行人来说，境外上市的主体是 Dynamax International Limited。

3. 在以前，如果搭建红筹架构的企业放弃了境外上市的计划而选择回归境内上市，那么在“控制权必须要回归到境内”的基本指导思想下，必然会涉及红筹架构拆除的过程。这个过程中需要将一些中间层级的公司和架构清理，通过解除协议或者股权转让的方式实现控制权的回归。这个过程涉及资金转移、外汇管理、税务问题、业务整合等问题。

4. 而根据发行人的案例操作，发行人只要是以境内的经营主体上市，那么境外的控制权主体和中间层级的架构都是不需要拆除和清理的，换句话说，红筹架构下的境内经营主体是可以直接 IPO 上市的，这算是一个很大的进步和改革，值得赞许。

5. 当然，在这种情况下，境外主体的合规性和规范性核查是一个需要重点关注的问题，这时候一般需要委托境外的专门的律师事务所进行核查并出具专门的律师核查报告。

6. 还需要说明的是，如果现有的红筹架构是以 Dynamax International Limited 作为上市主体，那么就是典型的红筹架构 IPO，现在科创板和创业板注册制改革也是允许在 A 股 IPO 的，只是条件更加严格一些，标准也更加苛刻。

7. 还有一点，发行人的实际控制人是夫妻，丈夫是董事长和总经理负责公司的控制和管理，是中国国籍，拥有永久新西兰居留权；妻子不在公司直接任职，妻子是新西兰国籍。这样的实际控制人身份对发行人的股权架构也有一定的影响。

8. IPO 审核实践中也存在一些境外上市之后私有化退市回归 A 股上市的案例，思考思路是一致的。

第三节　换股吸收合并

案例 22　新亚强（603155）——换股吸收合并

【问询问题】

2018 年 9 月，发行人发行股份换股吸收合并吉林新亚强生物化工有限公司（以下简称吉林新亚强）。请发行人代表说明：(1) 上述吸收合并交易的账务处理和准则依据，对发行人当期财务状况的影响；(2) 评估基准日吉林新亚强持有新亚强股权的账面价值、评估价值，与新亚强股权的评估价值是否存在较大差异；(3) 吉林新亚强净资产评估增值率与新亚强净资产评估增值率差异较大的原因及合理性；(4) 吸收合并交易完成后，吉林新亚强股东是否需要承担纳税义务。

【披露信息】

2018 年 11 月，公司为提高管理效率、优化公司治理结构、避免潜在的同业竞争，吸收合并了原控股股东吉林新亚强，本次吸收合并相关情况如下：

一、吉林新亚强基本情况

本次吸收合并前，吉林新亚强股权结构见表 2－1－3：

表 2－1－3　合并吸收前吉林新亚强股权结构

序号	股东	认缴出资额（万元）	实缴出资额（万元）	持股比例（%）	出资方式
1	初琳	2148.59	2148.59	62.43	货币
2	红塔创新昆山	590.00	590.00	17.14	货币
3	红塔创新	339.25	339.25	9.86	货币

续表

序号	股东	认缴出资额（万元）	实缴出资额（万元）	持股比例（%）	出资方式
4	初亚贤	295.00	295.00	8.57	货币
5	初亚军	68.83	68.83	2.00	货币
合计		3441.67	3441.67	100.00	

二、本次重组方案

新亚强与吉林新亚强以评估基准日经评估的每股净资产为基准，双方协商确定本次换股价格，进行换股吸收合并。吸收合并完成后，新亚强作为吸收合并后的存续方，承继吉林新亚强的全部资产、负债、业务、人员及其他一切权利与义务，吉林新亚强注销法人资格。

经双方公平协商，最终确定新亚强的换股价格为 4 元/股，吉林新亚强每单位注册资本的换股价格为 12.68 元。根据上述换股价格，吉林新亚强与新亚强股份的换股比例为 1∶3.17，即每 1 元吉林新亚强注册资本可以换得 3.17 股新亚强股份。

新亚强股份因本次合并将向吉林新亚强的股东发行 10,910.30 万股股份，吉林新亚强持有新亚强股份的 10,580.00 万股股份同时注销。

换股合并后，新亚强股份的股份总数将由 10,588.00 万股变更为 10,918.30 万股，注册资本将从 10,588.00 万元变更为 10,918.30 万元。

本次吸收合并完成后，新亚强股份同时同比例减少注册资本 7468.64 万元，注册资本由 10,918.30 万元变更至 3449.6667 万元。

三、本次重组履行的程序

1. 2018 年 8 月 31 日，瑞华会计师事务所对新亚强、吉林新亚强的财务报表进行了审计，并分别出具了《审计报告》，新亚强经审计的净资产账面价值为人民币 37,614.92 万元，吉林新亚强经审计的净资产账面价值为人民币 11,229.60 万元。

2. 2018 年 8 月 31 日，北京中企华资产评估有限责任公司对新亚强、吉林新亚强进行了资产评估，并分别出具了《资产评估报告》，新亚强的净资产经评估为42,351.64万元，吉林新亚强的净资产经评估为43,640.83万元。

3. 2018年9~10月，新亚强召开临时股东大会，决议通过《关于公司吸收合并吉林新亚强的议案》《关于签署附条件生效的吸收合并协议的议案》；吉林新亚强召开临时股东会，决议通过《关于子公司新亚强吸收合并本公司的议案》《关于签署附条件生效的吸收合并协议的议案》。

4. 新亚强、吉林新亚强分别刊登《吸收合并并减资公告》。

5. 2018年9月14日，红塔创新、红塔昆山董事会作出决议，同意上述吸收合并方案。

6. 2018年9月15日，新亚强与吉林新亚强签署《吸收合并协议》，新亚强向吉林新亚强全体股东发行股份，以换股方式吸收合并吉林新亚强，吉林新亚强的全体股东持有的股权将按换股比例转换为新亚强的股份。

7. 2018年11月1日，永吉县市场监督管理局开发区分局出具了《准予注销登记通知书》，准予吉林新亚强注销。

8. 2018年11月5日，宿迁市工商行政管理局核发新的《营业执照》，注册资本变更为3449.6667万元。

四、本次重组的税务处理

2018年10月23日，永吉县税务局对吉林新亚强出具了《清税证明》，并对吉林新亚强提交的《企业重组所得税特殊性税务处理报告表》予以盖章确认。

2018年11月6日，宿迁市宿豫区税务局对公司提交的《纳税人合并（分立）情况报告书》予以盖章确认。

五、本次吸收合并的影响

1. 优化治理结构，提高管理效率；

2. 避免了潜在的同业竞争；

3. 本次吸收合并未导致新亚强主营业务发生变化；

4. 本次吸收合并未导致公司管理层、实际控制人变化。

六、本次吸收合并并减资的原因

原国家工商行政管理总局于2011年发布了《关于做好公司合并分立登记支持企业兼并重组的意见》（以下简称《兼并重组的意见》），针对企业吸收合并的注册资本数额，《兼并重组的意见》规定如下：“……（五）支持公司自主约定注册资本数额。因合并而存续或者新设的公司，其注册资本、实收资本数额由合并协议约定，但不得高于合并前各公司的注册资本之和、实收资本之和。合并各方之间存在投资关系的，计算合并前各公司的注册资本之和、实收资本之和时，应当扣除投资所对应的注册资本、实收资本数额。……（九）支持公司一次性申请多项变更登记。公司合并分立时增加股东、增加注册资本等其他登记事项变更的，只要符合《公司法》《公司登记管理条例》等法律法规和公司章程的规定，可以一并提交相关登记申请，并按照总局内资企业登记材料规范的要求提交申请材料……”

根据原国家工商行政管理总局的《兼并重组的意见》，公司及吉林新亚强经过董事会及股东（大）会审议通过，公司吸收合并吉林新亚强后，注册资本减少至3449.6667万元，符合《兼并重组的意见》的要求。

小兵评析

1. 换股吸收合并的案例在上市公司的资本运作中还是有一些的，甚至也有上市公司换股吸收合并上市公司的案例。在上市公司中，因股价是公开透明的，换股价格和比例也相对比较确定，因而方案也比较容易通过和实现。

2. 在拟上市公司案例中，吸收合并的案例尽管不是那么常见，倒也还是有一些，毕竟在吸收合并方面有很多税收的优势。为什么换股吸收合并不常见，小兵认为，在拟上市公司资产整合过程中，为了避免同业竞争和减少关联交易，一般会这样处理：（1）如果整合对象是独立的资产和业务，那么，发行人选择通过股权转让的方式将其变更为全资子公司。（2）如果整合对象没有资产或者资产和业务很少，那么，发行人可以选择收购资产然后直接将这个公司注销。（3）如果整合对象有一些资产和业务，同时存在一些其他障碍（如涉及明显的税负成本），那么这时候才可能考虑吸收合并的方式。

3. 在拟上市公司 IPO 的吸收合并方案中，一种情况是合并方和被合并方股权结构一致，这时候只需要简单进行注册资本叠加然后进行资产转移和账务处理就可以了，当然也可以合并方注册资本不变化。另一种情况就是合并方和被合并方股权结构不一致，这时候就需要测算合并之后合并方的股权结构和持股比例，这在很大程度上就有换股吸收合并的意味了。

4. 本案例属于典型的换股吸收合并的情形，从发行人的情况来看，换股吸收合并的确是最合理的一个操作方案：（1）发行人需要将控股股东注销，然后控股股东的股东直接持有发行人的股权。（2）控股股东账面净资产金额较大，如果进行简单的股权转让或资产收购，税负成本可能比较高。

5. 发行人换股吸收合并的案例并不是很复杂，基本操作就是发行人和控股股东确定好换股价格和换股比例，确定好控股股东换股之后直接持有发行人股份的比例就可以了。不过，在这种情况下，控股股东的资产增值率（接近300%）远高于发行人的增值率（10%左右），是一个值得关注的重点问题。此外，发行人在换股吸收合并之后还存在注册资本减少的情形。

6. 换股吸收合并的决策程序也并不复杂，只要双方股东大会审议通过就是可以的。需要特别注意的是，吸收合并因为存在法人主体消失的情况也就是公司注销，因而需要关注公司注销的流程是否完备，是否存在损害债权人利益的情形。

第四节 整体上市的例外

案例23 长鸿高科（605008）——实际控制人同时推动两家企业上市

【问询问题】

发行人与实际控制人控制的科元精化、科元石化均为化工企业，科元精化与发行人为上下游，位置相邻，生产装置相连，报告期存在关联交易。请发行人代表说明：(1) 实际控制人控制的企业是否也从事TPES的生产和销售，发行人认定与控股股东、实际控制人及其控制的其他企业间不存在同业竞争的依据是否充分；(2) 发行人实际控制人同时推动两家企业上市而未实行整体上市的原因及合理性，如何平衡各自股东的关系；(3) 与科元精化之间关联交易的必要性、合理性，价格是否公允，是否履行了必要的程序；(4) 2019年8月，发行人转让相关资产给科元精化消除关联交易，是否影响发行人资产完整性或对未来生产经营产生不利影响。

【披露信息】

一、发行人实际控制人未将相关化工企业整体上市的原因

报告期末，发行人实际控制人陶春风控制的化工生产企业除发行人外，还包括科元精化及广西长科。广西长科尚处于筹建期，业务发展情况具有不确定性，报告期亦未发生关联交易事项，未来投产后与发行人不存在上下游关系，也不存在同业竞争，其业务定位、应用领域与发行人存在较大差异，不具备进行整合上市的合理性和必要性。

发行人未与科元精化整体上市的主要原因如下：(1) 发行人与相关化工企业的业务定位、发展战略不同；(2) 发行人与相关化工企业不存在同业竞争、业务依赖关系及利益输送情况。

报告期内，发行人与科元精化存在关联交易，主要为发行人向科元精化采购苯乙烯。苯乙烯属于大宗化学品，市场价格公开、透明。报告期内，发行人向科元精化及其他关联方采购苯乙烯的价格公允，不存在利益输送的情况。报告期内，发行人为了优化苯乙烯供应结构，向多家大型供应商采购苯乙烯，使发行人向科元精化采购苯乙烯占苯乙烯总采购额的比例逐年下降。由于科元精化与发行人的地理位置相对较近，同时，科元精化为华东地区较大的苯乙烯生产企业，发行人向科元精化采购苯乙烯具有商业合理性。而且，苯乙烯为国民经济生产中一种较为基础、重要的大宗化学品，生产企业众多，不具有供应的唯一性。发行人与科元精化不存在业务相互依赖关系，发行人与科元精化的整合上市不存在合理性、必要性。

发行人已通过购买相关的资产，直接接入外部供水、供电、供汽管网和直接向无关联的原辅材料供应商采购等措施消除了不必要的关联交易，同时提高了资产完整性和独立性。发行人报告期留存的关联交易事项定价公允，不存在交易条件显失公平和进行利益输送的情形，相关交易金额占相应项目的比例较小，发行人未对关联方及相关交易事项产生重大依赖，不影响发行人的业务独立性。

二、科元精化借壳上市的进展情况及发行人实际控制人同时推动两家企业上市的原因

（一）科元精化借壳上市进展情况

科元精化原拟通过浙江仁智股份有限公司（证券代码：002629，证券简称：仁智股份）筹划借壳上市。经各方协商一致，终止本次重大资产重组。终止的原因为：继续推进本次重组无法达到双方预期，若继续推进存在较大的风险和不确定性。

（二）发行人实际控制人同时推动两家企业上市的原因

1. 发行人与科元精化同时上市有利于两家企业各自发展战略的实现；

2. 发行人与科元精化同时上市更有利于提高两家企业的运营管理

效率；

3. 发行人与科元精化各自独立上市可以拓宽各自的融资渠道；

4. 发行人与科元精化独立上市有利于各自实施更有效率的股权激励；

5. 发行人与科元精化独立上市有利于实现资产效益和股东价值最大化；

6. 发行人与科元精化同时上市有助于提升各自品牌知名度和业内影响力。

小兵评析

1. 发行人实际控制人控制的企业很多，除了数量很多的贸易公司之外，生产企业主要有4家，而最重要的生产型经营主体除了发行人之外，就是科元精化。

2. 科元精化的相关资产和业务曾在2010年4月通过科元石化（美国）借壳美国OTCBB挂牌公司Silver Pearl实现在美国挂牌交易，并于2010年9月4日经批准在纳斯达克交易。2017年9月，科元石化（美国）完成退市及私有化，同时科元石化（美国）被注销。

3. 科元精化境外私有化退市的原因，除了境外的估值情况不是很理想之外，更重要的原因是A股IPO巨大的吸引力。科元精化境外退市的唯一目标是否就是境内A股上市我们不得而知，科元精化和发行人的业务到底是怎样的一个发展脉络和成长过程我们了解得也并不多。但是，我们知道的结果是，实际控制人控制的两家企业有着同时登录资本市场的雄心。

4. 不知道是巧合还是有意为之，根据公开披露的信息，发行人的IPO申请提交时间是2019年3月25日；而在同时，仁智股份2019年3月25日发布了《关于筹划重大资产重组的公告》，宣布科元精化将估值103亿元借壳仁智股份上市。遗憾的是，不到一个月之后的4月22日，双方的借壳上市合作计划就宣布终止。

5. 借壳为什么会终止，小兵觉得并不是因为发行人申报了 IPO，可能主要还是觉得“壳”不怎么合适，仁智股份跟科元精化合作失败，立即就和另外一家企业建立合作意向了。

6. 在发审会问询问题上，监管意见也重点关注了实际控制人同时推进两家公司上市的合理性，没有进行整合整体上市是否有足够理由，以及两家企业分别上市的股权利益平衡问题。既然到了发审会还在关注这个问题，那么实际控制人可能也没有放弃过两家企业一起上市的努力。

7. 除了我们讨论的两家企业一个 IPO、一个借壳上市的问题，其实我们更关注的是两个企业是不是存在同业竞争和关联交易，是不是存在业务独立性，是不是应该整体上市而不应该单独上市。根据披露信息，科元精化与发行人为上下游，位置相邻且生产装置相连。因为两家企业存在上下游关系，因而报告期内也存在金额较大的关联交易，后来通过资产整合的方式解决了关联交易问题。发行人对于同业竞争也做出解释，因为业务定位完全不同，未来发展目标也完全不同，存在相同的客户和供应商情况比较少等。或许，在目前审核理念下，整体上市的要求没有那么严苛了。

8. 尽管同一实际控制人控制的不同企业分别上市，从规则上讲没有任何问题，曾经好莱客和好太太分别上市也引起了很大的争议，不过那都是前后脚上市，这样同时上市的情形确实不多见。

第二章　会计处理

1. 在注册制的审核理念下，在强调充分信息披露的操作思路下，我们对于很多会计问题的处理，分析更加透彻，理解更加清晰，标准也更加明确。

2. 在当下的IPO审核中，对于研发费用的关注度越来越高，核查也越来越详细，尤其是在科创板的审核中，因为研发费用的比例直接涉及发行条件，因而需要格外关注和重点核查。

3. 除了研发费用，对于收入确认方法、坏账计提比例、存货跌价准备、长期待摊费用、在建工程等特殊的会计处理也会受到特别关注。问询意见回复的披露以及会计师专项说明的披露，使我们有了充足的学习素材，也能帮助我们从IPO审核的角度更加深刻地理解某些会计问题以及对应的准则处理。

第一节　研发费用

案例24　天能股份（688819）——非研发耗用计入研发费用

【问询问题】

招股说明书披露，发行人研发费用中主要为直接材料且金额较大，各期金额分别为56,122.53万元、73,113.00万元、85,486.35万元、35,777.75万元；报告期各期研发加计扣除金额与本次申报研发费用差异较大。请发行人说明：(1) 研发领用直接材料在集团内各不同主体的分布情况，领用主要材料内容和数量，与各主体配备的研发人员及执行的研发项目的匹配情况；(2) 公司研发的主要内容及大量耗用原材料的原因及合理性，是否存在研发领料耗用后重新回库用于生产的情况；(3) 研发中形成的实物成果的数量和对应管理情况，未形成实物成果的废料后续处理情况；(4) 本次申报研发支出与申报税务部门研发支出的差异构成及合理性，研发费用与研发加计扣除金额的差异构成及合理性。

【披露信息】

一、公司研发的主要内容及大量耗用原材料的原因及合理性，是否存在研发领料耗用后重新回库用于生产的情况

公司研发的主要内容包括新产品设计研发、新型合金材料的研发、材料使用配比及产品结构设计的优化、生产工艺的创新以及产线装备的升级。

公司研发耗用材料产生的废料，会与生产过程中产生的废料一起进行集中管理，并委托专门的供应商提炼加工成精铅，或委托具有专业资质的客户进行专门固废处置，不存在直接重新回库用于生产的情况。

二、研发中形成的实物成果的数量和对应管理情况，未形成实物成果的废料后续处理情况

报告期内，公司不会单独对未批量生产的产品进行销售，就新产品研发形成的产品，仅少量作为样品、测试品进行保存，其余与研发废料、生产废料等一起进行报废处理。因生产工艺的提升、生产设备的改进、原材料配方的改进等研发活动所耗用的材料，公司为保证自身产品的质量与品质，将其也作为废料进行处理。公司对生产过程中产生的废料与研发过程中产生的废料统一进行管理。

针对上述废料，公司需委托专门的供应商提炼加工成精铅，再用于

生产，或委托具有专业资质的公司进行固废处置。

三、申报研发支出与申报税务部门研发支出不存在较大差异

申报研发支出与研发加计扣除金额的差异主要系由两者确定基础不同造成的。

报告期各期，公司根据相关研发加计扣除文件的要求，对不符合研发加计扣除政策的研发费用进行了纳税调整，主要调整事项包括：（1）部分子公司由于享受其他税收优惠政策或存在可弥补亏损，未申请加计扣除；（2）不符合研发费加计扣除范围的职工教育经费、部分福利费；（3）按研发费用总额的10%对可加计扣除的其他费用金额进行限额调整；（4）公司出于环保要求，对生产、研发产生的废料进行统一管理，结合所属税务部门的管理要求，对部分子公司研发领用材料未申请加计扣除。

四、是否存在将非研发领料、非研发人员工资、研发人员从事非研发活动的支出等与研发无关的支出计入研发费用的情况

保荐机构、申报会计师对是否存在将非研发领料、非研发人员工资、研发人员从事非研发活动的支出等与研发无关的支出计入研发费用的情况进行的核查如下：

（一）职工薪酬

查阅明细账及访谈相关人员，了解职工薪酬的归集内容，职工薪酬归集研发人员的工资、奖金、社保、公积金、福利费等内容；获取研发人员花名册，对研发人员的毕业院校和专业进行核查，识别研发人员是否具有相关的专业技能，研发人员是否真实；抽查研发人员劳动合同，查看劳动合同签署的入职部门是否为研发部门，以识别人员是否确实从事研发工作；获取发行人各项目的研发立项书，查看研发人员是否均实际参与研发项目；获取研发人员工资表，对研发人员薪酬进行复算，并查看期后是否均已支付；对福利费进行抽查，查看福利费的发放名单是否均为研发人员；对研发人员的职工薪酬进行分析性复核，对人数和人均薪酬的合理性进行分析。

（二）直接材料

查阅明细账及访谈相关人员，了解直接材料的归集内容，直接材料主要是研发部门领用的研发物料；获取研发物料领用清单，全年研发物料领用总金额与公司研发物料费核对一致；抽查研发物料领用单，领料单上注明领用研发材料对应的项目、金额与账面一致；对研发物料与研发项目的相关性进行分析复核。

（三）折旧与摊销

查阅明细账及访谈相关人员，了解折旧与摊销的归集内容，折旧与摊销主要是研发部门使用的固定资产折旧；获取固定资产清单，查看资产是不是研发部门在使用；对报告期各期的折旧与摊销进行复算，对生产和研发共用的资产，复核其分摊方法是否合理，经复核，折旧与摊销金额无误；对固定资产进行抽盘，查看固定资产使用状态。

（四）办公费、差旅费、维修费、业务招待费等

查阅明细账及访谈相关人员，了解各项费用的归集内容，办公费、差旅费、业务招待费是否为研发人员发生的相关费用，维修费是否为研发用机器设备维修支出；对各项费用进行真实性测试，并检查费用报销人员、费用内容、差旅记录、出差事由等是否具有合理性。

小兵评析

1. 对于研发费用的核查，除了我们传统意义上的要核查归集情况以及明细目录之外，还需要从实质的角度去核查研发费用的真实性和合理性。比如：

（1）研发人员的工资是不是均是研发人员的薪酬，是否存在其他人员混为研发人员领取薪酬的情况。

（2）研发领用的原材料和固定资产耗用等，是不是真正都用于研发，是不是存在生产领域的耗用也归集到研发耗用上的情况。

（3）研发阶段耗用大量原材料的合理性，是否存在研发领料耗用后重新

回库用于生产的情况。

（4）研发中形成的实物成果的数量和对应管理情况，未形成实物成果的废料后续处理情况。

（5）是否存在将非研发领料、非研发人员工资、研发人员从事非研发活动的支出等与研发无关的支出计入研发费用的情况。

2. 本案例中，对于研发费用的具体使用效果进行了详细核查，保荐机构核查比例超过了70%。

案例25　仁会生物（已过会）——新药研发企业的研发费用在极度克制的范围内允许资本化

【问询问题】

招股说明书披露，发行人内部研究开发项目开发阶段系指公司新药开发完成非临床和临床研究，递交生产注册申请后开始进行试生产、获取生产批件前的阶段。贝那鲁肽注射液于2012年12月完成Ⅲ期临床试验，2016年12月获得新药证书和生产批件。发行人选取了贝达药业、微芯生物、特宝生物、泽璟制药、君实生物、前沿生物作为可比公司对比研究开发支出的资本化时点。请发行人清晰披露：（1）研发费用资本化的起点和终点，以及起点和终点对应提交或获取的文件或证据；（2）按照研发管线披露各产品历史累计研发投入，各年研发投入资本化和费用化的金额；（3）贝那鲁肽注射液研发支出资本化期间研发活动的主要内容和开支内容。

【披露信息】

1. 研发费用资本化的起点和终点，以及起点和终点对应提交或获取的文件或证据。根据公司研发费用资本化的会计政策，并结合公司药品研发的特点及风险，具体以完成Ⅲ期临床试验并递交生产注册申请后（如药品注册申请受理通知书）作为公司研发费用资本化的起点，以研发项目达到预定用途（如取得注册批件）作为公司研发费用资本化的终点。

2. 按照研发管线披露各产品历史累计研发投入，各年研发投入资本化和费用化的金额。按照研发管线，除已上市产品谊生泰，公司其他在研项目的研发支出均已费用化。

3. 量化分析已资本化的研发支出对未来经营业绩的影响，并视其重要性完善风险提示。截至2019年12月31日，发行人自行开发无形资产的原值金额为13,862.06万元。若不考虑公司经营情况变化和无形资产减值等因素的影响，自行开发无形资产的摊销金额将使公司2020年至2025年各年利润总额减少1386.14万元、2026年利润总额减少1270.69万元。

4. 招股说明书中披露的发行人研发费用资本化开始时点为完成Ⅲ期临床试验并递交生产注册申请后（如药品注册申请受理通知书）。谊生泰项目2016年及以前资本化支出为13,867.82万元，2017年度及以后费用化支出为5376.45万元。

（1）将粉针剂改为水针剂是否需要重新开展临床试验，改变剂型需要发行人完成的相关程序及其具体内容，是否应视为一项单独的研发活动。

谊生泰粉针改水针的整个环节均经过了主管部门的充分审议，经国家药监局、药品评审中心审核，谊生泰粉针剂改为水针剂不需要重新开展临床试验。

（2）谊生泰开始资本化之前的研发费用金额与资本化研发费用金额对比情况，并结合改变剂型花费的研发时间，进一步说明改变剂型是否显著增加研究失败风险，发行人将改变剂型的研发费用资本化是否符合同行业可比公司的惯例、是否符合《企业会计准则》的规定。

第一，谊生泰开始资本化之前的研发费用金额与资本化研发费用金额对比情况，并结合改变剂型花费的研发时间，进一步说明改变剂型是否显著增加研究失败风险。

研发金额方面，谊生泰资本化金额高于费用化金额，主要是由于谊生泰研发开始时间较早，费用化阶段的整体物价水平较低所致，并未显著增加研究失败风险。研发时间方面，谊生泰资本化时间较长，主要受行业“722核查”[①]影响，并非因为研发难度大而显著增加了研究失败风险。

从时间跨度看，发行人资本化的期间约为4年，费用化期间为13年，资本化时间远小于费用化阶段投入的时间。从资本化时间构成看，约4年的时间包含了改变剂型花费的时间、谊生泰注册生产现场检查花费的时间以及“722核查”花费的时间。其中，“722核查”为监管部门对行业内医药企业临床试验数据的整体性核查，对药品注册审批进度的影响较大。因此，谊生泰资本化时间较长主要受上述因素综合影响，并非因研发难度大而显著增加了研究失败风险。

研发内容方面，谊生泰将粉针剂改为水针剂仅为剂型改变，药物的有效成分、作用机理、给药途径和适应症等均没有改变，研发难度较低。

第二，发行人将改变剂型的研发费用资本化是否符合同行业可比公司的惯例、是否符合《企业会计准则》的规定。

根据公开信息查询，同行业可比上市公司在研发国家Ⅰ类新药的过程中，尚未发生过产品获批上市前改变剂型的情况，暂无可参考的同行业公司的案例。

同行业公司中，药品上市后再评价的增加新适应症、改变剂型、改变给药途径属于较为常见的情况，研发风险较低，因此所产生的研发支出一般均会予以资本化。

（3）谊生泰项目研发支出资本化时是否已取得水针剂的药品注册申请受理通知书，谊生泰项目研发支出资本化时点是否与发行人披露的会计政策一致。

谊生泰项目研发支出资本化时并未取得水针剂的药品注册申请受理

① 2015年7月22日，原国家食品药品监督管理总局发布《关于开展药物临床试验数据自查核查工作的公告》（2015年第117号），决定对该公告附件所列已申报生产或进口的待审药品注册申请开展药物临床试验数据核查。

通知书。

发行人披露的会计政策以完成Ⅲ期临床试验并递交生产注册申请后（如药品注册申请受理通知书）作为公司研发费用资本化的起点，以研发项目达到预定用途（如取得注册批件）作为公司研发费用资本化的终点。谊生泰项目研发支出资本化时点与发行人披露的会计政策一致。

发行人未以取得水针剂的药品注册申请受理通知书的时间作为研发费用资本化时点具有合理性。

发行人将粉针剂改为水针剂是谊生泰整个研发活动的一个阶段，并非一项单独的研发活动，其后续研究失败风险较小，相关投入已满足开发阶段研发支出资本化的五项条件。

综上所述，谊生泰项目研发支出资本化时点与发行人披露的会计政策一致。

5. 根据问询回复，发行人于 2011 年 5 月收到粉针剂型生产申报阶段药品注册申请受理通知书，于 2015 年 5 月收到水针剂型生产申报阶段药品注册申请受理通知书。而发行人根据 2012 年 12 月召开的临床专业审评会议要求，开展谊生泰粉针剂改为水针剂的相关研究，并于 2013 年起将相关研发费用予以资本化谊生泰。

发行人披露的会计政策以完成Ⅲ期临床试验并递交生产注册申请后（如药品注册申请受理通知书）作为公司研发费用资本化的起点，以研发项目达到预定用途（如取得注册批件）作为公司研发费用资本化的终点。

根据问询回复，谊生泰研发费用资本化起点符合会计政策要求，原因系以 2012 年 12 月作为资本化起点时间，可同时满足会计政策完成Ⅲ期临床试验并递交生产注册申请的两项要求。在谊生泰 4 年资本化时间中包含了“722 核查”花费的时间。

（1）将收到粉针剂型药品注册申请受理通知书时点作为论述发行人水针剂型谊生泰研发费用资本化起点与披露会计政策一致的合理性，进一步说明谊生泰资本化起点是否与发行人披露的研发费用资本化开始时点一致。

（2）“722 核查”产生的资本化费用金额，将“722 核查”费用资本化的原因、合理性，是否符合《企业会计准则》的规定。

发行人将“722 核查”费用资本化的具体原因如下：

第一，发行人与“722 核查”相关的研发活动和费用支出与谊生泰研发项目直接相关。谊生泰属于已申报生产药品，临床试验数据自查核查工作是谊生泰药品注册新药的必经环节。

第二，发行人与“722 核查”相关的研发活动和费用支出发生于谊生泰研发支出资本化阶段，相关研发支出已满足会计准则关于开发阶段资本化的五项条件。

综上所述，将“722 核查”费用资本化是合理的，符合《企业会计准则》的规定。

小兵评析

1. 在科创板审核的医药企业 IPO 案例中，尤其是以新药研发作为主营业务的 IPO 中，研发费用资本化在规则上是允许的，只是对资本化的时点和金额有严格的限定，必须有充分的商业理由和明确的规则标准。

2. 从现有的案例来看，医药研发企业的研发费用资本化基本上都是以完成Ⅲ期临床试验并递交生产注册申请后（如药品注册申请受理通知书）作为公司研发费用资本化的起点，以研发项目达到预定用途（如取得注册批件）作为终点。对于医药研发企业来说，这个资本化的时点已经非常靠后了；对于一款新药的整个研发流程和研发投入来说，研发费用资本化的金额和占比应该也不会很高。从某种意义上来说，这是在科创板 IPO 审核中，在特定环境下对资本化问题最克制的允许。

3. 发行人是典型的医药研发企业，并且主要是国家Ⅰ类新药的研发，因而允许在上面提到的区间内将研发费用资本化。不过，本案例还是有很多特殊的地方，因而在审核过程中还是被重点关注。主要体现在：

（1）发行人在取得粉剂新药申请的受理通知书开始资本化，这是符合准则要求和行业惯例的，但是后来根据要求开始研发水针剂的新药产品。

（2）因为这样的调整，发行人的批文申请从 2012 年开始受理，直到 2016 年才取得新药证书和生产批件，那么资本化的区间也就横跨 5 年。

（3）不仅如此，在这 5 年里，国家进行了行业的“722 核查”，发行人将应对“722 核查”发生的费用也进行了资本化。

（4）就是由于上述原因，发行人资本化的研发费用高达 1.3 亿元，远高于费用化的 1 亿元，这一点也是非常特殊的，有别于同行业的正常水平。

4. 因为发行人的资本化的特殊性，审核中心三次问询中都关注到了这个问题，而且一次比一次问得深入，一次比一次问得具体。根据问询函内容以及发行人回复的内容，我们简要总结一下审核重点关注的问题：

（1）费用资本化的具体区间，承担的主要工作，以及资本化的具体金额。

（2）所有研发产品每年资本化和费用化的金额。

（3）发行人选取的资本化的标准是否与同行业保持一致。

（4）资本化周期为 5 年的具体原因和合理性。

（5）粉剂改为水针剂是否为独立的研发活动，是否为原来研发活动的持续，资本化是否有依据。

（6）假定以水针剂受理时间作为资本化的起点，模拟测算对发行人经营业绩的影响。

第二节　其他会计处理

案例 26　蓝特光学（688127）——来料加工采用净额法核算

【问询问题】

请发行人：（1）在“主营业务收入按区域分析”部分补充披露主要产品收入按境内境外的占比情况；公司外销收入的具体区域金额、占比等。(2) 在“来料加工模式下玻璃晶圆产品收入情况”部分补充披露来料加工模式下玻璃晶圆产品收入占玻璃晶圆总体收入的比例情况。(3) 披露与同行业收入变动趋势存在差异的情况。

【披露信息】

一、来料加工模式下玻璃晶圆产品收入情况

报告期内，来料加工业务模式下的玻璃晶圆产品的收入、占比具体情况见表2-2-1：

表2-2-1 2017~2019年度来料加工业务模式下的玻璃晶圆产品的收入、占比具体情况

来料加工业务模式下的玻璃晶圆产品	2017年		2018年		2019年	
	收入（万元）	收入占比	收入（万元）	收入占比	收入（万元）	收入占比
显示晶圆	2449.98	5.97%	843.69	2.14%	1686.23	5.05%
衬底晶圆	2684.20	6.55%	1852.64	4.70%	1042.07	3.12%
合计	5134.18	12.52%	2696.33	6.83%	2728.30	8.17%

二、来料加工业务会计处理

根据《企业会计准则》的相关规定，公司收到客户发来的原材料时，不作会计处理，对收到的材料在备查簿中进行登记；领料生产环节，每月根据公司的成本核算方法进行归集和分配，借记“生产成本”“制造费用”科目，贷记“应付职工薪酬”“累计折旧”“应付账款”“原材料—辅材”等科目，完工后借记“库存商品”科目，贷记“生产成本”等科目；产品销售后，借记“应收账款”科目，贷记“主营业务收入”科目，同时结转销售成本借记“主营业务成本”科目，贷记“库存商品”科目，并对当月消耗的原材料情况以报告形式发送给客户。

三、来料加工业务模式下的玻璃晶圆产品收入是否属于劳务收入，是否采用净额法核算

1. 从商业背景看，康宁集团与公司开展前述业务并非简单纯加工模

式，相关产品生产加工工序及产品销售与其他非来料模式产品不存在差异。公司与康宁集团开展业务采取来料加工主要是因为其产品覆盖光学全产业链，也从事玻璃材料销售业务，且其对产品品质、性能参数等要求较高，因此其选择自购或自产材料。

2. 从产品成本构成看，由于公司产品成本的直接材料占比较低，产品成本主要组成部分为直接人工以及辅助材料、折旧等制造费用。无论对于来料加工业务，还是非来料加工业务，公司与客户定价考虑的主要因素并非原材料成本。因此，公司为康宁集团提供的是生产制造业务，与公司其他产品销售业务无重大差异。

3. 从生产工序看，来料加工的玻璃晶圆产品的生产工序复杂，需要经过粗磨预型、线切割、上工装、双面研磨、双面抛光、下工装、清洗、镀膜、成品检验、包装入库等从玻璃材料到成品的整个工艺流程，与公司自购料生产同类玻璃晶圆产品的工艺流程相同。在整个生产过程中，公司提供了生产环节所需的场地、辅助材料、设备生产线与生产工人等诸多生产要素，而非仅提供人工劳务服务。

4. 从生产管理和内控制度看，公司来料加工玻璃晶圆产品的生产管理与其他产品的生产管理一样贯彻执行公司统一的内控制度，采用公司统一的存货会计政策、会计估计及成本核算方法。

因此，公司来料加工业务模式下的玻璃晶圆产品收入不属于劳务收入；公司对来料加工业务中客户提供的材料未做采购入账，采用净额法核算。

小兵评析

来料加工业务在性质上和会计处理上主要有两个核心关注问题：

1. 发行人的来料加工业务具有一定的技术含量和成本的付出，并不是简单地提供加工配套服务，不是简单地劳务服务，不适于劳务收入。

2. 发行人的来料加工业务采用净额法确认，原材料入库不做任何会计处理，只是正常的入库处理，只有在销售的时候才会直接结转相关的成本。

案例27　三峰环境（601827）——EPC和BOT两种模式的最新会计处理

【问询问题】

报告期内，发行人营业收入主要包括EPC建造收入、项目运营收入及设备销售收入。请发行人代表：（1）结合EPC项目和BOT项目合同内容，说明相关会计核算是否符合《企业会计准则解释第2号》的规定，与行业可比公司是否存在显著差异。（2）说明EPC项目与完工进度核算相关的内控制度是否健全并有效执行，是否存在通过工程进度跨期调节业绩的情形；报告期内部毛利率普遍高于外部项目的原因及合理性；内部项目毛利率报价的确定依据，是否存在控制内部项目毛利率来调节报告期经营业绩的情况。

【披露信息】

一、EPC建造收入分析

报告期各期，公司EPC建造收入分别为110,233.09万元、141,010.12万元、181,015.65万元和81,385.61万元，占主营业务收入的比重分别为45.61%、47.59%、52.79%和40.69%。

（一）EPC项目收款情况与确认收入存在较大差异的原因

公司对EPC项目按《企业会计准则第15号——建造合同》的规定，采用完工百分比法确认收入，完工百分比根据实际发生成本占项目预算总成本的比例确认，公司据此确认收入成本。

因此，在完工百分比法核算模式下，公司的EPC项目的收入、成本确认主要受实际发生成本的影响。而在项目收款上，公司根据EPC合同约定的收款节点进行款项的结算，项目收入、成本的确认依据和收款结算确认依据的不同，造成公司EPC项目收入、成本确认进度与收款进度存在一定差异。

（二）EPC 项目预计总成本与实际总成本差异分析

报告期内，预算总成本调整较大的项目及原因见表 2－2－2：

表 2－2－2　报告期内 EPC 项目预算总成本调整较大的项目及原因

单位：万元

序号	项目名称	调整前预算总成本（A）	调整后预算总成本（B）	预算总成本调整金额（C）	调整比例（D＝C/A）	主要调整原因
1	南宁 EPC 项目	55,567.16	56,394.78	827.62	1.49%	汽机房小叶片主体钢结构加固，增加措施及钢结构制安工程费；增加高切坡地质灾害治理工程抢险工程费及施工签证金额增加，调增预算总成本
2	涪陵 EPC 项目	35,148.14	35,948.14	800.00	2.28%	边坡及挡墙实际施工工程量超过原预计；江边取水栈桥施工对长江水位估计不足，增加筑岛填心及高喷防渗墙工程
3	绍兴项目	21,094.56	20,794.56	－300.00	－1.42%	部分现场技术服务成本约定由设备供应商承担，成本总体控制较好
4	汕头雷打石 EPC 项目	28,651.00	28,343.75	－307.25	－1.07%	项目已完工但尚未结算，部分建设项目无须实施及部分服务费由供应商承担

（三）期末较大金额已完工未结算款项的原因

截至 2019 年 6 月 30 日，汕尾 EPC 项目、广西南宁 EPC 项目、百果园 EPC 项目、涪陵 EPC 项目、梅州 EPC 项目已完工，相应的决算手续正在办理中，上述项目都已纳入合并财务报表范围，建设完成后，转入无形资产—特许经营权核算，因此合并财务报表层面上述项目不存在已完工未结算款项的情况。

公司无形资产主要为BOT特许经营权，2017年年末公司无形资产账面价值相比上年年末有所减少，主要系已投入运营的垃圾发电项目的无形资产摊销所致；2018年年末公司无形资产账面价值相比上年年末增加38,610.13万元，增幅为9.49%，主要系2018年涪陵项目投入运营，在建工程转入无形资产所致。2019年6月末，无形资产账面价值相比上年年末增加231,057.94万元，增幅为51.89%，主要系百果园项目、梅州项目分别于2019年1月和3月投入运营，由在建工程转入无形资产所致。

二、BOT特许经营权的会计核算符合企业会计准则的规定

1. 根据《企业会计准则解释第2号》关于BOT业务的规定：建造合同收入应当按照收取或应收对价的公允价值计量，并分别以下情况在确认收入的同时，确认金融资产或无形资产：（1）合同规定基础设施建成后的一定期间内，项目公司可以无条件地自合同授予方收取确定金额的货币资金或其他金融资产的；或在项目公司提供经营服务的收费低于某一限定金额的情况下，合同授予方按照合同规定负责将有关差价补偿给项目公司的，应当在确认收入的同时确认金融资产，并按照《企业会计准则第22号——金融工具确认和计量》的规定处理；（2）合同规定项目公司在有关基础设施建成后，从事经营的一定期间内有权利向获取服务的对象收取费用，但收费金额不确定的，该权利不构成一项无条件收取现金的权利，项目公司应当在确认收入的同时确认无形资产。

2. 项目公司为使有关基础设施保持一定的服务能力或在移交给合同授予方之前保持一定的使用状态，预计将发生的支出的现值，按照《企业会计准则第13号——或有事项》的规定计提预计负债。

3. 项目公司按照《企业会计准则第6号——无形资产》，对特许经营权按照授权年限或者剩余授权年限以直线法摊销，并将摊销金额计入当期营业成本。

BOT特许经营权的会计核算和同行业对比情况见表2－2－3：

表2－2－3　BOT特许经营权的会计核算和同行业对比情况

同行业公司	对特许经营权的会计处理
伟明环保	a. 项目达到可使用状态之前，按照建造过程中支付的工程价款、资本化的借款费用等以在建工程科目核算，当达到可使用状态以后即转入无形资产核算； b. BOT项目特许经营的摊销根据特许经营权的授予经营年限以直接法进行摊销； c. 为使BOT项目有关基础设施保持一定的服务能力或在移交给合同授予方之前保持一定的使用状态，预计了将发生的支出，计入预计负债
绿色动力	a. 按照保底垃圾处理费收入的折现值，确认长期应收款；项目建造成本与长期应收款的差额，确认无形资产； b. 无形资产按直线法开始摊销，摊销期限为项目达到预定可使用状态起至特许经营权到期日止； c. 未计提移交预计负债
中国天楹	a. 未明确披露无形资产初始入账价值计算方法； b. 对于使用寿命有限的无形资产，在为企业带来经济利益的期限内按直线法摊销； c. 未计提移交预计负债
康恒环境	a. BOT项目公司作为建造服务接受方按照应支付对价归集入在建工程，建造项目完工后，将在建工程结转至无形资产；按照运营初始日剩余特许经营年限对无形资产—BOT特许经营权进行摊销； b. 未计提移交预计负债

公司与同行业公司相比，在特许经营权的确认、摊销方面没有本质不同；公司依据谨慎性原则计提了移交预计负债，符合《企业会计准则解释第2号》的规定。

小兵评析

1. EPC指Engineering Procurement Construction，即受业主委托，按照合同约定对工程建设项目的设计、采购、施工、试运行等实行全过程或若干阶段的承包。BOT指Build Operate Transfer，即建设—经营—移交，业主通过特许经营权协议授权签约企业进行基建设施的融资、设计、建造、运营以及维护工作。签约企业在特许经营期内可向用户、服务对象收取费用来抵销其投资、运营及维护成本并取得合理的回报。在特许经营权期满后，相关设施将交回业主。

2. 不论是企业经营状况还是 IPO 审核实践，这两种模式都长期合理地存在，并且阶段性地迎来发展的高潮。从 IPO 审核的角度来说，这样的业务模式最大的问题就是收入和成本核算的真实性问题，并且存在很大的不确定性，包括业务机会的获得、合同的执行、最后的回款节奏。此外，在会计处理方面也存在一定的争议和不明确的地方，关键是某些地方的不同处理会直接影响发行人的当期损益。好的方面是，一般这种模式下的发行人收入和净利润规模都会比较大，在一定程度上淡化了模式本身对 IPO 的影响。

3. 关于 EPC 模式，主要的操作技术问题以及审核关注要点如下：

（1）详细说明各期承揽的合同金额在前五的项目合同金额、当期发生成本、累积发生成本、预计总成本、完工百分比、当期确认收入、累积确认收入、当期项目毛利、当期收款、累积收款情况。

（2）每个项目收入确认的标准，以及收入确认与实际回款之间差异较大的原因。公司采用完工百分比法确认收入，完工百分比根据实际发生成本占项目预算总成本的比例确认，公司据此确认收入成本。有些项目工期紧张，完成得比较快，所以项目完成得差不多了，但是还没有满足合同规定的回款节点，因而存在较大的差异。

（3）项目预计总成本与实际总成本的差异情况，是否存在重大差异。这个也是按照完工成本占总成本比例确认收入需要关注的核心问题，如果预计总成本不准确，那么发行人的收入确认就存在很大的缺陷，同样发行人的内控也就存在重大问题。

（4）项目已经完工还没有结算的情况，这也是最新的 IPO 审核政策重点强调的一个问题，就是已经完工但推迟验收而不确认收入的情况。

4. 关于 BOT 项目，主要的会计处理要求和审核关注要点如下：

（1）建造过程中支付的工程价款计入“在建工程”核算，达到预定可使用状态将“在建工程”转入“无形资产—特许经营权”核算。

（2）预计因项目移交的恢复性大修支出，计提移交预计负债，并将折现金额计入“无形资产—特许经营权”。

（3）对特许经营权按照授权年限或者剩余授权年限以直线法摊销，并将摊销金额计入当期营业成本。

（4）对于尚未开始运营的垃圾焚烧发电项目，公司于各期期末评估各个 BOT 项目的可收回金额。对于已经开始运营的垃圾焚烧发电项目，当出现减值迹象时，公司评估各个 BOT 项目的可收回金额。

案例 28　天地在线（002995）——互联网业务返点的不同方式和会计处理

【问询问题】

发行人报告期存在供应商返点的情形。请发行人代表说明：（1）报告期对媒体供应商的返点（包括返货、返现等）比例的变化情况，腾讯文化取消阶梯式返点后执行的返点具体政策，返点比例变化是否对发行人盈利能力产生重大不利影响；（2）报告期对媒体供应商的返点计提是否准确；（3）报告期向三六零科技集团有限公司的采购量与返点不匹配的原因及合理性；（4）截至 2019 年年末，供应商返货数金额较高，未能及时消耗的原因，是否存在潜在损失。

【披露信息】

一、不同的返点情形

月度、季度或者年度末，供应商根据公司业务完成情况给予公司返点（返现及返货），公司依据返点的价值冲减公司成本。

供应商以货币资金形式支付给公司的款项为返现，故返现价值为款项金额。

供应商以虚拟点形式向公司支付点数为返货，公司依据加权平均单价核算返货的价值，返货的价值=当期返货的数量×加权平均单价=当期返货的数量×当期消耗虚拟点的成本金额/（当期消耗虚拟点的数量+返货的数量）。

二、报告期内“返货或返点”“管理费”“激励和奖励”“服务费”“保证金”的会计处理原则、与同行业上市公司会计处理对比情况

（一）会计处理原则

公司收到的返货、返现、激励奖励、服务费实质上是供应商对公司当期消耗或服务成本的补偿，故公司将该等收益冲减公司当期成本。

（二）同行业上市公司会计处理

公司收到的返点冲减公司营业成本，与同行业上市公司会计处理一致。同行业上市公司均将其保证金作为往来款处理，公司关于保证金的会计处理与同行业上市公司处理一致。

（三）符合会计准则的规定

公司收取供应商给予的返货、返现、激励奖励、服务费实际上是供应商给予公司的返利，公司用返利金额冲减当期交易成本，使冲减后的成本能正确反映公司当期交易的实际付出的对价，符合《企业会计准则》相关规定。

保证金为公司开展业务缴纳给供应商的款项，该款项在公司终止业务时可收回，故公司作为往来款项处理，符合会计准则规定。

综上所述，公司针对返货、返现、激励奖励、服务费和保证金的会计处理符合会计准则规定。

三、公司对非现金折扣的折算方法、报告期各期各供应商提供的折扣总金额、折扣的会计处理原则

（一）报告期非现金折扣的折算方法

上游媒体供应商给予公司的非现金折扣主要包括充值折扣、返货两类。充值折扣是指公司按充值虚拟点时，按市场指导价打折后价格的充值；返货是媒体供应商根据公司月度、季度或年度的业务量情况给予公司的额外的虚拟点。

充值折扣的折算方式：上游媒体供应商给予公司的充值折扣采用的方式是，公司按市场价充值时，上游媒体供应商按协议约定给予公司充值金额固定比例的额外虚拟点。即公司可以以一定的金额充值更多的点数，使得公司每个虚拟点的单价下降。

返货的折算方式：返货是供应商根据公司月度、季度或年度的业务量（主要为消耗量）情况给予公司的额外返点。返货是属于供应商对公司当期消耗量的一种补偿，公司依据加权平均单价核算返货的价值，返货的价值＝当期返货的数量×加权平均单价＝当期返货的数量×当期消耗虚拟点的充值成本金额/（当期消耗虚拟点的数量＋返货的数量）。

（二）报告期各期各供应商提供的折扣金额

公司供应商提供的折扣包括现金折扣（返现、服务费）和非现金折扣（充值折扣和返货）。

（三）折扣的会计处理原则

1. 现金折扣（返现、服务费）。

供应商依据激励政策给予公司的现金折扣（返现、服务费），由于是对于公司当期业务量的一种补偿，故公司将供应商给予的现金折扣（返现、服务费）冲减当期成本，会计处理如下：

借：应收账款

　　贷：主营业务成本

2. 非现金折扣（充值折扣、返货）。

供应商依据激励政策给予公司的非现金折扣（充值折扣、返货）。其中充值折扣，为公司在消耗现金购买的虚拟点时，按充值折扣后单价乘以消耗的现金购买的虚拟点数量核算当期结转成本的金额。

返货是供应商对于公司当期业务量的一种补偿，故公司将返货价值冲减当期成本，会计处理如下：

借：预付账款

　　贷：主营业务成本

公司收取供应商给予的折扣实际上是供应商给予公司的返利，公司用返利金额冲减当期交易成本，使冲减后的成本能正确反映公司当期交易的实际付出的对价，符合《企业会计准则》相关规定。

小兵评析

1. 在商业合作中，为了对客户进行激励，或者对不同的客户进行不同的区分管理，会出现各种优惠的情形。当然，偶然情况下，企业对于供应商也会存在一些激励措施，不过极少见，毕竟大部分是买方市场。

2. 这样的商业优惠和激励是符合基本的商业合作逻辑的，同时在实践中也会以各种不同的方式体现，最常见的如优惠券、代金券、商业折扣、返现、返货等。

3. 尽管存在各种各样的激励优惠措施，目前的会计处理倒没有太大的争议，一般就是分为是直接冲减收入或者进入成本。商业折扣一般是直接按照折扣之后的金额来确认收入，这符合相关的会计准则；其他比如返现或者优惠券的情形，一般情况下则会计入营业成本或者冲减收入。

4. 具体到本案例中的发行人，发行人在跟腾讯、360 等互联网企业的合作中，由于要采购大额的媒体资源，因此互联网企业会给发行人一定的返点，而这里的返点包括返现和返货。返现比较清晰，比较特殊的或者说互联网特有的就是返货，这种情况下返回的货物也不是我们所理解的货物而是虚拟点数。

5. 在公开的披露信息中，发行人对返点的会计处理还是做了明确说明，但是对于返点的具体充值使用情况，是否与发行人的业务规模和采购周期存在一定的逻辑关系，以及用返点具体支付的系统流转和内部控制措施，并没有披露得很清楚。而发行人每年的返点金额接近 1 亿元，这对发行人财务数据的真实性和合理性还是会有较大影响的。

案例 29 直真科技（003007）——定制软件开发不应该采用完工百分比法确认收入

【问询问题】

报告期内，发行人将软件开发业务收入确认方法从完工百分比法更正为初验法确认。请发行人代表：（1）结合初验至终验发行人主要工作内容及对风险及报酬或商品控制权的影响，说明采用初验而非终验时点确认收入是否符合《企业会计准则》的规定；（2）说明上述会计差错更正对发行人报告期财务数据的影响，是否属于会计基础薄弱情形；（3）结合发行人合同约定验收时点，说明占比 50% 以上的软件开发业务在 12 月进行初验的合理性，合同约定初验日期与实际初验报告日期是否具有一致性，发行人对初验环节的业务控制是否存在调节的情形；（4）说明部分合同施工日早于合同签订日的具体形成原因，发行人应对未签约风险的具体措施，业务实施的内部控制是否存在重大缺陷。

【披露信息】

软件产品开发业务的收入确认标准如下：

一、取得初验报告开始确认收入

软件产品开发是指根据客户需求，进行专项软件产品设计与开发工作，组织交付服务人员开展现场技术支持、工程实施、提供解决方案等，包括初验和终验等环节，其中初验和终验是客户对系统运行情况作出的评价（客户也可直接终验），也是公司与客户结算的主要依据和环节。在初验阶段完成时，围绕项目的大部分工作均已完成，后续所涉工作内容很少、工作量也不大。因此，公司在取得初验报告后开始确认收入。

二、初验确认收入的比例

由于公司软件产品开发主要依靠项目实施人员及自有软件技术的整合来进行开发，因此，公司以投入工时为计算基础，以完工进度作为确认收入的依据。根据历年已完工典型合同统计，初验时项目投入工时约为90%，因此，公司按照以下标准孰低的原则确定初验收入的确认比例：(1) 初验时合同约定的付款比例等于或高于90%，则以90%确认收入；(2) 初验时合同约定的付款比例低于90%，则以合同约定的付款比例确认收入。

公司每年年末会根据当年完工合同情况，对初验完工进度进行复核。

三、终验时的收入确认

取得客户终验报告确认时，公司扣除终验前已确认的比例后，将其余部分确认收入。

小兵评析

1. 对于软件开发企业，如果按照基础的标准来区分，我们可以简单划分为：通用型软件开发和定制化软件开发。

2. 对于通用型的软件来说，一般可以简单理解为传统的工业产品，通常就前期的研发铺垫、技术储备和后续的持续开发提供技术支持。软件类型多样、种类繁多，可以同时在不同领域、不同客户之间交换使用。这种情况下，软件销售的收入确认标准一般是：等客户验收运行合格之后，出具验收确认单来确认收入，也就是我们常说的终验法。

3. 对于定制化软件产品，实践中一般存在以下特点：

(1) 定制软件需要在客户的系统环境中开发，要无缝对接现有的软件和环境。

(2) 开发过程中形成的全部电脑程序、代码等存储于客户的内部模拟系统中。

(3) 开发人员不得将程序代码等转存至其他电脑中，开发过程中形成的程序、文档等所有权和知识产权归客户所有。

(4) 如果开发失败或者合作中止，其他供应商无法利用现有的已完成工作，而需要重新执行软件定制工作。

（5）开发公司对开发过程中形成的代码和程序没有合理用途，不能利用开发过程中形成的程序、文档，并从中获取经济利益。

4. 在以前的 IPO 审核实践中，对于定制开发软件的收入确认标准是完工百分比法，一般就是按照投入成本占总成本的比例来确定进度，从而确认收入和结转成本。但是，如果对照定制软件开发的一些特点和实践中对于开发任务风险报酬转移的约定，这种模式下，采用完工百分比确认收入是不审慎的，甚至是不符合真实的现实情况的。

5. 基于这样的考量，目前对于定制软件开发企业的收入确认标准一般采取终验法，具体操作起来也有两种模式：（1）以软件在客户系统顺利运行，客户最终验收作为收入确认的标准。（2）以软件在客户系统初步验收作为收入确认标准。如果按照第二种方式确认收入，那么实践中初验节点一般已经投入 90% 的成本，这时候研发失败的风险已经很低了；从收入确认的角度来看，收益大概率流入符合收入确认条件；从实际效果来看，这时候已经投入 90% 的成本，其实跟终验法确认收入也没有太大差异了。

6. 具体到本案例就是这种情况，发行人提供的属于典型的定制软件开发业务，最初采用完工百分比确认收入，后来调整为终验法确认收入。同时，采取两个阶段确认收入，初验节点确认收入的 90%，终验阶段再确认 10%。

案例 30 思进智能（003025）——买方信贷业务模式的风险和会计处理

【问询问题】

发行人部分客户采用买方信贷结算方式。请发行人代表：（1）结合相关案例说明该业务模式是否符合行业惯例，与同行业可比公司在规模上是否存在较大差异，发行人是否依赖该业务模式实现销售；（2）说明相关会计处理是否符合《企业会计准则》的规定，相关内控制度是否健全有效；（3）说明该业务模式的客户选择标准、决策审批程序，买方信贷客户与一般客户在选取标准、信用政策、产品价格、质保、毛利率等方面是否存在差异，发行人是否向买方信贷结算方式的客户收取担保费用；（4）说明买方信贷客户与发行人及其控股股东和实控人之间是否存在关联关系，是否存在利益输送或其他安排；（5）说明发行人未来对该业务模式的计划安排，是否存在对发行人生产经营造成重大不利影响的情形或风险。

【披露信息】

一、买方信贷概述

由于公司冷成形装备产品单体价格较高，对客户会形成短期资金压力。对于具有还款能力的部分客户，公司采用了买方信贷结算模式，有效缓解客户暂时性的资金紧缺问题，加快公司货款回笼，提高资金使用效率，实现公司与客户的双赢。

2012年起，公司与招商银行宁波中山支行开展买方信贷业务合作，约定在总授信额度内，符合条件的本公司客户可以向银行申请不超过所购设备总价一定比例的贷款，专项用于设备款的支付，并由公司提供担保。上述总授信额度系公司提供的担保最高额度，由公司基于自身业务规模提出申请并获得银行批准。后续公司与中信银行股份有限公司宁波分行、浦发银行宁波开发区支行、中行宁波科技支行开展了类似的业务合作。

二、买方信贷业务流程

公司办理买方信贷的主要流程包括公司资信审核、银行资信审核、签订销售合同、签订贷款和担保合同等几个步骤。

在信用政策方面，一般要求客户与公司签订合同后，首付30%，在提机前付款60%，剩余10%在货到后1年内付清；若客户采取买方信贷方式付款，合同签订后首付30%，提机前以买方信贷方式支付剩余的70%。一般客户和买方信贷客户的信用政策差异较小。

三、买方信贷各流程环节的会计处理

以邢台好兄弟自行车配件有限公司（以下简称邢台好兄弟）为例，

公司买方信贷业务在签订合同、担保期内、逾期未偿还等各流程环节的会计处理如下：

（一）签订合同的会计处理

2017 年 4 月初，公司与邢台好兄弟达成以买方信贷方式销售一台 SJBF－204L 的意向后，邢台好兄弟向公司提供营业执照、税务登记证、开户许可证、公司章程、验资报告及近 3 年的财务报表等资料，公司根据内部审批流程对其进行审核，审核通过后公司向合作银行提出申请，由其对客户资信等信息进行进一步审核。银行审核通过后，公司于 2017 年 4 月 15 日与邢台好兄弟签订合同，约定由公司向其销售一台 SJBF－204L 冷成形装备，价款为 160.00 万元，首付 30%，提机前银行按揭支付 70%。合同签订后销售部门在合同台账中登记该合同，此环节财务不做会计处理。

（二）担保期内的会计处理

公司于 2017 年 8 月向浦发银行宁波开发区支行保证金账户缴纳担保余额的 30% 即 33.60 万元作为保证金，相应会计处理为："其他货币资金"增加 33.60 万元，"银行存款"减少 33.60 万元。随后浦发银行宁波开发区支行将销售合同金额的 70% 即 112.00 万元按揭款项受托支付至公司账户，相应会计处理为："银行存款"增加 112.00 万元，"应收账款"减少 112.00 万元，同时此金额作为公司对邢台好兄弟担保的初始金额，在公司的财务报表附注中披露期末担保余额。

邢台好兄弟于 2017 年 8 月开始还款，每月还款额为 4.70 万元，2017 年年末，公司对邢台好兄弟的担保余额为 88.50 万元。邢台好兄弟在 2017 年未发生逾期，故 2017 年年末公司根据担保余额 88.50 万元的 2% 计提买方信贷担保损失，相应会计处理为："营业外支出—买方信贷担保损失"增加 1.77 万元，"预计负债—买方信贷预计担保损失"增加 1.77 万元。

（三）逾期未偿还的会计处理

2018 年 7 月，邢台好兄弟买方信贷还款开始出现逾期情形，逾期后其偿还了部分逾期款项，截至2018年年末仍逾期3个月。2018年12月，公司为邢台好兄弟代垫了买方信贷本息，共计45.52万元，代垫后担保余额为0。相应会计处理如下：公司转回2017年计提的风险准备金1.77万元，“营业外支出—买方信贷担保损失”减少1.77万元，“预计负债—买方信贷预计担保损失”减少1.77万元；代垫本息作为其他应收款核算，“其他应收款”增加45.52万元，“其他货币资金”减少45.52万元；对买方信贷代垫款全额计提坏账准备，“资产减值损失”增加45.52万元，“其他应收款—坏账准备”增加45.52万元。

2019年，公司收回为邢台好兄弟代垫的款项45.47万元，相应会计处理为：（1）“银行存款”增加45.47万元，“其他应收款”减少45.47万元；（2）转回坏账准备，“信用减值损失”减少45.47万元，“其他应收款—坏账准备”减少45.47万元。截至2019年12月31日，公司已全部收回为邢台好兄弟代垫的买方信贷本息。

根据《企业会计准则第13号——或有事项》及《企业会计准则应用指南——附录：会计科目和主要账务处理》的规定，由对外提供担保、未决诉讼、重组义务产生的预计负债，应按确定的金额，借记“营业外支出”，贷记“预计负债”。

2019年，公司执行新金融工具准则，根据《企业会计准则第22号——金融工具确认和计量》及《关于修订印发2019年度一般企业财务报表格式的通知》（财会〔2019〕6号）的规定，对贷款承诺、财务担保合同等项目计提的损失准备，应当在“预计负债”项目中填列，各项金融工具信用减值准备所确认的信用损失计入“信用减值损失”。

代垫款项为公司支付的暂付应收款项，且公司对买方信贷逾期代垫涉及的机器无回购义务，故公司将其在“其他应收款”核算。买方信贷模式下的会计处理符合会计准则的规定。公司相关会计处理与行业内公司处理基本一致，会计处理符合行业惯例。

小兵评析

1. 在目前的 IPO 审核中，有一个很大的变化，就是审核案例中出现了向供应商或者客户提供融资帮助的情形。尤其是向客户提供融资帮助的情形，在以前的 IPO 审核理念中，认为是收入真实性的重大损害，而现在对于这样的业务合作模式有了宽容的态度。

2. 关于发行人向客户提供融资帮助的情形，简单来说常见的主要有以下几种：（1）发行人向客户直接提供借款；（2）发行人向客户提供融资租赁的合作机会；（3）发行人向客户融资提供担保；（4）发行人与客户开展买方信贷的业务。

3. 关于买方信贷的结算模式，并不是发行人向客户的融资行为提供担保那么简单，而是发行人也作为合同的一方，与银行和客户形成三方的合作关系。简单来说就是：发行人向银行提出申请并且对客户资质进行初步审核，后续发行人对 70% 的货款提供连带责任担保，同时提供 30% 担保保证金。发行人向客户销售产品之后，发行人确认收入，同时客户开始按期向银行偿还贷款。客户如果不能及时偿还贷款，那么发行人应该承担连带责任。

4. 在这样的业务模式中，发行人承担的职责有：帮助客户寻找合作的银行、向银行提供担保保证金、协助银行审核客户资质、逾期情况下代客户偿还贷款。从这个角度来说，发行人还是深度参与了这个模式的，从另外一个角度来说，发行人为了向客户销售产品作出了很大的让步。

5. 因而，以前 IPO 审核中将这样的情形看作对收入真实性的损害，而现在就算是在本案例中，也对买方信贷模式做了严格的比例限制，发行人报告期内，公司每一年度通过买方信贷实现的销售收入不超过公司上年度营业收入的比例最高是 18%，到 2019 年已经达到 12%。同时，发行人修改了规则，不得超过 20%，不然需要董事会通过。在审核的过程中，审核中心同时要求发行人假定如果取消信贷模式，客户全部不与发行人合作或者 50% 与发行人合作对经营业绩的影响，从而判断是否影响发行条件。

6. 有些特殊的问题并不是行业普遍存在的，甚至不是企业经营中普遍存在的，这时候如果某个发行人存在一些特殊的业务模式或者会计处理，那么IPO 审核中就会有这样的理念：解释有特殊的商业因素，也允许这样的处理，但是这样的处理最坏的结果是要模拟测算对经营业绩的影响，并且关注是否影响发行条件。

案例 31　震裕科技（300953）——生产模具的费用承担和会计处理

【问询问题】

报告期内，发行人生产精密结构件所使用的冲压模具少量外购，大部分根据客户要求定制生产。定制模具中部分模具由客户承担成本费用，发行人与客户签署模具合同，待客户验收完成并出具验收单后确认模具收入；部分模具由发行人承担成本费用，领用时转入固定资产或长期待摊费用核算。

请发行人：（1）补充披露报告期各期精密结构件业务使用的模具中，由客户承担成本费用、由发行人承担成本费用的模具金额及会计处理，与精密结构件产能变动是否匹配；（2）对于明确约定由客户支付费用开发的模具，补充披露发行人与客户就销售模具和销售精密结构件签订的合同主要条款、付款结算安排，发行人是否保留模具的继续管理权，能否实施有效控制，模具收入确认时点是否符合《企业会计准则》的规定，新收入准则对该类模具业务收入确认的影响，模具使用过程中发生的维修保养费用金额及会计处理；（3）补充披露客户未与发行人就承担的模具成本费用进行明确协议约定的原因，会计计量原则及认定标准，确认为固定资产或长期待摊费用对应的折旧摊销政策是否存在差异，如是，请披露差异及原因；（4）补充披露精密结构件业务使用的模具会计处理与同行业可比公司相比是否存在差异，是否符合行业惯例；（5）补充披露精密结构件业务使用的模具的存放场所，是否存在不同权属、不同用途的模具混同摆放、交叉管理的情形，相关内部控制制度是否健全。

【披露信息】

1. 补充披露报告期各期精密结构件业务使用的模具中，由客户承担成本费用、由发行人承担成本费用的模具金额及会计处理，与精密结构件产能变动是否匹配。

（1）补充披露报告期各期精密结构件业务使用的模具中，由客户承担成本费用、由发行人承担成本费用的模具金额及会计处理。

发行人为客户提供精密结构件生产服务，同时就冲压用的精密结构件模具成本费用由哪方承担进行商业谈判。通常情况下，当与客户对某一新型号精密结构件产品生产达成合作意向时，发行人会因模具技术参数要求较高、冲压工艺先进、批量生产阶段及后期维护保养相对更为专业、对模具各项属性更加了解等因素而占据谈判优势，从而由客户承担模具费用；此种情况下，以客户独立承担模具成本费用优先于模具成本费用包含在产品中。当客户产品具有批量性、成熟性、客户产品供给量较大且预期利润可观时，为争取该客户项目，发行人在商业谈判中处于劣势，从而承担模具费用（发行人承担模具成本费用还包括防止模具异常故障不能使用而自制的备用模具）。

分别由客户承担成本费用、由发行人承担成本费用的模具会计处理方式见表2－2－4：

表2－2－4　不同费用承担方的会计处理方式

成本费用承担方	适用情形	发行人会计处理
客户	对客户已与发行人就承担的模具成本费用签订协议并单独收费的模具	发行人在收到客户出具的验收单后，确认模具销售收入并结转相应成本 借：应收账款 　　贷：应交税费—增值税销项税额 　　　　主营业务收入 借：主营业务成本 　　贷：发出商品

续表

成本费用承担方	适用情形	发行人会计处理
客户	订单明确约定不单独收取模具费用，但模具价款包含在该模具对应精密结构件价格中	发行人在模具领用时计入长期待摊费用，并按照资产的受益期进行分摊 ①模具领用时 借：长期待摊费用 　　贷：库存商品—模具 ②模具使用过程中 借：制造费用—长期待摊费用摊销 　　贷：长期待摊费用
发行人	一般情形下，发行人为满足下游客户订单需求增加或者防止模具异常故障不能使用而自制的备用模具	发行人在模具领用时计入固定资产，并按照模具预计使用年限分期计提折旧 ①模具领用时 借：固定资产 　　贷：库存商品—模具 ②模具使用过程中 借：制造费用—折旧 　　贷：累计折旧
	对价值量比较低、更新换代比较快的新能源电芯（含外购自用）等模具	发行人在模具领用时计入长期待摊费用，并按照资产的预计受益期进行分摊 ①模具领用时 借：长期待摊费用 　　贷：库存商品—模具 ②模具使用过程中 借：制造费用—长期待摊费用摊销 　　贷：长期待摊费用

（2）与精密结构件产能变动是否匹配。

由于公司精密结构件产品规格繁多，模具生产精密结构件的产量受模具列数、每分钟冲压次数、模具生产使用时间、稼动率等因素影响，公司在计算理论产能时采取销售规模最具有代表性的产品作为标准产品等计算产能，与公司实际产品产量相比，公司整体产能利用率较高。报告期内，公司生产精密结构件的模具投入与精密结构件产能、产量具有正相关关系，两者相匹配。

2. 对于明确约定由客户支付费用开发的模具，补充披露发行人与客户就销售模具和销售精密结构件签订的合同主要条款、付款结算安排，发行人是否保留模具的继续管理权，能否实施有效控制，模具收入确认时点是否符合《企业会计准则》的规定，新收入准则对该类模具业务收入确认的影响，模具使用过程中发生的维修保养费用金额及会计处理。

一次性销售模式下明确约定由客户支付费用开发的模具，发行人不保留模具的继续管理权，不能够实施有效控制，模具收入确认时点符合《企业会计准则》的规定，新收入准则对该类模具业务收入确认不存在影响；精密结构件产品报价中包含由客户承担的模具款的，发行人模具不单独确认收入，在使用该模具生产精密结构件，分批交付客户并经客户验收合格后，确认为精密结构件收入，并按产量分摊结转模具成本，新收入准则对该类模具业务收入确认不存在影响。

由客户支付费用开发的模具使用过程中发生的维修保养费用金额及会计处理：由客户支付费用开发的模具，无论是一次性销售单独收费的模具，还是通过精密结构件收费的模具，客户均授权公司使用，因此，在公司使用过程中，相应的维修保养费用均由公司承担。报告期内，由客户支付费用开发的模具，在使用模具过程中发生的维修保养费用分别为180,333.61元、136,090.78元、92,615.22元和42,835.06元，相应的维修保养费用计入精密结构件的生产成本中。

3. 客户未与发行人就承担的模具成本费用进行明确协议约定的原因，会计计量原则及认定标准，确认为固定资产或长期待摊费用对应的折旧摊销政策是否存在差异。

客户未与发行人就承担的模具成本费用进行明确协议约定的主要原因系发行人为满足下游客户订单需求增加或者防止模具异常故障不能使用而自制的备用模具。

发行人自产自用模具一般在领用时计入固定资产核算，按成本进行计量，并按照资产的预计可使用年限进行摊销；其中对单位价值比较低、更新换代比较快的新能源电芯产品（含外购自用）等模具，在生产领用时计入长期待摊费用核算，根据资产的受益期进行分摊，按当期生产产品的标准机器工时/工价为依据分摊于产品成本中。

在固定资产或长期待摊费用中核算的自产自用模具，均按照资产的预计可使用年限/资产受益期间进行摊销，摊销政策不存在差异。上述计入固定资产中的模具按5年折旧摊销，计入长期待摊费用的模具根据生产产品受益期，一般在1~2年内摊销。

4. 补充披露精密结构件业务使用的模具会计处理与同行业可比公司相比是否存在差异，是否符合行业惯例。通过与上市公司比较，发行人的模具会计处理方式与同行业上市公司基本相同，未见显著差异，符合行业惯例。

5. 补充披露精密结构件业务使用的模具的存放场所，是否存在不同权属、不同用途的模具混同摆放、交叉管理的情形，相关内部控制制度是否健全。请保荐人和申报会计师说明对模具库存商品和发出商品、精密结构件业务使用的模具的盘点方法、盘点比例，对模具销售收入真实性、资产完整性核查，说明核查过程，并发表明确意见。

保荐机构和申报会计师执行如下核查程序：

（1）查阅行业协会、同行业公司公告、官网等公开信息，了解行业政策、行业发展情况、同行业公司模具类型，下游客户的业绩、产量、销量情况，了解行业发展趋势、同行业公司业务发展历程以及模具市场价格趋势；

（2）了解发行人具体的收入确认政策、收入确认时点，与同行业可比公司是否存在重大差异；

（3）了解和测试与产品销售收入确认相关的内部控制，以评价相关内部控制的设计和执行；

（4）检查与产品销售收入确认相关的支持性文件，包括销售合同、订单、销售发票、产品运输单、客户签收单/客户验收单/出口报关单等；

（5）对重要的客户执行走访、函证程序，以评价报告期产品销售收入的真实性和合理性；

(6) 对主要客户的应收账款进行期后回款测试。

经核查，保荐机构和申报会计师认为：发行人模具销售收入真实。

小兵评析

1. 对于很多生产企业来说，都存在模具加工的问题，而对于结构件生产企业来说，不论是模具的规模、数量和型号等问题，都属于比较特殊典型的情形。当然，模具的型号众多且复杂，是跟产品的销售种类直接挂钩的。

2. 对于企业的模具来说，一般会有两种最典型的情形：一种情形是客户来承担模具费用，这种情形适用于发行人产品比较高端，竞争力和谈判地位比较有利的情况下。另一种情形就是发行人来承担模具费用，这种情况下产品一般是成熟产品，然后是批量生产的。

3. 对于客户来承担模具费用的情形，实践中也会存在两种情形：一种情形是客户单独承担模具费用，相当于发行人将模具销售给客户并且确认收入，只是模具的存放和使用情况不会转移，还是会由发行人来使用。另一种情形就是发行人将模具的费用包含在产品的销售价格中，而这种情形，其实某种程度上又跟发行人承担模具费用有一点类似。

4. 发行人承担模具费用，对于发行人来说模具就相当于固定资产，那么相关的折旧摊销就会直接进入产品的成本中。而包含在产品价格中由客户承担费用的模具，发行人会计入长期待摊费用，后续也是一个分摊的概念。

5. 此外，关于模具的问题，还需要关注以下问题：

(1) 公司生产精密结构件的模具投入与精密结构件产能、产量是否具有正相关关系，两者是否相匹配。

(2) 对于明确约定由客户支付费用开发的模具，发行人是否保留模具的继续管理权，能否实施有效控制，模具收入确认时点是否符合《企业会计准则》的规定，新收入准则对该类模具业务收入确认的影响。

(3) 由客户支付费用开发的模具，无论是一次性销售单独收费的模具，还是通过精密结构件收费的模具，客户均授权公司使用，因此，在公司使用过程中，相应的维修保养费用是否由公司承担。

（4）客户未与发行人就承担的模具成本费用进行明确协议约定的主要原因系发行人为满足下游客户订单需求增加或者防止模具异常故障不能使用而自制的备用模具。发行人自产自用模具一般在领用时计入固定资产核算，按成本进行计量，并按照资产的预计可使用年限进行摊销；其中对单位价值比较低、更新换代比较快的新能源电芯产品（含外购自用）等模具，在生产领用时计入长期待摊费用核算，根据资产的受益期进行分摊，按当期生产产品的标准机器工时/工价为依据分摊于产品成本中。

（5）精密结构件业务使用的模具的存放场所，是否存在不同权属、不同用途的模具混同摆放、交叉管理的情形，相关内部控制制度是否健全。

案例32 曼卡龙（300945）——以旧换新的会计处理和税务关注

【问询问题】

以旧换新换入的黄金金额分别为4808.38万元、3649.99万元、4415.74万元，采购的黄金原料分别为28,576.34万元、37,128.49万元、30,145.39万元，以旧换新占比较高。请补充披露：（1）换入后的旧品如何加工处理；（2）会计处理方法是否符合《企业会计准则》相关规定；（3）该模式销售产品类型和数量、收入金额、实际收到的款项金额、旧品抵扣的款项金额、结转的营业成本、毛利率；（4）换入产品类型和数量、产品的金额、产品单位成本，年末存货类型和数量、产品的余额、产品单位成本；（5）增值税、消费税的处理方式，税款缴纳是否合规。

【披露信息】

一、换入后的旧品的处理

根据公司《货品仓库管理制度》《镶嵌饰品拆石管理制度》，以旧换新换入的旧品可直接上柜的，抛光、清洗后重新入库；不可上柜的，熔炼、拆石后形成金砖、裸石等原料，发委外加工商加工，形成新饰品后重新上柜销售。

公司通过检查销货凭证、钢印和通过专业人员进行旧品鉴定等方式，保证旧品的来源合法。

二、以旧换新会计处理情况

根据《企业会计准则第 14 号——收入》（2006）应用指南的规定，销售商品采用以旧换新方式，销售的商品应当按照销售商品收入确认条件确认收入，回收的商品作为购进商品处理。

公司以旧换新业务，新品按收到的不含税货款及旧饰品的公允价值确定为主营业务收入，按新品成本结转确定为主营业务成本，旧饰品确认为存货；即收回的旧饰品作为购进商品进行会计处理，符合《企业会计准则》的规定。

三、以旧换新模式销售产品类型和数量、收入金额、实际收到的款项金额、旧品抵扣的款项金额、结转的营业成本、毛利率

以旧换新业务旧品抵扣的收入金额占公司主营业务收入比例见表 2-2-5：

表 2-2-5　2017～2019 年以旧换新业务旧品抵扣的收入金额占公司主营业务收入比例

单位：万元

项　　目	2017 年	2018 年	2019 年
以旧换新旧饰品抵扣	6188.23	4439.41	5359.18
当期主营业务收入	83,303.53	91,697.24	89,219.41
占当期主营业务收入比例	7.43%	4.84%	6.01%

注：以旧换新模式销售收入包括新饰品的差价和旧品抵扣金额（收入确认时的旧品公允价值，下同），上述计算以旧换新占主营业务收入比例时采用旧品抵扣金额。

同行业可比上市公司周大生、萃华珠宝在招股说明书中披露也存在

以旧换新的情况，其中仅周大生披露了相关数据，公司与周大生的相关数据对比具体见表 2－2－6：

表 2－2－6　曼卡龙与周大生的相关数据对比

单位：万元

公司	项　　目	2019 年	2018 年	2017 年
曼卡龙	退、换货及以旧换新旧货金额	6460.05	5108.09	7094.30
	当期自营模式收入	65,662.37	66,867.72	62,954.31
	占当期自营模式收入比例	9.84%	7.64%	11.27%
公司	项　　目	2016 年	2015 年	2014 年
周大生	退、换货及以旧换新旧货金额	10,024.41	9518.97	12,768.97
	当期自营模式收入	110,184.32	119,136.10	128,384.92
	占当期自营模式收入比例	9.10%	7.99%	9.95%

注：参考周大生口径，采用退、换货及以旧换新旧货的合并金额作为比较口径。自营模式包括直营店模式、专柜模式和电商模式。

报告期内，公司自营模式存在以旧换新，以旧换新业务毛利率与自营模式毛利率对比见表 2－2－7：

表 2－2－7　2017～2019 年以旧换新业务与自营模式毛利率对比

项　　目	2017 年	2018 年	2019 年
以旧换新业务毛利率	26.48%	26.73%	28.60%
自营模式毛利率	27.10%	28.53%	30.04%
差异	－0.62%	－1.80%	－1.44%

如表 2－2－7，以旧换新模式销售产品毛利率略低于自营模式毛利率。

四、换入产品类型和数量、产品的金额、产品单位成本，年末存货类型和数量、产品的余额、产品单位成本

换入产品主要为黄金、铂金、钻石，占公司以旧换新收回旧品的

99% 以上。剔除含税金额的增值税影响后，黄金以旧换新旧品单价与当期黄金原料采购单价差异极小。

钻石以旧换新旧品单价，因钻石的采购价格受钻石克重、颜色、净度、切工的不同等级而价格跨度较大，以钻石旧换新取得旧品单价与当期采购平均单价不具有可比性。

五、以旧换新的增值税、消费税的处理方式

报告期内，公司以旧换新业务按照实际收取的不含增值税的全部价款计缴增值税和消费税。

根据财政部、国家税务总局《关于金银首饰等货物征收增值税问题的通知》（财税字〔1996〕74 号）规定："考虑到金银首饰以旧换新业务的特殊情况，对金银首饰以旧换新业务，可以按销售方实际收取的不含增值税的全部价款征收增值税。"公司以旧换新业务增值税处理方式符合相关法律法规的规定。

根据财政部、国家税务总局《关于调整金银首饰消费税纳税环节有关问题的通知》（财税〔1994〕095 号）规定："纳税人采用以旧换新（含翻新改制）方式销售的金银首饰，应按实际收取的不含增值税的全部价款确定计税依据征收消费税。"公司以旧换新业务消费税处理方式符合相关法律法规的规定。

小兵评析

1. 以旧换新业务在手机、电脑、汽车等一些消费品领域普遍存在，不过在珠宝首饰行业应该算是最常见的一种模式，或者说是必须的一种模式。

2. 关注以旧换新问题，从 IPO 审核的角度来看，这个问题的核心就是关注相关的会计处理和税务处理是否符合相关的规定。同时，以旧换新当然也对发行人的内部控制措施有严格的要求，对于旧品的鉴定、价值评估、入库管理、后续处置措施等都应该作出具体的规定。

3. 关于以旧换新的会计处理，新品销售按照销售处理，旧品按照产品采购处理，以旧换新补的差价和旧品的公允价值作为销售收入，而旧品公允价值作为存货计量。会计准则对这个问题有明确的规定，实践中也有成熟的操作案例，对此没有任何争议。

4. 关于以旧换新的税务处理，主要就是增值税和消费税的问题。主要有这样一个要点：报告期内，公司以旧换新业务按照实际收取的不含增值税的全部价款计缴增值税和消费税。

5. 在 IPO 审核过程中，还关注到一个问题，那就是以旧换新取得的黄金成本与市场采购的黄金价格基本上是没有差异的，同时，通过以旧换新的方式实现销售的毛利率跟直接销售的毛利率基本上也没有太大差异。因而，以旧换新通常我们都认为对消费者更有利，其实对商家而言也是利好的。

第三章　政府投资

1. 企业的发展离不开政府的支持，如果能适当利用好政府的关系和资源，则可能让企业的发展事半功倍。

2. 招商引资成为地方政府很重要的考核指标也是政绩的体现，并且有专门的机构、专门的人员来负责这个事情。很多企业不论是主动还是被动，都会参与到政府的招商引资活动中，然后与政府签署相关的协议。

第一节　明股实债

案例33　中伟股份（300919）——明股实债的基本逻辑和操作细节

【问询问题】

招股说明书披露，大龙汇源与公司签署的《投资合同》约定，大龙汇源在投资期限内按照约定标准计算和收取投资收益，投资回报不与被投资企业的经营业绩挂钩，不根据投资收益或亏损进行分配。大龙汇源投资发行人属于债务融资，具有明股实债的性质。2018 年 12 月 23 日，大龙汇源将其持有的中伟新材料 2142.8571 万元股权转让给中伟集团。

请发行人：(1) 披露大龙汇源明股实债投资相关各方权利义务、退出方式约定情况，相关约定是否合法有效，大龙汇源将其持有的中伟新材料股权转让给中伟集团事项与明股实债相关投资协议约定是否一致，是否存在纠纷或者潜在纠纷；（2）2019年5月，邓伟明将部分股权转让给弘新成达的原因背景，是否存在其他利益安排；（3）发行人历次股权转让过程中，实际控制人是否依法缴纳所得税。

【披露信息】

一、大龙汇源“明股实债”投资相关各方权利义务、退出方式约定情况

2016年1月，大龙汇源与中伟集团、发行人、邓伟明签署《投资合同》，2016年10月，大龙汇源与中伟集团、邓伟明及发行人签署《投资合同之补充协议》，就大龙汇源向发行人投资1.2亿元（以下简称大龙汇源第一笔投资）事宜进行了约定。

除大龙汇源第一笔投资外，报告期内大龙汇源、梵投集团（曾用名“贵州省铜仁市投资控股集团有限公司”）对发行人另存在两笔类似投资：

1. 2017年8月，因发行人业务发展较快，为加快项目建设需要发展资金，大龙汇源与发行人其余股东中伟集团、邓伟明协商一致同意，基于中伟集团、邓伟明的出资情况，大龙汇源向发行人追加投资1亿元（以下简称大龙汇源第二笔投资），全部计入发行人资本公积，大龙汇源与中伟集团、邓伟明及发行人就追加投资事宜签署了《投资合同》。

按照大龙汇源第二笔投资合同的约定，大龙汇源追加投资1亿元全部计入发行人资本公积，各方无须就本次投资办理工商变更登记。2018年11月，经协商一致，大龙汇源与发行人、中伟集团及邓伟明签署《投资合同之终止协议》，约定终止大龙汇源第二笔投资合同，发行人退还大龙汇源已支付的1亿元，并按年化利率10%向大龙汇源支付资金占用费。

2. 2017年8月，因发行人作为铜仁市规模企业，发展前景较大，同时为加快项目建设需要发展资金，梵投集团为支持当地企业发展，向发行人投资2.5亿元（以下简称梵投集团投资），投资完成后持有发行人

26.8817%的股权，梵投集团与中伟集团、邓伟明、发行人及大龙汇源签署《投资合同》。

梵投集团投资合同第1条第3款约定，在每个股东履行了出资义务后，发行人应收回并销毁以前股东持有的出资证明书，并向各股东出具资本变更后的出资证明书。合同签署后，梵投集团向发行人缴付了1.1亿元投资款，剩余1.4亿元未缴付，没有达到合同约定的办理工商变更登记的条件，各方未就本次投资办理工商变更登记。

2018年12月31日，经协商一致，梵投集团与中伟集团、邓伟明、发行人签署《投资合同之终止协议》，约定终止梵投集团投资合同，发行人退还梵投集团1.1亿元投资本金以及按每年收益率的8%向梵投集团支付资金占用费。

二、相关约定是否合法有效

（一）大龙汇源、梵投集团的投资具有明股实债的性质

参考《证券期货经营机构私募资产管理计划备案管理规范第4号——私募资产管理计划投资房地产开发企业、项目》关于明股实债的定义："是指投资回报不与被投资企业的经营业绩挂钩，不是根据企业的投资收益或亏损进行分配，而是向投资者提供保本保收益承诺，根据约定定期向投资者支付固定收益，并在满足特定条件后由被投资企业赎回股权或者偿还本息的投资方式，常见形式包括回购、第三方收购、对赌、定期分红等。"

从前述投资合同的具体内容来看，合同约定了固定的投资收益率，投资收益不与发行人的经营业绩挂钩，中伟集团、邓伟明和发行人向大龙汇源、梵投集团提供了保本保收益承诺，并约定在投资期限结束后大龙汇源、梵投集团通过发行人减资或中伟集团、邓伟明回购的方式退出，符合前述明股实债的定义；此外，大龙汇源、梵投集团投入的资金对发行人而言是需在未来按固定期限以固定利率偿还的一项现时义务，符合《企业会计准则第22号——金融工具确认和计量》关于金融负债的定义，

财务报表上将其认定为负债并在长期应付款披露。因此，大龙汇源、梵投集团对发行人的投资具有明股实债的性质。

（二）相关约定合法有效

1. 协议约定是当事人真实意思表示。

2. 没有违反法律法规的强制性规定。

大龙汇源、梵投集团投资合同为各方合意的结果，依法履行了必要的法律程序，不违反相关民商事法律的强制性规定。根据《最高人民法院关于审理民间借贷案件适用法律若干问题的规定》关于法人之间为生产、经营需要订立的民间借贷合同原则有效之规定，明股实债协议不因企业之间借贷而无效；参考最高人民法院2019年11月8日印发的《全国法院民商事审判工作会议纪要》（以下简称《九民纪要》）关于债务人或第三人将财产形式上转让至债权人名下，债务人到期清偿债务则债权人将该财产返还给债务人或第三人，债务人到期没有清偿债务则债权人可以对财产拍卖、变卖、折价偿还债权的，人民法院应当认定合同有效之规定，明股实债协议不因“让与担保”而无效。

因此，相关约定没有违反法律法规的强制性规定，不存在以合法形式掩盖非法目的的情形。

3. 没有损害国家利益或社会公共利益。

4. 没有损害债权人或第三人利益。

三、大龙汇源将其持有的中伟新材料股权转让给中伟集团事项与明股实债相关投资协议约定是否一致，是否存在纠纷或者潜在纠纷

（一）与明股实债相关投资协议约定是否一致

各方就大龙汇源第二笔投资、梵投集团投资签署的《投资合同之终止协议》约定了原投资合同的解除与终止，并约定了合同解除后的恢复原状和补救措施，构成对原投资合同的有效解除与调整。中伟集团、邓伟明、发行人与大龙汇源、梵投集团解除原投资合同并退还投资本金和资金占用费，符合法律的规定以及各方签署的《投资合同之终止协议》

的约定。

此外，各方终止大龙汇源第二笔投资、终止梵投集团投资已履行内部决策程序，并经主管政府部门审批确认：

2018 年 11 月 1 日，贵州大龙经济开发区管理委员会出具《关于终止与中伟新材料有限公司投资合同的批复》，同意大龙汇源终止与发行人于 2017 年 8 月签署的《投资合同》。

2018 年 12 月 30 日，铜仁市国有资产监督管理局出具《关于终止贵州省梵净山投资控股集团有限公司与贵州中伟正源新材料有限公司投资协议的批复》，同意梵投集团终止与发行人 2017 年 12 月签署的《投资协议》。

2018 年 12 月 31 日，铜仁市人民政府出具《关于终止贵州省梵净山投资控股集团有限公司与贵州中伟正源新材料有限公司投资协议的批复》，同意梵投集团终止与发行人 2017 年 12 月签署的《投资协议》。

2019 年 7 月 27 日，铜仁市人民政府出具《关于中伟新材料有限公司国有股权转让及债权清偿有关事项的证明》，确认大龙汇源对发行人的第二笔投资与退出程序、梵投集团对发行人的投资与退出程序符合相关法律法规的规定，作价公允，不存在国有资产流失的情形。

2020 年 6 月 3 日，贵州省人民政府出具《关于中伟新材料股份有限公司国有股权转让及债权清偿有关事项的批复》，同意铜仁市人民政府关于大龙汇源转让持有的发行人股权、终止梵投集团投资合同等决定。

据此，发行人退还大龙汇源第二笔投资及退还梵投集团投资实质系对原《投资合同》的解除与调整，符合法律的规定和各方签署的《投资合同之终止协议》的约定。

（二）是否存在纠纷或者潜在纠纷

大龙汇源与中伟集团之间的股权转让已于 2018 年 12 月 24 日办理工商变更登记，中伟集团已依约足额向大龙汇源支付投资款及投资收益，双方在《投资合同》及《投资合同之补充协议》项下的权利义务已履行完毕。

大龙汇源第二笔投资及梵投集团投资未导致发行人股本变动，退出时无须办理工商变更登记，发行人已足额退还了投资本金及资金占用费，各方签署的《投资合同》已有效解除，《投资合同之终止协议》项下的权利义务已履行完毕。

根据铜仁市中级人民法院、贵阳仲裁委员会、宁乡市人民法院、长沙仲裁委员会出具的证明，发行人、大龙汇源、梵投集团出具的声明并经律师访谈中伟集团、邓伟明以及检索中国裁判文书网、中国执行信息公开网等，关于大龙汇源将其持有的中伟新材料股权转让给中伟集团事项，大龙汇源与中伟集团、发行人、邓伟明之间不存在纠纷或潜在纠纷。

据此，关于大龙汇源将其持有的中伟新材料股权转让给中伟集团，以及终止大龙汇源第二笔投资、梵投集团投资事项，大龙汇源、梵投集团与中伟集团、发行人、邓伟明之间不存在纠纷或潜在纠纷。

小兵评析

1. 明股实债问题在企业的投资行为中还是比较常见的，情形也各不一样，简单来说主要有以下两种情况：（1）明股实债一般在企业的前期阶段比较常见，这时候企业的经营并不是那么稳定，更没有明确的 IPO 目标，有些投资可能更关注投资的安全性。（2）明股实债在一些国有的投资平台也比较常见，他们有些是为了满足政府的对外投资要求，有的就是为了资产保值，至于资产是否能实现大幅增值并不是重点。

2. 关于明股实债的操作方式，也主要有两种模式：（1）一种是直接进行正常的股权投资和工商登记，有出资价格和决策程序，只是还会约定回购的时间和成本。（2）一种是也签署投资协议，但是出资全部进入资本公积，并不在实收资本体现，也不进行相应的股权的工商变更。

3. 还有一种操作方式，就是投资机构先是将资金借给企业，约定一个时间点，投资机构有固定收益收回投资的权利，也有在这个时间点按照以前约定的价格转成股份的权利。这样的方式在实践中也是存在的，也是合法有效的投资协议。

4. 企业的投资和融资行为，是最典型的民事行为，受民事法律的约束。而民事诉讼领域最重要的一个原则就是意思自治原则，即只要双方能够认可这个约定，并且这样的约定不违反法律强制性规定和公序良俗，那么一般会被认可且不受第三方的干预。

5. 明股实债问题我们都很熟悉，那么其中涉及的一些细节问题以及规则，小兵在这里借着这个案例为大家进行整体的总结，仅供参考：

（1）《证券期货经营机构私募资产管理计划备案管理规范第 4 号——私募资产管理计划投资房地产开发企业、项目》有关于明股实债的定义。①

（2）2015 年实施的《最高人民法院关于审理民间借贷案件适用法律若干问题的规定》（法释〔2015〕18 号）② 关于法人之间为生产、经营需要订立的民间借贷合同原则有效之规定，明股实债协议不因企业之间借贷而无效。

（3）《九民纪要》关于债务人或第三人将财产形式上转让至债权人名下，债务人到期清偿债务则债权人将该财产返还给债务人或第三人，债务人到期没有清偿债务则债权人可以对财产拍卖、变卖、折价偿还债权的，人民法院应当认定合同有效之规定，明股实债协议不因“让与担保”而无效。

（4）大龙汇源、梵投集团按照投资合同的约定投资发行人，并在投资退出时收回投资本金及投资收益，不会导致国有资产流失。

---

① 《证券期货经营机构私募资产管理计划备案管理规范第 4 号——私募资产管理计划投资房地产开发企业、项目》本规范所称名股实债，是指投资回报不与被投资企业的经营业绩挂钩，不是根据企业的投资收益或亏损进行分配，而是向投资者提供保本保收益承诺，根据约定定期向投资者支付固定收益，并在满足特定条件后由被投资企业赎回股权或者偿还本息的投资方式，常见形式包括回购、第三方收购、对赌、定期分红等。

② 已根据 2020 年 8 月 18 日最高人民法院审判委员会第 1809 次会议通过的《最高人民法院关于修改〈关于审理民间借贷案件适用法律若干问题的规定〉的决定》第一次修正，根据 2020 年 12 月 23 日最高人民法院审判委员会第 1823 次会议通过的《最高人民法院关于修改〈最高人民法院关于在民事审判工作中适用《中华人民共和国工会法》若干问题的解释〉等二十七件民事类司法解释的决定》第二次修正。

（5）基于法人财产独立性原则，发行人以其全部财产对外承担责任，投资合同的安排并未将大龙汇源、梵投集团投资款排除在发行人合法财产之外，不会损害发行人法人财产独立性或第三人合法利益。大龙汇源、梵投集团选择通过中伟集团或邓伟明回购股权退出时，不会导致发行人注册资本的减少；选择通过减资退出时，发行人将会按照《公司法》的规定履行通知债权人和公告程序，债权人届时有权要求发行人清偿债务或者提供相应的担保，不会损害债权人及善意第三人合法权益。

（6）参考《九民纪要》，投资方与目标公司达成的股权回购、金钱补偿等条款，不存在法定无效事由的情况下，目标公司仅以存在股权回购或者金钱补偿约定为由，主张协议无效的，人民法院不予支持。

（7）大龙汇源将其持有的中伟新材料股权转让给中伟集团事项与明股实债相关投资协议约定一致，不存在纠纷或者潜在纠纷。

案例34　蓝特光学（688127）——政府投资主体明股实债的决策程序和退出机制

【问询问题】

根据申报材料，2008年10月10日，秀洲区国资委作出《关于同意嘉兴市秀洲区创业创新风险投资有限公司投资嘉兴蓝特光学有限公司的批复》（秀洲国资委〔2008〕17号），同意秀洲创投向蓝特有限投资200万元。2010年后秀洲创投按照评估值退出。请发行人说明秀洲创投投资、退出发行人是否履行了必要的评估、备案、审批、确认程序，股权的定价依据，相关过程是否存在瑕疵，是否造成国有资产流失，是否取得了有权机关的确认，是否存在权属纠纷与潜在纠纷。

2008年11月19日，秀洲创投与蓝特有限签署《嘉兴市秀洲区创业创新风险投资有限公司投资协议》，约定为支持蓝特有限新型汽车（边角异形）反光镜的开发应用与产业化项目建设，秀洲创投投入200万元人民币，期限3年，年报酬率为10%；投资期满后，蓝特有限一次性支付秀洲创投本金和报酬，共计260万元人民币。发行人2010年下半年与秀洲创投就清理明股实债及秀洲创投退出事宜进行了重新协商，考虑到后续程序的时间及便捷性，双方协商确定秀洲创投按评估价值以定向减资的方式提前退出发行人。最终，秀洲创投定向减资的价格按照经评估的价值确定为787.16万元，由蓝特有限直接支付给秀洲创投。请发行人说明：(1) 由固定投资收益更改为股权评估价值退出的原因及合理性；(2) 两年时间，秀洲创投投资由200万元增长为787.16万元退出是否与公司业绩增长相匹配，是否存在纠纷或者潜在纠纷，是否存在利益输送或者其他特别协议安排。

【披露信息】

根据申报材料，2008年10月10日，秀洲区国资委作出《关于同意嘉兴市秀洲区创业创新风险投资有限公司投资嘉兴蓝特光学有限公司的批复》，同意秀洲创投向蓝特有限投资200万元。2010年后秀洲创投按照评估值退出。

1. 说明秀洲创投投资、退出发行人是否履行了必要的评估、备案、审批、确认程序，股权的定价依据，相关过程是否存在瑕疵，是否造成国有资产流失，是否取得了有权机关的确认，是否存在权属纠纷与潜在纠纷。

(1) 秀洲创投投资发行人的过程、定价依据及程序履行情况。秀洲创投投资发行人未履行资产评估及备案/核准程序，系因秀洲区国资委对秀洲创投投资发行人的批复、秀洲创投与发行人签署的《嘉兴市秀洲区创业创新风险投资有限公司投资协议》中均明确了投资期限及年报酬率，秀洲创投向发行人投资的实质为明股实债，秀洲创投投资发行人无须履行资产评估及备案/核准程序。

秀洲创投投资发行人已经秀洲区国资委批复同意，蓝特有限就该等投资事宜已履行了相应的内部决策程序。

经访谈秀洲创投投资发行人时的相关人员，秀洲创投投资发行人已经履行了相应的内外部批准和决策程序，不存在权属纠纷与潜在纠纷。

2020年5月18日，秀洲区国资委出具《关于确认浙江蓝特光学股份有限公司历史沿革有关事项的回复》，确认：秀洲创投向蓝特有限投资时无须进行资产评估并进行评估备案或核准。

（2）秀洲创投退出发行人的过程、定价依据及程序履行情况。秀洲创投退出发行人履行了资产评估及核准程序，并取得了秀洲区国资委的同意批复。蓝特有限就该等退出事宜已履行了相应的内部决策程序。

经访谈秀洲创投退出发行人时的相关人员，确认秀洲创投退出发行人已经履行了相应的内外部批准和决策程序，不存在权属纠纷与潜在纠纷。

秀洲创投投资、退出发行人已履行了必要的程序，股权定价依据合理，相关过程不存在瑕疵，未造成国有资产流失，已取得了秀洲区国资委的确认，不存在权属纠纷与潜在纠纷。

2. 2008年11月19日，秀洲创投与蓝特有限签署《嘉兴市秀洲区创业创新风险投资有限公司投资协议》，发行人2010年下半年与秀洲创投就清理明股实债及秀洲创投退出事宜进行了重新协商，双方协商确定秀洲创投按评估价值以定向减资的方式提前退出发行人。最终，秀洲创投定向减资的价格按照经评估的价值确定为787.16万元，由蓝特有限直接支付给秀洲创投。

（1）由固定投资收益更改为股权评估价值退出的原因及合理性。

由固定投资收益更改为股权评估价值退出，主要有以下两点考虑：一是如以固定投资收益退出，需推迟到2011年11月，无法满足蓝特有限股改的时间要求；二是根据届时的法律规定，秀洲创投以定向减资方式退出需对蓝特有限进行资产评估，而按股权评估价值退出所获收益明显高于固定投资收益。以股权评估价值退出既可满足蓝特有限尽快清理明股实债的需求，同时秀洲创投所获收益更高，国有资产得到进一步保值增值，不存在国有资产流失的情形，因此秀洲创投与蓝特有限协商确定秀洲创投按股权评估价值通过减资方式退出蓝特有限。该退出方式于2010 年 11 月获得秀洲区国资委的批复同意。

（2）秀洲创投历时 2 年投资由 200 万元增长为 787.16 万元退出是否与公司业绩增长相匹配，是否存在纠纷或者潜在纠纷，是否存在利益输送或者其他特别协议安排。

第一，秀洲创投历时 2 年投资由 200 万元增长为 787.16 万元退出与公司业绩增长相匹配。

秀洲创投投资发行人的本质为明股实债，参照评估值以定向减资方式退出系双方重新协商确定。

2010 年 12 月，秀洲创投以定向减资方式退出蓝特有限时，恒信会计师出具了《专项审计报告》，嘉兴诚洲资产评估有限公司出具了《资产评估报告书》，截至 2010 年 9 月 30 日，秀洲创投持有的蓝特有限股权对应的净资产为 7,290,790.95 元，对应的净资产评估价值为 7,870,964.10 元。蓝特有限与秀洲创投参照该净资产评估价值，确定定向减资价格为787.16 万元。

根据嘉兴天越会计师事务所、天健会计师事务所就蓝特有限 2008 ~ 2010 年财务报表出具的《审计报告》，2008 年至 2010 年，发行人营业收入、净利润均快速增长。

综上，秀洲创投历时 2 年投资由 200 万元增长为 787.16 万元退出与公司业绩增长相匹配。

第二，秀洲创投投资由 200 万元增长为 787.16 万元退出不存在纠纷或者潜在纠纷，不存在利益输送或者其他特别协议安排。

秀洲创投投资、退出发行人均已履行了必要的法律程序。经访谈秀洲创投退出发行人时的相关人员，确认秀洲创投退出发行人已经履行了相应的内外部批准和决策程序，不存在权属纠纷与潜在纠纷。

2020 年 5 月 18 日，秀洲区国资委出具《关于确认浙江蓝特光学股份有限公司历史沿革有关事项的回复》，确认：秀洲创投以定向减资方式退出蓝特有限的价格高于秀洲创投向蓝特有限投资时确定的固定报酬，该等退出方式实现了对国有资产的保值增值，合法合规。秀洲创投投资、退出蓝特有限均已履行了必要的评估、备案、审批、确认程序，不存在国有资产流失的情形，不存在权属纠纷与潜在纠纷。

2020年6月11日，秀洲创投出具《关于我公司投资退出蓝特有限有关事项的说明》，确认：在秀洲创投投资及退出蓝特有限过程中，秀洲创投与蓝特光学及其届时的股东之间不存在任何纠纷或者潜在纠纷，不存在利益输送或者其他特别协议安排。

综上，秀洲创投投资由200万元增长为787.16万元退出不存在纠纷或者潜在纠纷，不存在利益输送或者其他特别协议安排。

小兵评析

1. 在很多地区，政府都会设立专门支持中小企业发展的专项基金。这种基金一般是投资比较前期的企业，投资方式一般是明股实债的模式。就是基金是以股权投资的方式投资企业，但是协议里约定了每年固定的回报比例，基金退出的时候一般也通过股权转让的方式退出。

2. 具体到本案例，那就是入股的时候明确的是债权投资，后来退出的时候算是“假戏真做”，直接以定向减资的方式实现了退出。发行人解释：(1) 因为发行人要股改，等着债权退出还需要一年多，时间上等不及。(2) 以股权投资的名义退出取得的收益远远高于债权的固定收益，不存在国有资产流失。

3. 关于程序性问题，发行人也做了解释，因为投资的时候是债权投资，因而不需要评估决策程序；而股权退出的时候，需要主管部门确认方案变更，同时履行了评估、定价、备案、批复等程序。

第二节 政府投资协议

案例35 长源东谷（603950）——企业与政府签署投资协议

【问询问题】

发行人与部分地方政府签订投资协议，约定发行人在当地投资金额较大，且上述协议均有纳税等要求和违约责任。请发行人代表说明：(1) 发行人与部分地方政府签署投资协议的背景、过程和主要协议条款，签署协议的原因及合理性，发行人的主要权利责任义务与违约风险；(2) 发行人签署的重大投资协议与发行人战略发展规划的契合度，与发行人现有资产规模、管理能力是否匹配，是否存在投资协议终止承担违约责任风险，发行人已投资情况，是否存在园区、基地、项目闲置和资产损失的风险；(3) 结合协议的主要内容和关键条款，说明上述重大投资协议对报告期以及未来期间发行人财务状况及经营成果的影响；(4) 发行人针对与政府间投资协议相关风险特别是违约责任风险是否充分披露。

【披露信息】

一、洪山头投资

根据公司与襄州区政府签署的《投资协议书》以及《投资协议书之补充协议》，核心约定如下：

1. 长源东谷投资 12.1 亿元建设项目。一期计划投资 8.6 亿元（本协议签订后两年内完成投资），二期计划投资 3.5 亿元。

2. 长源东谷固定资产投资不低于 10 亿元，其中，固定资产投资包括在襄州区洪山头工业园投入固定资产总额和长源东谷现有厂区未来搬迁到洪山头工业园区的固定资产总额。

3. 长源东谷需要加快襄州区洪山头工业园建设工作，争取在2019年12月31日前完成现有厂区搬迁工作，连杆生产线以外的其他内容必须于2019年5月1日前完成搬迁，连杆生产线等全部搬迁工作必须于2019年12月31日前完成。搬迁工作中如遇困难，经襄州区政府同意后可适度延长，申请延期搬迁未经襄州区政府同意的，襄州区政府有权解除协议，取消对长源东谷的所有奖励和补偿，已经享受的奖励及补偿全部追回。

4. 长源东谷自2018年到项目完全达产年在襄州区缴纳税收累计不低于2亿元，自2023年开始至2030年每年在襄州区缴纳税收不低于5000万元，上述税收约定不足部分由长源东谷另行补足。

5. 奖励政策：①长源东谷现有厂房搬迁后，襄州区政府将该厂房所占地块挂牌出让，成交总额高于3.5亿元，按照3.5亿元全额奖励给长源东谷；低于3.5亿元，按照实际成交额全额奖励长源东谷。②襄州区政府同意给予长源东谷在金融机构取得的3亿元贷款6年贴息；贴息资金拨付方式——贷款贴息期内，每年在提出申请后30个工作日内，从区政府产业发展基金中，一次性奖励当年贷款贴息资金给长源东谷。③在长源东谷足额上交本协议约定87亩耕地占用税后3个月内，襄州区政府负责从政府产业发展基金中将50%的耕地占用税奖励给长源东谷，用于支持其基础设施建设。

6. 长源东谷在国内A股上市前未经襄州区政府书面同意不得撤资(包括但不限于将企业出售、减少注册资本等)，否则襄州区政府有权终止协议取消《投资协议书》及其补充协议中约定尚未给予长源东谷的贷款贴息及耕地占用税返款的奖励，并有权追回已经给予长源东谷的贷款贴息总额和87亩耕地占用税对应的奖励。

7. 若长源东谷未按照约定完成项目总投资和固定资产投资约定金额，襄州区政府有权给予一定宽限时间也有权解除协议，并有权按照未完成比例与已给予长源东谷贷款贴息总额乘积计算，向长源东谷追回贷款贴息奖励；长源东谷在2018年至2023年在襄州区累计税收若低于2亿元，襄州区政府有权取消尚未给予的奖励，并有权按照长源东谷未完成比例与已给予长源东谷的贷款贴息总金额乘积计算，向长源东谷追回贷款贴息奖励，且未完成纳税部分由长源东谷另行补足。

自 2023 年至 2030 年长源东谷每年在襄州区缴纳税收不低于 5000 万元，不足部分由长源东谷另行补足，长源东谷需补齐税款的累计金额以襄州区政府实际给予长源东谷的贷款贴息总额为上限，且襄州区政府有权取消《投资协议书》及其补充协议中约定尚未给予长源东谷的贷款贴息奖励。以上所约定的税收为长源东谷在上述期间向襄州区政府缴纳的所有税款（包括代扣代缴的个人所得税等）。

综上，如果公司后续经营中未能达到上述协议约定事项且无法得到襄州区政府对有关违约事项豁免，那么公司将会承担相应责任，并会出现对应的经济赔偿。截至 2018 年 6 月 30 日，该项目已投资 42,166.53 万元。

二、老河口投资

根据公司与老河口政府签署的《项目投资协议》以及《项目投资协议之补充协议》，核心约定如下：

1. 长源东谷在老河口市新设立注册资本约为 5000 万元的项目法人企业，项目总投资不低于 10 亿元人民币，其中固定资产投资不低于 6 亿元，分两期投资，一期项目投资 6 亿元以上，其中固定资产投资 4 亿元。

2. 长源东谷在老河口政府交付一期项目用地后 10 个工作日内一次性向指定账户打入项目保证金 3000 万元，老河口政府收到保证金后的 3 个工作日内将现金 3 亿元产业投资资金一次性打入项目公司账户。长源东谷从老河口政府提供资金到位后第四年起的两年内，确保以现金和新购设备投入 3 亿元。

3. 经税务部门核定，自 2018 年 5 月 4 日起第四个完整会计年度，长源东谷项目每一年度缴纳税收超过 1000 万元；截至第七个完整会计年度结束，累计缴纳税收原则上应当不低于 1 亿元。

4. 长源东谷及项目法人企业未按照上述合同要求建设的，以及不投资或未达到协议约定的固定资产、税收投资额度且属长源东谷或项目法人企业责任的，老河口市人民政府可没收项目保证金并收回全部或与未完成部分投资、税收占总投资、税收额的同比例的部分土地，无法收回的，应按土地市价据实赔偿。老河口政府还有权提前收回产业投资资金，因此造成老河口政府其他损失的，应依法赔偿。

5. 若遇国家政策调整或其他不可抗力因素造成相关约定不能履行，双方互不追究违约责任，具体事宜另行协商解决；双方因履行本合同发生争议，可协商解决；协商不成的，可依法提起诉讼。

根据公司全资子公司襄阳长源朗弘（老河口项目实施主体）与老河口市国土资源局签署的《国有建设用地使用权出让合同》及其补充协议，核心约定如下：

1. 本合同项下宗地用于工业项目建设，受让人同意本合同项下宗地的项目固定资产总投资额原则上不低于人民币大写肆万万元（小写40,000万元）。

本合同项下宗地建设项目的固定资产总投资包括但不限于建筑物、构筑物及其附属设施、设备投资和出让价款等。

2. 受让人同意本合同项下宗地建设项目在2019年6月20日之前开工，在2022年6月18日之前竣工。受让人不能按期开工，应提前30日向出让人提出延建申请，经出让人同意延建的，其项目竣工时间相应顺延，但延建期限不得超过1年。

3. 项目固定资产总投资、投资强度和开发投资总额未达到标准的，出让人可以按照实际差额部分占约定投资总额和投资强度指标的比例，要求受让人支付相当于同比例国有建设用地使用权出让价款的违约金，并可要求受让人继续履约。

综上，如果公司在该项目建设及后续经营中未能达到协议约定事项且无法得到老河口政府对有关违约事项豁免，那么公司将会承担相应责任，并会出现对应的经济赔偿。2018 年 9 月 11 日，长源东谷全资子公司襄阳长源朗弘已取得上述建设项目国有土地使用权利证明，截至 2018 年 6 月 30 日，公司已经在老河口项目累计投入 10,838.19 万元。

三、上菲红及中国重汽机加工项目

根据公司与襄州区政府签署的《投资协议书》，核心约定如下：

1. 长源东谷将投资建设上菲红及中国重汽机加工项目，投资总金额不低于 4 亿元，其中在 2020 年 9 月 30 日之前完成 2.2 亿元设备投资。如公司未按该协议约定时间完成 2.2 亿元设备投资（含生产设备及辅助设备），则不享受贷款贴息支持办法，襄州区政府有权取消项目招商引资优惠办法、解除相关合同，并追缴公司已享受的给予本项目的贷款贴息资金。

2. 公司老厂区除连杆生产线以外的其他内容必须于 2019 年 5 月 1 日前完成搬迁工作，连杆生产线必须于 2019 年 12 月 31 日前完成搬迁工作。搬迁过程中如遇特殊情况，经襄州区政府同意后可适度延长。若公司未按前述约定完成搬迁工作，襄州区政府将取消公司该协议后续奖励，有权解除该协议，同时公司需要赔偿襄州区政府相应损失。

综上，如果公司后续经营中未能达到上述协议约定事项且无法得到襄州区政府对有关违约事项豁免，那么公司将会承担相应责任，并会出现对应的经济赔偿。截至 2018 年 6 月 30 日，公司尚未正式投入，相关投资计划正在推进中；公司已经按照计划在洪山头新厂区建设新生产线，并积极准备现有生产线的搬迁工作。

小兵评析

1. 关于企业与政府签署的投资协议，实践中不罕见，不过在 IPO 审核过程中公开披露的倒不常见。至于原因，有的是金额可控、影响不大、没有必要公开和披露，只需内部沟通就好；有的是协议已经执行完毕或者已经终止取消也就不用再披露。

2. 本案例发行人将企业与政府签署的投资协议情况作了详细的披露。发行人主营业务是汽车零部件行业，2017 年净利润接近 2 亿元，以前基本上保持在 1 亿元的水平，2018 年净资产 8 亿元左右，每年的经营现金流也保持在 1 亿 ~2 亿元。就是这样的一个企业，却跟三个地方政府签署了大额的投资协议。

3. 发行人与三个政府主体签署了三个投资协议，投资金额分别是 12 亿元、10 亿元和 4 亿元。具体来说：

（1）每个项目都对固定资产投资金额有明确的要求，也就是大部分的投资必须是固定资产投资。

（2）政府可以帮助企业进行土地收储销售以及提供新的厂区土地指标，同时可以对企业的贷款进行贴息，以及可以对企业进行补贴和奖励。

（3）但是政府的付出都是有条件的，比如，规定了企业投资的进度和金额，甚至搬迁的计划都要明确；企业每年应该缴纳的税收；企业应该解决的产能等。如果企业不能满足协议的要求，那就需要承担责任，政府也有权取消甚至收回相关的补贴和奖励。

4. 简单看这个协议，对于政府来说基本上是“有权”，对于发行人来说很多是“必须”。

第四章　与上市公司有关的 IPO

1. 从 IPO 审核实践的角度来说，与上市公司有关的 IPO 主要有这样几种情形：(1) 上市公司参股发行人，成为发行人的参股股东；(2) 发行人的部分资产来源于上市公司；(3) 上市公司的控股子公司分拆上市。当然，第三种情形已经在前面提到了，因此我们主要分析第一种情形和第二种情形。

2. 发行人的部分资产来源于上市公司，通常会关注发行人取得上市公司资产的背景、决策审批程序是否符合证监会和交易所对于监管和信息披露要求。非常重要的一点是，这部分资产是否使用了上市公司的募集资金，是募投项目的一部分。

3. 上市公司持有发行人股份，只要不存在控制的情形，不构成分拆上市的潜在嫌疑，一般不会构成 IPO 的实质性障碍。当然，这种情况下可能会存在上市公司业务与发行人的业务构成相似或者一致的情况，那么就存在同业竞争的嫌疑，尽管这个问题不构成实质性障碍，但还是需要重点核查并解释到位。

附：《首发业务若干问题解答》(2020 年 6 月修订)

问题 8. 如果发行人的资产部分来自于上市公司，中介机构核查应重点关注哪些方面？

答：境内上市公司在境内分拆子公司上市，保荐机构和发行人律师应核查是否符合境内分拆上市的相关规定并发表意见；境外上市公司在境内分拆子公司上市，保荐机构和发行人律师应核查是否符合境外监管的相关规定并发表意见。

除上述情形外的发行人部分资产来自于上市公司，保荐机构和发行人律师应当针对以下事项进行核查并发表意见：

（1）发行人取得上市公司资产的背景、所履行的决策程序、审批程序与信息披露情况，是否符合法律法规、交易双方公司章程以及证监会和证券交易所有关上市公司监管和信息披露要求，资产转让是否存在诉讼、争议或潜在纠纷。

（2）发行人及其关联方的董事、监事和高级管理人员在上市公司及其关联方的历史任职情况及合法合规性，是否存在违反竞业禁止义务的情形，与上市公司及其董事、监事和高级管理人员是否存在亲属及其他密切关系，如存在，在相关决策程序履行过程中，相关人员是否回避表决或采取保护非关联股东利益的有效措施；资产转让过程中是否存在损害上市公司及其中小投资者合法利益的情形。

（3）发行人来自于上市公司的资产置入发行人的时间，在发行人资产中的占比情况，对发行人生产经营的作用。

第一节　IPO 资产来自上市公司

案例 36　中控技术（688777）——发行人部分资产来自上市公司

【问询问题】

请发行人说明：（1）浙江中控软件有限公司、浙江浙大海纳中控自动化有限公司、浙江大学工业自动化工程研究中心的历史沿革、主营业务演变情况；（2）2002 年 7 月前，浙大海纳体系内从事自动化控制业务的相关主体，发行人的实际控制人情况，发行人及其关联方的业务、资产、人员等是否来自上市公司，如来自上市公司，请说明占比及对发行人生产经营的作用；（3）结合《上海证券交易所科创板股票发行上市审核问答（二）》问题4的相关规定，逐项说明发行人的部分资产来自上市公司的情况是否符合法律法规、公司章程以及有关上市公司监管和信息披露要求，是否存在纠纷或诉讼。

【披露信息】

根据招股说明书及保荐工作报告披露，发行人前身中控有限设立于1999年12月。设立早期的股东包括浙江中控软件有限公司、浙江浙大海纳中控自动化有限公司、浙江大学工业自动化工程研究中心等。

2000年，海纳中控（浙大海纳子公司）、浙大海纳与中控有限签署股权转让协议，将其所持杭州中控等股权及库存原材料转让给中控有限；2002年，浙大海纳软件有限公司、浙江大学工业自动化工程研究中心与浙江中控科技有限公司签订《股份转让协议》，分别将其所持中控有限8.36%的股权转让给浙江中控科技有限公司。

1. 2002年7月前，浙大海纳体系内从事自动化控制业务的相关主体，发行人的实际控制人情况，发行人及其关联方的业务、资产、人员等是否来自上市公司，如来自上市公司，请说明占比及对发行人生产经营的作用。

自发行人设立以来，发行人实际控制人为褚健。2002年7月前，发行人及关联方存在部分业务、资产或人员来自上市公司的情况，具体如下：

（1）发行人取得上市公司业务、资产、人员的背景。2000年，由于浙大海纳半导体材料、计算机应用软件开发与自动化控制系统三部分业务分属于不同行业，协同效应较弱。由于DCS业务需要持续研发投入且营业利润贡献逐步下降，与上市公司利润考核要求不匹配。因此，经浙江大学（浙大海纳原实际控制人）、浙大海纳多次讨论，作出了逐步收缩战线，决定战略性放弃DCS业务并将相关资产出售给中控技术。

（2）发行人承接上市公司剥离出的DCS业务的情况。2000年8月至2001年1月，发行人受让了海纳中控的DCS资产，包括5家销售公司股权，海纳中控的DCS库存原材料、半成品及固定资产。鉴于海纳中控终止DCS业务且将相关资产出售给中控技术，为解决员工的就业问题，中控技术根据员工的意愿接受其劳动关系的转移。发行人承接DCS业务基本于2000年12月完成。

（3）上述资产对发行人生产经营的作用。2002年7月前，发行人的部分业务、资产、人员来自上市公司，在上市公司中的占比均较小，对上市公司未产生重大不利影响；发行人在收购的基础上自行研发产品并独立开展生产经营，对上市公司未产生依赖作用。

（4）发行人关联方取得上市公司业务、资产、人员的情况。2002年7月前，发行人关联方中控集团曾于上市公司取得两项商标，并于2007年11月支付转让价款。除受让上述商标以外，中控集团不存在人员、业务来自上市公司的情形。2003年1月，浙大海纳从海纳中控退出，章全等5名自然人及中控集团取得了海纳中控全部股权。

2. 结合《上海证券交易所科创板股票发行上市审核问答（二）》问题4的相关规定，逐项说明发行人的部分资产来自上市公司的情况是否符合法律法规、公司章程以及有关上市公司监管和信息披露要求，是否存在纠纷或诉讼。

（1）发行人取得上市公司资产的背景、所履行的决策程序、审批程序与信息披露情况，是否符合法律法规、交易双方公司章程以及证监会和证券交易所有关上市公司监管和信息披露要求，是否存在争议或潜在纠纷。

第一，发行人与上市公司、海纳中控已经完成资产和股权的交割，交易价格不低于净资产，合同相关义务已经履行完毕，各方就该事项未发生争议或纠纷；第二，上市公司已于2007年11月经杭州市中级人民法院裁定，完成破产重整，重整成为目前的“浙江众合科技股份有限公司”，中控技术及其关联方的历史沿革在法律关系上已经与上市公司做了隔离和割断；第三，上市公司原实际控制人浙江大学已于2020年3月出具《关于对浙江省地方金融监督管理局〈关于征求中控技术股份有限公司在科创板上市有关意见的函〉的回函》，确认发行人历史沿革过程中涉及相关国有股权及资产变动事宜情况属实，与发行人之间不存在法律纠纷；第四，浙江省地方金融监督管理局于2020年5月出具《浙江省地方金融监督管理局关于提请支持浙江中控技术股份有限公司在科创板上市的函》，确认发行人历史沿革事项未发生纠纷或诉讼情况。

综上，上市公司已经披露出售资产的背景，履行了决策和审批程序以及信息披露，符合当时的法律法规、交易双方公司章程以及证监会和证券交易所有关上市公司监管和信息披露要求，不存在争议或潜在纠纷。

（2）发行人来自上市公司的资产置入发行人的时间，在发行人资产中的占比情况，对发行人生产经营的作用。

发行人于2000年4月开始承接DCS业务相关资产，直至2001年1月完成，相关资产包括5家销售公司的股权、DCS业务相关原材料和半成品、固定资产，上述资产占发行人2000年年末净资产的比例分别为7.83%、28.04%、2.41%。

前述上市公司资产剥离及置入发行人的交易发生在自动化控制系统业务发展乏力和上市公司调整业务方向的背景之下，符合浙大海纳业务发展需求和浙江大学产业政策，具有合理性，对上市公司未产生重大不利影响。

发行人于2000年4月之后，引入风险投资，集中力量解决原有产品缺陷，运用全新技术，独立研发了新产品并独立开展生产经营，不存在依赖上市公司的情形。

小兵评析

1. 发行人存在历史上部分资产来源于上市公司的情形，具体情形如下：

（1）浙大海纳于1999年上市，为了实施募投项目“SUPCON 系列集散控制系统及工厂综合自动化技术项目”，浙大海纳出资2950万元和褚健等23名自然人出资50万元共同设立控股子公司海纳中控。相应地，原中控事业部从事的自动化控制系统等业务转由海纳中控经营，相关人员转至海纳中控。

（2）2000年，海纳中控决议终止DCS业务并出售相关资产及从事DCS业务销售的公司给中控技术，陆续于2001年年初完成DCS业务的剥离。

（3）2000年8月至2001年1月，发行人受让了海纳中控的DCS资产，包括5家销售公司股权，海纳中控的DCS库存原材料、半成品及固定资产。上述资产在浙大海纳、中控技术中的占比见表2－4－1：

表2－4－1　交易资产在浙大海纳、中控技术中的占比

时间	交易的资产	资产交易价值（万元）	占上市公司2000年6月30日净资产比例	占中控技术2000年年末净资产比例
2000年8月至2001年年初	5家销售公司的股权	315.20	0.88%	7.83%
	库存原材料、半成品	1129.23	3.15%	28.04%
	固定资产	97.23	0.27%	2.41%

（4）鉴于海纳中控终止DCS业务且将相关资产出售给中控技术，为解决员工的就业问题，中控技术根据员工的意愿接受其劳动关系的转移。截至2000年12月末，中控技术的员工为291人，其中来自海纳中控的员工为170人，占比为58.42%；截至1999年年末，浙大海纳员工为522人，由中控技术承接人员占上市公司员工总数的32.57%。

（5）2002年7月前，发行人的部分业务、资产、人员来自上市公司，在上市公司中的占比均较小，对上市公司未产生重大不利影响；发行人在收购的基础上自行研发产品并独立开展生产经营，对上市公司未产生依赖作用。

2. 对于这个问题，审核的主要关注要点在于：

（1）发行人取得上市公司资产的背景、所履行的决策程序、审批程序与信息披露情况，是否符合法律法规、交易双方公司章程以及证监会和证券交易所有关上市公司监管和信息披露要求，是否存在争议或潜在纠纷。

（2）发行人及其关联方的董事、监事和高级管理人员在上市公司及其控制公司的历史任职情况及合法合规性，是否存在违反竞业禁止义务的情形；上述资产转让时，发行人的董事、监事和高级管理人员在上市公司的任职情况，与上市公司及其董事、监事和高级管理人员是否存在亲属及其他密切关系。如存在上述关系，在相关决策程序履行过程中，上述人员是否回避表决或采取保护非关联股东利益的有效措施。

（3）资产转让完成后，发行人及其关联方与上市公司之间是否就上述转让资产存在纠纷或诉讼。

（4）发行人及其关联方的董事、监事、高级管理人员以及上市公司在转让上述资产时是否存在损害上市公司及其中小投资者合法利益的情形。

（5）2000年下半年，海纳中控出售相关资产至中控技术履行的会议中，关联自然人存在未回避表决的情况，不符合当时行之有效的《深圳证券交易所股票上市规则》（2000年修订）第7.3.2条中关于关联交易回避表决的条款，是否影响决策效力。

（6）上市公司于2000年下半年出售相关资产存在未经评估的情况，但该交易定价依据合理，作价公允，未造成国有资产流失，且该交易已经主管单位浙江大学确认属实及不存在纠纷，因此该交易未经评估不影响交易的生效及相关国有资产处置行为的有效性，亦不会对发行人本次发行上市造成实质性影响。关于整改或补救措施，需中控技术的实际控制人和高级管理人员作出承诺。

第二节　上市公司参股发行人

案例37　欧科亿（688308）——上市公司入股发行人，持有20%股份

【问询问题】

请发行人说明：（1）格林美2016年8月入股发行人的背景和原因，

入股形式、入股价格确定依据及其公允性，履行的决策程序和信息披露情况及其合法合规性；（2）发行人及其实际控制人与格林美之间是否存在业绩承诺或对赌协议，如是，请进一步说明具体内容及执行情况；（3）格林美入股后对公司治理和日常经营决策的具体影响，格林美向发行人提名董监高及其变化具体情况，除提名董监高外，格林美是否向公司派驻或派遣其他人员，格林美是否实际控制或共同控制发行人，如否，请进一步说明依据和理由；（4）格林美入股前后及报告期内，发行人采购、财务决策流程及其变化情况；（5）发行人向格林美采购原材料的必要性、合理性和公允性；（6）格林美系发行人上游原材料供应商，从2017年2月开始，公司不再向其采购原材料的商业合理性，是否违背上市公司承诺，是否损害发行人利益，其后相应原材料的供应商供货来源是否为格林美，上市后公司是否有向格林美采购原材料的计划，如有，请进一步说明具体情况及潜在影响。

【披露信息】

1. 格林美2016年8月入股发行人的背景和原因，入股形式、入股价格确定依据及其公允性，履行的决策程序和信息披露情况及其合法合规性。

（1）背景和原因

2016年，发行人已是国内硬质合金锯齿刀片生产规模最大的企业，格林美是发行人的上游企业，熟悉发行人的经营团队和技术实力，看好数控刀具的发展前景，有意向投资发行人。经协商一致，格林美、乐清德汇与袁美和、谭文清、欧科亿有限于2016年8月签署了《株洲欧科亿数控精密刀具有限公司股权转让及增资协议》，其后格林美成为发行人股东。

（2）入股形式、入股价格确定依据及其公允性

2016年8月，格林美通过受让股权并增资的方式成为发行人的股东。各股东此次认缴出资额的价格均以增资后股权价值与增资前股权价值的

差额确定。其中，增资前股权价值依据同致信德（北京）资产评估有限公司出具的《资产评估报告书》确定，增资后股权价值依据增资前的评估值及全体股东此次增资额之和确定，均能公允地反映股权价值。因此，此次增资的价格是公允的。

（3）履行的决策程序和信息披露情况及其合法合规性

2016年8月19日，欧科亿有限股东会作出决议，同意袁美和将其持有的公司49%的股权转让给格林美和乐清德汇，格林美发布公告，披露了其与乐清德汇、欧科亿有限、袁美和、谭文清签署股权转让及增资协议事宜。本次签署股权转让协议不需要提交股东大会审议，不构成关联交易，也不构成《上市公司重大资产重组管理办法》规定的重大资产重组，无须经有关部门批准。

2. 格林美入股后对公司治理和日常经营决策的具体影响，格林美向发行人提名董监高及其变化具体情况，除提名董监高外，格林美是否向公司派驻或派遣其他人员，格林美是否实际控制或共同控制发行人，如否，请进一步说明依据和理由。

格林美入股后，发行人的法人治理结构得到进一步完善。格林美通过董事会、股东会参与公司重大事项决策，未直接参与公司日常经营管理。

由于发行人财务管理规范运行亟须专业人员，而选任财务总监需要一定的时间，鉴于股东格林美具有上市企业财务规范治理方面的经验及专业人才，经发行人与格林美协商，发行人临时借用格林美内审总监彭伟，在韩红涛兼管财务工作期间协助内控建设工作。

格林美未实际控制或共同控制发行人，格林美持股比例不能使其控制发行人或决定董事会半数以上成员的当选，也未通过协议或安排其他实际控制发行人，故其未实际控制或共同控制发行人。

3. 格林美入股前后及报告期内，发行人采购、财务决策流程及其变化情况。

格林美入股前后及报告期内，发行人采购决策流程未发生重大变化。格林美入股前，发行人的财务决策主要由实际控制人袁美和、谭文清决定，涉及重大事项如重大金额的投融资、利润分配等财务事项，提交股东会商议决定。格林美入股后，发行人按照公司规范治理要求逐渐完善财务决策流程。公司股利分配方案由董事会拟定，经股东大会审批。

4. 发行人向格林美采购原材料的必要性、合理性和公允性。

（1）采购原材料的必要性、合理性：

第一，向格林美采购原材料为双方主营业务范畴，具有商业实质。

发行人的主要产品为硬质合金制品及数控刀具产品，广泛应用于各种非金属和金属材料工件加工。发行人产品的主要原材料是碳化钨和钴，供应商主要是碳化钨或钴粉生产商。

格林美主营业务包括钴镍钨资源回收以及超细钴镍粉末制造等，是发行人产业链的上游。格林美控股子公司荆门市格林美新材料有限公司主要从事废旧资源利用、钴粉钴盐和电池材料的生产与销售；控股孙公司荆门德威格林美钨资源循环利用有限公司主要从事钨、钼、钽、铌及其化合物的生产和销售。

第二，向格林美采购符合发行人采购管理的要求。

发行人对同类原材料一般储备两家以上供应商，以降低采购风险和采购成本。发行人对供应商就其产品质量、价格、供货期、履约能力（如经济实力、生产规模和周期、能满足的供货量、商誉等）、潜在风险等进行对比分析，综合考虑选择合适的供应商，以此保证公司原材料的质量、供货的稳定性以及议价能力。发行人向格林美等多家供应商采购原材料，符合公司前述采购管理要求。

综上，发行人向格林美采购原材料系基于客观需要及市场因素，具有必要性与合理性。

（2）采购原材料的公允性。发行人向格林美采购原材料的价格与市场参考价格对比具有公允性。

5. 格林美系发行人上游原材料供应商，从 2017 年 2 月开始，公司不再向其采购原材料的商业合理性，是否违背上市公司承诺，是否损害发行人利益，其后相应原材料的供应商供货来源是否为格林美，上市后公司是否有向格林美采购原材料的计划，如有，请进一步说明具体情况及潜在影响。

（1）公司不再向格林美采购原材料的商业合理性。

公司不再向格林美采购原材料的原因是：①格林美等新股东入股公司后，公司资本实力增强，在原材料采购市场上有更强的议价能力；公司加大在其他供应商原材料的采购量后，可以相应取得价格或账期等方面的更优条件。②市场上碳化钨粉、钴粉供应充足，除格林美外，公司同时向多家其他供应商采购，不向格林美采购原材料不会对公司生产经营产生不利影响，公司不存在依赖格林美供应原材料的情况。同时，格林美向公司销售的原材料占其营业收入的比重较小，不向公司销售对格林美的影响较小。③减少与格林美的关联交易有利于规范发行人公司治理及长远发展。

（2）其后相应原材料的供应商供货来源是否为格林美。

2017 年 1～3 月，公司主要向格林美采购的原材料包括碳化钨（原生料、电解料）、钴粉及钴镍复合粉。2017 年 3 月公司不再向格林美采购原材料后，相应原材料的供应商与格林美和公司之间均不存在关联关系。

发行人不向格林美采购原材料后，相应原材料的供应商均为行业内重要企业，与公司保持稳定合作关系。上述供应商提供给公司的原材料均为自产，且定价公允，不存在供应商向公司输送利益的情形。

（3）上市后公司是否有向格林美采购原材料的计划。

发行人目前没有上市后向格林美采购原材料的计划，也未与格林美签订上市后向其采购原材料的相关协议。发行人上市后，会按照上市公司规范运作的要求，遵循公平公正的市场原则，决定是否向格林美采购原材料。如与格林美发生交易，发行人会按照上市公司关联交易管理的相关规定履行相应的决策程序及依法披露信息。

小兵评析

1. 发行人的案例还是很典型的，代表了实践中有争议的一种情形，那就是上市公司持有 IPO 发行人的股份是否允许和合理，尤其是两个公司属于同一个行业或者上下游的情况下。

2. 上市公司格林美是发行人的上游，格林美入股发行人，其目的是打造有核心竞争力的“材料—硬质合金—数控刀具”产业链，进行资本、技术以及市场资源的合作与整合。格林美最早持有发行人 25.8% 的股份，后来稀释到 20%。

3. 对于格林美入股发行人后续的操作，主要有：（1）格林美提名其财务总监穆猛刚为公司董事，提名其钴镍钨销售副总经理兼长沙办事处主任谢敏华为公司监事。（2）公司财务总监梁宝玉 2016 年 8 月至 2018 年 7 月任格林美（武汉）城市矿产循环产业园开发有限公司财务总监。（3）公司副总经理、董事会秘书韩红涛 2006 年 6 月至 2016 年 12 月历任格林美证券事务代表、总经理助理。（4）格林美一直是发行人重要的供应商，2016 年 8 月格林美入股发行人后，发行人就刻意终止了与格林美的交易，除了 2017 年 1 ~ 2 月占比为 2.08% 的采购之外，后续再也没有与格林美交易。（5）发行人还曾经借调格林美的战略部经理来协助公司进行财务规范和内部控制治理的相关工作。

4. 上市公司持有发行人股份，只要不存在控制的情形，不构成分拆上市的潜在嫌疑，那么目前的 IPO 审核政策下，应该不构成 IPO 的实质性的障碍。不过，由于格林美还向发行人派驻财务总监和监事，以及其他的一些业务和人员来往情况，还是会关注到上市公司是否会干预发行人的经营活动甚至存在间接的控制。

5. 最后，在审核的过程中，还是重点关注到发行人财务总监与格林美的关系以及决策程序问题。尤其是，关注到报告期内发行人财务负责人是否存在越级向格林美汇报财务工作的情形，发行人财务工作是否独立，上市公司是否对发行人实施间接控制。

第五章　特殊规则的运用

1. 对于IPO审核问题的判断和考量，有时候我们是正向思维，有时候是反向思维。正向思维就是审核要求能引导发行人如何去做，而逆向思维就是这样的审核标准可以防止发行人怎么去做。一种是引导你去做“好人”，另一种是防止你去做“坏人”，两种方式和思路都很重要。

2. 考察最近的一些IPO审核案例，在某些方面出现了新的情况甚至是突破：(1) 员工持股平台的员工激励计划，允许实际控制人向员工借款用于出资的认购。(2) 员工激励计划的激励范围可以包括控股股东的员工。(3) 上下游的两家企业可以不构成同业竞争，并且可以分别同时上市。(4) 发行人的前员工可以设立公司成为发行人的重要客户，等等。

3. 对于一些新规则和特殊规则的运用，小兵认为除了要符合基本法律法规的要求，也需要满足合理性。

第一节　科创板上市标准

案例38　仁会生物（已过会）——生物医药公司采取第五套标准的最新审核政策

【问询问题】

请发行人全面梳理“风险因素”和“重大事项提示”，参考已上市第五套标准的科创板企业，对发行人未来面临的风险予以提示，并突出“重大性”和“针对性”。

【披露信息】

公司适用并符合《上海证券交易所科创板股票上市规则》第 2.1.2 条第 5 项规定的上市标准：预计市值不低于人民币 40 亿元，主要业务或产品需经国家有关部门批准，市场空间大，目前已取得阶段性成果。医药行业企业需至少有一项核心产品获准开展二期临床试验，其他符合科创板定位的企业需具备明显的技术优势并满足相应条件。

公司已经上市一款国家 1 类新药——谊生泰（主要成分为贝那鲁肽），主要用于成人 2 型糖尿病患者控制血糖；同时，公司拥有多个研发管线，其中 BEM－014（主要成分为贝那鲁肽）用于超重/肥胖适应证的临床研究项目，已处于中国Ⅲ期临床研究阶段。

作为一家拟采用第五套上市标准的生物医药行业公司，公司提示投资者关注公司以下特点及风险：

1. 公司产品尚处于市场导入期，公司尚未盈利并预期持续亏损。截至本招股说明书签署日，除谊生泰已获得上市批准外，公司其他产品均处于研发阶段，尚未开展商业化生产销售。公司主要产品谊生泰尚处于市场导入期，市场占有率较低，主营业务收入相对较小，而研发费用、销售费用和管理费用相对较大。公司尚未盈利且存在累计未弥补亏损，2017 年度、2018 年度、2019 年度，公司归属于母公司普通股股东的净利润分别为－16,006.11 万元、－21,363.43 万元、－26,244.96 万元。

2. 公司预期未来持续较大规模研发投入和销售费用投入，可能导致公司亏损进一步扩大。报告期内，公司投入大量资金用于产品管线的临床前研究、临床试验及新药上市前准备。2017 年度、2018 年度和 2019 年度，公司研发投入分别为 6931.15 万元、5283.83 万元和 9143.79 万元，研发投入占营业收入比例较大。截至本招股说明书签署日，发行人有 1 个 1 类新药产品获得上市批准，多项在研产品，其中超重/减肥适应证产品处于国内Ⅲ期临床研究阶段和美国临床研究阶段。公司未来仍需维持较大规模的研发投入用于在研项目完成临床前研究、临床试验及新药上市前准备等研发工作。公司 BEM－014 和 BEM－041 部分项目计划在海外开展，海外研发项目需要投入的资金较大。因此，预计未来将继续产生较大金额的研发费用。

3. 公司核心在研药品上市存在不确定性，产品上市后可能无法得到市场认同，或获得认同后面临来自竞品的竞争。截至本招股说明书签署日，公司仅谊生泰获得上市批准。若公司在研药物无法获得上市批准，或该等批准包含重大限制，则公司的目标市场将可能减少、在研药物的市场潜力可能被削弱。在研产品研发成功获批后，还需要经历市场拓展与学术推广，才能够更广泛地被医生和患者所接受。因此，如果新药上市后的市场开拓和学术推广遇到“瓶颈”，或市场与商业化团队未能有效运作，或遇到未知的科学技术风险，从而使公司产品未能有效得到市场认可，无法应对不断变化的市场环境，则可能给公司收回新药研发成本、实现经济效益带来一定的风险。

4. 公司无法保证未来几年内实现盈利，上市后亦可能面临退市的风险。公司未来几年将存在持续大规模的研发投入，公司上市后未盈利状态可能持续存在或累计未弥补亏损可能继续扩大，进而可能导致触发退市条件，股票将直接终止上市。公司已上市产品谊生泰和主要在研管线产品聚焦慢性病治疗药物领域。公司提醒投资者注意慢性病药物在新药上市之初的几年可能不会立刻销量爆发达到销售峰值，在市场开拓过程中如公司产品不能较快被市场接受和认可，则可能在一段时间内不能达到较高的销售规模。由于发行人生产、销售、研发等经营活动投入较高，相关成本、费用金额较大，发行人盈亏平衡点销售收入金额较高，发行人可能在一段时间内难以达到盈亏平衡。

5. 发行人报告期内以及 2020 年预计经营业绩情况见表 2－5－1：

表2-5-1 2017~2019年经营业绩情况

项目	2017-12-31/2017年	2018-12-31/2018年	2019-12-31/2019年
资产总额（万元）	51,313.40	43,113.63	47,171.93
归属于母公司所有者权益（万元）	34,971.39	15,900.09	16,694.57
资产负债率（母公司）(%)	31.94	62.93	65.00
资产负债率（合并）(%)	31.84	63.11	64.61
营业收入（万元）	1408.96	2732.31	5687.15
净利润（万元）	-16,009.09	-21,363.43	-26,244.96
归属于母公司所有者的净利润（万元）	-16,006.11	-21,363.43	-26,244.96
扣除非经常性损益后归属于母公司所有者的净利润（万元）	-15,023.70	-20,409.75	-26,556.20

截至2020年3月31日，公司资产总额为42,759.73万元，较上年年末降低9.35%；公司负债总额为32,695.01万元，较上年年末增长7.28%；公司所有者权益和归属于母公司股东权益均为10,064.72万元，较上年年末降低39.71%。2020年1~3月，公司营业收入为335.33万元，较上年同期下滑61.30%；净利润为-8644.26万元，亏损额较上年同期增加4279.38万元；公司扣除非经常性损益后归属于母公司所有者的净利润为-8902.52万元，亏损额较上年同期增加4761.27万元。以上财务数据未经审计，但已经天健会计师审阅。

公司结合2020年第一季度的实际经营情况，对2020年上半年的业绩进行了初步预计。2020年1~6月，公司预计实现营业收入为655.00万元至800.00万元，较上年度可比中期收入下滑73.35%至78.18%；预计归属于母公司所有者的净利润为－15,450.00万元至－17,000.00万元，上年度可比中期为－9582.20万元，亏损额增加5867.80万元至7417.80万元；预计扣除非经常性损益后的净利润为－15,900万元至－17,500万元，上年度可比中期为－9997.25万元，亏损额增加5902.75万元至7502.75万元。

上述2020年1～6月财务数据是公司财务部门初步估算的结果，未经会计师审计或审阅，且不构成盈利预测，发行人实际完成的业绩可能受疫情的变化而有所波动。

小兵评析

1. 自泽璟制药（688266）成为科创板采用第五套指标成功上市的第一家医药研发企业之后，对于生物医药企业尤其是以新药研发作为主营业务公司适用第五套标准进行IPO审核做了更严格的规定。

2. 本案例发行人作为采用第五套指标上市的生物医药公司，与产品尚处于临床试验阶段，没有量产、没有客户、没有收入的“三无”医药公司相比，还是有着很大的不同，或许这也体现出科创板审核对于这种企业IPO的最新审核态度。

3. 发行人适用第五套上市标准的特殊之处在于：（1）发行人已经有一个国家1类创新药实现商业化运行，尽管还处于市场导入阶段，但是已经实现了几千万元的收入。（2）发行人还有几个研发管线已经处于最后的临床试验阶段，未来可期。（3）发行人市值标准采用的是新三板的市值标准。（4）发行人预计实现盈亏平衡的时间是2024年。

附：《上海证券交易所科创板股票上市规则》（2020年12月修订）

2.1.2 发行人申请在本所科创板上市，市值及财务指标应当至少符合下列标准中的一项：

（一）预计市值不低于人民币10亿元，最近两年净利润均为正且累计净利润不低于人民币5000万元，或者预计市值不低于人民币10亿元，最近一年净利润为正且营业收入不低于人民币1亿元；

（二）预计市值不低于人民币15亿元，最近一年营业收入不低于人民币2亿元，且最近三年累计研发投入占最近三年累计营业收入的比例不低于15%；

（三）预计市值不低于人民币20亿元，最近一年营业收入不低于人民币3亿元，且最近三年经营活动产生的现金流量净额累计不低于人民币1亿元；

（四）预计市值不低于人民币30亿元，且最近一年营业收入不低于人民币3亿元；

（五）预计市值不低于人民币40亿元，主要业务或产品需经国家有关部门批准，市场空间大，目前已取得阶段性成果。医药行业企业需至少有一项核心产品获准开展二期临床试验，其他符合科创板定位的企业需具备明显的技术优势并满足相应条件。

本条所称净利润以扣除非经常性损益前后的孰低者为准，所称净利润、营业收入、经营活动产生的现金流量净额均指经审计的数值。

案例39 利扬芯片（688135）——如何用进口替代论证符合科创属性

【问询问题】

招股说明书披露：发行人符合《上海证券交易所科创板企业发行上市申报及推荐暂行规定》第5条规定的“（四）依靠核心技术形成的主要产品（服务），属于国家鼓励、支持和推动的关键设备、关键产品、关键零部件、关键材料等，并实现了进口替代”；发行人为汇顶科技、全志科技、东软载波、博通集成等知名客户的供应商，且测试技术、测试产能实现了进口替代。请发行人提供属于国家鼓励、支持和推动的关键设备、产品、零部件、材料并实现了进口替代的相关客观、支撑性政策文件、法律法规依据。

请发行人说明：(1) 发行人提供了什么设备、产品、零部件、材料，是否属于国家鼓励、支持和推动的关键设备、产品、零部件、材料；(2) 进口替代主要涉及的核心技术及应用情况，发行人在哪些方面、哪些领域实现了进口替代，进口替代的时间、程度，进口替代前后相关方面、领域的竞争情况、市场格局、内资外资及发行人的份额占比变化、发行人市场份额是否实现了部分外资替代，与境内外同行业可比集成电路封测公司如长电、华天、京元等领先企业在市场份额、销售额、市场地位、财务指标的对比情况；(3) 进口替代相关的测试收入、净利润及占比、所涉及的主要客户等情况；主要客户以及汇顶科技等主要知名客户的集成电路测试供应商的情况，并与之进行对比，说明发行人是否存在价格、数量相关的优势及销售占比的变化情况，该等客户是否有外资供应商，发行人是否对外资进行了进口替代或实现了国产替代，充分说明发行人测试产品的市场竞争优劣势。

请发行人严格按照《上海证券交易所科创板企业发行上市申报及推荐暂行规定》的要求细化披露相关信息；结合上述事项说明发行人是否符合《科创属性评价指引（试行）》《上海证券交易所科创板企业发行上市申报及推荐暂行规定》规定的科创属性及科创板定位。

【披露信息】

发行人符合《上海证券交易所科创板企业发行上市申报及推荐暂行规定》第5条规定的“（四）依靠核心技术形成的主要产品（服务），属于国家鼓励、支持和推动的关键设备、关键产品、关键零部件、关键材料等，并实现了进口替代”；发行人为汇顶科技、全志科技、东软载波、博通集成等知名客户的供应商，且测试技术、测试产能实现了进口替代。

1. 请发行人提供属于国家鼓励、支持和推动的关键设备、产品、零部件、材料并实现了进口替代的相关客观、支撑性政策文件、法律法规依据；发行人提供了什么设备、产品、零部件、材料，是否属于国家鼓励、支持和推动的关键设备、产品、零部件、材料。

发行人所处的集成电路测试行业属于《战略性新兴产业分类（2018）》中的“1. 新一代信息技术产业”之“1.2 电子核心产业”之“1.2.4 集成电路制造”；属于《产业结构调整指导目录（2019 年本）》之“第一类 鼓励类”之“二十八、信息产业”之“19、集成电路设计，线宽 0.8 微米以下集成电路制造，及球栅阵列封装（BGA）、插针网格阵列封装（PGA）、芯片规模封装（CSP）、多芯片封装（MCM）、栅格阵列封装（LGA）、系统级封装（SIP）、倒装封装（FC）、晶圆级封装（WLP）、传感器封装（MEMS）等先进封装与测试”。

2. 进口替代主要涉及的核心技术及应用情况，发行人在哪些方面、哪些领域实现了进口替代，进口替代的时间、程度，进口替代前后相关方面、领域的竞争情况、市场格局、内资外资及发行人的份额占比变化、发行人市场份额是否实现了部分外资替代。

发行人成立于 2010 年，自成立以来就一直致力于集成电路测试服务领域并逐步实现该领域的进口替代，因此发行人实现进口替代的时间、程度是一个渐进的过程。发行人作为集成电路产业链中的测试提供商，进口替代具体体现在以下几个方面：

（1）中国作为全球最大的集成电路终端产品消费市场，国际产能不断向中国转移，进口替代也随之不断深入。另外，在当前国际半导体产业环境中，中国本土芯片产业与国外的差距较为明显，特别是在高端领域。2018 年，中美贸易摩擦更是给国内集成电路行业敲响了警钟，使得社会各界认识到集成电路产业自主可控的重要性，此事件对于正在寻求国产替代的中国集成电路产业链厂商来说是一个契机。

（2）在集成电路产业链中，分为集成电路设计、制造、封装和测试，其中，集成电路封装是中国发展最快、相对成熟的板块，技术能力与国际先进水平比较接近，在过去十几年，国内集成电路封装行业保持了高速增长的态势，全球市场占有率逐步提升。

（3）发行人是国内知名的独立第三方集成电路测试服务商，凭借高品质的测试服务和业内的良好口碑，与诸多行业内知名客户建立了稳定的合作关系。由于公司的主营业务为提供集成电路测试服务，随着客户产品实现进口替代，而公司作为这些客户重要且稳定的测试供应商，公司的测试也随之实现了进口替代。

（4）发行人进口替代主要涉及的核心技术及应用情况体现为：自成立以来，发行人一直专注于集成电路测试领域，聚焦科技创新，并在该领域积累了多项自主的核心技术，已累计研发33大类芯片测试解决方案，可适用于不同终端应用场景的测试需求，完成超过3000种芯片型号的量产测试。公司可测试的芯片范围较广，为客户提供了稳定、便捷、可控的测试资源，能充分满足各类芯片设计公司的测试需求。

（5）发行人通过查询相关网站及公开资料，仍无法获取客观、权威的有关进口替代前后相关方面内资外资的份额占比变化情况。

3. 与境内外同行业可比集成电路封测公司如长电、华天、京元等领先企业在市场份额、销售额、市场地位、财务指标的对比情况。

4. 进口替代相关的测试收入、净利润及占比、所涉及的主要客户等情况。

5. 主要客户以及汇顶科技等主要知名客户的集成电路测试供应商的情况，并与之进行对比，说明发行人是否存在价格、数量相关的优势及销售占比的变化情况，该等客户是否有外资供应商，发行人是否对外资进行了进口替代或实现了国产替代。

发行人一般为主要知名客户的最大集成电路测试供应商，但无法获取发行人客户其他集成电路测试供应商的具体情况和相关数据，因此无法与之进行比较，也无法说明发行人是否存在价格、数量相关的优势及销售占比的变化情况。大部分该等客户曾经存在外资供应商，发行人对客户的部分外资供应商进行了进口替代或实现了国产替代。

另外，请发行人严格按照《上海证券交易所科创板企业发行上市申报及推荐暂行规定》的要求细化披露相关信息；结合上述事项说明发行人是否符合《科创属性评价指引（试行）》《上海证券交易所科创板企业发行上市申报及推荐暂行规定》规定的科创属性及科创板定位。

1. 发行人是否符合《上海证券交易所科创板企业发行上市申报及推荐暂行规定》第 3 条规定的行业领域的情况。

发行人的主营业务为集成电路测试方案开发、晶圆测试服务、芯片成品测试服务以及与集成电路测试相关的配套服务。根据《国民经济行业分类（GB/T 4754－2017）》，公司所处行业属于“C 制造业”门类下的“C3973 集成电路制造”；根据《上市公司行业分类指引》（2012 年修订），公司所处行业为“C 制造业”门类下的“C39 计算机、通信和其他电子设备制造业”。公司行业属于《上海证券交易所科创板企业发行上市申报及推荐暂行规定》第 3 条规定的“新一代信息技术领域”。发行人主营业务与所属行业领域归类匹配，与可比公司行业领域归类不存在显著差异。

2. 发行人是否符合《上海证券交易所科创板企业发行上市申报及推荐暂行规定》第 4 条规定指标的情况：

（1）关于研发投入的情况。报告期内，公司最近 3 年累计研发投入占最近 3 年累计营业收入比例为 9.11%，符合《上海证券交易所科创板企业发行上市申报及推荐暂行规定》第 4 条规定的“最近 3 年累计研发投入占最近 3 年累计营业收入比例 5% 以上”。

（2）关于发明专利的情况。发行人拥有形成主营业务收入的已授权发明专利 6 项。发行人符合《上海证券交易所科创板企业发行上市申报及推荐暂行规定》第 4 条规定的“形成主营业务收入的发明专利（含国防专利）5 项以上”。

（3）关于营业收入增长的情况。报告期内，发行人最近 3 年营业收入的复合增长率为 33.94%，符合《上海证券交易所科创板企业发行上市申报及推荐暂行规定》第 4 条规定的“最近 3 年营业收入复合增长率达到 20%”。

小兵评析

1. 证监会和交易所在研发费用和发明专利两个层次对科创板 IPO 科创属性作出了非常明确的定量标准，该标准成为所有企业申报科创板必须要面对的问题。同时，规则中界定了量化的例外情况：如果满足技术非常先进，有进口替代或者填补空白等情形，那么是可以豁免对于两个定量指标的要求。在审核实践中，也确实有一些企业，尝试用这个指标来论证科创属性，但是具体操作起来并不容易。

2. 发行人对此做出了详尽的解释，但让人疑惑的是，发行人明明符合量化的研发费用和发明专利数量的标准，为什么偏偏还要选择一条更困难的道路?

3. 问询问题中关于一些数据的关注，发行人明确回复无法取得权威数据，这个也值得参考。毕竟，审核中心对于很多问题的关注是一种理想的状态，如果实在找不到数据那也只能如实披露。

第二节 特殊情形对持续经营能力的影响

案例 40 凯龙高科（300912）——主要客户被破产重整，对发行人经营业绩的影响

【问询问题】

关于主要客户东风朝柴破产重整。招股说明书披露，发行人主要客户东风朝柴因经营出现困难，于 2020 年 3 月 9 日被法院裁定进行破产重整。发行人对其截至 2019 年 12 月 31 日的应收账款余额按 50% 的计提比例单项计提大额坏账准备 3176.36 万元，未对 2019 年年末向东风朝柴发出商品余额 1229.98 万元计提减值。发行人与东风朝柴管理人、东风朝柴等各方一致同意东风朝柴对发行人 2019 年年末向其发出商品后续形成

的债务按共益债务的形式清偿。

请发行人补充披露：(1) 东风朝柴破产重整具体进展、破产重整计划中约定的相关债务清偿比例及清偿安排；截至目前的回款情况及预期回款安排。(2) 2019年年末对东风朝柴的发出商品1229.98万元对应的合同金额，截至目前东风朝柴是否确认收到相关商品，发行人是否已确认收入，如已确认收入，请披露对应的应收账款减值计提情况，与现有应收账款减值计提比例是否一致；如尚未确认收入，请披露东风朝柴收货期是否正常，对该客户相关发出商品的减值计提情况与应收账款存在较大差异的原因及合理性。(3) 将东风朝柴对发行人2019年年末向其发出商品后续形成的债务按共益债务的形式清偿，是否符合《企业破产法》第42条的规定。(4) 2019年东风朝柴受政策影响销量大幅下滑后，发行人与东风朝柴人仍开展国六后处理系统交易及合作的原因及合理性，是否已采取措施保证回款，目前回款金额占合同金额的比重。(5) 发行人与东风朝柴目前仍在开展的所有业务情况，包括但不限于销售合同名称(包括在手订单)、合同签订时间、项目进展、业务金额、应收账款金额及账龄等。(6) 鉴于东风朝柴为非上市公司，发行人以5家上市公司的破产重组清偿比例推算东风朝柴破产重整清偿比例的合理性，并在此基础上进一步分析并披露对东风朝柴应收账款仅按50%的计提比例单项计提坏账准备是否充分。

【披露信息】

一、东风朝柴破产重整情况及对本公司的影响

因东风朝柴经营出现困难，并于2020年3月9日被朝阳中院裁定进行破产重整，本公司对其截至2019年12月31日的应收账款6352.73万元按照50%比例单项计提大额坏账准备3176.36万元。

(一) 东风朝柴破产重整具体进展、破产重整计划中约定的相关债务清偿比例及清偿安排；截至目前的回款情况及预期回款安排

2020年1月15日，东风朝柴的债权人朝阳兴宇实业有限公司以东风

朝柴拖欠到期货款不能偿还、经营恶化、资金周转困难为由，向朝阳中院申请对东风朝柴进行破产重整；2020年3月9日，朝阳中院下达《民事裁定书》，裁定东风朝柴进行破产重整；2020年3月11日，朝阳中院指定了东风朝柴管理人，组长由朝阳市国资委主任担任，成员由朝阳市信访局、市发展改革委等九个政府部门相关领导组成；2020年3月25日，朝阳中院复函同意东风朝柴在管理人监督下自行管理财产和营业事务，同意东风朝柴为复工复产作出的继续履行相关合同的决议。

东风朝柴第一次债权人会议召开时间仍未确定，也未公布重整计划草案，本次破产重整普通债权的清偿比例及清偿安排尚未确定；东风朝柴未就上述6352.73万元对本公司有过还款，也没有具体的清偿比例和清偿安排。

（二）公司对2019年年末东风朝柴发出商品的处理

在东风朝柴2020年3月9日被裁定进行破产重整后，本公司与东风朝柴按照“现款现货、款到发货、长期供货”的原则继续进行业务合作，同时东风朝柴已经确认接收相关存货，因此，本公司于2020年上半年对该发出商品全额确认了收入。本公司未对该部分收入对应的应收账款计提减值准备。

（三）将东风朝柴对发行人2019年年末向其发出商品后续形成的债务按共益债务的形式清偿，符合《企业破产法》第42条的规定

根据《企业破产法》第42条的规定，人民法院受理破产申请后发生的“因管理人或者债务人请求对方当事人履行双方均未履行完毕的合同所产生的债务”为共益债务。

东风朝柴作为本公司的主机厂客户，本公司按照行业惯例，对其销售收入确认采用“上线结算”模式，即本公司将所生产的产品按照合同约定运至交货地点（本公司租赁的东风朝柴仓库），待客户验收并上线装配认可后，确认销售收入。

对于东风朝柴，根据销售合同中约定的产品所有权上的风险报酬转

移条款，本公司存放在租赁的东风朝柴仓库的产品，在东风朝柴上线装机结算前，产品的所有权仍属于本公司，在东风朝柴实际耗用后产品所有权转移给东风朝柴，双方根据东风朝柴提供的上线结算明细办理结算。本公司由此确认收入和应收账款。

由于东风朝柴已进入破产重整程序，发行人为控制货款回收风险，与东风朝柴在破产重整期间的业务合作按“现款现货、款到发货、长期供货”的原则进行。

二、鉴于东风朝柴为非上市公司，发行人以5家上市公司的破产重组清偿比例推算东风朝柴破产重整清偿比例的合理性，并在此基础上进一步分析并披露对东风朝柴应收账款仅按50%的计提比例单项计提坏账准备是否充分

（一）发行人对东风朝柴应收账款按50%的计提比例单项计提坏账准备的主要依据

针对东风朝柴2019年年末的应收账款的坏账计提比例的确定，发行人主要基于东风朝柴的生产经营状况、破产重整成功的可能性、东风朝柴未来的发展前景等进行判断，对东风朝柴应收账款按50%的计提比例单项计提坏账准备。

鉴于非上市公司破产重整中大额普通债权平均清偿比例资料不完整，发行人结合2019年我国上市公司破产重整中大额普通债权平均清偿比例，以论证对东风朝柴应收账款按50%的计提比例单项计提坏账准备的充分性及合理性，并非直接以2019年我国上市公司破产重整中大额普通债权平均清偿比例推算。

（二）进一步分析并披露对东风朝柴应收账款仅按50%的计提比例单项计提坏账准备是否充分

发行人主要基于东风朝柴生产经营状况、破产重整成功的可能性、东风朝柴未来的发展前景等因素综合判断，对东风朝柴应收账款按50%的计提比例单项计提坏账准备。具体依据如下：

1. 东风朝柴基本情况及进入破产重整后的生产经营情况。

东风朝柴进入破产重整后，自2020年3月下旬起，东风朝柴生产经营逐步恢复，与发行人的业务合作持续进行。

2. 东风朝柴破产重整成功可能性很大，破产清算可能性很小。

东风朝柴破产重整成功，对当地经济发展具有重要意义；东风朝柴主导产品具有一定的市场需求，破产重整价值高。

3. 东风朝柴破产重整成功后，具备一定的发展前景。

在东风朝柴进入破产重整程序后，其生产经营持续进行，发行人按照“现款现货、款到发货、长期供货”的原则持续向东风朝柴供货。2020年上半年，其与发行人新签订尾气后处理系统产品交易合同金额合计为2211.48万元。

4. 破产重整成功后普通债权清偿率相对较高。

破产重整，是指缺乏偿付能力的债务人不进入资产清算环节，而是在法院以及重组管理人的主持下，债务人以及债权人对重整方案达成协议。该协议规定在一定的期限内，债务人按照一定的方式对债务进行部分或者全部清偿。

对比破产清算，破产重整能够更大力度、更广层面保护债权人、股东及其他相关权益人的权利，破产重整状态下普通债权清偿率通常高于破产清算。

综上，基于谨慎性原则，发行人本次对前述应收账款按50%的计提比例单项计提坏账准备。

5. 发行人本次对前述应收账款按50%的计提比例单项计提坏账准备，具有充分性及合理性。

(1) 发行人对东风朝柴应收账款坏账准备计提比例的确定依据。如上所述，发行人主要基于东风朝柴生产经营状况、破产重整成功的可能性、东风朝柴未来的发展前景等因素综合判断，对东风朝柴2019年年末应收账款按50%的计提比例单项计提坏账准备。

(2) 发行人50%计提比例不低于上市公司康跃科技、铁流股份。

(3) 发行人上述50%计提比例，与2019年度我国上市公司破产重整中大额普通债权平均清偿比例基本相当。

经公开信息查询，2019年，我国被法院裁定受理破产重整的共有7家上市公司，在这7家上市公司中，＊ST庞大（601258）和＊ST中绒（000982）均以资本公积金转增股票抵债，普通债权清偿率为100%，将＊ST庞大（601258）和＊ST中绒（000982）剔除后，其余5家上市公司大额普通债权的平均清偿率为51.90%。

因此，综合考虑上述因素，发行人本次对前述应收账款按50%的计提比例单项计提坏账准备具有合理性；同时，结合其他相关上市公司对2019年年末东风朝柴应收账款坏账准备的计提比例，以及2019年我国上市公司破产重整中大额普通债权人平均清偿比例，发行人本次对前述应收账款按50%的计提比例单项计提坏账准备具有充分性。

小兵评析

1. 报告期内，东风朝柴每年采购发行人的金额超过6000万元，占发行人销售收入的比例超过5%，绝对是发行人重要的客户之一。东风朝柴因为经营不善被债权人申请破产重整，发行人因此计提坏账准备3000多万元，对发出商品计提1200多万元的减值准备，而上述减值占发行人2019年营业利润的比例接近50%。

2. 主要客户破产重整，对于发行人最大的影响，一个是应收账款的回收问题，另一个是发出商品后续的确认问题。对于这两个问题，发行人也是做了重点的解释：

(1) 应收账款还是单独做了减值测试，同时按照50%一次性计提了坏账准备，为什么是50%而不是100%，审核中心很关注。发行人也是做了很多解释，看起来有理有据不过也确实只能自圆其说，毕竟发行人2019年净利润只有 5000 多万元。

（2）对于发出商品，发行人也是计提了 1000 多万元的减值准备，而这个问题还是从另外一个角度解释的，那就是东风朝柴后续破产重整成功的可能性还是很大的，这些存货后续还是可能被确认收入的。最好的例证就是，客户在破产重整之后继续跟发行人合作，当然现在是现款现货，发行人也是按照规定确认了收入。

3. 还有一个技术细节，就是关于破产重整案例最后得到清偿的比例，用以佐证发行人计提 50% 坏账准备的合理性，发行人也是找到了很多上市公司的案例作为参考。

案例 41　越剑智能（603095）——厂房搬迁对经营影响

【问询问题】

报告期内，发行人绝大部分生产经营用地被列入拆迁计划。请发行人代表说明：（1）搬迁协议是否已经签署，协议的主要内容、对搬迁时间及期限的具体要求。（2）新厂房建设目前的具体进展情况，新厂房预计竣工时间、验收时间、投入使用时间，与搬迁协议的具体要求是否相匹配；新建厂房是否已达到预计可使用状态，是否存在未及时转固等情况，是否符合《企业会计准则》的相关规定。（3）搬迁期间客户订单的处理，是否存在停产、不能正常经营或无法及时供货等经营风险，是否会导致客户流失，发行人拟采取的应对措施。（4）整体搬迁对发行人生产经营及财务状况的影响，是否对发行人生产经营及持续经营能力构成重大不利影响，相关风险是否已经充分披露。

【披露信息】

一、拆迁事项基本情况

截至本招股说明书签署日，公司现阶段使用的位于阳嘉龙村地块的生产经营用房及位于勤俭地块、建丰地块和灵芝地块的空置暂未使用房屋均被列入拆迁范围，合计产权面积为82,441.98平方米。

二、拆迁协议的签署情况

自2018年11月以来，公司相继与政府就拆迁事项签订了《非住宅房屋拆迁补偿安置协议》和《集体土地上非住宅拆迁货币补偿协议》，具体情况如下：

（一）建丰地块拆迁协议签署情况

公司从本次拆迁事项中合计取得3731.27万元补偿款，主要系由出让土地上合法房屋货币化补偿、货币化安置奖励、临时安置补偿费及房屋装修补偿组成。

（二）勤俭地块拆迁协议签署情况

公司从本次拆迁事项中合计取得1911.63万元补偿款，主要系由出让土地上合法房屋货币化补偿、货币化安置奖励、临时安置补偿费及房屋装修补偿组成。

（三）阳嘉龙村地块拆迁协议签署情况

本次拆迁最终补偿款结算支付按柯桥区房屋拆迁政策审核小组对本次拆迁确权审核会议纪要、绍兴市点点房地产评估有限公司正式房屋评估报告、中兴资产评估事务所资产评估报告进行校正并签订正式协议为准。

上述协议约定公司所搬迁的新厂区正式投产前，公司可以继续在原场地正常生产经营，按照现状继续使用相关房屋、建筑物及构筑物，绍兴柯桥经济开发区开发投资有限公司不会因拆迁安排影响公司的正常生产经营。上述协议的签署不会对公司现有的生产经营产生重大不利影响。

（四）灵芝街道房屋拆迁协议签署情况

公司从本次拆迁事项中合计取得7,044，970元补偿款，主要系由房屋货币补偿、未领取权证建筑物补偿、搬迁费和提前搬迁奖组成。

（五）羊山村地块土地征收补偿协议签署情况

公司从本次征收事项中合计取得3,781,565元补偿款，主要系由国有出让工业用地补偿、原带征土地退款和被征收土地内附属物塘渣组成。

三、上述房产、土地拆迁进展情况

截至本招股说明书签署日，公司已收到政府拆迁补偿款560万元，且政府已经回收了灵芝街道及附属房屋权属证书并拆除了上述房屋。

四、各生产厂区生产的产品类型、数量及金额

公司目前的生产经营用房均位于阳嘉龙厂区，其他厂区及物业主要用于出租。由于建丰厂区和灵芝厂区已与相关部门签署了《非住宅房屋拆迁补偿安置协议》，原承租方在租赁合同到期后不再续约，目前处于空置暂未使用状态。

五、已列入或即将列入拆迁计划的厂区占营业收入及利润总额的比例

报告期内，已列入或即将列入拆迁计划的厂区占营业收入及利润总额的比例基本达到100%。

六、厂区搬迁规划及对公司生产经营和持续盈利能力的影响

公司已拟定较为完备的搬迁规划以减少搬迁对公司生产经营和持续盈利能力造成的不利影响，具体如下：

（一）发行人可自由安排拆迁启动时间，签署拆迁协议不影响公司生产经营

发行人拥有生产经营厂区阳嘉龙村地块搬迁时间自主权。根据发行人与绍兴柯桥经济开发区投资有限公司、绍兴市柯桥区齐贤街道办事处签订的《非住宅房屋拆迁补偿安置协议》，公司的新厂房正式投产前，公司可以继续在原场地正常生产经营，按照现状继续使用相关房屋、建筑物及构筑物，绍兴柯桥经济开发区投资有限公司、绍兴市柯桥区齐贤街道办事处不会因拆迁安排影响公司的正常生产经营。

（二）公司已合法有效取得了建设新厂房所需的生产经营用地并按计划启动施工建设

为进一步减少公司房产拆迁可能给公司带来的经营风险，公司已通

过出让方式合法、有效取得了土地权证为绍市国用（2016）第 1265 号国有建设用地用于建设新厂房，该宗国有建设用地的土地用途为一类工业用地，宗地面积为 53,471 平方米。该地块位于绍兴市袍江区，和现有厂区相距十余公里，交通较为便利。

（三）公司已制订合理的搬迁计划

为了保证搬迁过程中生产经营的平稳衔接过渡，减少因公司生产经营房产拆迁可能给公司带来的经营风险及持续盈利能力影响，公司已制订了合理的搬迁计划。

公司搬迁将在新厂区 2020 年年中竣工并投入使用后陆续启用。公司生产经营活动主要依赖于生产相关的机器设备和员工的管理协作。公司目前生产经营中所应用的机器设备主要为可拆卸的大型设备和中小型专用设备，拆卸、运输、安装都较为方便。总体而言，公司主要设备及生产线的拆装、搬迁和重新调试难度较小，预计整体搬迁时间 3 个月左右，预计搬迁费用预算不超过 600 万元。

此外，拆迁协议中约定将对本次拆迁过程中涉及的房屋装修、设备设施、临时安置、停业停产损失、搬迁费等进行一定金额的补偿，因此公司预计搬迁损失较小，对发行人持续盈利能力不构成重大不利影响。

综上，发行人制定了明确的厂房搬迁规划，并采取了切实有效的措施以减少搬迁带来的不利影响。公司主要生产设备便于搬迁，整体搬迁周期短、搬迁费用可控且对业绩影响较小，不会对发行人生产经营及持续经营能力构成重大不利影响。

小兵评析

1. 对于企业来说，正常使用的厂房被列入拆迁计划也是常有的事情，不过像发行人这种，100% 的生产经营场所要拆迁的情形，倒不是那么常见。

2. 厂房拆迁，对于发行人生产经营的影响，会因为行业特性和经营的要求不同而有完全不同的结果。拆迁对有的行业影响不大，比如机械制造业，生产线都是标准的，可以随时拆卸装运。对有的行业的影响几乎就是“伤筋动骨”，比如化工行业，生产线都是定制的，很多是直接埋到地里，搬迁会导致很多设备报废不能使用。此外，像化工行业设备安装调试的周期也很长，可能需要1年甚至更长时间。

3. 具体到本案例发行人，涉及100%厂房的搬迁，重点关注的问题主要有：（1）搬迁的背景、政策依据以及搬迁协议的签署情况；（2）对搬迁期限和时间是否有明确要求；（3）新的土地取得情况以及新的厂房建设进展，预计达到可使用状态的时间；（4）新厂房和旧厂房是否能够实现无缝对接，发行人机器设备搬迁的周期和时间；（5）搬迁期间客户订单的处理，是否会影响客户流失，是否存在停产、不能供货等情形；（6）搬迁补助和损失的具体金额和明细，相关的会计处理是否合规，是否存在通过搬迁成本调节利润的情形等。

4. 发行人一共有五处土地厂房被列入拆迁计划，补偿的内容主要包括出让土地上合法房屋货币化补偿、货币化安置奖励、临时安置补偿费及房屋装修补偿。如果是单纯的土地，则主要是国有出让工业用地补偿、原带征土地退款和被征收土地内附属物塘渣组成。

5. 发行人已经取得了新的工业用地并且已经在建设中，我们不清楚发行人新取得土地和建设厂房付出的成本情况，大概率拆迁补助是可以覆盖该成本的。对于监管机构关注的拆迁影响的问题，发行人也做了解释，主要体现在：

（1）发行人的拆迁协议都已经签署，但是都还没有正式搬迁，收到的拆迁补助远远没有到位。

（2）发行人可以自主决定拆迁的时间和周期，这样可以尽可能降低对于发行人生产经营的影响。

（3）发行人新的厂房已经在建设中，预计2020年就可以达到使用状态。

（4）发行人会短期内增加外协加工的比例，尽量保证交货期以及避免客户流失。

（5）发行人的生产线搬迁周期较短，最多需要90天，最少只需要30天就可以。

第三节　原有规则的突破

案例42　天禾股份（002999）——债权债务和未决诉讼由控股股东承担

【问询问题】

2018年5月，发行人将湛江物流100%的股权以现金1元转让给控股股东粤合资产，同时约定湛江物流涉及的所有未决诉讼可能产生的责任和风险一并转让给粤合资产。请发行人代表说明：（1）在涉诉事项发生之后，以1元转让100%股权并转移所有诉讼风险的合理性，交易定价的公允性；（2）转让湛江物流股权后发行人是否仍有可能被作为共同被告、第三人或者被要求承担相应责任，湛江物流与南粤银行金融借款合同纠纷的最新进展；（3）2017年以湛江物流净资产为限计提预计负债的合理性。

【披露信息】

一、出售湛江物流的股权

2018年4月28日，根据公司与粤合资产签订的《转让合同》及《补充协议》，公司将湛江物流100%的股权以现金1元转让给粤合资产，同时约定，湛江物流涉及的所有未决诉讼可能产生的责任/风险（包括不限于诉讼结果导致的本公司损失及本公司可能承担的连带责任）一并转让给粤合资产。

二、涉及诉讼事项

2017年5月31日，公司及其子公司湛江物流均收到应诉材料，为原告浩威农业、粤明公司诉湛江物流、天禾农资合同纠纷一案。原告方诉称其曾委托湛江物流对其货物进行码头装卸、运输、灌包、仓储、发运等有关事项，但在货物存储入库后，原告方在提货时未能提取剩余的3030吨货物，导致其无法向客户交货；据此，原告请求湛江物流支付其货物损失545.40万元，并请求湛江物流支付赔偿款2025.89万元，同时以天禾农资为湛江物流唯一股东的理由请求天禾农资承担连带清偿责任。

2018年4月28日，根据公司与粤合资产签订的《转让合同》及《补充协议》，截至协议签订之日，湛江物流涉及的所有未决诉讼，案件结果均由粤合资产承继相应的责任/风险。

2018年6月20日，公司收到广东省东莞市第一人民法院民事判决书，判决湛江物流向浩威农业、粤明公司支付违约金1090.80万元，天禾农资承担连带清偿责任。

2019年3月，公司收到广东省东莞市中级人民法院民事判决书，二审判决驳回上诉，维持原判。公司根据上述判决结果，同时根据与粤合资产签订的《转让合同》及《补充协议》的约定，最终诉讼结果由粤合资产承担，公司就此诉讼确认其他应收款1090.80万元，并就连带责任计提预计负债1090.80万元。

2019年3月28日，湛江物流委托粤合资产的全资子公司广东省农资公司支付违约金1090.80万元。2019年4月，浩威农业和粤明公司出具《确认函》，确认收到湛江物流的全部判决款项，天禾农资可能承担的连带责任已被消除。

发行人对上述判决结果提出异议，并向广东省高级人民法院提起再审申请。2019年9月20日，广东省高级人民法院出具《民事申请再审案件受理通知书》，受理公司提出的再审申请，目前处于立案审理阶段。

三、预计负债

报告期各期末，公司预计负债明细见表2-5-2：

表 2-5-2 报告期各期末公司预计负债明细表

单位：万元

项目	2019-12-31	2018-12-31	2017-12-31
预计退货毛利	65.01	86.00	82.37
涉及诉讼/未决诉讼	—	—	3327.43
合计	65.01	86.00	3409.80

报告期内公司预计负债主要受预计退货毛利及未决诉讼的影响。公司子公司科农种业主要从事种子经营业务，根据科农种业每年交易情况，年末会有少量的退货情况，根据谨慎性原则，公司计提预计负债，预计退货金额为公司参考科农种业上一年年平均退货率进行估计。

2017 年年末，公司的预计负债金额较大，系公司依据涉及湛江物流的未决诉讼的最新情况计提了诉讼赔偿。

2018 年年末，预计负债大幅降低，主要系 2018 年 4 月 28 日，公司与控股股东粤合资产签订《转让合同》及《补充协议》，公司将湛江物流 100% 的股权以现金 1 元转让给粤合资产。湛江物流不再是发行人的子公司，不纳入合并范围。

小兵评析

本案例又是一种比较罕见的尝试和突破，具体情况是这样的：

1. 发行人有一个全资控股的物流公司，物流公司给客户办理卸货、运输、仓储、物流等业务，结果客户最后没提到货物，因而起诉物流公司和发行人，要求赔偿。

2. 2017 年 5 月，发行人和物流公司收到起诉状；2018 年 4 月，发行人用 1 元的价格将物流公司转让给控股股东，然后约定物流公司所有的债权债务和未决诉讼都由控股股东承担；2018 年 6 月，一审判决发行人和物流公司承担全部赔偿责任。然后，发行人主张义务都转给控股股东。

3. 转让是自由的转让，双方都没有意见，就算是关联交易，把潜在的债务都甩给控股股东，对发行人也是好事情，也是对以后的投资者负责。可是，别忘了以前我们的理念，那就是整体上市：不管是好的还是不好的，都应该全部纳入上市主体内。这跟以前我们经典的观点一致：不能为了 IPO，将上市主体中亏损的企业转移出去，而应该展现上市主体全面的经营全貌。

4. 如果发行人有了诉讼和风险，就可以转给控股股东，那么发行人就可以采购不给钱，然后如果供应商打官司那就把未决诉讼转给控股股东，本质上就好像控股股东垫付了费用，构成典型的资金体外循环。因此，本案例这个问题的合理思路，应该是：允许这样操作，但是要把潜在的影响在上市主体层面还原，体现对发行人经营业绩的影响。

5. 这个案例的处理是否符合目前注册制的审核理念，是应该讨论的一个问题；这个案例的操作思路是否可以复制，我们也需要继续观察。

案例43　回盛生物（300871）——股权转让实际是“空手套白狼”

【问询问题】

请发行人代表说明段绍钧、王家圣向实际控制人进行股权转让，实际控制人支付上述股权转让款后向段绍钧、王家圣借回相关款项的原因及合理性。

【披露信息】

一、股权转让的背景及原因

2009 年 3 月张卫元、段绍钧、王家圣、操继跃四人合作成立武汉统盛，截至 2013 年 3 月段绍钧、王家圣分别累计出资武汉统盛 449.08 万元、90.65 万元，具体情况见表 2－5－3：

表2－5－3 各股东出资武汉统盛的具体情况

序号	股东	出资金额（万元）	出资比例
1	张卫元	1044.21	47.29%
2	段绍钧	449.08	20.34%
3	余姣娥	294.75	13.35%
4	王家圣	90.65	4.11%
5	操继跃	90.65	4.11%
6	其他员工股东合计	238.59	10.80%
	合计	2207.93	100.00%

段绍钧自2005年起加入安佑生物集团，任饲料业务板块子公司山川生物科技（武汉）有限公司总经理。安佑生物主要从事猪用饲料等业务，与武汉统盛控股子公司回盛生物业务存在一定的重合，在安佑生物开始筹划上市事宜时，为避免潜在的同业竞争，段绍钧选择转让其持有武汉统盛的全部股权。

王家圣曾任全民所有制企业湖北桑梓湖种猪场法定代表人，投资武汉统盛不符合《国有企业领导人员廉洁从业若干规定》中相关规定，所以转让其持有武汉统盛的全部股权。

2013年3月14日，武汉统盛作出股东会决议，同意股东段绍钧将其持有武汉统盛20.34%的股权转让给张卫元，股东王家圣将其持有武汉统盛2.90%的股权转让给张卫元，将其持有武汉统盛0.75%股权转让给刘洁，将其持有武汉统盛0.45%的股权转让给甘欢。同日，各方分别签署了《股权转让协议》。本次股权转让价格经双方协商，参照2011年12月武汉统盛引进员工股东时各方协商的股权转让价格确定，为单位注册资本3元。

二、股权转让款项支付情况

由于张卫元资金较为紧张，2013年4月3日张卫元和余姣娥夫妇向段绍钧开具了借据，约定将上述股权转让款项由其夫妇借回并分10年还清，按年5%支付利息。张卫元与王家圣亦通过口头约定的方式将上述股权转让款项由其借回使用。

经各方协商，考虑到股权转让行为与借款行为分属两种不同法律关系，为避免混淆款项性质，决定资金分不同路径收付：股权转让款由张卫元直接支付，而借款由张卫元亲属代为收款再转回，以将股权转让款与借款加以明显区分。

2014年6月至7月，张卫元筹措资金共计400万元，分若干次向段绍钧支付上述股权转让款项共计1347.26万元，再由段绍钧通过张卫元亲属转回借予张卫元继续使用。同时，张卫元亦与王家圣协商，比照上述做法，分若干次向王家圣累计支付上述股权转让款共计192万元后，再由王家圣通过张卫元亲属转回借予张卫元继续使用。

张卫元主要收入来源为自发行人处领取的薪酬及自武汉统盛领取的分红款，主要在取得武汉统盛分红款后向段绍钧及王家圣偿还上述债务。

截至目前，张卫元和余姣娥夫妇已向段绍钧、王家圣全额偿还上述债务及相应利息，段绍钧和王家圣均已履行上述股权转让个人所得税的纳税义务。

三、股权转让相关事项的声明承诺及公证情况

张卫元和段绍钧、王家圣于2019年10月签署了声明书，确认段绍钧已将上述武汉统盛股权转让给张卫元，王家圣已将上述武汉统盛股权转让给张卫元、刘洁、甘欢三人，股权转让真实、合法、有效，不存在任何纠纷。段绍钧及王家圣不再持有武汉统盛任何股权，不再对上述股权主张任何权利，张卫元所持有的股权系其本人持有，未代他人持有武汉统盛的股权。武汉市东西湖公证处就此事项出具了公证书。

张卫元和段绍钧、王家圣于2019年10月签署了承诺函，确认段绍钧、王家圣曾将相关股权转让相关款项借予张卫元使用，张卫元已向段绍钧、王家圣全额偿还上述债务及相应利息，各方不存在任何债权债务

关系，亦不存在任何纠纷。

实际控制人张卫元、余姣娥夫妇已出具了承诺函，实际控制人所持股权以自有资金形成，与任何其他第三方之间不存在委托、信托等股权代持或其他利益安排；未在该等股权上设置任何第三人权益，未对该等股权所含的投票权、收益权作任何限制性安排；该等股权不存在任何被冻结或权属争议、纠纷，以及其他权利限制的情况。实际控制人不存在其他民间借贷的情形。

四、发行人与安佑生物的交易情况

安佑生物自2014年起开拓生猪养殖业务板块，自2015年起养殖板块快速发展，发行人于2015年起开始与安佑生物进行合作，向其养殖板块子公司销售兽药产品。报告期内发行人与安佑生物交易金额及占同期总销售收入比例见表2－5－4：

表2－5－4　2017～2019年回盛生物与安佑生物交易金额及占同期总销售收入比例

项目	2017年	2018年	2019年
销售收入金额（万元）	1458.31	1211.32	382.37
销售收入占比	3.65%	2.87%	0.90%

段绍钧与张卫元上述股权转让发生时间为2013年3月，当时安佑生物主要从事猪用饲料的生产及销售等业务，尚未开始从事生猪养殖业务，亦未与发行人进行业务往来。

安佑生物兽药产品的对外采购采用招标制度，招标结果须经全体招标小组成员签字确认，并由安佑生物风险控制中心、养殖板块子公司总经理及董事长共同确认。安佑生物根据招标结果确定集中采购合格供应商及相应产品的目录，采购部门根据养殖公司药品采购计划向供应商进行集中采购。报告期内，安佑生物与发行人的合作已履行必要的招标程序，段绍钧未作为招标评标小组成员进行评标工作。

报告期内，发行人与安佑生物交易价格由双方经招投标确定，交易价格公允，交易毛利率处于合理水平，处于各年度前十大主要直销客户毛利率区间内，与全体直销客户平均水平相近。发行人与安佑生物销售信用政策及结算周期经双方协商确定，与发行人直销模式其他主要客户未有显著差异。

小兵评析

1. 一个是二股东，另一个是四股东；一个持股20%多，另一个持股4%以上。两位都是公司的元老级创始人。

2. 2005年，二股东加入了安佑生物，因为安佑生物准备上市，安佑生物从事畜牧养殖而发行人是从事兽药行业的，为了解决同业竞争问题，二股东在2013年把股权全部转让给了实际控制人。安佑生物IPO是2016年3月申报的材料，这样看时间点基本上是吻合的。

3. 2013年，同时转让股权的，还有持股比例超过4%的四股东，原因是他曾经担任全民所有制养猪场的法定代表人，不符合法律规定。是曾经担任还是一直担任，难道不再担任之后就不能持股吗？这个公司披露的信息并没有交代清楚，转让的理由并不是那么充分。

4. 任何公司的历史沿革中，进行股权的调整都是常见的，只要转让具有合理性也能够说得清楚就完全没有问题。从上述股权转让的理由上来看，尽管有些没有交代清楚，不过理由至少是合理的，一个是为了解决同业竞争；另一个是因为身份特殊，就算是身份特殊已经没有必要转让股权，但是公司为了更加严格管理股东身份，这样做也无可厚非。

5. 但是，后面的处理才更加让人大跌眼镜。小兵以前一直讲，股权转让一个是看理由，另一个是看转让方和受让方，而最关键的是价款的支付。因为你的理由可以骗人，但是你的钱包不会骗人，只要你足额支付了价款，我就相信你是真心转让。

6. 两位股东把股权以原始出资额的价格转让给了实际控制人，实际控制人说没有钱，但是股权转让又不能不给钱，于是有了这样的操作：实际控制人借钱支付给两位股东股权转让款，然后再把支付的钱款全部借回来，通过实际控制人亲属账户转回来，亲属再转给实际控制人。实际控制人承诺，我借你的钱我分 10 年还给你，每年的利息 5%。

7. 既然是正常的股权转让，两位股东没有考虑过把股权转让给第三方吗？为什么一定要在拿不到一分钱的情况下，转让给实际控制人？当然，也有一种情况：那就是本来这就是股份代持，但是操作成实际股权转让，然后转让款不过是走了一圈账而不需要实际支付。而前面的解释和操作，可能是中介机构想出的技巧和策略。实际控制人后来还是通过股份分红和土地拍卖款获取的金额及时偿还了转让款，当时也都作了承诺并且作了公证，这样的悬案或者也只能是当事人心里清楚，我们没有其他证据推翻。

8. 二股东为了安佑生物上市转让了 20% 多的股权，结果 2018 年安佑生物 IPO 被否。

PART 03

第三部分

规范问题的宽容

1. 纵观这些年IPO审核的历程，审核逻辑的理念总是在两种典型的且截然不同的思维之间摇摆和平衡。这两种思维简单来说就是“抓大放小”和“细节决定成败”。

2. 所谓“抓大放小”的审核理念，就是IPO审核更加关注企业的市场竞争能力、客户评价情况以及实现收入利润的情况。说的直白些，只要企业有足够的市场竞争力且业绩规模也足够大，那么一些规范性和内控的问题可以适当地宽容，一般不会成为IPO的实质性障碍。

3. 所谓“细节决定成败”的审核理念，就是IPO审核中更加关注企业的规范治理和内部控制的有效性。其认为，对于一个上市公司来说，合规性和规范性是最重要的，就算是企业竞争力很强、业绩规模很大，但是如果规范性不足也可能无法通过审核。

4. IPO审核的逻辑就是选择最优秀的企业成为公众公司，因而IPO审核更应该看重的是企业的行业竞争力和未来发展的机遇，其他对企业持续经营能力没有实质影响的事项，应该保持足够的容忍和宽容。

5. 注册制的改革，就是顺应了这样的一种趋势，对于各项规范性问题逐渐宽容，之前一些绝对不可能通过审核的情形也渐渐有了变化。

6. 当然，关于规范性问题的尺度放开，小兵认为并不是一味地纵容，更不是刻意回避一些规定、隐瞒一些风险，而是在合理情形下的变通处理。

第一章　股东和实际控制人

1. 注册制下取消“发行人股权清晰”的规定，强调控股股东和实际控制人的股权权属清晰。

2. 如果是一些持股比例比较低的股东或者是对生产经营没有决策权的纯粹财务投资者股东，如果存在股份质押、股份冻结或者其他纠纷的情形，只要不影响实际控制权的稳定，就不会构成 IPO 的实质性障碍。

3. 对于历史上存在集体企业改制、员工持股会等特殊股权结构的情形，对于股份确定的比例也有了更加宽容的规定，同时一般情况下只需要主管部门出具确认意见即可。

4. 对于实际控制人的认定，审核问答明确以股东之间的自我约定作为最重要的证据，并且强调实际控制人认定一定要符合企业生产经营预测的事实。同时，IPO 审核实践中也出现了很多以前没有出现的关于实际控制人认定的情形。

附：《首发业务若干问题解答》（2020 年 6 月修订）

问题 2. 历史沿革中曾存在工会、职工持股会持股或者自然人股东人数较多情形的，发行人应当如何进行规范？中介机构应当如何进行核查？

答：（1）考虑到发行条件对发行人股权清晰、控制权稳定的要求，发行人控股股东或实际控制人存在职工持股会或工会持股情形的，应当予以清理。

对于间接股东存在职工持股会或工会持股情形的，如不涉及发行人实际控制人控制的各级主体，发行人不需要清理，但应予以充分披露。

对于工会或职工持股会持有发行人子公司股份，经保荐机构、发行人律师核查后认为不构成发行人重大违法违规的，发行人不需要清理，但应予以充分披露。

（2）对于历史沿革涉及较多自然人股东的发行人，保荐机构、发行人律师应当核查历史上自然人股东入股、退股（含工会、职工持股会清理等事项）是否按照当时有效的法律法规履行了相应程序，入股或股权转让协议、款项收付凭证、工商登记资料等法律文件是否齐备，并抽取一定比例的股东进行访谈，就相关自然人股东股权变动的真实性、所履行程序的合法性，是否存在委托持股或信托持股情形，是否存在争议或潜在纠纷发表明确意见。对于存在争议或潜在纠纷的，保荐机构、发行人律师应对相关纠纷对发行人股权清晰稳定的影响发表明确意见。发行人以定向募集方式设立股份公司的，中介机构应以有权部门就发行人历史沿革的合规性、是否存在争议或潜在纠纷等事项的意见作为其发表意见的依据。

第一节　实际控制人

案例 44　兰剑智能（688557）——大学教授和博士生导师同时是实际控制人和董事长

【问询问题】

请发行人说明：（1）《控制科学与工程学院关于吴耀华教授校外兼职期间所取得知识产权情况的说明》中列表中所列专利的具体情况，是否能对应发行人全部的知识产权，是否足以依此认定发行人拥有的知识产权不存在职务发明的情形；（2）结合发行人控股股东、实际控制人吴耀华在山东大学的职责、级别和研究范围、报告期内职务成果归属情况、校方管理的研究经费使用情况、公司与山东大学的合作研发情况等，说明并披露兼职事项对公司技术创新、生产经营、业务发展过程中所起的实际作用及未来影响，并有针对性地揭示公司可能存在的具体风险。

【披露信息】

根据保荐工作报告，山东大学出具了关于吴耀华同志身份及校外兼职事宜的《说明》，保荐机构依此认为吴耀华在发行人处兼任董事已经获得山东大学同意。山东大学控制科学与工程学院出具《控制科学与工程学院关于吴耀华教授校外兼职期间所取得知识产权情况的说明》，确认列表中所列专利相关工作非学校指派、非职务发明，保荐机构依此认为发行人拥有的知识产权不存在职务发明的情形。

1.《控制科学与工程学院关于吴耀华教授校外兼职期间所取得知识产权情况的说明》中列表中所列专利的具体情况，是否能对应发行人全部的知识产权，是否足以依此认定发行人拥有的知识产权不存在职务发明的情形。

《控制科学与工程学院关于吴耀华教授校外兼职期间所取得知识产权情况的说明》列表中所列专利包含124项已授权专利和77项正在申请专利。前述专利能够对应《控制科学与工程学院关于吴耀华教授校外兼职期间所取得知识产权情况的说明》出具时发行人及子公司全部的专利情况，且该说明中确认，“吴耀华教授兼职期间完成了学校要求的本职工作，历年考核均为合格或以上，列表中所列专利相关工作也非学院指派，非职务发明，不存在纠纷”。

为进一步认定公司拥有的知识产权不存在职务发明的情形，2020年6月12日，山东大学出具《山东大学关于吴耀华教授校外兼职期间所取得知识产权情况的说明》确认，“吴耀华教授在兰剑公司兼职期间取得的知识产权及研发成果，系在其完成本校要求的教育、科研本职工作之外完成的，不存在执行本校的任务或利用本校学校经费及其他物质技术条件进行研究开发的情形，也不存在任何书面、口头及其他形式协议（包括职务发明协议、委托研发协议或共同研发协议等）约定该等成果与本校没有任何关系，不属于职务发明，相关成果归兰剑公司所有；吴耀华教授、兰剑公司及下属子公司不存在任何侵犯本校知识产权及其他权益的情形，本校与兰剑公司之间不存在任何知识产权方面的纠纷或潜在纠纷”。

综上，发行人控股股东、实际控制人吴耀华所在学院及学校均出具相关证明文件，确认发行人拥有的知识产权不存在职务发明的情形。

2. 结合发行人控股股东、实际控制人吴耀华在山东大学的职责、级别和研究范围、报告期内职务成果归属情况、校方管理的研究经费使用情况、公司与山东大学的合作研发情况等，说明并披露兼职事项对公司技术创新、生产经营、业务发展过程中所起的实际作用及未来影响，并有针对性地揭示公司可能存在的具体风险。

（1）吴耀华在山东大学的职责、级别和研究范围、报告期内职务成果归属情况、校方管理的研究经费使用情况。

吴耀华作为山东大学控制科学与工程学院教授、博士生导师，主要研究方向为宏观与微观物流系统规划、企业物流信息系统构建等。对于吴耀华的级别、报告期内职务成果归属、校方管理的研究经费使用等情况，山东大学分别于 2020 年 6 月 12 日和 2020 年 6 月 22 日出具《山东大学关于吴耀华教授校外兼职期间所取得知识产权情况的说明》和《说明》，确认如下：

第一，吴耀华同志在我校的任职不属于党政领导干部、高校党员领导干部或副处级及以上行政级别的干部职务。

第二，吴耀华同志投资兰剑智能及洛杰斯特并在上述公司兼职期间，未利用我校的物质技术条件或人才资源，能够尽职完成在我校的本职工作，未影响我校的正常教学及科研工作。

第三，其在兰剑公司兼职期间取得的知识产权及研发成果，系在其完成本校要求的教育、科研本职工作之外完成的，不存在执行本校的任务或利用本校学校经费及其他物质技术条件进行研究开发的情形，也不存在任何书面、口头及其他形式协议（包括职务发明协议、委托研发协议或共同研发协议等）约定该等成果与本校有任何关系，不属于职务发明，相关成果归兰剑公司所有；吴耀华教授、兰剑公司及下属子公司不存在任何侵犯本校知识产权及其他权益的情形，本校与兰剑公司之间不存在任何知识产权方面的纠纷或潜在纠纷。

（2）公司与山东大学的合作研发情况。

报告期内，公司与山东大学就“物流新技术研究与开发”项目开展产学研合作，并与山东大学签署了《技术合同书》，约定山东大学进行技术攻关和样机试制，公司向山东大学提供前期相关材料和山东大学要求了解的内部资料并支付山东大学技术开发费，双方约定技术合作成果均归公司所有。吴耀华虽担任山东大学教授，但并非山东大学领导班组成员，不参与山东大学与公司的技术合作项目的高校内部决策程序，山东大学根据其内部决策程序自行确定与公司的合作安排。

（3）兼职事项对公司技术创新、生产经营、业务发展过程中所起的实际作用及未来影响，并有针对性地揭示公司可能存在的具体风险。

第一，技术创新方面。报告期内，不存在吴耀华将山东大学的科研经费或科研成果用于公司及子公司生产经营活动中的情形，山东大学亦不存在为公司承担或变相承担研发费用的情形。

公司坚持独立自主发展之路，组建了独立、完整的研发团队，具有独立的技术创新能力，公司的研发投入和技术创新独立于山东大学。

第二，生产经营方面。吴耀华不存在将其职务研发成果或校方管理的科研经费应用于公司及下属子公司的情形，公司及下属子公司也不存在任何侵犯山东大学知识产权及其他权益的情形，山东大学与公司之间不存在任何知识产权方面的纠纷或潜在纠纷。

根据相关资产评估报告、验资报告、不动产权证书、商标注册证书、专利证书、计算机软件著作权证书等有关文件资料，公司具备与生产经营有关的生产系统、辅助生产系统和配套设施，合法拥有与生产经营有关的土地使用权、房屋所有权、机器设备、注册商标、专利权、计算机软件著作权等，具有独立的原料采购和产品生产、销售系统，资产独立完整。

公司的资产具有独立性，生产经营独立于山东大学。

第三，业务发展方面。公司具有独立的业务体系和直接面向市场独立经营的能力。公司独立开展业务经营活动，业务发展独立于山东大学。

第四，未来影响及风险。未来公司将继续坚持独立自主发展，在增强技术创新能力、完善生产经营设施、扩大业务发展规模的同时，仍将适当开展产学研合作，以加强对先进技术的吸收、再创新与科技成果转化。因此，吴耀华兼职事项不会对公司未来技术创新、生产经营、业务发展产生重大不利影响或风险，亦不会对公司的技术独立性和资产独立性产生不利影响或风险。

小兵评析

1. 在目前科创板 IPO 的发行人中，高校人员独立创业实现技术产业化的案例应该已经占有了稳定的比例。最典型的例证，就是合肥、济南、西安等地区这两年科创板 IPO 的企业有了较快的增长和很大的进步。

2. 科创板企业要求技术创新、要求产品有技术含量，而高校的一些科研方向和成果显然完全满足这样的要求。更重要的是，目前国家政策也是鼓励研究成果产业化，鼓励高校人员外出兼职创业。当我们还在纠结停薪留职是不是解决高校人员兼职的最佳方案的时候，现在高校的教授一边教着学生并带着博士研究生，一边在企业做着实际控制人当着董事长也不再是个例。

3. 本案例就是非常典型的例子，公司实际控制人和核心人员既是山东大学的教授和博士生导师，也是发行人的实际控制人和董事长，教学和公司管理不耽误。

4. 关于这个问题，审核重点关注的主要就是两个核心问题：（1）实际控制人的对外兼职是否符合法律规定，是否符合学校的相关要求；（2）实际控制人对外兼职的成果、发行人的相关知识产权是否跟山东大学有关系，是否属于职务发明。对于这两个问题，山东大学分别出具了两个说明文件。而很明显的是，因为第一次说明文件有些问题没说清楚不符合要求，发行人又申请山东大学分别出具了两份说明。

案例45 科拓生物（300858）——实际控制人和董事长都是兼职的

【问询问题】

发行人控股股东、实际控制人孙天松现为内蒙古农业大学食品科学与工程学院教授、博士研究生导师，兼职担任发行人董事长、首席科学家。请发行人代表说明：（1）孙天松未选择离岗创业、停薪留职的原因及合理性，孙天松、张和平兼职创业是否符合相关规定；（2）孙天松兼职创业期间在高校与发行人的工作时间分配情况，孙天松是否具有足够的时间和精力履行公司董事长、首席科学家应尽的职责，履职行为是否符合《上市公司治理准则》的要求。请保荐代表人说明核查依据、过程，并发表明确核查意见。

【披露信息】

一、孙天松对公司出资符合相关法律法规规定

孙天松现担任内蒙古农业大学食品科学与工程学院教授、博士研究生导师，不属于学校或学院党政领导班子成员，也无党员领导干部身份，其持股符合《关于加强高等学校反腐倡廉建设的意见》和《中国共产党党员领导干部廉洁从政若干准则》等法律法规的规定。

报告期内，孙天松作为内蒙古农业大学在职教研人员，每年的教学及科研任务考评均是合格达标的，均通过了所在院系的考核，较好地处理了兼职创业与正常教学科研的关系，符合《关于充分发挥高等学校科技创新作用的若干意见》等文件中有关高校师生兼职创业的规定。

2018年3月，内蒙古农业大学向公司出具了书面说明："我校知悉孙天松教授在贵公司的持股情况，我校支持本校教职员工在本职工作之外按照国家法律法规从事投资经营活动。"

二、孙天松对公司历次出资资金来源合法

2010年7月至2016年9月，孙天松取得公司股权累计共支付出资款（扣除股权转让所得）约1400.00万元。孙天松取得公司股权的资金来源包括个人及家庭的工资、奖金收入，经营收入，股票、基金理财投资收益，公司分红收入等自有资金，资金来源合法。

三、支付薪酬情况

报告期内，公司聘任控股股东、实际控制人孙天松的配偶张和平为首席科学家（益生菌方向），分别支付税前劳务报酬157.79万元、135.28万元和115.00万元。

报告期内，公司聘任控股股东、实际控制人孙天松为首席科学家（复配食品添加剂方向）并支付一定的薪资报酬，由于2016年12月起孙天松开始任职公司董事，为避免重复计算，因此报告期内支付给孙天松的薪资报酬统一纳入"向董事、监事和高级管理人员支付薪酬"核算。

（一）孙天松和张和平在公司任职情况符合相关法律法规

根据《教育部关于贯彻落实〈中共中央、国务院关于加强技术创新，发展高科技，实现产业化的决定〉的若干意见》《关于充分发挥高等学校科技创新作用的若干意见》《关于积极发展、规范管理高校科技产业的指导意见》《实施〈中华人民共和国促进科技成果转化法〉若干规定》《关于实行以增加知识价值为导向分配政策的若干意见》等有关规定和精神，国家教育行政主管部门对于高校教师、实验员在不影响教学、本职工作的前提下，兼职进行科研创新是允许和鼓励的。

经查询内蒙古农业大学相关规章制度，内蒙古农业大学目前尚未制定关于教师校外兼职的专项规定，而是根据前述教育部关于"校外兼职不影响教学工作"的原则性规定来管理教师校外兼职，教师的教学评价工作由所在院系具体管理。

报告期内，孙天松、张和平二人作为内蒙古农业大学在职教研人员，每年的教学及科研任务考评均合格达标并通过了所在院系的考核。该情况符合上述国家教育行政主管部门相关规定中对于高校教师、实验员在不影响教学、本职工作的前提下进行兼职的有关要求。

此外，根据《中共教育部党组关于进一步加强直属高校党员领导干部兼职管理的通知》的规定，直属高校党员领导干部兼职有关规定的适用范围包括直属高校校级党员领导、直属高校处级（中层）党员领导干部、校级非中共党员的领导干部。截至本招股说明书签署日，孙天松、张和平不属于校级党员领导、处级（中层）党员领导干部或校级非中共党员的领导干部。因此，二人不存在在经济实体和社会团体等单位兼职的障碍。

综上所述，孙天松、张和平在公司任职符合相关法律法规规定，不违反内蒙古农业大学的相关规定。

（二）公司聘任孙天松、张和平为首席科学家的原因

公司与孙天松、张和平签订《劳务合同》，约定在提供劳务期间，因完成工作任务或者主要是利用公司的物质技术条件、业务信息等产生的发明创造、产品、技术秘密或其他商业秘密信息，有关知识产权均归公司所有。

聘请孙天松、张和平为首席科学家可以巩固提升公司研发能力，加强研发团队培养，进而增强公司综合竞争力。

（三）孙天松、张和平领取的劳务报酬公允、合理，上述事项已履行了必要的决策程序

（四）公司技术和资产独立性不存在缺陷

截至本招股说明书签署日，孙天松、张和平二人严格遵守了《关于避免同业竞争的承诺》。

综上所述，截至本招股说明书签署日，除公司外，孙天松夫妇未持

有其他公司股权；孙天松夫妇在内蒙古农业大学任教，主要从事相关科学技术的研究，公司业已通过多年的积累，已经建立完整的技术研发体系，拥有完整的资产，公司的独立性不存在缺陷。

小兵评析

1. 近几年，不论是国家政策导向还是相关部委的具体制度，对于科研成果的产业化，国家都是持最大程度的鼓励和宽容态度。在这样的政策春风之下，在IPO审核的实践中，就有很多发行人是高校或者科研院所的专家或者教授创立的企业。这当然是个好事情，但是凡事都得有个度，不然又有可能走向另外一个极端。

2. 高校人员独立创业甚至IPO的情况其实一直都存在，也是断断续续存在这样的IPO审核案例。监管机构对于这个问题的态度，从一开始的审慎到后来的宽容，但现在有点过于宽松了。

3. 这两年，我们已经很少看到停薪留职这个词了，而在10年前，高校专家教授创业IPO是必然要面对这个选择的。那时候基本的处理思路是：董事长以及高管基本上必须要在上市公司全职担任工作，要求严格的，专家教授则只能在留任高校和去上市公司中作出选择。其他一些核心人员可以保留高校的职位和编制。换句话说，教授的职位还在、社保还能继续交着，但是工作和薪酬都是在上市公司担任和领取。

4. 这几年，鼓励高校人员创业，实现科研成果产业化，于是实践中老师一边学校上课一边创业没问题，担任董事长和高管还兼职担任学校的一部分教学工作也没问题，只要取得相关部门的认可和证明。小兵觉得这样的处理方式是可以的，但也是底线了。

5. 公司要IPO上市了，就要对几十万投资者负责，要对资本市场的监管政策和运行负责。上市公司的董事长和首席科学家都是兼职的，发行人是否对自己的公司治理结构有超级的信心。当然不是说董事长能决定一个公司的命运，完善的公司治理决定了企业不是任何人的，但是在现实情况下，小兵认为很难做到这一点。

6. 现实有可能是：发行人的实际控制人在科研方面真的很牛，学校离不开他，科研教学更离不开他，可是几十万股民同样离不开他。很多事情不违法，但是不一定合理，在判断 IPO 问题上更是如此。小兵认为，对上市公司保持基本的敬畏，是投行人的基本素养，是对发行人以及相关人员最低的要求。

案例 46　同兴环保（003027）——签署一致行动协议但是不认定为共同实际控制人

【问询问题】

发行人认定郑光明、朱庆亚夫妻为公司实际控制人，其中朱庆亚持有公司股权的比例为 23.46%，郑光明未持股但担任发行人董事长。朱宁、解道东、郎义广等创始股东合计持有公司股权的比例为 35.08%，与郑光明、朱庆亚签署相关一致行动协议。请发行人代表说明：（1）实际控制人认定是否准确、依据是否充分；（2）实际控制人所持发行人股份权属是否清晰，对发行人控制权稳定的影响；（3）仅将三位创始股东认定为实际控制人的一致行动人而未认定为共同控制人是否准确、依据是否充分。

【披露信息】

一、第一大股东及实际控制人

郑光明、朱庆亚为公司实际控制人，二人系夫妻关系。郑光明先生担任公司董事长及法定代表人；朱庆亚女士直接持有公司 1524.6344 万股股份，占公司发行前总股本的 23.46%，为公司第一大股东。公司实际控制人的认定依据如下：

（一）对公司经营管理的影响

郑光明是公司核心创始人之一，自 2006 年起分别担任发行人的执行董事、董事长等，是发行人的领导核心，对公司战略及其发展方向、经营方针、投资计划、产品研发等具有决定性的影响力。

（二）对股东大会、董事会的影响

郑光明或朱庆亚二人自2006年起即为发行人的第一大股东。2015年7月16日，郑光明、朱庆亚与朱宁、解道东、郎义广共同签订了《一致行动人协议》，协议确认了郑光明、朱庆亚为公司实际控制人；股份公司设立以来就公司重大经营决策事项均与实际控制人保持一致；未来就公司重大经营决策事项继续与实际控制人保持一致。若朱宁、解道东、郎义广在行使其股东或董事的权利与实际控制人未保持一致，则视同表决结果与实际控制人完全一致。通过《一致行动人协议》，郑光明、朱庆亚可实际支配发行人的股份表决权达58.54%，对股东大会表决结果具有重大影响。

（三）监事会的运作情况

报告期内，公司监事会对董事会编制的公司定期报告进行审核并作出同意的审核意见；对董事、高级管理人员执行公司职务的行为进行监督，未发现其违反法律、行政法规、公司章程的行为；未提出罢免董事、高级管理人员的建议。朱宁与实际控制人之一的朱庆亚系姐弟关系，持有发行人14.29%的股权，担任发行人的董事和高级管理人员。

二、未将朱宁认定为实际控制人的原因

（一）朱宁与公司实际控制人管理角色不同

朱宁作为公司董事和高级管理人员，主要按照董事会的决策和授权从事公司的日常管理工作，工作内容侧重于市场开拓和项目运营，无法决定发行人发展战略、经营方针和重大投资等决策事项。

（二）朱宁自身不谋取公司控制权

2015年7月16日，郑光明、朱庆亚与朱宁等人共同签订了《一致行动人协议》，确认郑光明、朱庆亚为公司实际控制人，且未来就公司重大经营决策事项继续与实际控制人保持一致。朱宁已出具《承诺》，确认其签订《一致行动人协议》系其真实意思表示，不谋取公司控制权。

（三）不存在规避实际控制人认定的情形

朱宁除持有公司14.29%的股权外，不存在其他对外投资企业，不存在与公司发生竞争或潜在竞争的风险，已经比照实际控制人作出承诺其所持股份自发行人上市之日起锁定36个月，不存在规避实际控制人认定的情形。

上述认定符合《〈首次公开发行股票并上市管理办法〉第12条“实际控制人没有发生变更”的理解和适用——证券期货法律适用意见第1号》、证监会《首发业务若干问题解答（一）》的相关规定。

报告期内公司实际控制人未发生变化。

小兵评析

1. 郑光明和朱宁、解道东、郎义广是公司最早的创始股东，并且除了郑光明之外，一直是发行人的第二大股东至第四大股东，且持股比例非常稳定，是公司的核心人员。

2. 郑光明和朱庆亚是夫妻关系，2014年郑光明将所有的股权全部以1元的价格转让给朱庆亚，郑光明只担任发行人的法定代表人和董事长。

3. 郑光明和朱庆亚作为夫妻自然是一致行动人，也与其他3位股东签署了一致行动协议，但是郑光明和朱庆亚只是通过一致行动协议获取了其他3位股东的决策权限（达到50%以上），其他3位股东并没有认定为实际控制人。

4. 这样的认定应该说以前是没有的。按照一般的逻辑：签署一致行动协议跟认定为共同实际控制人是可以直接画等号的，而这里签署一致行动协议没有认定实际控制人看起来也没有什么很充分的理由。只是解释其他股东没有与发行人存在同业竞争的情形，同时也把股份锁定了36个月，不存在规避实际控制人责任的问题。

5. 发行人这种认定实际控制人的逻辑也没有什么问题，如果真要找理由，那就是：夫妻两个人作为实际控制人，其他一致行动人全力配合。当然，这样的处理能否作为普遍的认定方式，我们后续还需要持续关注。

6. 最后，发行人还有一个关于股权的处理比较特殊，也值得借鉴和思考：发行人原本5000万元的注册资本，只有2600万元是实缴的，未缴出资比例比较大。为了缴纳出资也是为了引入战略投资者，那么全体股东同意将部分股权集中到朱庆亚身上，由其代表全体股东转让给战略投资者获得资金，然后朱庆亚再代表全体股东将认缴的出资部分出资到位。在这个过程中，全体股东还对认缴的出资根据最新的情况和因素作了调整，重新分配了不同股东应该获得的股份比例。

7. 关于认缴股份比例的调整问题，小兵认为遵循的原则就是意思自治，只要全体股东同意，又没有违反法律强制性规定，不存在纠纷和潜在纠纷，完全没有问题。即使违反了法律规定，只要没有构成什么后果也可以认可，比如董监高转让股份比例超过25%的问题，只要最终的结果符合了要求，转让方和受让方也认可转让的结果，一般也不会存在重大合规问题。

案例47 思瑞浦（688536）——创投机构是第一大股东但不谋求控制权

【问询问题】

根据首轮问询回复，华芯创投作为创投机构，持有公司24.73%的股份，未参与公司实际经营管理；安固创投持有公司7.07%的股份，以获取投资收益为目的，不参与公司日常经营管理。ZHIXU ZHOU为公司董事长、总经理，直接持有公司11.17%的股份；FENG YING为公司董事、副总经理，直接持有公司10.54%的股份；棣萼芯泽、德方咨询为公司员工持股平台，其执行事务合伙人均为公司董事、员工何德军，合计持有公司11.16%的股份。

请发行人说明：（1）员工持股平台棣萼芯泽、德方咨询执行事务合伙人的选择方式，员工何德军目前作为执行事务合伙人，是否事实上与ZHIXU ZHOU、FENG YING保持一致行动人的关系；（2）在华芯创投、安固创投未实际参与公司经营管理的情况下，创始人 ZHIXU ZHOU、FENG YING 是否为公司实际控制人。

【披露信息】

一、员工持股平台棣萼芯泽、德方咨询执行事务合伙人的选择方式，员工何德军目前作为执行事务合伙人，是否事实上与 ZHIXU ZHOU、FENG YING 保持一致行动人的关系

员工持股平台的执行事务合伙人由何德军担任，是由公司实施股权激励时，第一批激励对象共同决定的，后续激励对象均予以认可。

持股平台员工选择何德军作为执行事务合伙人的主要原因如下：一方面，何德军作为公司设立后的第一批入职的老员工，在公司任职时间长，深受全体员工信任；另一方面，何德军与持股平台其他员工一样，作为激励对象获授激励股权但并未在直接层面持有公司股份，其身份能够代表普通的持股员工，更好地维护持股员工的权益。因此，经激励对象认可，并经员工持股平台全体合伙人通过签署合伙协议的方式，一致同意由何德军担任合伙企业的执行事务合伙人执行合伙事务，对外代表合伙企业。

棣萼芯泽、德方咨询的执行事务合伙人何德军与 ZHIXU ZHOU、FENG YING 不存在任何关联关系，员工持股平台的事务由其合伙人执行决策，依据员工的意志独立运行，不受公司其他股东及管理层的影响。因此，何德军作为棣萼芯泽、德方咨询的执行事务合伙人代表的利益主体与 ZHIXU ZHOU、FENG YING 存在差异。

报告期内，何德军作为员工持股平台代表的董事及持股平台执行事务合伙人，其均亲自出席历次公司董事会、股东大会会议，独立行使表决权。何德军作为持股员工代表，代表持股员工权益，不存在与 ZHIXU ZHOU、FENG YING 保持一致行动人关系的情况。

何德军、ZHIXU ZHOU、FENG YING 已分别出具《关于不存在一致行动等相关事项的声明与承诺》，确认各自均未与公司现有股东及历史股

东之间存在事实上的一致行动关系或签署一致行动协议或达成任何一致行动安排。

综上，何德军作为持股平台执行事务合伙人是由持股员工共同决定的，其作为持股员工代表独立行使董事职权，并代表持股平台独立行使股东职权，与ZHIXU ZHOU、FENG YING不存在事实上的一致行动关系。

二、在华芯创投、安固创投未实际参与公司经营管理的情况下，创始人ZHIXU ZHOU、FENG YING是否为公司实际控制人

（一）华芯创投、金樱投资及安固创投参与公司重大决策的情况

报告期内，发行人主要股东华芯创投、金樱投资及安固创投为投资机构，该等机构股东虽未直接委派管理人员参与公司日常经营管理，但其均通过出席股东大会或提名董事、监事的形式共同参与公司重大经营、重大人事任命等事项的决策。公司董事会战略委员会由5名董事组成，其中HING WONG、王林和洪志良分别为机构股东提名的董事和独立董事。据此，发行人股权较为分散，机构股东通过委派董事及监事的方式参与公司重大事项的决策，公司管理层股东ZHIXU ZHOU、FENG YING无法实际控制公司。

（二）ZHIXU ZHOU、FENG YING不存在一致行动关系，亦未实际实施一致行动

经逐项比对，ZHIXU ZHOU、FENG YING不存在互为亲属关系、关联关系或其他《上市公司收购管理办法》第83条列明的构成一致行动关系的情形。ZHIXU ZHOU、FENG YING均已出具《关于不存在一致行动等相关事项的声明与承诺》，确认各自均未与公司现有股东及历史股东之间存在一致行动关系。

（三）ZHIXU ZHOU、FENG YING均无法控制发行人股东大会、董事会或能够支配、决定公司的重大经营决策、重要人事任命等事项

发行人已建立股东大会、董事会、监事会、独立董事及董事会专门

委员会等健全的组织机构，并已制定《公司章程》等各项内部管理制度，发行人各项重大经营决策、重大人事任命均由发行人股东大会、董事会集体审议作出。

ZHIXU ZHOU、FENG YING 目前仅分别持有发行人 11.1730%、10.5373%股份，且该等主体之间及分别与公司现有股东之间不存在任何一致行动关系或任何扩大表决权的安排。公司建立了现代化企业管理制度和规范的治理架构，日常经营事项由各部门主管按照职责分工共同进行，对于重大经营管理、重大人事任免等事项，事实上由各方通过股东大会、董事会共同决策，ZHIXU ZHOU、FENG YING 均无法单独对发行人股东大会或董事会产生决定性影响。因此，ZHIXU ZHOU、FENG YING 不是公司实际控制人，符合公司实际情况和事实。

三、华芯创投及主要股东出具的不谋求对发行人控制权的相关声明及承诺内容

发行人股东华芯创投、ZHIXU ZHOU、金樱投资、FENG YING、安固创投、棣萼芯泽、德方咨询已出具《关于不存在一致行动等相关事项的声明与承诺》，承诺不与发行人其他股东结成一致行动关系。

小兵评析

1. 发行人这种情况也是一个典型的案例，就是持股比例第一的是财务投资的创投公司，虽然持股比例最高，但是并不参与公司的具体生产经营。

2. 在这种情况下，认定创投公司是实际控制人显然是不合理的，也不符合实际控制人的认定标准，实践中很多时候是将公司的核心管理层绑定在一起认定为实际控制人。当然，按照本案例的思路，认定为无实际控制人也是可以的。

案例48 艾力斯（688578）——控股股东变更而实际控制人没有变更

【问询问题】

根据申报材料，2019年1月，发行人控股股东由上海扬子江变更为上海乔可，上海扬子江和上海乔可均由实际控制人杜锦豪、祁菊夫妇控制。

请发行人说明：上海扬子江的基本情况，结合上海扬子江的经营业务范围、上海乔可的成立背景及历史沿革，说明上述控股股东变更的背景、原因，报告期初至2019年1月，上海扬子江是否存在重大违法违规行为导致发行人不符合发行上市条件的情形。

【披露信息】

根据申报材料，2019年1月，发行人控股股东由上海扬子江变更为上海乔可，上海扬子江和上海乔可均由实际控制人杜锦豪、祁菊夫妇控制。

一、上海扬子江的基本情况

2004年3月，上海扬子江作为控股股东参与设立发行人前身艾力斯有限。自公司设立至2019年1月，上海扬子江始终为艾力斯有限控股股东，杜锦豪、祁菊夫妇始终为上海扬子江及艾力斯有限实际控制人。

二、上海扬子江的经营业务范围

上海扬子江主要从事建筑工程和市政工程相关业务，同时，上海扬子江作为杜锦豪、祁菊夫妇对外投资控股平台，直接或间接控制部分物业管理、教育行业企业。

三、上海乔可成立的背景及控股股东变更的背景、原因

上海乔可成立以前，上海扬子江系实际控制人杜锦豪、祁菊夫妇的主要投资控股平台，从事建筑工程相关业务，除艾力斯有限外，投资领域还涉及建筑工程、市政工程、物业管理及教育等行业。鉴于艾力斯有限从事的创新药业务已为实际控制人重点投入资源的核心业务，为进一

步保证该等业务的独立发展，优化其股权结构，杜锦豪、祁菊夫妇于2018年11月新设上海乔可作为创新药业务的投资控股平台，承接上海扬子江持有的艾力斯有限70%股权。截至本回复报告出具日，上海乔可除持有艾力斯有限股权外，无其他对外投资企业且未开展实际经营业务。

四、上海乔可的历史沿革情况

2018年11月3日，上海市工商行政管理局签发《企业名称核准通知书》，同意杜锦豪、祁菊夫妇出资设立上海乔可，注册资本为3500.00万元。

上海乔可设立时的股东及出资情况见表3－1－1：

表3－1－1　上海乔可设立时的股东及出资情况

股东名称	认缴出资额（人民币万元）	出资比例（%）	出资方式
杜锦豪	1050.00	70.00	货币
祁菊	2450.00	30.00	货币
总计	3500.00	100.00	—

五、报告期初至2019年1月，上海扬子江不存在因重大违法违规行为导致发行人不符合发行上市条件的情形

1. 主管部门出具的无违法违规证明。

2. 上海扬子江出具的相关承诺。

3. 网络平台核查。根据公开网站的查询信息，报告期内，上海扬子江不存在贪污、贿赂、侵占财产、挪用财产或者破坏社会主义市场经济秩序的刑事犯罪，不存在欺诈发行、重大信息披露违法或者其他涉及国家安全、公共安全、生态安全、生产安全、公众健康安全等领域的重大违法行为。

4. 上海扬子江的征信报告。根据中国人民银行出具的征信报告，上海扬子江企业信用情况良好，不存在不良或违约负债余额等。

综上，上海扬子江和上海乔可均由实际控制人杜锦豪、祁菊夫妇控

制，上海乔可系杜锦豪、祁菊夫妇为进一步保证公司创新药业务的独立发展，优化公司的股权结构而新设的投资控股平台，用以承接上海扬子江持有的艾力斯有限 70% 股权。报告期初至 2019 年 1 月，上海扬子江不存在违反《证券法》《科创板首次公开发行股票注册管理办法（试行）》等法律法规的相关规定从而导致发行人不符合发行上市条件的情形。

小兵评析

1. 实际控制人认识的小伙伴 2017 年向发行人借了 6000 万元，2018 年借了 2.4 亿元，合计 3 亿元。过了 1 年，这 3 亿元本金和利息全部逾期没有收回，于是控股股东和实际控制人就为第三方小伙伴作了连带责任担保，并且最后偿还了这个借款。

2. 控股股东折腾了这一圈，然后实际控制人 2019 年 1 月新设了一个公司，承接了原来控股股东 70% 的股份，这就是典型的：控股股东变更而实际控制人没有变更的案例。

3. 当然，这是符合 IPO 规则的，发行人也对控股股东变更的情形做了详细说明，不过小兵认为这两个事情合在一起看可能更有价值一些。

第二节　特殊股东

案例 49　阿拉丁（688179）——关于三类股东的审核要点和最新政策

【问询问题】

公司股东游马地 2 号系开放式契约型基金，不符合《关于规范金融机构资产管理业务的指导意见》（以下简称《指导意见》）第 15 条关于“资产管理产品直接或者间接投资于未上市企业股权及其受（收）益权的，应当为封闭式资产管理产品”的相关规定，需要在过渡期内进行整改。请保荐机构、发行人律师核查该基金管理人是否承诺在整改完成前封闭式运作，并发表明确核查意见。

【披露信息】

一、关于开放式基金的规范

公司股东游马地2号系开放式契约型基金，不符合《指导意见》第15条关于“资产管理产品直接或者间接投资于未上市企业股权及其受（收）益权的，应当为封闭式资产管理产品”的相关规定，需要在过渡期内进行整改。

根据《全国中小企业股份转让系统投资者适当性管理办法》的规定，证券公司资产管理产品、基金管理公司及其子公司产品、期货公司资产管理产品、银行理财产品、保险产品、信托产品、经行业协会备案的私募基金等理财产品，社会保障基金、企业年金等养老金，慈善基金等社会公益基金，合格境外机构投资者、人民币合格境外机构投资者等机构投资者，可以申请参与挂牌公司股票公开转让。

发行人股东游马地2号尚在《指导意见》规定的过渡期限之内，虽未承诺在整改完成前封闭式运作，但已承诺在2020年12月31日之后将按照《指导意见》全面规范，且其仅持有发行人0.0396%的股份，持股比例较低。因此，不会对发行人本次发行上市构成实质性法律障碍。

二、董事持有三类股东的份额并没有及时披露

根据公司截至2020年3月20日5名三类股东的穿透情况，公司董事薛大威系璞琢成金1号的基金份额持有人，持有其2.16%的出资份额。璞琢成金1号持有公司158,000股股份，占股本总额的0.2087%。

首次申报时，薛大威未出具股份锁定及按规则减持承诺，主要基于以下原因：

1. 薛大威系发行人外部董事，未在发行人处担任其他职务，未在发

行人处领薪；首次申报时，薛大威未直接持有发行人股权，仅通过契约型基金璞琢成金1号间接持有发行人3400股股份，间接持股比例为0.0045%。

2. 薛大威持有璞琢成金1号2.16%的基金份额，且未在基金管理人上海璞琢资产管理有限公司、基金托管人上海银行股份有限公司处持股或任职，无法对璞琢成金1号的投资运作实施重大影响；同时，璞琢成金1号已作出减持承诺。

薛大威于2020年6月10日出具《股份锁定承诺函》，就股份锁定及按规则减持事项承诺。

三、关于三类股东提前清算

上海理成殷睿投资管理中心（有限合伙）（以下简称理成殷睿）持有发行人4.7847%股份，已提前清算。

截至本回复出具日，理成殷睿持有公司3,622,000股，占比4.7847%。理成殷睿的经营状态为存续。

理成殷睿成立之初作为私募基金于2016年2月23日在中国证券投资基金业协会履行了基金备案登记，基金编号为“SE3642”。其管理人理能资产已于2015年2月11日完成私募基金管理人登记，登记编号为“P1008182”。截至本回复出具日，理成殷睿在中国证券投资基金业协会信息公示系统运作状态为提前清算。

理成殷睿在中国证券投资基金业协会基金备案系统中办理的“提前清算”并非工商主体资格方面的清算并注销，理成殷睿的工商主体资格仍有效存续，公司不存在申报后新增股东的情况。

小兵评析

1. 对于没有在新三板挂牌上市的发行人来说，目前仍然不允许三类股东的存在，这个IPO审核政策没有发生变化。

2. 根据相关规定，三类股东必须是封闭式基金，如果存在开放式基金的情形，那么需要在2020年12月31日前彻底整改。

3. 对于本案例，只是一个非常小的股东，属于开放式基金，并且出具了说明承诺在年底之前整改，但是如果不整改好像也没有很好的约束措施。不过，在目前的IPO审核政策下，对这样持股比例很小的股东的规范问题，体现出更大的宽容。

4. 发行人有1名外部董事，既没有在发行人担任具体职务，也没有直接持有发行人股份，只是在某一个三类股东中持有2%的份额，这种情况并不常见。发行人在后续审核中对于外部董事的股份锁定问题重新出具了承诺。

5. 在基金业协会的备案信息中显示，某个三类股东为提前清算状态，因而审核关注是否存在新增股东的情形，以及清算是否存在纠纷或潜在纠纷。发行人解释这里的清算并不是工商意义上的清算，只是基金的清算，后续还会以有限合伙的情形运作，不会注销有限合伙主体，不存在股东变动或者新增股东的情形。

附:《首发业务若干问题解答》(2020年6月修订)

问题6. 发行人在新三板挂牌期间形成契约性基金、信托计划、资产管理计划等“三类股东”的，对于相关信息的核查和披露有何要求?

答：发行人在新三板挂牌期间形成三类股东持有发行人股份的，中介机构和发行人应从以下方面核查披露相关信息：

(1) 中介机构应核查确认公司控股股东、实际控制人、第一大股东不属于“三类股东”。

(2) 中介机构应核查确认发行人的“三类股东”依法设立并有效存续，已纳入国家金融监管部门有效监管，并已按照规定履行审批、备案或报告程序，其管理人也已依法注册登记。

(3) 发行人应当按照首发信息披露准则的要求对“三类股东”进行信息披露。通过协议转让、特定事项协议转让和大宗交易方式形成的“三类股东”，中介机构应对控股股东、实际控制人、董事、监事、高级管理人员及其近亲属，本次发行的中介机构及其负责人、高级管理人员、经办人员是否直接或间接在该等“三类股东”中持有权益进行核查并发表明确意见。

(4) 中介机构应核查确认“三类股东”已作出合理安排，可确保符合现行锁定期和减持规则要求。

案例50 兰剑智能（688557）——关于国有股权管理的最新政策和标准

【问询问题】

招股说明书披露，发行人前身有限公司成立于2001年2月23日，股份公司成立于2012年6月25日。根据律师工作报告，2009年4月，公司整体变更为股份有限公司，2010年6月，重新变更为有限责任公司。2003年2月，济南创投成为公司股东，2018年11月，济南创投通过公开产权交易市场转让所持有兰剑股份8.169%的国有股权。

请发行人说明历次股权变更是否取得济南创投相应有权主管部门的确认和批准，是否存在国有资产流失的情形。

【披露信息】

自济南创投2003年2月通过增资入股的方式成为发行人股东以来，发行人历次股权变更中涉及国有股变动事项的，相应有权主管部门进行了确认和批准。

发行人由“股份有限公司”整体变更为“有限责任公司”时未按照规定进行资产评估及备案，变更程序不够完善。济南产业发展投资集团有限公司对此出具了相关意见。

一、核查济南产业发展投资集团有限公司是否为对前述事项出具意见的有权部门，相关意见是否有效

济南市人民政府国有资产监督管理委员会于2015年1月22日向各市管企业、各县（市）区国资监管机构颁发了《关于取消和下放一批审批、核准、备案事项的通知》，该规定要求市管三级及以下企业改制和国有产

权转让、解散、清算、申请破产的审批事项下放集团公司行使，要求除需经市政府或市国资委批准之外的经济行为涉及的资产评估项目的核准或备案事项下放集团公司备案。

经核查，济南产业发展投资集团有限公司为济南市人民政府国有资产监督管理委员会直属集团企业。根据前述规定，济南市国有资产监督管理委员会已将市管三级及以下企业改制和国有产权转让、解散、清算、申请破产的审批事项及除需经市政府或市国资委批准之外的经济行为涉及的资产评估项目的核准或备案事项的权限，下放至济南产业发展投资集团行使。因此，济南产业发展投资集团有限公司系对发行人 2010 年 6 月企业改制及资产评估项目备案事项出具意见的有权部门，其相关意见合法有效。

另外，发行人于 2020 年 3 月 25 日取得了济南市人民政府国有资产监督管理委员会出具的《关于兰剑智能科技股份有限公司国有股东标识有关问题的批复》，对发行人国有股东的持股股数及比例进行了确认。

综上，保荐机构及发行人律师经核查后认为：济南产业发展投资集团有限公司为对发行人企业改制及资产评估项目备案事项出具意见的有权部门，其相关意见合法有效。

二、结合当时有效的法律法规等，核查涉及国有股变动事项是否经有权机关批准、法律依据是否充分、履行的程序是否合法以及对发行人的影响等，并发表明确核查意见

1. 2003 年 2 月，发行人增资引入国有股东济南创投，注册资本由 600 万元增至 857.14 万元。

经核查，为完成此次增资，2002 年 9 月 4 日，济南创投（曾用名：济南科技风险投资有限公司）的内部投资决策机构济南科技风险投资有限公司投资决策委员会作出《关于对济南兰剑物流公司投资的决议》。同时，为确保国有资产保值增值，2002 年 10 月 22 日，山东新求是有限责任会计师事务所对发行人进行了资产评估并出具了《资产评估报告书》。

2003 年 5 月 27 日，国务院颁布了《企业国有资产监督管理暂行条例》。该规定第 22 条第 2～3 款明确规定：国有控股的公司、国有参股的公司的股东会、董事会决定公司的分立、合并、破产、解散、增减资本、发行公司债券、任免企业负责人等重大事项时，国有资产监督管理机构派出的股东代表、董事，应当按照国有资产监督管理机构的指示发表意见、行使表决权。国有资产监督管理机构派出的股东代表、董事，应当将其履行职责的有关情况及时向国有资产监督管理机构报告。

2008 年 10 月 28 日，《企业国有资产法》正式颁布。《企业国有资产法》第 33 条规定：国有资本控股公司、国有资本参股公司有“国家出资企业合并、分立、改制、上市，增加或者减少注册资本，发行债券，进行重大投资，为他人提供大额担保，转让重大财产，进行大额捐赠，分配利润，以及解散、申请破产等重大事项”的，依照法律、行政法规以及公司章程的规定，由公司股东会、股东大会或者董事会决定。

参照上述规定要求，2003 年 2 月国有股东济南创投出资人民币 900 万元取得发行人 30% 股权的行为，无须取得国有资产管理部门批准。

综上，保荐机构及发行人律师经核查后认为：济南创投对发行人投资事宜，已取得有权机关批准，法律依据充分，履行的程序合法。

2. 2009 年 4 月，发行人整体变更为股份有限公司。

2009 年 4 月 20 日，济南市财政局出具了《关于山东兰剑物流科技股份有限公司国有股权管理有关问题的批复》，同意山东兰剑物流科技股份有限公司设立的国有股权管理方案。

根据 2000 年 5 月 19 日财政部颁布的《关于股份有限公司国有股权管理工作有关问题的通知》规定，地方股东单位的国有股权管理事宜一般由省级（含计划单列市，下同）财政部门审核批准；地方国有资产占用单位设立公司和发行 A 股股票，为省级财政（国资）部门国有股权管理职能之一。

根据中编〔1994〕1 号文件和中编发〔1995〕5 号文件的规定，济南市属于副省级城市，享有省级计划决策权和经济管理权，济南市财政局有权对发行人整体变更设立股份有限公司的行为出具批复。

综上，保荐机构及发行人律师经核查后认为：2009 年 4 月发行人整体变更为股份有限公司事宜，已取得有权机关批准，法律依据充分，履行的程序合法。

3. 2010 年 6 月，发行人由股份公司变更为有限责任公司。

保荐机构及发行人律师经核查后认为：本次从股份公司整体变更为有限责任公司过程中，发行人虽未根据上述规定要求履行相关资产评估及国资备案程序，但 2009 年 4 月济南兰剑整体变更设立股份公司时，已履行一切必要的国有资产评估及国有股权管理的国资审批程序；2010 年 6 月发行人整体变更为有限责任公司时，间隔时间较短，公司注册资本、实收资本、股东所占出资额、股东实缴出资额及股东出资比例均未发生变化，国有股东济南创投所占出资额、实缴出资额和出资比例在本次变更前后均未发生变化。同时，股份公司整体变更为有限责任公司时，不涉及国有股东权益发生增减变化的情况；本次变更时，发行人虽未履行相关资产评估及国资备案程序，但发行人的有权上级国资主管单位补充确认此次变更行为有效，取得有权机关批准，法律依据充分，履行的程序合法，对发行人本次发行上市不构成实质性障碍。

4. 2011 年 7 月，发行人增资，注册资本由 2480 万元增至 2633.76 万元。

2011 年 6 月 9 日，济南高新技术产业开发区国有资产监督管理委员会出具《关于同意山东兰剑物流科技有限公司增资扩股的批复》，同意发行人本次增资。

经核查，2007 年 2 月，济南创投时任控股股东济南市国有资产运营有限公司与济南高新技术开发区财政局签署《股权托管协议》，济南市国有资产运营有限公司无偿委托济南高新技术开发区财政局以出资人的身份管理风险投资。

2007年4月27日，济南市人民政府作出《关于支持济南高新区发展现场办公会议纪要》，同意赋予高新区市级管理权，赋予高新区党工委、管委会对高新区与国家通信国际创新园规划建设区域内经济、社会、行政、组织的领导权和管理权以及执法和司法管辖权。

根据济南市人民政府上述会议纪要的文件精神，2010年1月15日，济南市财政局出具《关于对济南科技风险投资有限公司股权管理有关事项的批复》，同意济南市高新技术产业开发区财政局签订的《股权托管协议》，在托管期间将济南创投国有股权委托济南市高新技术产业开发区国资委管理。

综上，保荐机构及发行人律师经核查后认为：济南高新技术产业开发区国有资产监督管理委员会已取得了济南市财政局的授权，发行人此次增资事宜，已取得有权机关批准，法律依据充分，履行的程序合法。

5. 2011年11月，发行人增资，注册资本由2633.76万元增至2897.136万元。

2011年9月21日，济南高新技术产业开发区国有资产监督管理委员会出具《关于同意山东兰剑物流科技有限公司增资扩股的批复》，同意发行人本次增资扩股。

根据济南市财政局出具的《关于对济南科技风险投资有限公司股权管理有关事项的批复》的规定，济南高新技术产业开发区国有资产监督管理委员会已取得了济南市财政局的授权。

综上，保荐机构及发行人律师经核查后认为：发行人此次增资事宜，已取得有权机关批准，法律依据充分，履行的程序合法。

6. 2012年6月，发行人整体变更为股份有限公司。

2012年2月29日，济南高新技术产业开发区国有资产监督管理委员会出具《关于山东兰剑物流科技有限公司整体改制为股份有限公司国有资产折股及国有股权管理方案的批复》，同意兰剑有限整体改制国有资产折股及国有股权管理方案；同意将兰剑有限净资产13,003.69万元按照

2.55∶1 折股比例折为 5100 万股。

根据济南市财政局出具的《关于对济南科技风险投资有限公司股权管理有关事项的批复》的规定，济南高新技术产业开发区国有资产监督管理委员会已取得了济南市财政局的授权，济南高新技术产业开发区国有资产监督管理委员会有权对发行人本次改制作出批复。

综上，保荐机构及发行人律师经核查后认为：2012 年 6 月发行人整体变更为股份有限公司事宜，已取得有权机关批准，法律依据充分，履行的程序合法。

7. 2019 年 2 月，发行人国有股权转让。

2018 年 12 月，济南产业发展投资集团有限公司出具《关于山东兰剑物流科技股份有限公司股权转让有关事项的批复》，同意济南创投将持有的兰剑股份 8.169% 的国有股权通过产权交易市场公开转让，转让底价为 4999.43 万元。

根据《关于取消和下放一批审批、核准、备案事项的通知》的规定，济南产业发展投资集团有限公司为济南市人民政府国有资产监督管理委员会直属集团企业，为发行人的上级国资主管单位，有权对发行人的此次国有股权转让作出批复。

综上，保荐机构及发行人律师经核查后认为：发行人此次国有股权转让事宜，已取得有权机关批准，法律依据充分，履行的程序合法。

8. 2019 年 7 月，发行人增资，股本由 5100 万元增至 5450 万元。

2019 年 8 月 16 日，济南产业发展投资集团有限公司出具了《关于对济南创投集团提请办理兰剑物流国有股权变更的复函》，同意济南创投持有的兰剑智能股权比例由 17.512% 变更为 16.387%。

根据《关于取消和下放一批审批、核准、备案事项的通知》的规定，济南产业发展投资集团有限公司为济南市人民政府国有资产监督管理委员会直属集团企业，为发行人的上级国资主管单位，有权对发行人的此次国有股权转让作出批复。

综上，保荐机构及发行人律师经核查后认为：发行人此次增资事宜，已取得有权机关批准，法律依据充分，履行的程序合法。

小兵评析

1. 现在对国有资产管理的核准和备案已经有了明确的下放权限的问题，大家在项目操作时一定要找到相关的政策要求，明确批复部门是否有授权的权限。

2. 国有创投公司出资取得发行人股权的行为，无须取得国有资产管理部门批准。

3. 根据2000年5月19日财政部颁布的《关于股份有限公司国有股权管理工作有关问题的通知》的规定，地方股东单位的国有股权管理事宜一般由省级（含计划单列市）财政部门审核批准；地方国有资产占用单位设立公司和发行A股股票，为省级财政（国资）部门国有股权管理职能之一。根据中编〔1994〕1号文件和中编发〔1995〕5号文件的规定，济南市属于副省级城市，享有省级计划决策权和经济管理权，济南市财政局有权对发行人整体变更设立股份有限公司的行为出具批复。

4. 特别注意的是，发行人有过两次股改的过程，第二次是在2012年，这时授权不需要省级财政部门批复而直接由下级部门作出决定就行。

案例51　易瑞生物（300942）——海关工作人员的性质以及持股合规性

【问询问题】

申报材料显示，发行人实际控制人朱海自2004年至2010年在深圳出入境检验检疫局（现深圳海关）食品检验检疫技术中心工作，2010年10月担任易瑞有限董事长，2011年11月通过股权受让方式成为易瑞有限的股东。公司实际控制人朱海、王金玉合计控制公司72.86%的股权。

2005年4月27日发布的《公务员法》第106条规定，“法律、法规授权的具有公共事务管理职能的事业单位中除工勤人员以外的工作人员，经批准参照本法进行管理”。

请发行人结合深圳出入境检验检疫局的单位性质和行政管理体制以及《公务员法》、《事业单位人事管理条例》、《事业单位工作人员处分暂行规定》等法律法规的规定，补充披露发行人设立的合规性，朱海2010年担任易瑞有限董事长并于2011年受让股权成为易瑞有限股东的合规性，是否存在被处罚风险，是否构成本次发行上市的法律障碍。请保荐人、发行人律师发表明确意见。

【披露信息】

一、发行人设立的合规性

根据中华人民共和国深圳海关出具的证明，朱海于2004年9月进入原深圳出入境检验检疫局（现深圳海关）食品检验检疫技术中心工作，2010年4月因个人原因辞职。

（一）朱海原任职单位的性质

原深圳出入境检验检疫局系由原国家出入境检验检疫局直接领导的负责辖区出入境检验检疫的行政执法单位。

（二）朱海于原深圳出入境检验检疫局（现深圳海关）食品检验检疫技术中心工作事项不影响发行人整体变更设立股份有限公司的合规性

根据深圳海关人事处出具的证明：“在深圳出入境检验检疫局（现深圳海关）食品检验检疫技术中心工作期间，朱海同志不属于《中华人民共和国公务员法》规定的公务员，也不属于参公管理人员。”

根据发行人提供的工商登记档案资料，发行人系于2017年10月26日整体变更设立股份有限公司。发行人整体变更设立股份有限公司时，朱海已不在深圳出入境检验检疫局（现深圳海关）食品检验检疫技术中心工作。

（三）中介机构核查意见

根据深圳海关人事处出具的证明，朱海同志不属于《公务员法》规定的公务员，也不属于参公管理人员；同时发行人整体变更设立股份有限公司时，朱海已不在深圳出入境检验检疫局（现深圳海关）食品检验检疫技术中心工作。

综上，保荐机构及发行人律师认为，朱海于原深圳出入境检验检疫局（现深圳海关）食品检验检疫技术中心工作的事项不影响发行人整体变更为股份有限公司的合规性，发行人整体变更设立股份有限公司合法合规。

二、朱海 2010 年担任易瑞有限董事长并于 2011 年受让股权成为易瑞有限股东的合规性，是否存在被处罚风险，是否构成本次发行上市的法律障碍

（一）朱海投资易瑞有限及于易瑞有限任职的合规性

朱海受让股权成为易瑞有限的股东且于易瑞有限任职均系其自深圳出入境检验检疫局（现深圳海关）食品检验检疫技术中心辞职后发生。朱海于发行人处任职及投资的事项并不属于其在深圳出入境检验检疫局（现深圳海关）食品检验检疫技术中心任职期间对外投资和兼职的情况。

保荐机构及发行人律师认为，朱海不属于《公务员法》规定的公务员，也不属于参公管理人员，其投资易瑞有限并于易瑞有限任职时已自深圳出入境检验检疫局（现深圳海关）食品检验检疫技术中心辞职，其投资易瑞有限并于易瑞有限任职不存在违反《公务员法》等相关法律法规规定的情况。

（二）朱海投资易瑞有限及于易瑞有限任职不存在被处罚的风险，不构成本次发行上市的法律障碍

朱海系自 2010 年于深圳出入境检验检疫局（现深圳海关）食品检验检疫技术中心辞职，《事业单位人事管理条例》及《事业单位工作人员处分暂行规定》实施时，朱海已不为事业单位的工作人员。因此，朱海投资易瑞有限及于易瑞有限处任职不存在被处罚的风险。此外，根据当时

有效的《行政处罚法》（2009 年 8 月 27 日实施）第 29 条第 1 款规定："违法行为在二年内未被发现的，不再给予行政处罚。法律另有规定的除外。"朱海系自 2010 年于深圳出入境检验检疫局（现深圳海关）食品检验检疫技术中心辞职，截至本落实函回复出具之日，其投资易瑞有限及于易瑞有限处任职亦不存在根据《行政处罚法》而受到行政处罚的风险。

因此，保荐机构及发行人律师认为，朱海投资易瑞有限及于易瑞有限任职不存在被处罚的风险，不存在本次发行上市的法律障碍。

（三）中介机构核查意见

根据深圳海关人事处出具的证明，朱海同志不属于《公务员法》规定的公务员，也不属于参公管理人员，因此，保荐机构及发行人律师认为，朱海其投资易瑞有限并于易瑞有限任职不存在违反《公务员法》等相关法律法规规定的情况，不存在被处罚的风险，不构成本次发行上市的法律障碍。

小兵评析

1. 朱海是发行人的实际控制人，且与配偶持有发行人 70% 以上的股份，占绝对控制地位，而朱海原本是深圳海关下属食品检验检疫中心的工作人员。同时，发行人的主营业务就是食品快速检测，跟朱海原来的工作单位简直就是无缝衔接。

2. 公务员或者事业单位工作人员（事业单位人员案例更多一些）在工作过程中学习到了技术或者接触到了业务机会，然后离职成立公司并做大做强最终 IPO 的故事和案例并不那么罕见。就算有明显通过股份代持、业务转移等方式规避一些规则，只要没有明显的违规情形，一般也会得到认可。

3. 实际控制人原本在深圳出入境检验检疫局（现深圳海关）食品检验检疫技术中心工作了 6 年，2010 年 4 月从该单位离职，2010 年 10 月成为发行人董事长，2011 年通过股权受让成为股东和实际控制人。小兵认为，需要解释以前股份不是代持以及事业单位工作人员对外兼职的可能性。

4. 代持的问题闭口不谈，深圳海关人事处也出具了证明，证明朱海不是公务员，也不是参照公务员管理的人员；那么朱海的身份如何认定？还有一个最值得关注的问题，一个事业单位的人事处是否可以出具证明来认定一个人的身份。

案例 52 中控技术（688777）——仲裁解决股权代持

【问询问题】

招股说明书披露，2012 年 10 月，原控股股东中控集团将股份转让给褚健等 7 位自然人。随后，褚健将股份转让给 6 位自然人。实际控制人股权委托持股关系建立。2017 年 9 月，中控技术股东大会审议通过《关于提请确认褚健先生为浙江中控技术股份有限公司股东的议案》。2018 年 12 月 19 日，中国国际经济贸易仲裁委员会出具《裁决书》，裁决代持股东将对应股份过户给褚健，并于裁决后完成工商备案手续。请发行人说明：（1）实际控制人褚健历史上存在股权代持的原因，代持关系是否真实，请提供支持性证据；（2）结合《上海证券交易所科创板股票发行上市审核问答（二）》问题 5 的相关规定，补充说明发行人最近 2 年实际控制人是否发生变化；（3）发行人采用仲裁方式解除股权代持的原因及合理性，是否存在纠纷或潜在纠纷；（4）实际控制人褚健持有发行人股份是否符合法律法规或其他规范性文件的规定，是否具备股东资格；（5）实际控制人褚健合计控制公司本次发行上市前股份总数的 25.30%，且仅担任发行人战略顾问，说明实际控制人认定依据是否充分，是否拥有控制权；（6）褚健与褚敏系兄弟关系，且褚敏担任发行人董事长，未认定其为共同控制人的原因。

【披露信息】

一、实际控制人褚健历史上存在股权代持的原因，代持关系是否真实，请提供支持性证据

2012年10月，褚健将其持有的公司股份名义上转让给金建祥、裘峰等自然人形成委托持股关系。该委托持股关系系时任浙江大学副校长职务的褚健因身份原因不便直接持股而产生。

基于对被代持人的了解和信任，褚健与各代持人之间并未在代持行为发生时签署代持协议；2017年3月，褚健与8名代持人共同签署《代持股协议（合并)》，正式以书面形式共同表明代持关系，确认金建祥等8名自然人所持有的28.3194%股份系替褚健持有，褚健系该股份的实际出资人。

2017年9月13日，发行人股东大会审议通过了《关于提请确认褚健先生为浙江中控技术股份有限公司股东的议案》，确认褚健的公司股东身份。至此，虽未进行工商变更，但实质上股东大会已经确认了金建祥等8名自然人持有的发行人28.3194%股份为褚健所有，公开确立了褚健的显名股东身份和实际控制人地位。自此，褚健实际履行股东权利。

2018年12月，褚健和金建祥等8人通过仲裁裁决的方式，进一步确认金建祥等8人名下持有的中控技术11,186.175万股股份实际由褚健所有，金建祥等8人终止与褚健之间的代持法律关系，并同意将代为持有的股份过户至褚健名下。同月，公司在浙江省市场监督管理局完成工商备案手续。

根据褚健和代持人的确认文件、资金支付凭证、工商登记文件、仲裁裁决书、股东大会决议等资料，该股权代持基于各方的互相信任和协商一致而建立，为各方的真实意思表示，不存在争议或纠纷，股权代持情况真实存在。

二、结合《上海证券交易所科创板股票发行上市审核问答（二)》问题5的相关规定，补充说明发行人最近2年实际控制人是否发生变化

1. 代持关系不存在任何争议和纠纷。

2. 代持关系经公司股东大会确认至今已满2年。2017年9月13日，中控技术召开2017年第三次临时股东大会，出席会议的89名股东及股东代表一致同意通过《关于提请确认褚健先生为浙江中控技术股份有限公司股东的议案》，表明以公开的方式确认了褚健的股东身份和持股份额。虽当时未办理股份还原的工商变更登记，但发行人的股东大会已经实质上确立了褚健的显名股东身份和实际控制人地位。

3. 在代持关系还原以前，褚健一直实际行使股东权利。

4. 符合发行人实际情况。结合发行人的发展历史、褚健对发行人的发展贡献、褚健的社会地位、褚健在发行人的管理角色、褚健和代持人的身份关系等因素综合考虑，褚健作为发行人的实际控制人系无争议事实，符合发行人的实际情况。

综上，结合仲裁裁决、发行人的三会材料、中控技术的实际情况等因素，褚健实际行使股东权利和参与公司经营管理，褚健的实际控制人地位一直延续至今，符合“实际控制人近2年未发生变化”的条件。

三、发行人采用仲裁方式解除股权代持的原因及合理性，是否存在纠纷或潜在纠纷

自发行人2017年9月13日的股东大会确立实际控制人的身份和地位以后，褚健和代持人着手进行股权还原的工商变更登记。鉴于部分代持人为发行人的董事或高级管理人员，其直接进行股权还原会受到当时有效的《公司法》（2014年3月1日施行）第141条规定的“公司董事、监事、高级管理人员……在任职期间每年转让的股份不得超过其所持有本公司股份总数的百分之二十五”之限制，采取仲裁方式办理转让股份的过户登记不会受到上述股权转让比例的限制。2018年12月底，褚健的股权还原在浙江省市场监督管理局已经完成工商变更登记。

根据褚健和代持人的协议、仲裁裁决、工商登记等资料，各方之间就代持的建立和清理不存在纠纷或潜在纠纷。

因此，发行人采用仲裁方式解除股权代持具有合理性，不存在纠纷

或潜在纠纷。

四、实际控制人褚健持有发行人股份是否符合法律法规或其他规范性文件的规定，是否具备股东资格

褚健自发行人设立之日起至今一直实际持有中控技术的股份和控制权，虽在部分时期（2012 年至 2017 年 9 月）因身份问题形成股权代持，但该身份问题并未影响其持有发行人股份的有效性。实际控制人的身份问题已于 2014 年消除，自 2014 年起至今不再担任党政领导干部。此外，实际控制人于 2017 年受到的刑事处罚并未影响其持有发行人股份的有效性。

五、实际控制人褚健合计控制公司本次发行上市前股份总数的 25.30%，且仅担任发行人战略顾问，说明实际控制人认定依据是否充分，是否拥有控制权

实际控制人作为发行人的战略顾问，其对公司的控制权表现在以下几个方面：

（1）实际控制人持有的股份比例处于控制地位。

（2）实际控制人推荐董事候选人并列席董事会。

（3）实际控制人对管理层的影响力。在公司现任的高级管理人员及重要岗位的员工中，多数为实际控制人的创业伙伴或学生，以及长期在发行人内部培养的人才，或由褚健引进的行业资深专家或企业管理人才，与实际控制人在战略布局、经营理念上相互认可。

（4）实际控制人对公司战略规划的把握。褚健是发行人的创始人，也是发行人业务发展方向和战略布局的总设计师，因此，公司在日常经营过程中遇到重大战略问题时，褚健都会组织并召集相应人员进行专题讨论。讨论后形成的结果会向董事会提出建议。

（5）褚健作为发行人的实际控制人具有广泛共识的基础。发行人在生产经营、日常运营管理、参与社会活动、对外宣传推广等重大事项中，一直把褚健界定为发行人的实际控制人，因此褚健作为发行人的实际控

制人具有长久历史、具有社会广泛共识。

综上，实际控制人在股东大会、董事会、重大战略规划等方面全面参与公司的决策或管理，具有控制权和社会影响力；实际控制人认定依据充分。

六、褚健与褚敏系兄弟关系，且褚敏担任发行人董事长，未认定其为共同控制人的原因

褚健通过直接或间接的方式控制公司25.30%股份并担任战略顾问，为发行人的控股股东、实际控制人。褚健胞弟褚敏直接持有公司4.66%股份并担任发行人董事长。褚敏未作为发行人实际控制人的原因如下：

（一）褚健与褚敏不存在一致行动协议，双方独立行使股东权利

褚健与褚敏之间不存在口头或书面的一致行动安排，亦不存在互相委托投票、征求决策意见或征集投票权的情形。褚健、褚敏在2014年度股东大会就同一议案的表决结果不一致。因此，褚健与褚敏在股东大会上独立行使股东权利，不存在一致行动安排。

（二）发行人历史发展上未出现共同控制的情况

褚健作为发行人实际控制人在公司内部具有广泛共识，从发行人历史发展来看，公司一直由褚健个人实际控制，公司的战略部署、重大经营决策等由褚健发挥重要作用，不存在由褚健、褚敏共同控制的情况。

（三）非直系亲属

根据《上海证券交易所科创板股票发行上市审核问答（二）》问题5，“实际控制人的配偶、直系亲属，如其持有公司股份达到5%以上或者虽未超过5%但是担任公司董事、高级管理人员并在公司经营决策中发挥重要作用，除非有相反证据，原则上应认定为共同实际控制人”。褚健、褚敏为兄弟关系，不属于直系亲属范畴，不存在应认定为共同实际控制人的情形。

综上，未将褚敏认定为共同控制人，符合股东之间不构成一致行动的实际情况，符合发行人日常经营决策的实际情况，具有合理性。

小兵评析

1. 发行人历史上一直存在股份代持的情形，直到2017年才开始着手解决。

2. 2017年，发行人召开股东大会，决议确认实际控制人储健为公司股东的议案。鉴于《公司法》规定董监高在任职期间每年转让的股份不得超过其所持有公司股份总数的25%，因而可以通过仲裁方式解决股份代持的问题。这一招，有点妙！

3. 不过需要注意的是，尽管发行人在2017年9月已经通过股东大会的方式确认了股份代持的事实以及储健的股东地位，但是工商变更却是在2018年12月，如果按照这个时间节点，那么发行人实际控制人变更在IPO申报的时间还是没有超过2年。

第三节　增　资

案例53　易瑞生物（300942）——增资时点不同对增资价格的本质影响

【问询问题】

申报材料显示，2017年12月，发行人以10元/股的价格向外部投资者钟杰慧定向发行50.51万股新股。2018年9月，深创投、南山红土投资、福田红土投资以合计6210万元的价格认购发行人156.20万股新股，每股作价39.76元。

2018年10月，王金玉、付辉、卢和华以36.49元/股向深创投及南山红土转让1.7%的股份。另外，2017年5月至12月底，发行人实施的股权激励以钟杰慧10元/股的增资价格作为股份支付权益工具的公允价值，确认管理费用305万元。

请发行人补充披露：（1）上述三次股权变动的定价依据、定价差异大的原因及合理性，说明 2017 年 12 月钟杰慧入股价格是否公允；（2）对照中国证监会《首发业务若干问题解答》（2020 年 6 月修订）问题 26，分析并披露发行人以钟杰慧入股价格作为发行人股权激励权益工具公允价值的合理性，是否符合相关规定。

【披露信息】

一、上述三次股权变动的定价依据、定价差异大的原因及合理性，说明 2017 年 12 月钟杰慧入股价格是否公允

（一）三次股权变动的基本情况及定价依据

发行人财务投资者涉及的三次股权变动的估值差异较大，其中第二次和第三次的定价属于同一次谈判所确定，因而第二次、第三次估值相近，两次在具体执行签订协议时存在一定时间差。

上述估值的定价均是以净利润为基础按照进行协商定价，前述第一次股权变动和第二次、第三次股权变动所对应的净利润分别是 2017 年预计净利润和 2018 年预计净利润。2017 年最终归属于母公司净利润为 3929.26 万元，2018 年最终归属于母公司净利润为 7393.67 万元。

（二）定价差异较大的原因

第一次的增资价格与第二次和第三次股权变动的定价存在较大差异主要有以下三个方面的原因：

1. 前后投资时点对应的利润规模差距较大，IPO 上市申报的确定性存在差异，估值有较大提升；

2. 相较于 2017 年，2018 年下半年公司境外食品安全快速检测业务拓展较为顺利，境外业务增长可预期性增强，对公司整体估值带来了提升；

3. 2018 年 9 月，公司体外诊断业务已初具雏形，对公司估值带了一定的提升。

（三）说明 2017 年 12 月钟杰慧入股价格是否公允

钟杰慧投资易瑞生物的估值的市盈率高于中德生物在新三板的估值，该公司的利润规模、股权流动性与发行人 2017 年 12 月入股时点有较大可

比性，同时发行人与钟杰慧之间的定价是在双方自愿平等的情况下进行定价，双方不存在关联关系。钟杰慧入股价格公允，钟杰慧的入股价格不存在明显偏低的情形。

二、对照中国证监会《首发业务若干问题解答》（2020年6月修订）问题26，分析并披露发行人以钟杰慧入股价格作为发行人股权激励权益工具公允价值的合理性，是否符合相关规定

根据《首发业务若干问题解答》（2020年6月修订）问题26相关规定，公司在确定股份支付公允价值需综合考虑相关事项，发行人确定以钟杰慧入股价格作为公允价值满足相关事项要求，符合相关规定，具体分析如下：

（一）入股时间阶段、业绩基础与变动预期、市场环境变化

从入股时间阶段、业绩基础与变动预期以及市场环境变化来看，发行人依据钟杰慧入股价格作为股份支付的公允价格具备合理性。

（二）行业特点、同行业并购重组市盈率水平

钟杰慧入股时估值所对应的市盈率、市净率与同行业可比公司中德生物较为接近，不存在明显偏低的情形，不存在少确认股份支付费用而调节利润的情形。

（三）股份激励实施当年市盈率、市净率等指标情况

发行人给员工实施股权激励时所参考的公允价值所对应的市盈率和市净率均处于较高水平，因此，从市盈率和市净率来看，发行人将5亿元作为公允价值具备合理性。

（四）熟悉情况并按公平原则自愿交易的各方最近达成的入股价格或相似股权价格确定公允价值

钟杰慧作为财务投资者，对企业进行了实地尽调了解，对发行人情况较为熟悉，同时钟杰慧于发行人之间不存在关联关系，双方的定价是按照公平原则自愿交易。

因此，钟杰慧与发行人的定价是基于了解、公平自愿的情况下进行

入股，发行人选择该入股对价作为公允价格具有合理性。

（五）采用恰当的估值技术确定公允价值

发行人依据的是以财务投资者钟杰慧入股时的 5 亿元估值作为公允价格，该估值已充分考虑了发行人所处的行业情况、发行人经营情况及业绩预期，在此基础上再按照一定的市盈率进行估值，因此，发行人选择的 5 亿元是由财务投资按照恰当的估值技术同时与发行人协商一致所得出的一个公允价格。

（六）保荐机构与申报会计师核查意见

保荐机构与申报会计师从入股时间、参考的业绩基础、与同行业公司市盈率与市净率水平以及钟杰慧投资时对发行人熟悉情况、公平性等多个角度分别进行了分析，发行人以钟杰慧入股价格作为发行人股权激励权益工具公允价值均具有合理性。

小兵评析

1. 两次入股价格，时间间隔 9 个月，价格差了 4 倍，自然要解释是因为什么，是不是合理公允？

2. 项目组从企业的业务发展、经营业绩、上市的可能性等角度解释了价格差异的原因和公允性。这种问题，价格是不是真的合理，真的没有明确的判断标准，解释思路倒是值得我们借鉴。

第二章　股权激励问题

1. IPO 发行人的股权激励跟上市公司的股权激励还是有着本质的区别的，上市公司股权激励有具体完整的规则，这些规则并不对 IPO 的股权激励适用。

2. IPO 的股权激励，简单来说，就是发行人允许公司员工以相对优惠合理的价格持有发行人的股权，以做到激励员工的作用。

3. 这样的股权激励并不是一定要有，如有则需披露员工持股平台的设立及出资对象，关注是否有非员工的出资情况。

4. 股权激励很大可能会涉及股份支付的问题，需要关注股份支付的背景、对损益影响可还原，关注是否影响发行条件、股份支付金额的确认以及是否分摊确认。重点关注报告期内股份支付确认情况，对期初净资产有重大影响的除外。

5. 在注册制审核的理念下，关于股权激励问题也有了一些新的变化，主要有：（1）允许发行人带着股权激励期权计划申报 IPO；（2）允许实际控制人向员工提供借款参与股权激励计划；（3）控股股东的员工也可以参与发行人的股权激励计划等。

案例 54　仁会生物（已过会）——股票期权的股权激励计划

【问询问题】

招股说明书披露，报告期内发行人确认股权激励费 2082.97 万元、

-1365.61 万元、2016.42 万元；股权激励费未被列入非经常性损益。2017 年股权激励费为负，主要原因系公司第一期第二次授予的股票期权不满足行权条件而作废，之前已确认的相关股权激励费用冲回所致；2018 年公司因取消期权而加速确认股份支付费用，使得管理费用率存在一定波动性。请发行人补充披露：股权激励的具体情况，包括激励原因、激励计划、激励范围、激励工具和行权安排。

【披露信息】

发行人实施股票期权激励计划的激励范围包括发行人的高级管理人员、核心技术人员、业务骨干和其他重要员工。

本激励计划下选择股票期权作为激励工具，标的股票为发行人普通股股票。

一、结合激励对象在发行人的任职情况，说明股权激励费全部作为管理费用核算的原因及合理性

发行人将股权激励费全部作为管理费用核算的原因如下：

1. 股权激励费系综合的管理成本，股权激励的本质是发行人基于管理需要，为了激励和留住管理团队和业务骨干，以获取公司股权的方式而推行的一种长期激励机制，将公司利益与个人利益协调一致。很多的股权激励不仅是为了获取职工和其他方未来提供服务，还包含对职工和其他方历史贡献的补偿、稳定公司未来的人员结构、留住人才等其他目的，期望职工和其他方提供的服务也并不仅仅局限于其本职工作范围内，也希望通过股权激励让被激励对象在本职工作外的领域发挥更大的作用，与公司协同发展；同时，被激励对象从过去到未来也存在岗位变动的情况。因此，股份支付费用本质上并非固定岗位的薪酬支出，从此意义而言可以计入管理费用。

2. 根据《企业会计准则讲解 2010》第十二章“股份支付”例 12-5 所述，在 A 公司为其 200 名中层以上职员进行股权激励时，未区分中层以上职员的岗位，将所有人员的股份支付费用列入了管理费用，发行人

的股权激励对象也为中层及以上的职员。

3. 发行人将股份支付费用全部列入管理费用符合行业惯例，经查询A股上市公司案例，存在将股权激励费用全部打包计入管理费用的情形，且涉及的股权激励计划的激励对象，除管理人员外亦包括销售、研发和生产人员。

综上，发行人将相关人员的股份激励费均列入管理费用，未违反会计准则相关原则，符合公司实际情况；相关会计处理对财务报表无重大影响，与同行业可比上市公司不存在重大差异，具有合理性。

二、报告期各期期权激励计划对应的股份支付费用的计算过程，报告期内与期权激励相关的会计处理，包括但不限于授予、取消、修改、行权时的会计处理

发行人第一期股票期权激励计划对应的股份支付费用的计算过程，根据《企业会计准则讲解（2010）》关于股份支付确认和计量之规定：对于换取职工服务的股份支付：（1）企业应当以股份支付所授予的权益工具的公允价值计量；（2）企业应在等待期内的每个资产负债表日，以对可行权权益工具数量的最佳估计为基础，按照权益工具在授予日的公允价值，将当期取得的服务计入相关资产成本或当期费用，同时计入资本公积中的其他资本公积。

三、股权激励费用未纳入非经常性损益核算的原因及合理性

公司根据股份支付的实际情况，将报告期内的股份支付费用分为两种情况分别处理：

1. 公司综合考虑资本战略发展需要并与本次股票期权激励对象充分沟通，经年第六次临时股东大会审议通过终止公司第一期期权激励计划。公司将尚处于等待期的第一期期权第四次授予进行加速行权处理。根据证监会会计部《2018年上市公司年报会计监管报》，相关股份支付费用作为偶发性支出，满足计入非经常性损益的条件，公司将其计入2018年非经常性损益。

2. 公司与员工签订的《授予股票期权协议书》中明确规定了股票期

权的可行权日，除加速行权的股票期权外，公司按照授予期权的公允价值确认股份支付费用并在授予日至可行权日的期间进行摊销，不属于偶发性支出，因此公司将这部分股份支付费用的摊销金额分别计入当期的经常性损益中。

小兵评析

1. 在以前的IPO审核政策中，期权类的股权激励计划是绝对不允许的，因为涉及股权清晰稳定的问题。因而，在以前我们所理解的股权激励，实践中无一例外的操作就是：设立员工持股平台，然后对发行人增资或者通过股份转让受让发行人的股份。

2. 在科创板的IPO审核实践中，有明确计划的股权激励是有条件被允许的，本案例就是一个很好的论证。此外，本案例发行人在股权激励过程中还是有一些不同的特点。

3. 本案例发行人实施了授予股票期权的股权激励计划，主要特点在于：

（1）授予股票期权的股权激励计划，分四次授予不同的期权数量并确定行权价格，授予对象可以在规定期限内行权。

（2）激励对象主要是高级管理人员、核心技术人员、业务骨干和其他重要员工。

（3）四次授予时间分别采取不同的标的股票的公允价格，从而确定股份支付的金额。

（4）2017年发行人第二次授予期权因未达行权条件而作废，冲回以前年度确认的第二次授予期权费用2736.63万元。

（5）发行人2018年直接取消了第一期股权激励，以前年度的股权激励也没有任何行权的情况。

（6）虽然授予的股票期权最终并未实际行权，但发行人按照《企业会计准则》的规定，未冲回相关股份支付费用，不存在随意调节股份支付费用的情形。

(7) 发行人第二期股票期权激励计划已于2019年12月10日，向191名激励对象授予500万份股票期权。

案例55　艾力斯（688578）——股权激励部分出资来自实际控制人借款

【问询问题】

根据首轮问询回复，在2019年12月和2020年4月的两次股权激励中，员工合计应支付股权认购款8516.74万元，其中4116.16万元由员工自筹，剩余4400.58万元认购款由公司实际控制人杜锦豪以个人借款的形式提供。2020年4月9日及10日，公司实际控制人杜锦豪与28名激励对象就上述出资借款事宜签署了个人借款合同。

请发行人补充披露股权激励部分出资来自实际控制人借款的事项，包括但不限于借款总额、借款金额占股权激励认购款比例等核心指标。

请发行人进一步说明：(1) 借款合同签署日是否晚于股权激励认购时点或授予日；(2) 结合借款合同补充说明借款人名单、对应股权激励份额、借款用途、借款期限、借款利率、借款清偿安排等核心内容条款；(3) 未存在变相代持的依据是否充分。

【披露信息】

一、借款合同的签署日晚于股权激励的授予日

公司两次员工股权激励的授予日分别为2019年12月30日及2020年4月3日。考虑到部分员工一次性全部使用个人自有资金足额缴付激励份额认购价款具有一定困难，实际控制人杜锦豪分别于2020年4月9日及10日与28名激励对象签署了个人借款合同，约定向上述激励对象提供借款用于认购公司股权激励份额，合计借款金额4400.58万元，占上述28名对象股权激励认购款总金额的85.28%，占员工合计应支付股权认购款总金额的51.67%。

综上，员工的借款资金需求系参照股权激励授予日的授予价格和授

予额度，并结合自身支付能力后确定，员工借款合同的签署日晚于股权激励授予日，具有合理性。

二、未存在变相代持的依据是否充分

（一）上述股权激励借款系实际控制人考虑到部分员工的实际资金需求，经双方协商后作出的合理借贷安排

上述股权激励借款系实际控制人杜锦豪考虑到部分员工一次性全部使用个人自有资金足额缴付激励份额认购价款具有一定困难，经双方协商一致作出的借贷安排。借款利率参照金融机构 1 ~5 年期贷款基准利率上浮 20% 确定，自出借方放款之日起计息，该等计息约定合理、公允。

（二）上述激励对象与实际控制人已确认不存在代持等其他利益安排

（三）股权激励对象的股份锁定和减持安排与实际控制人一致，不存在实际控制人通过股权激励对象代持公司股份规避锁定期减持限制的情形

该等股份锁定和减持安排与实际控制人一致，不存在实际控制人通过股权激励对象代持公司股份规避锁定期减持限制的情形。

上述激励对象从实际控制人借取部分款项用于认购员工股权激励份额系员工与实际控制人的真实意思表示，借款计息约定合理、公允；激励对象与实际控制人均已确认前述借款事宜不涉及股份代持等其他利益安排；激励对象通过持股平台持有的发行人股份锁定期与实际控制人一致，不存在实际控制人通过股权激励对象代持公司股份规避锁定期减持限制的情形。有鉴于此，认定该等激励对象从实际控制人借款不存在变相股份代持的依据充分。

小兵评析

1. 在以前的 IPO 案例中，实施员工股权激励最大的困难就是：如果员工持有股份的价格太低，那么会涉及金额较大的股份支付费用，甚至直接影响发行条件；如果员工持有股份的价格很高，不仅股权激励的效果会大打折扣，员

工一般也很难有足够的资金来认购股份。

2. 尽管小兵对于大股东借款给员工用来出资作为股权激励的资金来源有很大的异议，但不得不承认：科创板 IPO 审核，已经允许大股东给员工借款入股发行人实施的股权激励。

3. 通过后续审核的案例来看，创业板审核不仅同样允许控股股东向员工借款来认购股份，甚至出现了外部投资者向员工借款的情形。尽管这样有明显规避股份支付的嫌疑，不过只要有人愿意出钱，员工也愿意借款且认可股份的价格，倒也没有直接不符合规定的情形。

4. 关于这个案例，员工超过一半的金额都是股东借的，接近 5000 万元，这个金额还是很大的，同时关注到是否存在股权代持的问题。

案例 56 盛美股份（已过会）——发行人员工取得控股股东股票期权

【问询问题】

招股说明书披露，截至 2019 年 12 月 31 日，发行人的部分员工存在持有美国 ACMR 授予的股票期权的情况，HUI WANG 持有美国 ACMR 股票期权为 1,053,335 份，其他发行人员工持有美国 ACMR 股票期权合计 1,702,513 份。

请发行人说明：(1) 发行人员工接受控股股东授予的股票期权是否属于关联交易，是否需要履行关联交易决策程序；(2) 结合股票期权的激励对象、行权条件、行权时间以及行权完成后的股权分布情况等，进一步论证相关股票行权后是否会影响实际控制权的稳定。

【披露信息】

一、发行人员工接受控股股东授予的股票期权是否属于关联交易，是否需要履行关联交易决策程序

截至 2019 年 12 月 31 日，发行人的部分员工存在持有美国 ACMR 授予的股票期权的情况，其中 HUI WANG 持有美国 ACMR 股票期权为

1,053,335份，其他发行人员工持有美国 ACMR 股票期权合计 1,702,513 份。

根据《上海证券交易所科创板股票上市规则》第 7.2.2 条的规定，"'关联交易'，是指上市公司或者其合并报表范围内的子公司等其他主体与上市公司关联人之间发生的交易"。鉴于美国 ACMR 授予发行人员工股票期权，属于控股股东与发行人员工之间的行为，发行人并非该等股票期权授予行为的主体之一，因此，不属于关联交易。

报告期内，发行人对上述人员获得的美国 ACMR 的股票期权根据《企业会计准则》关于股份支付的相关要求确认了股份支付费用，金额分别为 172.47 万元、399.78 万元和 739.90 万元，控股股东美国 ACMR 不存在为发行人承担相关成本或费用的情形。

综上，发行人员工接受控股股东美国 ACMR 授予的股票期权不属于关联交易，无须履行关联交易决策程序。

二、结合股票期权的激励对象、行权条件、行权时间以及行权完成后的股权分布情况等，进一步论证相关股票行权后是否会影响实际控制权的稳定

根据美国 ACMR 的声明及其信息披露公告文件，美国 ACMR 发行了两次认股权证。具体情况如下：

2017 年 3 月 14 日，美国 ACMR 与盛芯上海、盛美有限签署《股份认购协议》，约定美国 ACMR 向盛芯上海发行认股权证。2018 年 3 月，盛芯上海持有的上述认股权证已全部行权。

2017 年 11 月 2 日，美国 ACMR 向其首次公开发行股票的承销团发行认股权证，约定承销团可以以 6.16 美元/股的价格购买美国 ACMR 80,000股 A 类普通股，上述认股权证将于 2022 年 11 月 1 日终止。截至 2019 年 12 月 31 日，承销团持有尚未行权的认股权证为 77,810 份。

以美国 ACMR 截至 2019 年 12 月 31 日的股权分布情况与股票期权及认股权证授予情况为基础，美国 ACMR 授予的股票期权及认股权证行权

后 HUI WANG 的投票权将不低于 40.86%，盛美半导体实际控制人不会因美国 ACMR 授予的股票期权及认股权证行权发生变化。

小兵评析

1. 发行人的控股股东作为美国纳斯达克交易所上市公司，在 1998 年和 2017 年分别授予员工一定的股票期权，这也符合基本的规则。当然，上市主体本身是个控股股东，那么股票期权的授予对象主要就是下属子公司也就是发行人的相关员工。

2. 1998 年的授予计划已经全部行权完毕，而 2017 年的授予至今还有 170 万份没有行权。在审核的过程中，主要关注后续的行权计划是否会影响控制权地位的变更，对于是否会影响股权的变动并没有重点涉及。这也是目前 IPO 审核的一个重要变化，那就是重点关注控股股东持有股份的股权清晰稳定，以及实际控制人是否会发生变化的情形，对于一些小规模的股份是否存在一些不确定性或者纠纷，是可以容忍和宽容的。

3. 至于员工持有控股股东的股票期权是不是属于关联交易，发行人解释的理由小兵觉得是不成立的。难道发行人员工就不属于发行人本身吗？毕竟员工就是为发行人服务的。其实，认定为关联方对于本案例的 IPO 审核没有本质影响，只是可能需要关联交易的决策程序。

第三章　对赌协议

1. 在目前的注册制审核理念下，对赌协议已经被允许有条件地签署。对于投资机构跟发行人的对赌协议，目前还是必须在 IPO 申报之前清理；对于投资机构跟发行人股东的对赌协议，只要不影响股东的实际控制人地位，同时不影响重要股东的股权清晰问题，理论上是允许的。

2. 不过，从 IPO 审核的实践来看，一般投资机构还是会跟发行人签署对赌协议，而股东作为第三方也会参与对赌，如果发行人 IPO 申报成功，对赌协议也会及时终止。投资机构一般更看重发行人履行对赌协议的能力，而控股股东对于对赌协议的保障能力不足。

3. 投资机构在投资发行人时约定对赌协议等类似安排的，原则上要求发行人在申报之前清理，但同时满足以下要求的可以不清理：（1）发行人不作为对赌协议当事人；（2）对赌协议不存在可能导致公司控制权变化的约定；（3）对赌协议不与市值挂钩；（4）对赌协议不存在严重影响发行人持续经营能力或者其他严重影响投资者权益的情形。

4. 一种很常见的对赌方式就是约定发行人 IPO 上市的期限。IPO 申报之前可以终止对赌协议，但是如果某个期限上市没有成功，那么对赌协议自动生效，这样的约定也是有效的和被接受的。

案例57　四会富仕（300852）——第一家对赌协议过会企业

【问询问题】

自然人何光武一直为发行人控股股东四会明诚股东，并曾在发行人任董事，其对外持有发行人同行业公司或上下游公司股权较多，相关公司与发行人客户和供应商存在少量重合，发行人未将何光武认定为实际控制人；此外，发行人及相关主体曾存在对赌协议。请发行人代表：（1）结合何光武在四会明诚中的历次股权出资及变化情况，说明2015年何光武持有四会明诚股权比例下降的原因及合理性；（2）说明2018年11月何光武辞去发行人董事的原因及合理性，发行人认定其任职期间未参与发行人的经营管理是否合理准确；（3）结合客户与供应商重合情况，说明发行人与何光武投资的企业是否存在竞争或潜在竞争，未将何光武认定为发行人实际控制人的理由是否充分，是否存在通过实控人认定规避同业竞争或潜在竞争的情形；（4）说明2018年以来发行人停止了向深南电路、深圳一博接单，主要客户与华惠通、邑升顺的客户不存在重合的原因及合理性；（5）业绩对赌条款终止的真实性，是否存在其他利益安排，是否符合《首发业务若干问题解答》的相关规定。请保荐代表人说明核查依据、过程，并发表明确核查意见。

【披露信息】

一、人才基金与公司及相关主体之间签订的对赌协议执行情况

（一）对赌协议的签署情况

2017年12月，公司、四会明诚、一鸣投资、天诚同创及实际控制人刘天明、温一峰、黄志成与人才基金签署了《补充协议》，该《补充协议》涉及股权回购、公司治理、股权转让限制、优先认购权、反稀释、优先清算、投资人转让便利、平等对待等条款，上述条款均未触发。

（二）对赌协议的修订情况

各方一致同意，将《补充协议》第1条整体修改为：

如公司未能在2021年12月31日前实现在上海或深圳证券交易所主板、中小板、创业板公开发行股份上市，或以人才基金同意的估值被上市公司收购、被其他公司整体现金收购，则人才基金有权要求四会明诚、一鸣投资、天诚同创和/或刘天明、温一峰、黄志成按照以下约定连带受让人才基金届时持有公司全部或部分股份。

若人才基金行使上述权利，则人才基金有权要求四会明诚、一鸣投资、天诚同创和/或刘天明、温一峰、黄志成按照人才基金届时拟转让股份对应的初始投资额加上按照9%年利率计算资金占用成本的总和，并扣除人才基金已收到的拟转让股份对应的现金分红所计算的转让价格受让人才基金的股份。如果人才基金发出书面回购要求的，上述受让义务方应当在人才基金书面通知发出之日起120日内将上述股份转让价款支付至人才基金指定账户。

如果受让义务方未能如期支付股份转让价款的，每逾期1日，受让义务方应当向人才基金支付应支付而未支付金额的万分之五作为违约金。

自本补充协议二生效之日起，《补充协议》的其他特别权利约定（公司治理、相关股东权利、效力等条款）即行终止。各方承诺，除《补充协议》及本补充协议二外，不存在其他正有效执行的对股权稳定性有重大影响的相同或类似协议安排或约定。

（三）修订后的对赌协议符合相关监管要求的规定

补充协议二符合《首发业务若干问题解答（一）》关于对赌协议的规定，具体分析如下：

1. 补充协议二已经解除了公司应该承担的义务，仅为公司股东之间的对赌安排，公司不作为对赌协议当事人，符合发行人不作为对赌协议当事人的规定；

2. 本次发行前，公司实际控制人刘天明、温一峰和黄志成三人合计能够实际支配公司86.79%的股份表决权，上述股权回购不存在导致公司控制权变化，符合对赌协议不存在可能导致公司控制权变化的约定；

3. 公司未能在2021年12月31日前实现在上海或深圳证券交易所主板、中小板、创业板公开发行股份上市，或以人才基金同意的估值被上市公司收购、被其他公司整体现金收购，补充协议二约定人才基金有权要求四会明诚、一鸣投资、天诚同创和/或刘天明、温一峰、黄志成回购其持有的股权，上述股权回购不与公司市值挂钩，符合对赌协议不与市值挂钩的规定；

4. 补充协议二约定股权回购等事宜，不存在严重影响发行人持续经营能力或者其他严重影响投资者权益的情形。

二、中瑞汇川与公司及相关主体之间签订的对赌协议执行情况

2017年12月，公司、四会明诚、一鸣投资、天诚同创及实际控制人刘天明、温一峰、黄志成与中瑞汇川签署了《补充协议》，该补充协议涉及股权回购、公司治理、股权转让限制、优先认购权、反稀释、优先清算、投资人转让便利、平等对待等条款，上述条款均未触发。

根据《补充协议》约定："各方同意，目标公司向中国证券监督管理委员会递交首次公开发行股票上市申报材料时，本补充协议自动终止。"公司已于2019年5月5日递交首次公开发行股票上市申报材料，该补充协议自2019年5月5日起终止，相应的对赌条款亦终止。

小兵评析

1. 本案例发行人可以看作第一家带着对赌协议成功过会的企业。如何处理IPO审核中的对赌协议问题，争论了十几年，也争取了十几年，终于有了突破，值得纪念。

2. 发行人申报时，招股书没有涉及对赌协议的内容，不过应该是在发行保荐书和保荐工作报告中有交代，因而反馈意见还是关注到对赌协议是否符合相关规定的情形。第二个版本招股书很明显体现出了反馈意见的内容，其中明

确两个投资机构的对赌协议，一家是直接终止对赌协议，另一家是变更为与控股股东关于上市是否成功从而回购股份的条款。

3. 根据多方确认，发行人的对赌协议最终是保留的，当然是严格根据审核的要求进行修改和论证。

案例 58 芯海科技（688595）——对赌协议附恢复生效条件

【问询问题】

根据申报文件，发行人及其实际控制人与机构投资者签署的对赌协议目前处于中止状态。请发行人说明：对赌协议及其补充协议的具体内容是否符合《上海证券交易所科创板股票发行上市审核问答（二）》（以下简称《审核问答（二）》）第 10 条的相关规定①，是否符合监管要求。

【披露信息】

报告期内，发行人实际控制人卢国建曾经与股东南山鸿泰、鼎锋明道、南通时代伯乐、前海蓝点、屹唐华创就其股份认购/受让协议签署了关于该等认购/受让股份涉及对赌内容的补充协议，各方确认：就前述股份认购/受让协议中如涉及对赌相关法律文件于芯海科技向中国证券监督管理委员会或上海证券交易所提交首次公开发行股票并上市的申请之日起中止，并自芯海科技完成首次公开发行股票并上市之日起即刻终止并视为自始不存在；若芯海科技上市申请不被受理、或被否决、或其撤回上市申报材料，则自该等情形发生之日起，前述补充协议的全部内容的

① 《审核问答（二）》："10. 部分投资机构在投资时约定有估值调整机制（对赌协议），发行人及中介机构应当如何把握？答：PE、VC 等机构在投资时约定估值调整机制（一般称为对赌协议）情形的，原则上要求发行人在申报前清理对赌协议，但同时满足以下要求的对赌协议可以不清理：一是发行人不作为对赌协议当事人；二是对赌协议不存在可能导致公司控制权变化的约定；三是对赌协议不与市值挂钩；四是对赌协议不存在严重影响发行人持续经营能力或者其他严重影响投资者权益的情形。保荐人及发行人律师应当就对赌协议是否符合上述要求发表专项核查意见。发行人应当在招股说明书中披露对赌协议的具体内容、对发行人可能存在的影响等，并进行风险提示。"

效力即自行恢复。

根据卢国建分别与股东南山鸿泰、鼎锋明道、南通时代伯乐、前海蓝点、屹唐华创所签署的涉及对赌内容的协议，发行人均未作为对赌协议当事人；如引发对赌情形导致实际控制人回购该等股东所持发行人股份，发行人的实际控制人仍为卢国建，即该等对赌情形触发不会导致公司实际控制人发生变化；并且，该等对赌内容不与公司市值挂钩，不存在严重影响发行人持续经营能力或者其他严重影响投资者权益的情形，符合《审核问答（二）》第10条的相关规定。

为避免公司实际控制人与上述股东之对赌情形影响公司股权结构的稳定性，经各方充分沟通，截至本回复出具日，鼎锋明道、前海蓝点、南通时代伯乐、屹唐华创、南山鸿泰就前述对赌协议分别与发行人实际控制人签署了补充协议，以彻底终止对赌协议，约定前述协议中“相关对赌内容与现行法律法规、中国证监会或交易所规则相悖而影响公司IPO条件的全部内容或条款自芯海科技向中国证券监督管理委员会或上海证券交易所提交首次公开发行股票并上市的申请之日起终止且自始无效；该等条款内容不再对双方具有法律约束力，双方互不承担任何违约责任，任何一方不再享有该等约定的权利或有履行相关义务的责任，亦不得以任何理由向协议另一方提出权利要求或主张”，并就对赌协议的终止事项分别出具了声明。

小兵评析

投资机构原本是跟控股股东签署对赌协议，没有跟发行人签署对赌协议，同时对赌协议在IPO申报之前中止，并且约定如果没有上市成功，则对赌协议自动恢复履行。在问询审核过程中，这个问题仍旧有争议，最后投资机构还是选择与控股股东终止对赌协议。

第四章　关联交易、同业竞争问题

1. 关联交易一直都不是IPO审核的红线，但是要有充足的商业合理性，以及不得通过关联交易进行利益输送或者存在重大依赖。

2. 现在的IPO上市标准，除了基本的财务指标，所有的定量指标都取消了，需要靠自己判断，进行合理性的解释。

3. 对关联交易需把握两个维度和两个标准，两个维度即对关联交易的非重大依赖（独立性）、关联交易非关联化（财务真实性），两个标准即必要性和公允性。

4. 同业竞争一直是IPO审核的红线。不过，在注册制审核下，现在只重点核查和关注控股股东和实际控制人与发行人是否构成同业竞争的情形，对于外部投资者不进行同业竞争核查。

5. 在注册制下，对于同业竞争的审核既有放松，也有更加严格的地方。目前审核的政策，要求从实质重于形式角度解释不存在同业竞争的情形：不能单纯以经营范围判断，不能简单以区域划分，需结合主营业务收入、主要产品、技术来源、资产权属、客户供应商、销售渠道、人员往来等进行判断。

附：《首发业务若干问题解答》（2020年6月修订）

问题15. 发行上市监管对同业竞争行为作出了限制性规定，发行人及中介机构在核查判断同业竞争事项时，应当主要关注哪些方面？

答：（1）核查范围。中介机构应当针对发行人控股股东（或实际控制人）

及其近亲属全资或控股的企业进行核查。

(2) 判断原则。同业竞争的“同业”是指竞争方从事与发行人主营业务相同或相似业务。核查认定该相同或相似的业务是否与发行人构成“竞争”时，应按照实质重于形式的原则，结合相关企业历史沿革、资产、人员、主营业务（包括但不限于产品服务的具体特点、技术、商标商号、客户、供应商等）等方面与发行人的关系，以及业务是否有替代性、竞争性、是否有利益冲突、是否在同一市场范围内销售等，论证是否与发行人构成竞争；不能简单以产品销售地域不同、产品的档次不同等认定不构成同业竞争。

对于控股股东、实际控制人控制的与发行人从事相同或相似业务的公司，发行人还应当结合目前自身业务和关联方业务的经营情况、未来发展战略等，在招股说明书中披露未来对于相关资产、业务的安排，以及避免上市后出现同业竞争的措施。

(3) 亲属控制的企业应如何核查认定。如果发行人控股股东或实际控制人是自然人，其夫妻双方直系亲属（包括配偶、父母、子女）控制的企业与发行人存在竞争关系的，应认定为构成同业竞争。

发行人控股股东、实际控制人的其他亲属及其控制的企业与发行人存在竞争关系的，应当充分披露前述相关企业在历史沿革、资产、人员、业务、技术、财务等方面对发行人独立性的影响，报告期内交易或资金往来，销售渠道、主要客户及供应商重叠等情况，以及发行人未来有无收购安排。

问题16. 首发企业报告期内普遍存在一定比例的关联交易，请问作为拟上市企业，应从哪些方面说明关联交易情况，如何完善关联交易的信息披露？中介机构核查应注意哪些方面？

答：中介机构在尽职调查过程中，应当尊重企业合法合理、正常公允且确实有必要的经营行为，如存在关联交易的，应就交易的合法性、必要性、合理性及公允性，以及关联方认定，关联交易履行的程序等事项，基于谨慎原则进行核查，同时请发行人予以充分信息披露，具体如下：

(1) 关于关联方认定。发行人应当按照《公司法》《企业会计准则》和中国证监会的相关规定认定并披露关联方。

（2）关于关联交易的必要性、合理性和公允性。发行人应披露关联交易的交易内容、交易金额、交易背景以及相关交易与发行人主营业务之间的关系；还应结合可比市场公允价格、第三方市场价格、关联方与其他交易方的价格等，说明并摘要披露关联交易的公允性，是否存在对发行人或关联方的利益输送。

对于控股股东、实际控制人与发行人之间关联交易对应的收入、成本费用或利润总额占发行人相应指标的比例较高（如达到30%）的，发行人应结合相关关联方的财务状况和经营情况、关联交易产生的收入、利润总额合理性等，充分说明并摘要披露关联交易是否影响发行人的经营独立性、是否构成对控股股东或实际控制人的依赖，是否存在通过关联交易调节发行人收入利润或成本费用、对发行人利益输送的情形；此外，发行人还应披露未来减少与控股股东、实际控制人发生关联交易的具体措施。

（3）关于关联交易的决策程序。发行人应当披露章程对关联交易决策程序的规定，已发生关联交易的决策过程是否与章程相符，关联股东或董事在审议相关交易时是否回避，以及独立董事和监事会成员是否发表不同意见等。

（4）关于关联方和关联交易的核查。保荐机构及发行人律师应对发行人的关联方认定，发行人关联交易信息披露的完整性，关联交易的必要性、合理性和公允性，关联交易是否影响发行人的独立性、是否可能对发行人产生重大不利影响，以及是否已履行关联交易决策程序等进行充分核查并发表意见。

第一节　关联交易

案例59　科思科技（688788）——实际控制人体外垫付成本和费用

【问询问题】

根据保荐工作报告，2017年和2018年刘建德和梁宏建为公司代垫费用金额 84.80 万元，支付对象分别为胡芳、张锋、周林红和李鹏飞，但在关联交易中并未予以披露。请发行人说明：上述自然人在发行人处的任职情况，上述自然人及其近亲属是否在发行人客户或供应商处任职或持有股权，刘建德和梁宏建向上述自然人支付补贴和费用的原因、确定依据和频率，是否存在流向发行人客户或供应商的情形。

【披露信息】

1. 上述自然人在发行人处的任职情况，上述自然人及其近亲属未在发行人客户或供应商处任职或持有股权。

2. 刘建德和梁宏建向上述自然人支付补贴和费用的原因、确定依据和频率，不存在流向发行人客户或供应商的情形。

刘建德和梁宏建向胡芳和张锋支付的个人补贴，为刘建德和梁宏建个人承诺给付的入职补贴，由于入职补贴不在公司薪酬体系范围内，且刘建德和梁宏建对代公司垫付费用一事缺乏认识，认为其个人支付对公司没有影响，遂支付了该入职补贴。公司中介机构在公司 IPO 尽职调查过程中发现该代垫费用事项，依据支付记录及访谈结果提出了整改意见，公司向刘建德和梁宏建偿还了垫付的个人补贴。上述款项均不存在流向发行人客户或供应商的情形。

2017 年公司向智一达采购 PLM 系统咨询实施服务，合同总价 9.8 万元，按照服务协议约定公司需要分 3 次（50%、30% 和 20%）向智一达支付服务费，梁宏建为公司该项目负责人。由于支付服务费时公司未取得发票，梁宏建遂代公司向智一达时任执行董事兼总经理李鹏飞支付了上述费用的第一笔服务费 4.9 万元和第二笔服务费 2.94 万元，2018 年 4 月 26 日梁宏建委托其时任助理周林红向李鹏飞支付了最后一笔服务费 1.96 万元。公司聘请的中介机构在对公司开展 IPO 尽职调查过程中发现该代垫费用事项，依据采购合同、支付记录及访谈结果提出了整改意见，公司向智一达索要了服务费发票并向梁宏建偿还了垫付的费用。

上述款项的最终收款人即为公司 PLM 系统咨询实施服务的供应商智一达。

小兵评析

1. 在 IPO 审核中，体外垫付成本费用算是比较严重的财务规范问题，甚至上升到财务造假的高度，因而审核实践中一般很难遇到非常典型的案例。当然，一些金额比较小，主观意愿也没有那么恶意的情形还是偶尔存在的，只是因为以前反馈意见回复都不公开披露，招股书一般也选择回避这样敏感的问题。

2. 对于本案例来说，保荐机构应该是在核查董监高银行流水的时候发现这个问题，并且也算核查得比较详细，因为本案例垫付成本费用的金额相对较小，最大的也不过 20 万元。

3. 对于垫付成本费用的具体背景和原因，也与发行人的具体业务和经营没有直接关系，一个是入职补贴、一个是支付的咨询费用，理由看起来也站得住脚，只要后续公司把钱还回去然后正常计入就可以了。

4. 审核中最关心的还是体外的资金有没有通过这些人间接流入供应商和客户的情形，如果发生这种情况，那么性质完全就变了，因而发行人对于这个问题也作了核查和说明，说明接受补助的人没有在供应商和客户那里任职或者持有股权。

5. 在 IPO 实践中，保荐机构非常愿意将一些相对敏感的问题在保荐工作报告里披露，这样一来不是那么明显，不容易引起关注；二来也算是披露了，将来如果关注到这个问题，还可以免责。审核机构就是在保荐工作报告里发现这个问题的，当然，保荐机构回复这个问题不严重，金额很小所以没有在招股书详细披露。

案例60　王力安防（605268）——关联租赁

【问询问题】

发行人租赁关联方万泓集团、能诚集团和王力机械的房产用于生产及办公用途。发行人租赁关联方的房产占发行人自有房产和主要租赁房产总面积的比例接近59%。请发行人代表说明：（1）租赁关联方房产产生的原因和必要性，是否为发行人生产经营主要场所，租赁关联方房产是否形成对关联方的重大依赖，是否对发行人的资产完整性构成重大不利影响；（2）关联房产租赁价格的公允性，是否存在不能续租的风险；（3）拟新建厂房能否有效减少对关联方房产的租赁。

【披露信息】

报告期内，公司租赁万泓集团、能诚集团和王力机械的房产用于生产及办公用途，租赁价格参照相同区域房产的租赁市场价格协商定价，定价公允。具体情况如下：

一、关联租赁基本情况

发行人及其子公司租赁关联方房产主要用于生产和办公等经营活动，该等租赁自关联方的房产为发行人主要生产经营场所的组成部分，截至2019年6月30日，发行人租赁关联方的房产占发行人自有房产和主要租赁房产总面积的比例为48.25%。发行人使用关联租赁房产于2016年、2017年、2018年及2019年1~6月所产生的收入占发行人总收入（合并口径）的比例分别为48.34%、46.16%、53.20%、56.87%。

二、关联租赁的原因和必要性

发行人销售的安全门类产品主要由公司自行生产，而发行人业务规模较大，发行人及其子公司自有的房产无法满足发行人及其子公司日常生产经营所需，因此，发行人及其子公司必须通过租赁额外房产从事生产经营活动。发行人所租赁自关联方的房产分别为万泓集团、能诚集团和王力机械的办公楼及厂房，该厂房长期被发行人及其子公司租赁用于发行人主营业务的生产，其内部构造和生产设备的安置均已高效适用于安全门等相关产品的生产，因此，为了维持发行人持续经营的稳定性和成长性，发行人及其子公司长期租用该关联方的房产。

万泓集团、能诚集团、王力机械的房产均位于永康市经济开发区及附近，该园区紧邻全国最大的五金专业市场——中国科技五金城，人流、物流、车流聚集，具有显著的区位优势。此外，万泓集团、能诚集团的房产规模较大，且用途齐全、权属明晰，能够满足发行人及其子公司的生产经营所需。

发行人于2017年通过出让方式取得位于永康市经济开发区S15－2地块的使用权证号为浙（2017）永康市不动产权第0005250号的土地使用权，并拟于该土地上建设新增年产36万套物联网智能家居生产基地建设项目，包括183,413.99平方米厂房和45,970.13平方米办公楼及宿舍楼等，目前该等工程尚未竣工。

基于以上考虑，发行人及其子公司于报告期内选择租赁万泓集团、能诚集团、王力机械房产。

三、租赁价格的公允性

1. 关联租赁价格与市场价格的对比分析。经核查，发行人向万泓集团和能诚集团租赁的房屋主要作为其工业厂房及办公楼，发行人向王力机械租赁的房屋主要作为其工业厂房。报告期内，发行人不存在向其他无关联第三方租赁同区域同类型房产。

发行人租赁价格经过与同工业区厂房公开租赁价格相比较，并无重大差异，定价公允。

2. 发行人与出租方不存在采购、代工等关联交易，发行人与出租方不存在人员、资产、业务等混同的情况。

3. 关联租赁对发行人的资产完整性不构成重大不利影响。发行人与关联方签订的租赁协议系双方真实意思表示，合法有效，关联方合法拥有相关房产的所有权，相关租赁协议已经备案，发行人及其子公司也已经按照租赁协议支付租金。保荐机构认为，发行人及其子公司在租赁协议期限内合法享有该等租赁房产的使用权。

此外，发行人已经在其自有的产权证号为浙（2017）永康市不动产权第0005250号的土地上建设厂房作为发行人的主要生产经营场所，发行人及其子公司的生产经营业务届时将逐步搬迁至新建厂房。

综上所述，保荐机构认为，关联租赁不会对发行人资产完整性构成重大不利影响。

小兵评析

1. 在以前的IPO审核标准中，发行人是不能有大规模的租赁控股股东及关联方房产的情形，曾经有公司提出签订长期的租赁协议也被否决。而现在出现这样的案例，确实是对以前审核标准的一个很大改变。这是不是注册制改革带来的优势，我们不得而知，不管怎样，这样处理的思路能够被认可，是个很大的进步。

2. 这个案例是比较有代表意义的，毕竟关联方房产租赁的比例超过了50%，且通过租赁房产实现的收入占比也接近50%。那么，目前的IPO审核标准下，如何解释这样处理的合理性？简单总结有以下几条：

（1）发行人对租赁的房产已经进行了独特的改造，使该房产只能由发行人来用，关联方收回去也不能租给别人了。

（2）关联方拥有的房产规模很大且不一定适合切割，那么全部纳入上市主体内也不现实。

（3）发行人已经拥有一地块，并且在该地块上建设自己的厂房，竣工后就可以解决这个问题。

（4）租赁价格是完全合理公允的，对经营业绩没有重大影响。

案例61 思瑞浦（688536）——关联交易占比超过50%的商业合理性

【问询问题】

根据招股说明书披露，2018年、2019年发行人向重要客户A销售商品及提供服务的金额为169.75万元（占营业收入比例为1.49%）、17,343.71万元（占营业收入比例为57.13%），该重要客户为公司关联方。发行人对关联方客户之外的其他客户的销售收入报告期内并未大幅增长。

请发行人说明：（1）短期内关联交易金额和占比大幅增加的原因及其合理性；（2）2019年向该重要客户销售产品的收入确认时间，关于产品定价、毛利率、信用政策、收付款政策、返利政策等主要条款是否与其他直销客户一致，相关交易价格是否公允，是否存在潜在利益安排；（3）该重要客户在信号链模拟芯片设计上是否与发行人存在相同或类似的业务，是否可能存在该关联方自行研发芯片替代发行人产品的情形，是否存在可能对发行人持续经营能力产生重大不利影响的情形；（4）结合发行人产品应用于该客户的主要领域情况、该领域目前建设阶段及后续建设需求等，量化说明该关联方对发行人产品的需求将保持稳定或增长，是否会出现需求下降，发行人与该客户的交易是否稳定、可持续及未来趋势，是否对该客户存在重大依赖；（5）说明对非关联方客户销售未出现同步增长的原因及合理性，发行人为拓展非关联方客户采取的措施、为何未取得实质效果，是否面临非关联方客户拓展的困难或障碍。

【披露信息】

一、短期内关联交易金额和占比大幅增加的原因及其合理性

2019年，公司关联交易金额及占比较2018年大幅增加，系公司向重要客户A销售收入的大幅增加所致。

二、2019年向该重要客户销售产品的收入确认时间，关于产品定价、毛利率、信用政策、收付款政策、返利政策等主要条款是否与其他直销客户一致，相关交易价格是否公允，是否存在潜在利益安排

（一）2019年向该重要客户销售产品的收入确认时间

公司向重要客户销售产品的收入确认时间为公司依据合同约定将产品送达该重要客户指定的地点，且客户确认接收产品时。该收入确认时间与其他直销客户一致，不存在差异。

（二）关于产品定价、毛利率、信用政策、收付款政策、返利政策等主要条款是否与其他直销客户一致，相关交易价格是否公允，是否存在潜在利益安排

1. 公司向重要客户A销售的产品定价、信用政策、收付款政策等主要条款与重要无关联直销客户相比无明显差异，且均不存在返利政策。

2. 公司向重要客户A销售产品的毛利率及价格与重要无关联直销客户不存在明显差异，公司与重要客户A关联交易已履行必要的审议程序，重要客户A拥有完善的内控体系，不存在与公司进行利益输送的客观条件及主观动机。

公司均通过公平、公正的方式获取重要客户A的订单，向重要客户A销售的产品总体毛利率与重要无关联直销客户基本一致，相关交易价格公允，不存在潜在利益安排。

三、该重要客户在信号链模拟芯片设计上是否与发行人存在相同或类似的业务，是否可能存在该关联方自行研发芯片替代发行人产品的情形，是否存在可能对发行人持续经营能力产生重大不利影响的情形

公司所处的模拟集成电路行业具有产品种类繁多的特点，在该领域单一或少数供应商无法满足客户及市场的整体需求。该重要客户向公司采购的产品亦属于模拟集成电路芯片，其自行研发该类芯片不具有必要性和经济性。该重要客户自研的芯片主要为与其业务高度相关的超大规模系统级芯片（以下简称SoC）。SoC具有研发设计与制造难度高、供应商较为集中且多数为境外企业的特点，该重要客户内部集成电路设计部门主要集中力量研发SoC，而模拟集成电路芯片则更多依靠其他供应商来满足其芯片需求。因此，公司产品被该重要客户自行研发芯片替代的

风险较小。

四、结合发行人产品应用于该重要客户的主要领域情况、该领域目前建设阶段及后续建设需求等，量化说明该关联方对发行人产品的需求将保持稳定或增长，是否会出现需求下降，发行人与该客户的交易是否稳定、可持续及未来趋势，是否对该客户存在重大依赖

公司向该重要客户销售的产品主要应用于通信设备领域，该领域目前为国家政策重点支持的方向。

公司与该重要客户的业务合作均基于平等互惠的商业立场，公司与该重要客户不存在利益输送行为，公司在业务获取方式、研发、采购、客户开拓等方面均自主开展，虽然2019年公司对该重要客户的收入占比相对较高，但仍有42.87%的销售收入来源于其他客户，公司对该重要客户不存在重大依赖。

五、说明对非关联方客户销售未出现同步增长的原因及合理性，发行人为拓展非关联方客户采取的措施、为何未取得实质效果，是否面临非关联方客户拓展的困难或障碍

（一）说明对非关联方客户销售未出现同步增长的原因及合理性

公司的模拟芯片产品虽然应用范围较多，涵盖信息通信、工业控制、监控安全等众多领域，但鉴于公司规模相对较小，正处于快速发展阶段，考虑到模拟集成电路芯片的研发设计过程中需要投入较多的资金及人力的因素，公司不可避免地需要在资源分配上有所倾斜。

（二）发行人为拓展非关联方客户采取的措施、为何未取得实质效果，是否面临非关联方客户拓展的困难或障碍

公司在综合考虑产品种类、客户结构、自身优势和行业现状等因素的基础上，选择了经销和直销并存的销售模式，公司为拓展非关联方客户主要采取的措施如下：（1）通过与行业知名客户的合作经验和成功案例帮助公司进一步拓展客户，加快公司开拓其他知名客户的进度；（2）公司通过业内交流、行业展会、网络宣传等方式挖掘客户；（3）公司通过专业会展、技术论坛、行业协会等方式，结合《代理商管理工作

指导》的要求，寻找适合公司产品的经销商。

虽然2019年公司对重要客户A收入占比相对较高，但仍有42.87%的销售收入来源于非关联客户，且根据普华永道审阅的财务报表，公司2020年一季度向非关联客户销售金额为3139.57万元，较去年同期增长58.69%，公司未面临非关联方客户拓展的困难或障碍。

小兵评析

1. 小兵认为，如果不是重要客户A的特殊背景和地位，以及注册制下IPO审核理念的重要改革，本案例发行人这种情况是很难通过IPO审核的。

2. 发行人跟重要客户A的特殊之处在于：（1）2019年发行人与重要客户A的关联交易占比为57.13%，远超过我们所理解的30%的界限。（2）发行人报告期内3年非关联交易的销售金额从1.1亿元增长至1.3亿元，基本上没有增长，而2019年发行人的业绩高速增长基本上就来源于重要客户A的销售。

3. 发行人与重要客户A的合作虽然从数据上看起来比较异常，不过从商业逻辑的角度来说，倒也可以理解。发行人与重要客户A已经合作了许多年，前期就是提供开发和初试的服务，后来条件成熟了才放量合作。重要的是重要客户A可以给发行人提供足够的背书：一方面重要客户A不会帮助发行人作假冲业绩；另一方面发行人能与重要客户A合作也说明了发行人自身的实力。

第二节　同业竞争

案例62　豪森股份（688529）——不属于重大不利影响的同业竞争情形

【问询问题】

根据问询回复披露，发行人与今日自动化在部分业务范围内存在从事相同或相似业务的情况。请发行人披露竞争方与发行人存在同业竞争的情况，保荐机构及发行人律师针对同业竞争是否对发行人构成重大不利影响的核查意见和认定依据。

【披露信息】

一、发行人与今日自动化曾存在经营业务相同或相似的情形

（一）曾存在经营业务相同或相似的情形

报告期内，在新能源汽车驱动电机智能生产线领域，今日自动化有两条驱动电机装配线项目与发行人经营业务存在相同或相似情形。

（二）在新能源汽车驱动电机业务领域，发行人与今日自动化技术实力与业务定位对比

一条完整的驱动电机生产线主要包括定子生产线、转子生产线及装配线三部分，其中装配线主要功能为驱动电机的组装，技术含量较低，且金额占完整的驱动电机生产线的比例约为20%，金额占比较小。在新能源汽车驱动电机自动化生产线业务领域，发行人的技术能力和业务目标是包括定子生产线、转子生产线和装配线的整线产品；而今日自动化受其经营规模、技术实力的限制，仅具备装配线的生产工艺，不具备承接定子生产线、转子生产线的业务能力。

报告期内今日自动化仅承揽了前述两条驱动电机装配线业务，并不涉及定子生产线、转子生产线业务，而两条驱动电机装配线业务占今日自动化当年的订单金额比例均约为25%，驱动电机装配线亦非今日自动化的主要产品。

从客户角度分析，上述两条新能源汽车驱动电机智能生产线项目客户分别为方正电机和零跑汽车，上述客户不是发行人客户，今日自动化通过自身开发方式取得上述客户的订单，非经发行人介绍；今日自动化向其供应商的采购内容与自身业务相关，采购规模与其经营规模相符，故今日自动化与发行人之间不存在非公平竞争、利益输送或者单方让渡商业机会的情形。

（三）关于避免同业竞争的承诺函

为避免与发行人发生同业竞争情形，今日自动化于2020年6月3日出具了《大连豪森今日自动化有限公司关于避免与大连豪森设备制造股份有限公司同业竞争的承诺函》。

（四）财务独立及财务指标对比分析

今日自动化财务机构和财务人员均独立于发行人及其控制的子公司，最近3年来，今日自动化实现营业收入金额分别为2112.45万元、5487.36万元、3326.24万元（未经审计），占发行人主营业务收入的比例分别为3.23%、6.73%和3.17%；营业毛利金额分别为323.21万元、1438.13万元、943.71万元（未经审计），占发行人主营业务毛利的比例分别为1.98%、6.73%和3.20%，占发行人主营业务收入和毛利的比例远低于30%的水平。

二、保荐机构、发行人律师针对同业竞争是否对发行人构成重大不利影响的核查意见和认定依据

虽然今日自动化与发行人报告期内在两条驱动电机装配线业务中存在经营相同或相似的情形，但鉴于：（1）发行人与今日自动化的主要产品或服务的定位存在较大区别；（2）发行人与今日自动化报告期内曾存在经营业务相同或相似的情形未导致发行人与竞争方之间非公平竞争、利益输送及相互或者单方让渡商业机会情形；（3）今日自动化已于2020年6月3日出具承诺函，承诺将不再承揽驱动电机装配线业务，亦不再直接或间接发展、经营或协助经营或参与或从事与豪森股份业务相竞争的任何活动，经营业务相同或相似的情形已消除，今日自动化与发行人报告期内在驱动电机装配业务方面曾存在经营业务相同或相似的情形对发行人未来发展不会构成不利影响；（4）今日自动化的收入或毛利占发行人主营业务收入和毛利的比例远低于30%的水平。因此，保荐机构、发行人律师经核查认为，报告期内发行人与今日自动化在驱动电机装配线业务方面曾存在经营业务相同或相似的情形对发行人不构成重大不利影响。

小兵评析

1. 这个案例其实是发行人在报告期内存在同业竞争的问题，并不是在 IPO 申报的时候还存在同业竞争的情形。

2. 在以前的 IPO 审核中，也明确规定报告期内是允许存在同业竞争的情形，只是 IPO 申报之前必须彻底规范同业竞争的情形。解决同业竞争问题，一般就是通过重组、转让、合并等方式进行。

3. 具体到本案例发行人，发行人关联方在报告期内分别在 2017 年和 2018 年有两笔与发行人相同或者相似的业务，发行人对此做了重点解释。同时，关联方也作出了标准的避免同业竞争的承诺，承诺以后不再经营跟发行人相关的业务。如果关联方再修改了营业范围，那么即使不是注册制的 IPO，也符合 IPO 对于同业竞争问题的解决思路。

4. 本案例的处理显然更加保守，《上海证券交易所科创板股票发行上市审核问答》第 4 条重点解释了是否属于重大不利影响的同业竞争。这里要明确的是，这里说的不属于重大不利影响的同业竞争，是指在同业竞争没有彻底清理情况下，允许保留一定的同业竞争的情形，这算是 IPO 审核条件对于这个问题的放松。而本案例的处理显然更加严苛和保守，这是一个问题的两个思路，大家要分清楚。

5. 需要特别说明的是，尽管审核规则对于同业竞争问题进一步放松，允许存在一定比例的同业竞争情形，但是目前实践中还是严格执行对同业竞争的 IPO 审核，没有同业竞争存在一定比例（低于 30%）通过 IPO 审核的案例。

案例 63 杭华股份（688571）——通过市场分割的方式解决同业竞争的问题

【问询问题】

请发行人：（1）结合杭实集团与协丰投资实现对发行人共同控制后的表决情况，说明双方意见分歧时的解决情况，是否存在最终实际由

TOKA 控制发行人的情况；（2）结合业务、资产、生产经营、人员等方面的情况，说明发行人相对于 TOKA 的独立性；（3）TOKA 对发行人股权和治理机构调整的相关协议履行的内部决策程序和信息披露义务的履行情况；（4）在 TOKA 的年报披露中，对发行人是以联营、合营企业还是子公司的身份进行披露及会计核算，发行人成立以来是否发生过改变。

请发行人说明：（1）UV 油墨、胶印油墨、液体油墨在全球市场的市场空间、竞争格局、发行人市场占有情况；（2）《市场分割协议》和《市场分割协议之补充协议》是否继续有效，量化分析市场分割对发行人业务发展的影响；（3）分割市场的原因，各方对应的市场规模，市场分割是否公平；（4）报告期内 TOKA 收入构成、业绩增长等经营情况，与发行人的比较情况；（5）发行人报告期内收入增长与行业增长率的比较情况，与同行业其他公司增长率的比较情况，结合市场分割情况和发行人的服务模式，说明发行人报告期内业务发展和经营业绩较为稳定的原因；（6）TOKA 与发行人之间的市场分割是否存在非公平竞争、是否存在利益输送、是否存在相互或单方让渡商业机会的情况，竞争情况对未来发展的潜在影响；（7）市场分割协议是否可能导致公司收入增长有限、收入规模或未来发展受限，如有请作针对性重大事项提示。

【披露信息】

一、通过调整一致行动协议实现控制权的转变

杭实集团与协丰投资签订《〈一致行动协议之补充协议〉之终止协议》，一致同意解除上述补充协议，即双方意见分歧时仍以杭实集团的意见为准。

杭实集团和协丰投资合计持有公司 55.33% 的股份，所持表决权过半数，能够共同对发行人股东大会审议的大部分事项形成有效决策。本次发行后，TOKA 持股比例为 33.5%，TOKA 所持表决权超过 1/3。

TOKA持有发行人股权的主要目的是获取投资回报，不谋求发行人实际控制权。鉴于杭实集团与协丰投资的持股比例已形成对发行人的绝对控制且与TOKA存在超过10%的持股比例差距，发行人不存在面临实际控制权变更的风险，控制权稳定。

报告期内，杭实集团和TOKA均未对发行人进行并表，系以权益法对持有的发行人股权进行会计核算。

二、发行人与合资方通过市场分割解决同业竞争问题

2013年8月27日，发行人、TOKA与杭实集团签署《市场分割协议》，对发行人、TOKA双方未来的市场范围进行了明确约定，并于2016年8月30日签署《市场分割协议之补充协议》。

根据协议，发行人的市场范围为中国内地（不包括香港、澳门和台湾地区）、俄罗斯、东欧地区、非洲地区、南美地区；TOKA的市场范围为亚洲除中国大陆的其他地区、北美地区、欧盟地区。双方在各自划定的市场区域范围内从事油墨及其相关产品的生产、销售。对于对方市场区域中签订协议前已有的固有客户，经对方同意，可以在原有规模下维持固有客户，但TOKA在中国内地（不包括香港、澳门和台湾地区）的固有客户，不得保留。

（一）发行人履约情况

报告期内，发行人在各市场区域的收入构成见表3-4-1：

表3-4-1　2017~2019年发行人在各市场区域的收入构成

单位：万元

市场区域划分		2017年	2018年	2019年
发行人市场	中国内地	89,720.64	92,131.33	97,049.88
	东欧地区	16.55	—	—
	非洲地区	75.13	—	—
	南美地区	67.16	91.47	88.08

续表

市场区域划分			2017 年	2018 年	2019 年
TOKA 市场	亚洲地区（除中国内地）	TOKA	5986.19	4097.97	3346.27
		其他	189.18	139.96	244.19
	北美地区		56.28	152.15	34.01
合计			96,111.14	96,612.88	100,762.44

（二）TOKA 履约情况

报告期内，TOKA 在各市场区域的收入构成见表 3－4－2：

表 3－4－2 报告期内 TOKA 在各市场区域的收入构成

单位：百万日元

市场区域划分		2019－04～2020－03	2018－04～2019－03	2017－04～2018－03
TOKA 市场	亚洲地区	43,673	45,436	45.949
	北美地区	3052	2768	1241
	欧盟地区	904	764	386
发行人市场	东欧地区	225	129	81
	非洲地区	88	104	—
	南美地区	80	165	93
未约定市场	其他	191	269	186
合计		48,217	49,638	47,942

小兵评析

1. 研究完这个案例，小兵想到一个经典的故事：客人在饭馆吃饭，发现盘子里有一只苍蝇，找到经理质问这是怎么回事，经理抓起苍蝇放到嘴里吃了，然后跟客人说，那是您看错了，这是花椒粒。

2. 最近研究了一些注册制审核的案例，能够真切感受到很多问题的看法和态度有了本质的改变。换句话说：以前很多企业带着这些问题是根本无法上市的，而现在可以上市了。在注册制审核逻辑下，我们以信息披露为中心，但是信息披露真的能解决所有问题吗？信息披露下，是不是只要关注真实性而不再纠结合理性，更不需要思考背后的逻辑甚至人性？

3. 以前的审核制，IPO审核的基本逻辑是“有罪推论”，即先假定发行人是有问题的，发行人需要做大量工作证明自己的清白。而现在注册制的逻辑是反着的：假定企业都是好人，审核中心要发现问题证明企业不是好人。显然，后者对发行人更有利，也符合IPO审核改革的理念，可是审核中心有能力和精力发现一切诡辩的事实和造假的数据吗？如果不能，那么投资者的利益又如何保证？

4. 具体到本案例的情形，小兵主要跟大家总结分析了三个问题，而这三个问题却又是相互联系的，也只有三个问题一起看，才能想到更深层次的问题和逻辑。小兵给大家简单总结一下事实：

（1）2013年8月15日，杭实集团与TOKA签署一致行动协议，合计持有发行人96.67%股权，对发行人形成共同控制。

（2）2018年3月，发行人全体股东共同签订《杭华油墨股份有限公司控制结构调整协议书》，通过TOKA与杭实集团终止一致行动、TOKA向协丰投资转让股份、减少1名由TOKA提名的董事等措施，实现发行人控制权的转变。

（3）为什么会有这样的控制权认定方面本质的转变，发行人解释为合资方TOKA的投资理念和经营策略发生改变，而小兵认为主要还是对于通过市场分割解决同业竞争问题的担忧。

（4）发行人与TOKA签署市场分割协议，简单来说，就是发行人主要在中国境内市场，而TOKA全部在境外市场，显然这样的协议在目前的审核理念下不一定被接受，而如果TOKA被认定为共同实际控制人的话，那么同业竞争问题必然会引起重点关注。但TOKA如果只是一个财务投资者的话，那么可能就感觉会好很多，尽管没有解决本质问题，尽管TOKA还持有发行人44.67%的股份。

5. 发行人跟TOKA的合作还是有很长的历史和渊源的，TOKA与当地的国资股东于1988年合资成立发行人，并且经过股权转让形成了当年最经典的股权结果：中方和外方分别持有发行人50%的股份。发行人在经营过程中，很大程度上借助了TOKA的技术和能力；就算到现在，尽管发行人解释其实现了全部独立，对TOKA不存在依赖，但还是在采购和销售方面与TOKA存在5%左右的关联交易，重要的是，发行人的主要原材料很大一部分还需要通过TOKA来集中采购。

6. 单纯从技术的角度来说，通过将TOKA认定为财务投资者的形式来解决同业竞争问题，算是非常巧妙的处理。除了这个问题，以下几个技术问题也值得大家关注：

（1）发行人应该从2018年3月认定为实际控制人变更，而发行人申报的时候报告期是2017年至2019年，申报基准日的时候实际控制人变更不足24个月，而具体申报时间是5月21日，这时候就超过24个月了，但是这是违规的。

（2）杭实集团与协丰投资合计持有发行人55.33%股权，与TOKA持股比例差距超过10%，控制权稳定，这里强调了10%的股份差距。

（3）TOKA持有发行人44.67%的股份，上市之后也持有33.35%的股份，刚好超过1/3，显然这对于后续股东大会的决议是存在重大障碍的，这个问题TOKA也出具了明确的承诺，承诺不会投反对票或者弃权票。

（4）发行人短期内签署了三份一致行动协议，不知道是项目组的纠结还是另外的因素，不过怎么着都是投行做项目的大忌——拉抽屉式解决问题的思路。2019年5月28日，杭实集团与协丰投资签订《一致行动协议之补充协议》，约定将争议解决机制变更为：双方均出席股东大会并对未达成一致意见的议案投“弃权”票。2020年6月22日，杭实集团与协丰投资签订《〈一致行动协议之补充协议〉之终止协议》，一致同意解除上述补充协议，即双方意见分歧时仍以杭实集团的意见为准。

案例64 慧翰股份（已过会）——上市公司兄弟企业IPO

【问询问题】

公司与受同一控制人控制的国脉科技同属于物联网行业，请发行人说明控股股东及实际控制人所作的承诺能否切实保证发行人与国脉科技之间未来不发生重大利益冲突。

【披露信息】

发行人的实际控制人为陈国鹰，国脉科技系深圳证券交易所中小企业板上市公司（股票代码：002093. SZ，股票简称：国脉科技），其实际控制人为陈国鹰与林惠榕其配偶、林金全（林惠榕父亲），发行人控股股东国脉集团为国脉科技第三大股东。

发行人利用汽车级物联网的技术开发优势拓展其他产业的物联网通信模组业务。国脉科技的主营业务也包括物联网和相关服务行业。发行人多名高级管理人员及核心技术人员曾任职于国脉科技，其中，董事长、核心技术人员隋榕华报告期内曾任国脉科技董事长，发行人承租国脉科技多项房产。

一、公司与国脉科技的主营业务不同，不存在重大利益冲突的情形

虽然公司与实际控制人陈国鹰及其亲属控制的国脉科技同属于物联网行业，但公司与国脉科技的主营业务存在明显不同：公司的主营业务包括为乘用车提供TBOX硬件以及研发生产物联网智能模组等硬件及相关软件及技术开发，公司具备汽车行业IATF16949质量管理体系认证资质。国脉科技的主营业务不包括硬件研发和设计，以提供物联网相关服务以及教育服务为主，其物联网相关服务具体业务主要是通信网络勘察、规划和设计服务，国脉科技具有三甲通信规划设计资质。

报告期内，国脉科技与公司的主要下游客户及供应商不存在重叠的情况。国脉科技的主要客户为电信、教育、金融、医疗等行业和机构的大中型用户，公司的主要客户为汽车整车制造厂、汽车电子制造厂家、

其他物联网厂家。国脉科技的知识产权及核心技术与公司不存在共有或重叠的情形。

二、结合国脉科技产品与服务与发行人的具体区别、是否具有替代性及竞争性、是否有利益冲突等，说明业务、产品是否与发行人构成同业竞争

1. 国脉科技与发行人在涉及物联网和相关服务业提供的主要产品与服务存在明显区别。

2. 根据发行人及国脉科技报告期内的主要供应商名单，报告期内，慧翰股份与国脉科技的主要供应商亦不存在重叠的情况。

3. 国脉科技物联网产品涉及的知识产权及核心技术与发行人不存在共有或重叠的情形，可以相互区分。

4. 在历史沿革方面，国脉科技与发行人相互独立运营，业务、财务、人员、资产等均相互独立。

5. 国脉科技与发行人的服务、产品均不存在相同或相似情况，两者之间不存在同业竞争关系。

综上，国脉科技与慧翰股份主营业务相互独立，主要产品与服务存在明显区别，国脉科技与慧翰股份产品与服务之间不具有竞争性和替代性，亦不存在利益冲突，国脉科技的业务、产品与发行人不构成竞争关系。

三、发行人与国脉科技及其控制的其他企业是否在相同或相近区域办公，发行人的人员、机构是否独立，与国脉科技是否存在混同

1. 截至本回复出具之日，发行人承租了5处实际控制人控制的其他主体拥有的房产。国脉科技、厦门泰迅及福州理工学院均分别在前述租赁物业相近区域办公，但发行人的办公区域相对独立，且均已安装、使用独立的门禁系统，不存在与国脉科技等发行人实际控制人控制的其他法人或其他组织混同的情况。此外，发行人已依法建立股东大会、董事会和监事会，这三个机构具有较为完善的议事规则，其运行亦符合发行

人《公司章程》和各自相关议事规则的规定；同时，发行人已根据自身经营需要形成健全的职能部门组织，发行人独立行使经营管理职权，与控股股东、实际控制人及其控制的其他企业不存在机构混同的情形。

2. 发行人高级管理人员均专职在发行人处工作，在发行人处领取薪酬。发行人高级管理人员不存在在控股股东单位担任除董事、监事以外其他行政职务及领薪的情形；发行人的财务人员亦不存在在控股股东、实际控制人控制的企业兼职及/或领薪的情形。发行人人员独立。发行人的人员、机构独立，与国脉科技不存在混同。

四、国脉科技对同业竞争的信息披露与发行人是否一致，相关避免同业竞争的承诺事项是否已经履行，如何保障相关承诺能够持续履行

1. 经查阅国脉科技的公开信息披露文件，国脉科技与其控股股东、实际控制人所控制的其他企业不存在同业竞争，国脉科技对同业竞争的信息披露与发行人一致。

2. 为避免同业竞争，维护发行人及全体股东的利益，发行人控股股东及实际控制人已于2020年3月25日出具《关于避免同业竞争承诺函》。

五、控股股东、实际控制人及其亲属所作的承诺能够切实保证发行人与国脉科技之间未来不发生重大利益冲突

1. 虽然公司和国脉科技同属于物联网领域，但双方的主营业务、客户及供应商、核心技术、业务资质均存在明显不同，双方具有各自的战略发展目标及业务发展空间，现在和未来双方不存在重大利益冲突的情形。

2. 国脉集团、陈国鹰及其亲属林惠榕、林金全已分别针对慧翰股份、国脉科技出具了避免同业竞争的承诺，承诺其等控制的慧翰股份、国脉科技相互不从事构成同业竞争的经营活动，并愿意对违反上述承诺而给慧翰股份、国脉科技造成的经济损失承担赔偿责任。

3. 国脉科技实际控制人及其一致行动人合计持有国脉科技约

54.63%股份，在公司战略制定决策等重大事项方面对国脉科技具有控制力，能够实际支配国脉科技的行为，并已承诺通过在国脉科技的股东大会上对可能导致同业竞争的议案投反对票的确保国脉科技与慧翰股份之间未来不发生重大利益冲突。

因此，发行人控股股东、实际控制人及其亲属所作的承诺能够切实保证发行人与国脉科技之间未来不发生重大利益冲突。

小兵评析

1. 不论从哪个角度来看，现在都是这些年少有的IPO最好的时代，当然会不会是最坏的时代，那只能让时间来证明了。不管怎样，现在IPO审核的标准和节奏，都体现了足够的宽容和高效。

2. 目前，上市公司分拆控股子公司IPO上市的案例已经有了好几家，而本案例确是另外一种跟上市公司相关的IPO情形：上市公司实际控制人控制的其他公司IPO上市的情形。

3. 发行人是上市公司国脉科技实际控制人家族控制的另外一个企业，并且与上市公司还存在千丝万缕的联系：（1）发行人和上市公司均从事软件开发和物联网业务；（2）发行人租赁上市公司的相关房产；（3）发行人多名高管都曾经在国脉科技任职；（4）发行人董事长曾经就是国脉科技的董事长。综合来看，怎么着都像上市公司派出一个团队另外干了一个业务，但是这个业务真的能跟上市公司撇清关系吗？

4. 当然，发行人对上述问题还是作了详细的解释：（1）发行人的业务主要是汽车领域，而国脉科技主要是在政府和金融领域，且两个公司没有供应商和客户的重叠情况，这可能是发行人最有利的证据；（2）发行人从两个公司主营业务和主要业务收入的构成，从是否具有替代性及竞争性、是否有利益冲突等说明了不具有同业竞争的情形；（3）相关主体作了详细且明确的承诺，承诺不存在同业竞争和利益输送的情形，上市公司承诺以后也不会涉及发行人的业务。

因为相关主体的承诺在上市公司也是需要披露的，核查证明承诺都在正常履行。

5. 其实，如果抛开上市公司与发行人属于同一实控人的事实，在 IPO 审核实践中发行人的相关人员来自上市公司的情形还是时常出现的，也有一些成熟的案例。从现在的情况来看，本案例的情况也是目前审核政策允许的情形。不过我们还有一个问题需要思考：上市公司对外转让资产是需要履行很严格的决策程序和披露要求的，那么，上市公司对外输出人员以及对应的一些技能该如何防范呢？在这个方面，又该如何保障投资者的利益呢？这个问题很现实也很严肃，不过确实也没有更好的办法解决。

案例 65　晶科科技（601778）——通过股权托管解决同业竞争

【问询问题】

发行人实际控制人控制的晶科能源持有境外光伏电站资产、技术领跑者基地及个别 EPC 项目，报告期发行人联合晶科能源共同投标光伏领跑者项目；实际控制人李仙德、李仙华的兄弟李仙寿控制的部分企业主要从事光伏电站项目开发、建设、运营，与发行人主营业务存在重合。请发行人代表说明：（1）是否主要利用晶科能源渠道获取客户和订单，发行人是否具备独立市场开拓能力、经营能力。（2）股权托管有无最长期限安排，实际控制人及相关各方关于解决同业竞争的承诺是否有明确履行期，通过股权托管能否彻底解决同业竞争问题。（3）发行人与李仙寿控制的企业是否具有替代性、竞争性或利益冲突，是否构成本次发行障碍；结合发行人与李仙寿控制的企业供应商重叠情况，说明发行人采购价格公允性，李仙寿控制的企业是否为发行人承担费用或存在其他利益安排。

【披露信息】

公司与控股股东、实际控制人及其控制的其他企业之间不存在同业竞争情形。

公司的控股股东为晶科集团，公司的实际控制人为李仙德、陈康平和李仙华。晶科集团不直接从事具体业务的经营，与公司之间不存在同业竞争。公司实际控制人控制的晶科能源持有少数光伏电站资产、技术领跑者基地及个别 EPC 项目，但与公司不存在实质性同业竞争。具体情况如下：

一、晶科能源持有海外光伏电站情况

（一）晶科能源持有的海外电站

截至 2019 年 7 月末，Viborillas、San Ignacio、San Juan 电站项目已正式投入商业运营；Cuncunul 电站项目已开工建设。上述电站存在限制转让条款：

1.《购售电协议》规定，在电站正式投入商业运营前及之后的 1 年内，原股东拟转让控制权的，需要取得墨西哥国家电力公司批准；在电站正式投入商业运营后 2 年内，原股东拟降低持股比例至 30% 以下，需要取得墨西哥国家电力公司批准；在电站正式投入商业运营后 3 年内，原股东拟降低持股比例至 15% 以下，需要取得墨西哥国家电力公司批准。

2.《购售电协议》规定，在电站正式投入商业运营之前，晶科能源持有电站项目公司股权比例不低于 25%。同时，《资本金出资协议》规定，在电站正式投入商业运营之前，项目开发商必须对项目公司保持 100% 的控股权。

2019 年 11 月 7 日，晶科能源签署购买协议，约定买方及相关主体向晶科能源下属公司购买 Viborillas、San Ignacio 电站项目 100% 股权。截至本招股说明书签署日，该等光伏电站尚未交割，依据前述协议的约定，该等光伏电站交割前需满足墨西哥国家电力公司批准等前提条件。

（二）晶科能源参股的海外电站

晶科能源通过晶科国际参股最终间接持有阿布扎比电站项目公司 20% 的股权，截至 2019 年 7 月末，Sweihan 电站项目已正式投入商业运营。该电站的限制转让条款如下：

在电站正式投入商业运营前及之后的3年内，Sweihan Solar Holding Company Limited股东禁止以直接或者间接等方式转让其所持该公司的股权；在电站正式投入商业运营3年后，未经阿布扎比水电局同意，晶科能源最终持有Sweihan Solar Holding Company Limited股权比例不得低于30%。

（三）晶科能源持有海外电站的安排

鉴于晶科能源业务调整，经各方友好协商，2017年11月，公司（受托方）与晶科能源、晶科国际（委托方）签署《股权托管协议》，主要内容如下：

1. 托管范围：除知情权、利润分配请求权、剩余财产分配请求权以及处分权以外的权利全部委托给受托方行使，包括出席股东会、委派董事和监事以及重大事项表决权等。

2. 托管费用：根据受托公司的项目规模、建设期直至达到并网发电阶段及后续日常运营阶段所应承担的人力成本、日常管理开支及可预见相关费用等的初步预估值并由双方按照公平、公正、公允等原则协商确定。

3. 托管期限：本次股权托管的托管期限为自协议生效日起5年。托管期限届满后，若双方无书面异议，则本协议托管期限自动顺延1年，以此类推。

4. 处置安排：标的公司股东拟转让其股权，或委托方拟间接转让股权的，委托方应提前20个工作日书面通知受托方，在标的公司章程、股东协议（或类似协议）或当地法律允许的前提下确保公司或公司指定的下属子公司在同等条件下享有优先购买权。

截至本招股说明书签署日，上述协议正在履行且未出现任何纠纷。同时，晶科能源海外电站开发、运营人员已全部转移至公司。

（四）晶科能源持有海外光伏电站与公司不构成实质性同业竞争

1. 光伏电站运营业务的产品特性不具有竞争特性。与普通商品可以在不同区域市场之间自由流通不同，光伏电站生产的电力经电力公司垄断性购买后，便不能在市场上自由流通销售，不再具有一般商品的竞争特性。

2. 晶科能源不再开发新的海外光伏电站。2017年9月6日，晶科能源发布2017年二季度报告，其业务重心转向其具有核心竞争力的制造业，将从2017年第三季度开始停止开发新的海外光伏电站项目。

据此，晶科能源已经安排退出海外光伏电站业务，能够有效避免潜在同业竞争。

3. 晶科能源不实际从事光伏发电业务。公司已经与晶科能源、晶科国际签署《股权托管协议》，约定晶科能源等公司将其直接/间接所持海外电站项目公司的全部股权所对应的相关股东权利（除知情权、利润分配请求权、剩余财产分配请求权以及处分权等以外的其他权利）委托给晶科电力或相关方行使。由此，晶科能源已实际不负责海外电站项目的运作，亦不存在实际从事光伏发电业务之行为。

4. 海外光伏电站业务市场广阔。由于海外存在广阔的市场空间，且晶科能源已停止开发新的海外电站，现持有电站已锁定购电客户，并计划将持有海外电站全部转让，因此晶科能源持有海外电站不会侵占公司潜在商业机会，不存在实质性同业竞争。

综上，晶科能源目前尚在海外持有少量光伏电站与公司不构成实质性同业竞争。

二、晶科能源中标技术领跑者基地与公司不构成实质性同业竞争

1. 技术领跑者基地投标前提条件——要求光伏制造企业控股。国能发新能〔2017〕54号文规定，技术领跑者基地的投资企业均通过竞争方式优选确定。技术领跑者基地的建设模式为：进入国家能源局优选范围的基地所在地政府采取竞争性优选方式选择技术最前沿的光伏制造企业，由其单独或联合一家光伏发电投资企业共同（光伏制造企业须控股）作为该基地项目投资企业，基地项目执行光伏发电标杆上网电价。

目前，技术领跑者基地实施主体为鄱阳县洛宏电力有限公司，其控

股股东为晶科能源全资子公司上饶宏源。按照国能发新能〔2017〕54号文要求，公司作为非光伏制造企业不具备控股技术领跑者基地的条件。因此，本次晶科能源投标技术领跑者基地不存在损害公司潜在商业机会的可能性，不会侵占公司的潜在利益。

2. 晶科能源投标技术领跑者基地主要目的是加快先进组件技术转化。

3. 晶科能源不实际从事光伏发电业务。公司已经与晶科能源等公司签署《关于技术领跑者基地的股权托管协议》，约定晶科能源等公司将其直接/间接所持技术领跑者基地项目公司的全部股权所对应的相关股东权利（除知情权、利润分配请求权、剩余财产分配请求权以及处分权等以外的其他权利）委托给晶科电力或相关方行使。由此，晶科能源已实际不负责技术领跑者基地的运作，亦不存在实际从事光伏发电业务之行为。

晶科能源保留执行的EPC项目与公司不构成实质性同业竞争。

小兵评析

1. 关于同业竞争和亲属同业竞争问题，我们已经很熟悉了，也基本上有成熟的解决方案和解释思路。对于IPO来说，同业竞争毕竟是潜在的红线，任何项目都会足够重视这个问题的解决。

2. 本案例发行人是比较特殊的情形，既存在与控股股东和实际控制人的同业竞争问题，还存在与实际控制人的兄弟控制的企业存在同业竞争的问题。

3. 关于与实际控制人控制企业存在同业竞争的问题，发行人主要的解决方案和解释思路如下：

（1）如果实际控制人相关资产已经超过了限制股权转让的期限，那么通过股权转让的方式解决同业竞争问题。

（2）实际控制人境外控制的相关光伏电站资产与当地国家政府都有约定，在商用的一定期限内不得转让股权，因而通过股权转让的方式解决同业竞争不现实。在这种情况下，实际控制人将相关资产的权利委托给发行人管理和实施，通过股权委托管理的方式解决同业竞争。同时，发行人和实际控制人承诺，条件成熟时还会寻求通过股权转让的方式解决同业竞争。

（3）实际控制人控制企业还存在与发行人联合招标参与国家战略层面的项目问题以及参与境外合作项目的问题，由于这些项目都具有一定的国家战略也有一定的政策环境背景，因而通过解释详细的差异和原因来解决同业竞争问题。

（4）实际控制人控制企业还存在与发行人供应商和客户重叠的情形，客户重合主要就是电网公司，供应商主要是一些设备供应商，重合的比例并不是很高，且鉴于光伏行业产业链足够长，因而解释不影响业务独立性理由是充分的。

（5）发行人还披露了一个重要的观点，那就是光伏电站一旦将运营与当地电网公司直接绑定，那么后续就不会出现自由流通的情形，因而与一般的商品存在本质差异。因此，实际控制人某些资产尽管与发行人存在一些相同之处，但是不存在侵占商业机会或者利益输送的情形。

（6）审核机构也关注到发行人是否会利用关联方的客户资源和渠道来实现收入，发行人是否具备独立面对市场竞争的问题等。

4. 本案例发行人同时存在非常典型的亲属同业竞争问题，实际控制人的兄弟控制的企业与发行人经营类似的业务。兄弟控制公司同样是在美国上市的公司，且业务在2016年进行了一定的剥离，同时兄弟控制公司早于发行人设立和上市，两者之间除了一些零星的关联交易也没有其他人员或者资金往来的情形。因而，由于情形比较明确，且存在利益输送的可能也比较小，那么只是做了充足的解释就可以得到认可。对于这个问题，项目组还是做了很多解释工作，值得我们借鉴。

案例66 聚合顺（605166）——亲属同业竞争的问题

【问询问题】

发行人实际控制人傅昌宝曾在兄弟傅昌焕实际控制的永昌锦纶、恒丰投资持股和任职。请发行人代表说明：（1）傅昌宝退出永昌锦纶、恒丰投资的背景及原因，相关股权转让的真实性，是否支付对价，是否存在委托持股、信托持股或其他利益安排的情形；（2）尼龙6切片产品及锦纶技术路线、应用领域、产品具体用途和未来发展方向等方面的差异，是否存在替代性及竞争性；（3）永昌锦纶、恒丰投资等关联方是否存在为发行人承担成本费用等情形，永昌锦纶从第三方购买尼龙6的原因及商业合理性，价格是否公允；（4）永昌锦纶与发行人彼此进入对方主营业务是否存在明显障碍，发行人实际控制人与上述关联方为保证避免同业竞争和利益冲突的承诺而履行的相关措施。

【披露信息】

截至本招股说明书签署日，公司实际控制人近亲属控制企业产业分布情况见表3－4－3：

表3－4－3 公司实际控制人近亲属控制企业产业分布情况

关联关系	公司名称	主营业务	所在产业及与发行人产业关系
实际控制人之直系亲属（包括配偶、父母、子女）控制的企业	无	—	—
实际控制人其他近亲属（兄弟姐妹、祖父母、外祖父母、孙子女、外孙子女）控制的企业	香港永昌实业	投资及贸易	持股型企业、无其他实际经营业务
	华善化纤	除持有永昌锦纶股权外，未开展其他业务	持股型企业，无其他实际经营业务
	永昌锦纶	锦纶丝生产与销售	化纤行业，发行人产品下游应用之一

一、永昌锦纶与公司之间不存在同业竞争

杭州永昌锦纶报告期内主要从事锦纶丝的生产和销售。锦纶丝由尼龙6切片通过纺丝工艺生产，从产品类别、生产工艺、独立性及上下游企业等方面看，永昌锦纶与公司之间不存在同业竞争：

1. 产品不同。公司主要产品为尼龙6切片，系己内酰胺聚合反应后的产物，下游可用于尼龙纤维、工程塑料、薄膜等产品制造；永昌锦纶主要产品为锦纶丝（属于尼龙纤维领域），系将尼龙6切片通过纺丝工艺加工产生，其原材料为尼龙6切片，产品用于下游纺织企业。因此，尼龙6切片与锦纶丝属于产业链不同环节，是上下游而非竞争关系。

2. 生产工艺不同。

3. 双方在资产、人员、业务、机构、财务等方面完全独立。

4. 销售、采购渠道相互独立，主要客户、供应商仅个别重合。采购与供应商方面，聚合顺产品主要原材料为己内酰胺，上游供应商以己内酰胺供应商为主；永昌锦纶主要生产原材料为尼龙6切片，上游供应商为聚合顺同行业的聚合工厂，双方采购内容、涉及企业明显不同。经对比，报告期内除英威达和小傅贸易外（关联交易中已披露），公司与永昌锦纶生产所用原材料供应商仅存在一家重合情况。

客户与销售方面，聚合顺产品为尼龙6切片，下游客户以纤维纺丝企业（永昌锦纶同行业企业）、工程塑料或薄膜制造企业为主；永昌锦纶产品为锦纶丝，下游为机织、针织等纺织企业，销售客户、产品有较大差异，不存在共用销售渠道的情况。2016～2018年，存在聚合顺个别客户向永昌锦纶采购下脚料或库存积压的锦纶丝的情况，但双方销售产品不同，不存在竞争的情况。

二、公司未整合永昌锦纶的原因

公司前身聚合顺有限成立于2013年11月，从设立之初即聚焦于尼龙6切片，2015年公司正式投产后致力于将尼龙6切片业务做大做强，部分产品成功实现了进口替代，逐渐建立了较高的品牌美誉度。报告期内，公司未将永昌锦纶纳入拟上市主体，主要原因如下：

1. 双方实际控制人曾因经营理念不同而“分家”，双方整合意愿较低。

2. 聚合顺专注于行业切片环节，向下延伸对公司业务带来负面影响。

如公司通过整合永昌锦纶向下游拓展，公司将从单纯的切片供应商变为下游锦纶客户竞争对手，对公司客户关系和未来业务发展带来负面影响。此外，永昌锦纶当前业务体量相比聚合顺产量来说较小，与聚合顺当前产品定位和未来发展战略存在一定出入。综上所述，聚合顺整合永昌锦纶将对公司当前客户关系带来负面影响，其整合可能导致1+1<2的负面效果。

三、实际控制人近亲属关于避免同业竞争的承诺

四、实际控制人在永昌锦纶、恒丰投资任职或投资情况，对上述公司不存在控制关系

发行人实际控制人傅昌宝与永昌锦纶、恒丰投资的实际控制人傅昌焕为兄弟关系，2013年以前双方系合作创业模式，经营包含永昌锦纶、永昌控股在内的企业。2013年3月开始，由于客观因素和双方经营理念分歧等原因，傅昌宝与傅昌焕协议进行资产与业务分割。

五、报告期内发行人的客户与永昌锦纶的供应商重合情况，永昌锦纶从第三方购买尼龙6的原因及商业合理性

（一）报告期内发行人的客户与永昌锦纶的供应商重合情况

公司客户与永昌锦纶供应商仅存在两家企业重合，数量较少，其中锦事达重合系2016年永昌锦纶采购少量过渡用从我国台湾地区购入的切片所致，美达股份重合系同时涉及产业链上下游环节所致，重合具有合理性。从交易价格来看，上述重合企业对应年度与聚合顺交易平均价格与公司同型号同月交易平均价格差异较小，定价具有公允性。此外，经实地走访上述企业确认，报告期内上述交易均系聚合顺与永昌锦纶针对各自业务需求单独达成的交易，不存在联合谈判或一揽子交易的情况；上述主体向聚合顺采购的尼龙6切片均用于自身生产，不存在转卖给永昌锦纶的情况；上述交易涉及的交易价格，由交易方分别与聚合顺、永昌锦纶协商达成，不存在任何一方价格调整并通过另一方进行补偿的情

况，不存在上述主体配合聚合顺、永昌锦纶进行利益输送的情况。

因此，公司与永昌锦纶之间不存在通过上述企业进行关联交易非关联化、利益输送的情况。

（二）永昌锦纶从第三方购买尼龙 6 的原因及商业合理性

永昌锦纶所生产锦纶丝是我国尼龙 6 切片最主要的下游应用领域，其所用原材料纤维级切片是我国尼龙 6 市场中销量与产量最多的切片种类。报告期内永昌锦纶主要采购纤维级尼龙 6 切片，市场供应相对充足，可选择合作厂家较多。永昌锦纶自 2004 年成立后即从事锦纶丝生产，在聚合顺有限 2015 年投产之前已经拥有近 10 年的经营历史，积累了相对丰富的供应商资源。聚合顺有限投产后，作为首批试用聚合顺有限产品的企业，出于对聚合顺产品质量认可以及运输成本（聚合顺有限和永昌锦纶都位于杭州市）等考虑，曾向聚合顺有限采购部分尼龙 6 切片。

小兵评析

1. 关于亲属同业竞争的问题，经历了从重视，到严格控制，再到现在逐步宽容允许解释的审核标准变化的路径。本案例中关于亲属同业竞争的问题非常典型，不仅非常具体地帮助我们解答了关于这个问题的疑惑，而且体现了最新的审核态度，值得我们好好学习。

2. 本案例发行人关于亲属同业竞争问题是非常典型的，具体表现在：（1）亲属是兄弟，是除了配偶和直系亲属之外属于关系最亲近的其他近亲属。（2）两个兄弟原本是经营同一个业务，2013 年分家各自经营。（3）兄弟之间经营的两种业务是直接的产业链上下游关系，且两个业务原本是一起经营的。（4）兄弟两个企业存在供应商和客户重合的情形。从这几个角度来说，如果是以前的 IPO 审核标准，这样的同业竞争情况应该是不能被接受的，而现在体现出了注册制审核理念下很大的宽容和变化。

3. 根据披露的信息，发行人亲属同业竞争的基本情形应该是这样的：

（1）兄弟两人从2004年开始一起经营公司，且双方分别持有50%的股权，同时相关亲属也存在交叉任职。（2）2013年双方因为经营理念不合而“分家”，双方把业务进行打包整合，一人拿一个业务独立经营，发行人是尼龙6切片业务，而兄弟保留的是锦纶丝业务，锦纶丝业务的原材料就是尼龙6切片。（3）两个业务如此紧密，自然存在一些客户和供应商重合的情形，关注交易的合理性。

4. 对于这个问题，监管机构还是进行了重点关注，一些关注的细节值得我们好好体会：

（1）关注历史上分家的主要过程，分家是否分得清楚彻底，是否存在纠纷和潜在纠纷，是否存在损害别人利益的情形。

（2）兄弟两个公司未整合的原因，一方面是没有整合意愿，另一方面是整合对发行人业务会有不好的影响。

（3）兄弟是否具备经营其他业务的经验，是否实际上还是发行人在实际控制那个公司？既然是公司分家而来，两个兄弟自然都是深度参与公司经营管理的，这个问题的角度很好，不过确实没有必要。

（4）双方是否都有向彼此领域进军的可能？这样是否会对发行人产生影响？对这个问题既然有承诺了，我们就应该相信。

（5）兄弟公司的上游就是发行人，为什么没有向发行人采购原材料？这个问题也是问得有点不知所谓，采购了不就是关联交易了说不清楚了，不交易才是正确的。

案例67 仁会生物（已过会）——实质重于形式解释同业竞争问题

【问询问题】

招股说明书和申报材料显示，柏诺生物是由发行人实际控制人控股的企业，柏科生物为柏诺生物全资子公司，主营业务为生物制造各种维生素、酶、氨基酸的研发、生产。

请发行人进一步说明：结合发行人已上市及主要在研产品，以及柏诺生物、柏科生物的主要产品和技术、主要财务指标、经营范围，说明关于同业竞争的认定范围、市场定位是否准确，分析是否构成同业竞争。

【披露信息】

一、主营业务、产品及业务收入

根据柏诺生物提供的说明、销售合同及对柏诺生物实际控制人、执行董事、总经理桑会庆的访谈，柏诺生物与发行人的主营业务、主要产品的区别见表3－4－4：

表3－4－4　柏诺生物与发行人的主营业务、主要产品的区别

公司名称	发行人	柏诺生物
主营业务	内分泌、心血管和肿瘤等重大疾病领域的创新生物技术药物研发、生产和销售	生物研发各种维生素、酶、氨基酸，主要用于食品、食品添加剂和饲料添加剂
主要产品	贝那鲁肽注射液（商品名：谊生泰）	L－色氨酸、维生素B2（核黄素）
在研产品	BEM－014超重/肥胖适应证产品等	无
主要技术原理及生产方法	采用基因工程技术生产，核心技术主要包括基因工程串联表达、高密度发酵、定点酶切及水针制剂处方设计筛选等	大工业发酵生产

二、主要知识产权

根据对柏诺生物执行董事、总经理桑会庆的访谈及公开网站的查询，柏诺生物未拥有注册商标、授权专利、域名以及著作权权利。

根据对发行人财务负责人的访谈，柏诺生物不存在有偿或无偿使用发行人注册商标、授权专利及域名的情形。柏诺生物与发行人在知识产权方面不存在交叉或重合的情形。

三、主要资产

根据柏诺生物提供的资料，截至报告期末柏诺生物的主要固定资产为高效液相色谱仪、50L 发酵系统、热风循环烘箱等。

根据对柏诺生物执行董事、总经理桑会庆的访谈和实地查看，柏诺生物独立享有上述资产的所有权和使用权，不存在与发行人混用资产的情形。

四、主要客户及供应商

柏诺生物与发行人在报告期内不存在重要客户、供应商重合的情形。

五、销售渠道及模式

根据对柏诺生物执行董事、总经理桑会庆的访谈以及主要客户明细核查，柏诺生物主要业务为研发并提供给柏科生物使用，无产品销售情形，不存在依赖发行人经销商进行销售的情形。

综上，柏诺生物与发行人的销售渠道不存在重合的情形。

六、与发行人是否存在资金往来

根据发行人、柏诺生物提供的财务报表以及对发行人财务负责人的访谈，报告期内发行人将房产出租给柏诺生物，除房屋租金结算外，发行人与柏诺生物之间不存在资金往来。

七、关于避免同业竞争的承诺（略）

综上，发行人、保荐机构和发行人律师对是否存在同业竞争的认定遵循实质重于形式的原则，从相关企业的经营范围、主营业务、主要产品、业务收入、主要资产、主要客户及供应商、销售采购渠道、与发行人资金往来等多方面予以分析，未简单依据经营范围或仅以经营区域、细分产品/服务、细分市场对同业竞争作出判断。因此，发行人、保荐机构和发行人律师认为对发行人关于同业竞争的认定范围认定和市场定位准确，柏诺生物、柏科生物与发行人不构成同业竞争。

小兵评析

1. 在注册制下，我们一定要了解一点，那就是IPO审核对于同业竞争问题的要求不是放宽了，而是更加严苛了。至少，从解释的思路和逻辑上来看，对于同业竞争问题的解释，不能简单地从营业执照的经营范围去看，认为营业执照没有重合就不是同业竞争，而是要从实质重于形式的角度论证是否构成同业竞争。

2. 从目前审核案例来看，论证同业竞争的角度包括：主营业务、主要产品以及对应的收入、主要知识产权、主要资产和人员、主要供应商和客户、销售渠道和经营模式、与发行人是否存在资金往来以及业务往来等。

第五章 业务模式

1. 在以前 IPO 案例的分析中，小兵每次都会去分析发行人业务模式涉及的一些技术问题和解决思路。在注册制的情况下，关于业务模式同样会出现一些新的变化，在这里小兵将继续与大家分享这些问题与变化。

2. 关于供应商及客户入股问题，在尊重商业逻辑的前提下，这样的“战略合伙”是允许的，不过关于入股的价格怎么确定、入股前后的交易情况是否有重大差异、是否可以带着资源入股等问题都需要我们认真思考。

3. 发行人对单一客户销售占比较高（或者称之为单一客户依赖）是 IPO 的典型问题也是永恒话题。《首发业务若干问题解答》（2020 年 6 月修订）对这个问题作了一个相对明确的界定，那就是发行人报告期内最后一年一期对单一客户的销售占比不得超过 50%，例外情况除外。从目前情况来看，关于 50% 比例问题在逐渐放开，对于单一客户销售占比高的问题的审核显得越来越宽容。

附：《首发业务若干问题解答》（2020 年 6 月修订）

问题 38. 部分首发企业客户集中度较高，如向单一大客户销售收入或毛利占比超过 50% 以上，在何种情况下不构成重大不利影响？

答：发行人来自单一大客户主营业务收入或毛利贡献占比超过 50% 以上的，表明发行人对该单一大客户存在重大依赖，但是否构成重大不利影响，应重点关注客户的稳定性和业务持续性，是否存在重大不确定性风险，在此基础上合理判断。

对于非因行业特殊性、行业普遍性导致客户集中度偏高的，保荐机构应充分考虑该单一大客户是否为关联方或者存在重大不确定性客户，是否为异常新增客户；客户高度集中是否可能导致对其未来持续盈利能力存在重大不确定性的重大疑虑，进而影响是否符合发行条件的判断。

对于发行人由于下游客户的行业分布集中而导致的客户集中具备合理性的特殊行业（如电力、电网、电信、石油、银行、军工等行业），发行人应与同行业可比上市公司进行比较，充分说明客户集中是否符合行业特性，发行人与客户的合作关系是否具有一定的历史基础，有充分的证据表明发行人采用公开、公平的手段或方式独立获取业务，相关的业务具有稳定性以及可持续性，并予以充分的信息披露。

针对因上述特殊行业分布或行业产业链关系导致发行人客户集中情况，中介机构应当综合分析考量以下因素的影响：一是发行人客户集中的原因，与行业经营特点是否一致，是否存在下游行业较为分散而发行人自身客户较为集中的情况及其合理性。二是发行人客户在其行业中的地位、透明度与经营状况，是否存在重大不确定性风险。三是发行人与客户合作的历史、业务稳定性及可持续性，相关交易的定价原则及公允性。四是发行人与重大客户是否存在关联关系，发行人的业务获取方式是否影响独立性，发行人是否具备独立面向市场获取业务的能力。

同时，保荐机构应当提供充分的依据说明上述客户本身不存在重大不确定性，发行人已与其建立长期稳定的合作关系，客户集中具有行业普遍性，发行人在客户稳定性与业务持续性方面没有重大风险。发行人应在招股说明书中披露上述情况，充分揭示客户集中度较高可能带来的风险。符合上述要求，一般不认为对发行条件构成重大不利影响。

4. 国际知名企业是否属于例外情况？四大银行是不是属于例外情况？从审核实践和最近的审核实践来看，可以这样简单理解：（1）四大银行或者市场规模很大的商业银行（招商、民生等）不属于客户依赖。（2）国际知名巨头企业（三星、博世等）不属于单一客户依赖。（3）从最近的审核实践来看，一些国际并非占据相对垄断地位的企业也突破了50%的限制，比如迪卡侬、地板的国际知名经销商等。

5. 报告期内，发行人存在无资质或者超越资质经营的问题，如果能取得相关主管部门的证明文件，且论证根据法律规定产生的法律后果，在实践中同样也有了实现突破的可能。

第一节 单一客户或供应商依赖

案例68 佰奥智能（300836）——对单一上市公司客户销售占比激增至50%以上

【问询问题】

报告期发行人客户集中度较高。请发行人代表说明：（1）客户集中度较高的原因及合理性，是否符合行业惯例；发行人现在所处发展阶段和行业地位，在人员、技术等方面储备方面是否具有可持续发展能力。（2）2018年和2019年1～6月发行人主要客户销售集中度明显大幅提高且主要客户结构发生变动的原因。（3）2017年、2018年发行人向立讯精密销售金额大幅增加的原因及合理性；是否符合立讯精密自身经营发展情况。（4）发行人产品占立讯精密同类产品比例情况，以及2019年下半年订单签订情况，发行人与立讯精密业务合作是否具有可持续性，是否存在对单一客户依赖的情形。（5）在客户对智能装备等固定资产投资存在一定周期性的情况下，发行人现有客户数量和结构是否能确保业务的稳定性和持续性。（6）报告期对苹果公司及鸿海精密、捷普投资等相关客户未能持续获得稳定订单的原因，发行人是否具备市场竞争力和持续开发新客户的能力。（7）结合目前整体市场环境以及下游客户所处行业的变动趋势、下游客户固定资产投资情况、发行人在手订单情况等因素，说明下游客户对发行人产品是否存在持续采购需求，发行人能否保持持续稳定的盈利能力。

【披露信息】

一、2018 年发行人主要客户销售集中度明显大幅提高且主要客户结构发生变动的原因，对立讯精密销售收入大幅增加是否对向其他客户销售产生影响

（一）发行人主要客户销售集中度明显大幅提高的原因，对立讯精密销售收入大幅增加是否对向其他客户销售产生影响

向立讯精密销售大幅增加的主要原因为：

1. 立讯精密亟须在 2018 年迅速扩大新产品投产规模以抢占市场，出于对发行人前期设计能力、品质及交期高度认可，大幅增加了对发行人智能装备的采购规模；

2. 发行人产能有限，基于战略选择，优先保证完成立讯精密等优质客户订单；

3. 发行人前十大客户占比相对稳定，符合行业特点；

4. 对立讯精密销售收入大幅增加不会对向其他客户销售产生重大影响。

（二）2018 年发行人主要客户结构发生变动的原因

2018 年发行人主要客户结构发生变动是发行人主动优化客户结构以及客户投资周期性波动所致。具体原因如下：

1. 客户对智能装备等固定资产投资存在一定周期性，固定资产投资额的波动导致发行人客户结构在部分年度内相应发生变动；

2. 发行人持续加强对新客户、新产品的开拓力度，优化客户结构；

3. 老客户持续维护和升级换代是发行人业务的主要来源。

二、发行人与立讯精密未来交易规模趋势，是否存在对单一客户依赖的情形

由于发行人与立讯精密互为重要合作伙伴，合作关系紧密、可持续，

且客户集中度较高符合行业特点，同时发行人已积极开拓其他客户，因此，发行人不存在对单一客户依赖的情形。具体说明如下：

1. 发行人与立讯精密建立了长期、稳定的互惠合作关系。

2. 立讯精密向发行人采购额增长是其业务经营的正常需要。

一方面立讯精密产品品类不断扩张，业务规模快速增长，具有较强的市场竞争力，且经营情况不断向好，设备采购需求持续增加；另一方面发行人具备独立面向市场获取订单的能力，与立讯精密不存在关联关系，交易定价公允。

3. 发行人客户集中度较高符合智能装备行业特点：（1）下游行业市场集中度较高；（2）集中资源服务优质客户符合智能装备行业特点；（3）同行业公司也具备客户集中度较高的特征。

4. 公司仍持续不断积极开拓新应用领域和新客户，随着公司经营规模继续扩张，客户集中度将会自然降低。

综上，发行人对立讯精密不存在重大依赖。

小兵评析

1. 这个案例给了我们另外一个思考，那就是境内 A 股上市公司是否可以突破单一客户依赖 50% 的限制？这个案例的问题不仅在于 50% 的红线，还有就是这个客户是在报告期内合作金额突然大幅增加的企业。2016 年还不属于前十大客户，2017 年销售占比也只有 12%，而 2018 年突然爆发增长至 50% 以上。通过披露的信息，2019 年 1 ~ 6 月是下降至 47%，但不知道 2019 年全年是怎样的一个水平。不管怎样，这样的单一客户销售占比在报告期内大幅增加，还是需要明确解释是否符合商业逻辑的合理性。毕竟，对于单一客户依赖问题，我们有一个基本的前提：对单一客户的销售占比在报告期内是逐年下降的，至少不能是逐年增加。

2. 本案例发行人对于这个问题也是非常重视，做了很多的解释，主要理由是：

（1）下游客户战略调整要突击增加生产量，带动了上游采购的大幅增长。

（2）发行人参与了下游客户的战略调整，一起研发一起克服困难，客户成功带动了发行人业绩。

（3）客户的战略投资属于大规模固定资产投资，具有一定的周期性，发行人历史上也存在过客户结构大幅波动的情形，这是行业特点。

（4）发行人产能有限，只能优先保证大客户和优质客户的订单。

（5）发行人前十大客户的销售占比基本上是稳定的，不会因为立讯精密的大幅增加而波动。

（6）发行人下游客户是行业龙头，业绩高速增长，2018 年收入超过 300 亿元，发行人与客户的合作具有合理性且价格公允。

（7）发行人与客户是战略合作，互相依赖，不存在重大依赖的情形。

（8）发行人也在积极开拓新的客户，后续对单一客户的销售占比会持续下降。

3. 通过上述分析，我们可以有一个基本的感受，注册制审核理念下如何看待关于单一客户依赖的问题：如果发行人销售占比较高的单一客户是上市公司，那么在一定条件下也是可以接受的。接受的前提就是上市公司足够优秀，可以不能代表一个行业但应该是这个行业的龙头企业，同时业绩足够靓丽。

案例 69 交大思诺（300851）——第一大客户同时是第一大外协加工的供应商

【问询问题】

报告期发行人客户集中度较高，第一大客户及第一大供应商均为中国通号及其下属企业。请发行人代表说明：（1）中国通号及下属企业既是发行人客户又是发行人供应商的原因，发行人向其采购和销售的产品定价是否公允，同行业公司是否存在类似情况；（2）中国通号等客户是否还为发行人同行业其他公司提供服务，是否符合行业惯例；（3）在中国通号全资子公司通号设计院为发行人主要竞争对手的情况下，发行人对主要客户中国通号未来销售是否会受到不利影响、是否存在被通号设计院替代的风险；(4) 外协加工是否涉及核心技术及核心生产环节，对中国通号等外协加工企业是否存在重大依赖。

【披露信息】

一、客户、供应商集中度较高的风险

(一) 客户集中度高的风险

公司主要客户为列控系统集成商、铁路“四电”工程总承包商以及各铁路局。受行业许可及招投标资质等因素影响，列控系统集成商及铁路“四电”工程总承包商较为集中。报告期内，公司对前五大客户的销售收入占营业收入的比例分别为88.96%、90.02%、82.79%和84.61%，客户集中度较高。

(二) 供应商集中度高的风险

经过多年合作，公司与外协厂商已形成合作共赢的良好关系。报告期内，公司向前五大供应商采购额占采购总额的比例分别为67.85%、65.43%、67.56%和83.29%，其中，公司向中国通号下属子公司的采购额占比较高。

公司与中国通号、交控科技之间的交易符合行业特征和惯例，不存在重大依赖，具体如下：

1. 公司与中国通号、交控科技存在产业链专业化分工。

2. 中国通号、交控科技的市场占有率较高。

3. 公司掌握产品核心技术，与中国通号、交控科技开展合作。公司向中国通号、交控科技所销售的产品是其最终产品的必要组成部分，对其最终产品功能的实现起到重要的作用，公司对中国通号、交控科技等主要客户不存在重大依赖。

4. 公司与中国通号、交控科技建立了良好、稳定的合作关系。

5. 公司与主要客户的合作具有持续性和稳定性。

二、外协加工以及采购情况

（一）报告期内公司从外协厂商的采购情况（略）

（二）外协加工的原因

1. 公司业务定位于系统设计及软硬件开发，硬件生产主要通过外协实现公司产品以嵌入式软件为核心，以硬件为载体。

2. 板卡等外协半成品/配件的外协加工工艺成熟，市场供应充足，能够满足公司需求。

3. 整机外协厂商生产能力能够满足公司需求，符合行业惯例。

（三）公司产品的外协加工不涉及关键工序或关键技术、不存在对外协厂商的严重依赖

1. 公司产品以软件为核心，产品实现的核心环节为系统设计和软硬件开发。

2. 外协加工不涉及关键工序或技术。

（四）外协加工价格的公允性

报告期内，公司从各外协厂商采购的各主要类别外协加工品的均价整体较为稳定，无重大变化。轨道电路读取器整机、电源模块等外协产品的采购均价于报告期内存在一定变动，主要系型号变化及外协厂商给予优惠等。综上所述，外协加工品的价格主要由公司与外协厂商基于市场化原则协商确定，公司外协加工价格公允。

（五）2018 年较 2017 年收入增长、外协加工品采购金额下降的原因

公司的业务特点导致收入确认时间与外协加工品采购发生的时间存在滞后性。2018 年较 2017 年收入增长、外协采购金额下降主要系应答器系统收入确认与外协采购发生时间存在滞后性。

三、与中国通号的交易情况

公司委托中国通号下属的北京信号厂和上海通信厂进行轨道电路读取器的整机生产组装，并由公司独立销售给中国通号下属的通号设计院、卡斯柯。因中国通号业务实现了轨交列控系统的全产业链覆盖，其集团

内部众多下属企业之间实行产业链分工，其中北京信号厂和上海通信厂业务侧重于列控系统设备的制造和销售，通号设计院和卡斯柯业务侧重于技术研发、工程设计和工程承包。

四、公司与中国通号交易的原因

公司选择中国通号下属工厂作为整机生产组装外协厂商，主要原因在于公司专注于系统设计和软硬件开发，并将工艺和技术较为成熟的硬件生产环节外协，中国通号从事设备制造业务，提供定制化加工生产服务，其下属工厂长期对外承接轨道交通信号产品生产制造业务，生产能力能够满足公司产品的需求，且双方长期以来建立了良好的合作关系，因此公司选择中国通号下属工厂作为公司产品整机生产组装的外协厂商。

小兵评析

1. 除了单一客户依赖和供应商依赖之外，IPO 审核实践中还有一种情况，就是同时存在对单一客户和供应商的依赖，最极端的情况就是：发行人的第一大客户同时是发行人第一大供应商。这种情形在“B/S”的业务模式下还是比较常见的，B/S 模式主要存在于电子消费品的代工行业，比如最典型的富士康。曾经也有发行人存在第一大客户和供应商是华润集团的情形，因为业务独立性和持续盈利能力问题而没有通过审核。

2. 具体到本案例发行人，同样存在对单一客户和单一供应商依赖的情形。报告期内，公司对前五大客户的销售收入占营业收入的比例分别为 88.96%、90.02%、82.79% 和 84.61%，公司向前五大供应商采购额占采购总额的比例分别为 67.85%、65.43%、67.56% 和 83.29%。中国通号是发行人第一大客户，销售占比分别为 32.26%、57.31%、23.11% 和 36.76%。中国通号同时是发行人第一大供应商，采购占比为 36.23%、41.64%、40.13% 和 60.77%，占比逐年提高且最后一期已经达到 60%。

3. 这个问题自然是需要重点关注的问题。发行人对此也做了解释，我们也基本可以理解，核心思想就是：中国通号产业链很长，且这个行业专业技术要求很高，自然需要很强的细化分工，因而发行人的销售和采购恰好都在中国通号的产业布局上。以前，我们已经用这个原因和逻辑解释过发行人的客户和供应商依赖的问题。可是，这次发行人最大的不同是，发行人对中国通号的采购全部是外协加工的成本。

4. 发行人主要进行产品研发和调试，基本上是没有硬件生产和产品安装生产线的，发行人的生产基本上是外协。因而在这种情况下，发行人的第一大客户也是发行人最大的外协加工提供商，这在商业上是不是完全合理见仁见智，不过从 IPO 审核实践来看，这还是第一次遇到这种情形。关键是，发行人对中国通号的外协加工合作占比快速提高。当然，发行人也解释了等募投项目达产之后，很多产品就可以自己生产了，外协比例会大幅下降。不过，一个专门搞研发的企业要进行大规模的量产，并不是一件很容易的事情。

5. 发行人最初的技术来源于北京交通大学的授权，发行人主要的董事高管以及核心技术人员原来都是在北京交通大学任职的，属于体制内人员兼职创业的情形。

案例 70 华丰股份（605100）——典型的单一客户依赖案例

【问询问题】

报告期内，发行人第一大客户及供应商均为潍柴动力及其关联方。请发行人代表说明：(1) 现有业务模式是否属于行业惯例，与同行业可比公司是否存在显著差异；在潍柴动力同类业务中是否系独有，相关业务合同是否存在明显不同于其他客户及供应商的关键性条款。(2) 发行人在零部件生产中承担的工作内容及施加的具体影响，在相关产业链中的地位是否不可替代；相关技术水平与同行业可比公司是否存在显著差异。(3) 发行人及其关联方与潍柴动力及其关联方（含采购及销售部门的关键员工等）是否存在实质上的关联关系，是否存在正常业务关系之外的其他利益安排。(4) 是否具有独立面对市场的能力，对潍柴动力及其关联方是否构成重大依赖；结合业务获取方式，说明与潍柴动力的业务合作是否具有稳定性及可持续性，是否存在被替代风险，相关应对措施及其有效性；相关风险因素是否充分披露。

【披露信息】

一、主要客户集中风险

报告期内，公司对前五名客户（存在股权控制关系或受同一方控制的客户合并计算）的营业收入占当期营业收入总额的比例分别为83.69%、87.39%、90.12%和94.86%。

二、发行人获取主要客户的主要途径及方式，双方的合作历史、合作模式，采购合同交易背景，主要客户采购发行人产品的金额与其生产或销售规模是否相适应及其商业合理性，发行人与主要客户业务的稳定性与可持续性

（一）获取客户的主要途径及方式、合作历史、模式及交易背景

发行人与潍柴动力签订长期战略合作协议，每年签订年度框架合同，发行人在年度合同框架下根据自身生产能力，结合潍柴动力每月具体下达的订单组织相关产品的生产和销售。

（二）主要客户采购发行人产品的金额与其生产或销售规模是否相适应及其商业合理性

由于近年来重卡行业增长较快，且由于潍柴动力是重卡发动机行业的龙头企业，发行人在产能有限的情况，主要为其提供大功率重卡发动机零部件产品，故发行人对潍柴动力的销售也逐年增长，发行人对其销售具有商业合理性。

（三）稳定性与可持续性

1. 公司与潍柴动力具有长期的合作历史；

2. 公司与潍柴动力签订了长期的战略合作协议；

3. 潍柴动力经营稳健，大功率重卡发动机产品仍保持良好需求。

潍柴动力经营稳健，报告期内潍柴动力在重卡发动机市场稳居龙头地位，一直保持近30%的市场份额，发行人对潍柴动力的销售具有可持续性。

三、发行人与潍柴动力之间的合作是发行人根据行业和市场发展规律进行决策而形成的交易关系；在下游行业集中度较高，以及资金、产能有限的情况下，发行人优先服务下游行业龙头客户，客观导致发行人对潍柴动力销售占比较高

发行人在业务、资产、人员、财务、机构等方面均独立于潍柴集团、潍柴动力，发行人与潍柴动力之间的合作关系具有独立性，系发行人根据行业和市场发展规律进行决策而形成的交易关系。潍柴动力不属于存在重大不确定性的客户，发行人具有持续盈利能力。

1. 发行人自成立至今独立发展。

2. 发行人与潍柴动力之间的合作是发行人独立面向市场经营的自主商业选择，是发行人抓住行业发展趋势和自身竞争优势的结果。

（1）发行人核心零部件业务发展符合汽车零部件行业专业化分工发展趋势；

（2）发行人在整机制造及核心零部件加工的长期经验和技术积累，奠定了与潍柴动力业务合作的基础，双方的合作是基于商业原则完全市场化的选择；

（3）发行人具有成为其他整机厂商发动机核心零部件供应商的能力，基于下游产业高度集中背景，以及发行人自身资金及产能限制下，优先服务于行业龙头企业，客观上导致对潍柴动力销售占比较高情形。

3. 发行人具有独立采购和销售决策体系。因发动机对核心零部件缸体、缸盖和曲轴箱产品毛坯原材料有严格的要求，故公司主要采购潍柴动力全资子公司的缸体、缸盖毛坯原材料（同行业的瑞丰股份也存在类似的模式，存在采购客户提供的毛坯或客户指定供应商的毛坯的情形）。但该模式下采购、生产、及销售管理均由发行人自身人员负责完成，发

行人根据自身的产能及资金情况决定采购及制造、销售计划并进行实施，发行人在采购、生产和销售方面均具有独立性。

4. 华丰动力核心零部件业务发展具有稳定性：

（1）发行人产品质量过硬，与潍柴动力产品合作范围日益扩大，是潍柴动力战略供应商。

（2）相对其他供应商，发行人具有发动机整机制造的优势。相对于其他供应商，发行人在发动机整机领域有长期经验、技术、工艺和熟练员工的积累，以及拥有自动化柔性制造装备，构建专业化的制造能力。

（3）预计重卡行业未来一段时期继续保持景气，大功率重卡发动机仍有较大需求空间。

（4）潍柴动力行业龙头地位稳固，经营稳健，且大功率重卡发动机市场仍有较大需求。

（5）发行人与潍柴动力签订了长期合作的协议。

5. 公司零部件、整机到制造服务业务协同发展战略成效显现，持续发展和增长可期。

小兵评析

1. 有单一客户依赖的问题，同样就会存在单一供应商依赖的问题，小兵对这个问题曾经具体分析统计，也对相关的商业逻辑和审核要点做过总结，这里就不再赘述，基本上还是参照客户依赖的考量思路。

2. 在 IPO 审核实践中，也存在客户同时是供应商的情况，这种情况尽管不常见，但是在特定的商业逻辑下是成立的，比如客户的产业链很长，可以完全覆盖发行人的上游和下游等。案例 69 提到的交大思诺与中国通号合作的案例，就属于这种情形。

3. 第一大客户也是发行人第一大供应商算是很少见的情况，如果单一客户销售和单一供应商采购都超过 50%，这样的案例基本上就更凤毛麟角了。

4. 对于单一客户或者供应商依赖的问题，不论是销售或者采购是否超过了50%，这些都没有问题。但是有一个隐形的红线的标准：报告期内对于单一客户或供应商的销售（采购）占比只能是逐年下降而不能提高。这个道理其实也很简单，单一客户或供应商依赖无论商业逻辑如何合理，都算是IPO审核的一个重大风险因素。

5. 本案例发行人基本上把上面所有的情形都占了。公司对潍柴动力的销售额占当期营业收入总额的比例分别为55.48%、68.12%、63.30%和75.27%，集中度较高。同时，公司对潍柴动力及关联方采购占当期采购额的比例分别为59.12%、71.19%、69.83%和75.56%，占比同样很高且逐年增加。

第二节　业务合规

案例71　三峰环境（601827）——未招标收入占比达到50%

【问询问题】

报告期内，发行人部分特许经营权项目未履行必要的招标或比选等竞争程序。请发行人代表说明：（1）未通过竞争方式取得项目的具体原因、背景和协议签署方式，是否符合行业惯例；与通过竞争方式获得的项目相比，相关项目交易条件是否存在明显差异，对发行人经营业绩是否存在重大影响。（2）未通过竞争方式获取项目的持续经营或建设投产是否存在重大不确定性，是否存在因未履行招投标程序而遭受处罚或签约后承担额外成本的风险，相关风险揭示是否充分。（3）获取业务过程中是否存在商业贿赂或其他不正当竞争手段获取业务的情形，招投标中是否存在串标等违反招投标法的情形。请保荐代表人说明核查依据、过程，并发表明确核查意见。

【披露信息】

一、公司部分项目未按规定履行招标程序的原因

根据《市政公用事业特许经营管理办法》的规定，市政公用事业主管部门对市政公用事业特许经营项目实施特许经营的，应通过招标程序选择特许经营者。同时，根据国家发改委、财政部等六部委于2015年4月25日发布、2015年6月1日起施行的《基础设施和公用事业特许经营管理办法》的规定，实施机构根据经审定的特许经营项目实施方案，应当通过招标、竞争性谈判等竞争方式选择特许经营者。

公司已取得的特许经营项目中，大理项目、丰盛项目、万州项目、涪陵项目、百果园项目、洛碛项目、綦江项目、黔江项目、东营项目、汕尾垃圾收运项目、泰兴项目、白银项目等取得时未严格按照当时有效的相关法律法规的要求履行必要的招标或比选程序，主要原因见表3-5-1：

表3-5-1　部分特许经营项目未履行招投标的原因

项目名称	未履行招投标的原因
大理项目	根据大理市招投标监管管理局于2010年7月19日出具的《关于〈大理市第二（海东）垃圾处理厂（BOT）项目采用竞争性谈判的请示〉的批复》（市招监管批〔2010〕25号），同意大理市第二（海东）垃圾处理厂（BOT）项目采用竞争性谈判方式完成。公司通过竞争性谈判取得该项目特许经营权后，大理市人民政府于2011年5月17日出具《关于签订〈大理市生活垃圾处理BOT项目特许经营协议〉相关事项的函》，同意与大理三峰签订该项目特许经协议
丰盛项目、万州项目、涪陵项目、百果园项目、洛碛项目、綦江项目、黔江项目	重庆市发改委、万州区政府、涪陵区政府、长寿区政府、綦江区政府、黔江区政府在与公司进行充分协商谈判的基础上，确定公司为该等项目投资方
东营项目	因该项目属于当地招商引资项目之一，为确保招商引资工作的顺利推进，当地政府在与公司进行充分协商谈判的基础上确定公司为该项目投资方

续表

项目名称	未履行招投标的原因
汕尾垃圾收运项目	公司投资建设的汕尾垃圾焚烧发电一期项目已于2016年2月正式投产运营，为充分发挥公司垃圾处理产业协同优势，提升汕尾市城区垃圾收运效率，经汕尾市城区人民政府同意后由区环卫局作为甲方与汕尾三峰签订特许经营协议
泰兴项目	本项目原系泰兴卡万塔通过非招标方式取得。2016年，泰兴卡万塔原外方股东将其持有的泰兴卡万塔股权对三峰有限增资后，公司取得该项目运营权。本次增资收购已获得泰兴市人民政府同意
白银项目	该项目属于当地招商引资项目之一，为确保招商引资工作的顺利推进，当地政府在与公司、广州文冲船厂有限责任公司组成的联合体进行充分协商谈判的基础上确定该项目投资方。2016年4月，广州文冲船厂有限责任公司将其持有的白银三峰出资转让给重庆财信环境资源股份有限公司；2019年7月，重庆财信环境资源股份有限公司向公司转让其持有的白银三峰50%出资

注：大理项目、东营项目、泰兴项目分两期建设。

垃圾焚烧发电等市政公用项目投资方遴选一般由当地政府或主管部门主导，公司仅能根据当地政府或主管部门的要求参与投标或开展竞争性谈判，对项目投资方遴选程序不具有主动性，公司通过非招标方式获得相关项目特许经营权符合行业惯例。

二、非招投标项目收入占比情况

报告期内，公司通过招标及非招标获得项目的收入金额及占项目运营业务收入的比例情况见表3－5－2：

表3－5－2　公司招标及非招标项目收入占比情况

项目	2019年1～6月		2018年	
	金额（万元）	占比	金额（万元）	占比
非招标	44,613.16	50.60%	51,613.91	39.53%
招标	43,552.31	49.40%	78,944.75	60.47%

续表

项目	2019年1~6月		2018年	
	金额（万元）	占比	金额（万元）	占比
合计	88,165.47	100.00%	130,558.66	100.00%
项目	2017年		2016年	
	金额（万元）	占比	金额（万元）	占比
非招标	46,985.19	39.93%	51,482.80	47.99%
招标	70,673.26	60.07%	55,791.51	52.01%
合计	117,658.44	100.00%	107,274.31	100.00%

三、公司针对非招投标项目所采取的补救措施

公司将在未来项目开发过程中严格按照相关法律法规的要求，争取通过招标、竞争性谈判等方式获取项目的特许经营权，确保项目开发的合法合规性。同时，公司控股股东德润环境、水务资产承诺，对于发行人及其子公司部分BOT项目因未通过招投标方式取得而需要承担任何费用、支出、罚款或损失的，将向发行人作出及时、足额、有效的补偿，确保发行人不会因此遭受任何损失。截至本招股说明书签署日，公司未因上述特许经营项目的取得方式问题受到相关政府主管部门的任何处罚。

四、公司部分项目未按规定履行招标程序的法律风险

根据《市政公用事业特许经营管理办法》和《基础设施和公用事业特许经营管理办法》的规定，基础设施和公用事业特许经营是一种政府授权境内外的法人或其他组织在一定期限和范围内投资建设运营基础设施和公用事业并获得收益的行为，因此特许经营的授权主体为当地政府。

公司未严格按照相关法律法规的要求履行招标程序的项目中，大理项目、涪陵项目、綦江项目、黔江项目、泰兴项目、白银项目已取得当地人民政府出具的确认文件。重庆市发改委以及重庆市万州区市政园林管理局、东营市城市管理局、汕尾市城区城市管理和综合执法局分别作为当地人民政府的授权单位，已分别对丰盛项目、百果园项目、洛碛项

目以及万州项目、东营项目、汕尾垃圾收运项目出具确认文件。

综上所述，公司已就未按规定履行招标程序的项目取得当地政府或授权部门的同意，因此上述情形不存在重大法律风险。

小兵评析

1. 关于招投标的相关规则，《招标投标法》① 和《必须招标的工程项目规定》② 等均对必须招标的情形进行了规定。如果发行人的业务属于应该招投标的情形而没有履行招投标的程序，那就是违法违规的。正因如此，在 IPO 审核实践中，发行人业务涉及招投标情形的，必然会重点关注且不得有任何含糊。

2. 因为招投标如此重要且规定明确，在 IPO 审核实践中，直到目前为止也没有大规模应该招投标却没有履行程序而成功过会的案例。曾经有案例就体现了这一点：就算是取得了客户的认可，也做了很多解释，但是最终还是没有

① 《招标投标法》第 3 条规定："在中华人民共和国境内进行下列工程建设项目包括项目的勘察、设计、施工、监理以及与工程建设有关的重要设备、材料等的采购，必须进行招标：（一）大型基础设施、公用事业等关系社会公共利益、公众安全的项目；（二）全部或者部分使用国有资金投资或者国家融资的项目；（三）使用国际组织或者外国政府贷款、援助资金的项目。前款所列项目的具体范围和规模标准，由国务院发展计划部门会同国务院有关部门制订，报国务院批准。法律或者国务院对必须进行招标的其他项目的范围有规定的，依照其规定。"

② 《必须招标的工程项目规定》第 2 条规定："全部或者部分使用国有资金投资或者国家融资的项目包括：（一）使用预算资金 200 万元人民币以上，并且该资金占投资额 10% 以上的项目；（二）使用国有企业事业单位资金，并且该资金占控股或者主导地位的项目。"第 3 条规定："使用国际组织或者外国政府贷款、援助资金的项目包括：（一）使用世界银行、亚洲开发银行等国际组织贷款、援助资金的项目；（二）使用外国政府及其机构贷款、援助资金的项目。"第 4 条规定："不属于本规定第二条、第三条规定情形的大型基础设施、公用事业等关系社会公共利益、公众安全的项目，必须招标的具体范围由国务院发展改革部门会同国务院有关部门按照确有必要、严格限定的原则制订，报国务院批准。"第 5 条规定："本规定第二条至第四条规定范围内的项目，其勘察、设计、施工、监理以及与工程建设有关的重要设备、材料等的采购达到下列标准之一的，必须招标：（一）施工单项合同估算价在 400 万元人民币以上；（二）重要设备、材料等货物的采购，单项合同估算价在 200 万元人民币以上；（三）勘察、设计、监理等服务的采购，单项合同估算价在 100 万元人民币以上。同一项目中可以合并进行的勘察、设计、施工、监理以及与工程建设有关的重要设备、材料等的采购，合同估算价合计达到前款规定标准的，必须招标。"

被认可。当然，也有案例没有招投标程序的金额和占比很小（占比不超过5%），同时出具了不存在重大违规行为的证明，还是可以被认可的。

3. 具体到本案例发行人，报告期未招投标项目的收入占比一直保持在40%~50%，2019 年上半年已经超过了 50%。这样的情况，能够通过 IPO 审核，除了审核政策在逐步宽松之外，发行人的一些特殊因素和情况也是必须要考虑的。发行人的业务主要是跟政府合作，那么政府的很多操作和选择发行人是无法选择的，只能根据政府要求签署合同做项目，这是一个大的背景和现实。在招股书中，发行人也简单介绍了未招投标项目的原因：（1）有的项目是招投标管理局出具批复可以通过竞争性谈判的方式签署协议，并且最后进行了确认。（2）有的是政府先同意，再确定合作方案。（3）有的项目是政府招商引资项目，为了项目进展与公司确定合作方案。

4. 发行人的客户主要就是政府或者当地的资产运营公司，那么这种情况下，上述理由是可以相信的。更加关键的是，发行人的每个项目都由主管的政府出具了确认文件：政府的项目由政府出具，发改委的项目由发改委出具。坦率地讲，这样的工作力度还是很令人信服的，也是值得信赖的。这里的证明一个是级别很高，第二个是具有直接的针对性，证明的效力较强。相比较以前某些失败案例，发行人的客户是某些小的国企，确认文件需要当地的主管部门确认，而直接由小的国企出具确认文件则是效力不足的。

5. 发行人最终还论证了是否存在重大法律风险，结论基本是可以确认的。从某种意义上来说，发行人这个案例很具有参考性，但是不一定具有复制性。因而，小兵强调的是：很多案例可以参考，但是不可轻易复制，毕竟每个企业面对的情况不一样，每个企业都应该有自己针对性的操作建议和方案。

案例 72 慧翰股份（已过会）——资质暂停使用

【问询问题】

保荐工作报告显示，发行人主营产品车联网智能终端为强制性认证产品，目前发行人共持有 11 项中国质量认证中心颁发的《中国国家强制性产品认证证书》(以下简称3C证书)。报告期内发行人持有的3C证书曾存在被认证中心暂停使用的情形，暂停原因为：工厂监督检查不通过、工厂检查有严重不合格项（如产品一致性存在问题等）或工厂检查不合格项报告没有在规定的期限内采取纠正措施报检查组验证并有效。

请发行人说明：(1) 被暂停使用的具体认证证书，详细暂停原因及对应的发行人产品及相关产品的收入贡献情况；(2) 针对上述事项所采取的整改措施，发行人产品质量控制机制及相关内部控制制度是否完善；(3) 发行人是否存在产品质量风险，请结合报告期内上述3C证书被暂停使用的情况作必要的风险揭示。

【披露信息】

一、暂停使用的具体认证证书及对应的产品

根据中国质量认证中心出具的《暂停认证证书通知》（以下简称《暂停通知》)、《工厂检查报告》，中国质量认证中心于2019年10月8日暂停了发行人11项3C证书。

公司在被暂停使用产品认证证书期间，积极采取纠正措施，满足了中国质量认证中心《产品认证证书暂停、恢复、撤销控制程序》的整改措施有效规定要求，中国质量认证中心自2019年11月29日起对发行人持有的前述11项3C认证证书予以恢复。

发行人全部被暂停证书对应的产品于暂停期间销售确认收入为138.55万元，占发行人2019年营业收入的0.50%，占比较低；其中存在严重不符合项的被抽查产品被暂停期间销售确认收入为0.65万元。福州经济技术开发区市场监管局已于2020年5月12日出具《专项证明》，该局对于3C证书暂停期间的相关经营行为不予追究。

二、针对上述事项所采取的整改措施

发行人已对产品试产阶段的质量控制方面的相关内部控制制度进行完善，相关内部控制制度不完善的问题已进行充分整改，2019年11月29日已通过了中国质量认证中心的检查验证，相关证书均已恢复。

三、发行人是否存在产品质量风险，请结合报告期内上述 3C 证书被暂停使用的情况作必要的风险揭示

公司在被暂停使用产品认证证书期间，积极采取纠正措施，中国质量认证中心自 2019 年 11 月 29 日起对公司持有的 11 项 3C 认证证书予以恢复。福州经济技术开发区市场监管局于 2020 年 5 月 12 日出具《专项证明》，对于 3C 证书暂停期间的相关经营行为不予追究。

如果未来发行人因不符合上述质量管理体系及强制性产品认证的要求，出现产品质量问题，导致公司被有关主管机构处罚，或引致客户索赔或相关汽车被大规模召回，公司的生产经营和持续盈利能力将受到重大不利影响。

小兵评析

1. 发行人存在强制认证的证书被要求暂停使用的情形，这时候如果严格执行相关规定，那么发行人的生产经营应该是要暂停的。如果继续生产，就是不合规的。

2. 本案例发行人在资质暂停期间还是继续生产经营的，当然发行人解释暂停期间的销售收入占比非常小，可以忽略不计，从而解释这个不合规的行为对发行人没有重大不利影响。

3. 从这个角度来说，目前的 IPO 审核思路对于经营资质的问题也有了宽容的迹象。关于这个问题，还是要从资质不合规对企业经营的影响程度来判断，不能一看到资质有瑕疵就觉得企业经营不合规，从而认为不符合发行条件。

案例 73　华达新材（605158）——第一大出口国采取配额制

【问询问题】

报告期内发行人出口销售占比较大，出口受到部分国家反倾销、反

补贴调查。请发行人代表说明：（1）发行人获得配额的程序、方式，获得配额是否合法合规，是否存在商业贿赂或不正当竞争；（2）发行人目前优惠税率是否具有可持续性；（3）外销市场的反倾销措施是否会对发行人的销量和售价产生不良影响，发行人能否转嫁相关成本，毛利率是否存在大幅下降的风险；（4）目前境外新冠疫情蔓延对发行人出口业务的具体影响，是否存在订单取消或者无法执行的情况，未来订单是否具有持续性，是否对发行人生产经营产生重大不利影响，发行人拟采取的应对措施。

【披露信息】

一、发行人出口国的反倾销情况

从公司报告期内的出口市场情况来看，公司产品行销40多个国家和地区，部分国家或地区在报告期内对热镀锌铝板和彩色涂层板发起了反倾销调查等贸易保护措施。

二、发行人采取积极措施应对国际贸易摩擦并已取得较好成效

（一）发行人积极应诉，获得有利的反倾销税率和配额

部分国家和地区对我国镀锌板、彩涂板采取了贸易保护措施，包括征收反倾销税、配额、最低到岸价、资质认证等措施，对全行业来说，势必会减少当地对我国产品的进口总量；对个别生产企业来说，这是威胁也是机遇，不同的保护措施对行业内的不同企业影响是有较大差异的。

发行人作为行业内出口规模较大的企业，积极应诉，凭借规范的管理运营和真实、准确的财务记录，在越南、巴基斯坦市场已经取得了较为有利的税率，抓住了市场机遇，在进一步扩大竞争优势。

针对越南市场，发行人作为行业内出口较大的企业，凭借规范的财务记录积极应诉，在越南市场上争取到了我国最大的出口配额和我国次低的反倾销税率，进一步加强了在行业内的竞争优势。

越南是发行人最大的海外市场，发行人在越南获得了我国出口企业

中最多的配额及次低税率，保证了发行人在当地销售比国内同行业企业更具竞争力和市场话语权。同时，越南当地彩色涂层板贸易保护措施的持续实施，对我国总进口量减少并保持在配额水平，将抬高产品售价，为发行人带来更大的利润空间。

针对巴基斯坦市场，巴基斯坦在报告期内均为发行人的主要市场之一，自2017年6月巴基斯坦对发行人发起反倾销调查后，发行人积极应诉。2018年6月13日，巴基斯坦最终对华达新材征收6.03%的反倾销税，对其余大部分中国生产商征收7.32%或10.88%的反倾销税。华达新材反倾销税率为全国次低，在竞争中取得了较明显的优势。

除了在传统出口地区积极应诉外，发行人也积极在其他多个已实施贸易壁垒的国家应诉并开发市场，于2019年10月16日在澳大利亚争取到了对中国企业最低的反倾销税率，将有利于公司进一步拓展海外市场。

（二）发行人抓住机遇，积极开拓周边市场，外销收入和盈利增长较为明显

彩色涂层板是发行人外销的主力产品。报告期内发行人彩色涂层板外销收入分别为74,282.12万元、107,104.39万元、111,853.97万元和65,081.42万元，逐年上升。

报告期内，发行人外销毛利润分别为13,284.75万元、16,202.98万元、16,837.75万元和8922.68万元，保持了稳定且略有增长。

三、发行人产品进出口符合海关法律法规规定

（一）进出口相关资质

发行人取得了《出入境检验检疫报检企业备案表》《中华人民共和国海关报关单位注册登记证书》《对外贸易经营者备案登记表》。

（二）海关出具的守法证明

杭州海关出具证明，确认2016年1月1日至2019年6月30日，发行人在杭州关区未有过违反相关法律、法规而受到海关处罚的事情。

四、发行人产品进出口符合税务法律法规规定

（一）出口退税情况

发行人的产品出口关税税率为0%，发行人产品出口增值税适用免、抵、退税管理办法。报告期内，发行人的彩色涂层板适用出口退税率为13%，热镀锌铝板适用出口退税率为13%、16%（2018年10月～2019年4月）。发行人按月进行“免、抵、退”税申报，发行人提交资料已经主管税务机构审核与有关部门传递的电子信息相符无误，正常办理出口退税。

（二）税务主管部门对发行人出具的合规证明意见

国家税务总局杭州市富阳区税务局分别出具税收违法情况证明，确认发行人及其子公司于报告期内不存在因税务违法行为而受到处罚的记录。

报告期内，发行人产品进出口符合海关、税务等法律法规规定。

小兵评析

1. 发行人是经营普通工业板材的加工和生产的，一般业务流程就是：采购标准的板材，进行裁剪、热镀、涂料等工序，然后就可以对外销售了。这种模式下，发行人原材料占营业成本比例很高，生产工艺简单不复杂，从而产品的附加值不高。

2. 从财务核算的角度来说，产品附加值不高基本上就是发行人的毛利率不高。报告期内，发行人的毛利率从12%下降至8.5%，这也导致发行人在营业收入从25亿元增加至50亿元翻倍的情况下，发行人实现的净利润却没有增加。

3. 发行人的这种产品，很显然会成为国际市场上被抵制的对象，因为国内生产成本低廉，那么发行人在国际市场的竞争主要就是价格的竞争，价格与进口国产品价格差异巨大就会被界定为倾销，从而被采取贸易保护措施。常见的贸易保护措施我们也都很熟悉，如反倾销调查、反补贴、配额制等。

4. 发行人产品出口 40 多个国家，其中越南等东南亚国家是主要销售区域，尤其是越南，是发行人第一出口国。在最重要的出口国对发行人涉及的产品采取配额制的情况下，发行人要证明发行人取得配额是稳定的，配额下发行人向越南的出口不会大幅降低，因而保证盈利的问题。对于这一点，发行人也是从不同的角度做解释，是值得我们学习的。

5. 发行人对于反倾销和反补贴的一些调查提出了应对措施，现在看来效果还是可以的。同时，解释了发行人在出口国是符合相关的资质管理、税收管理、进出口政策等相关规则要求的。

案例 74 五洲特纸（605007）——实际产能超过核定产能

【问询问题】

发行人属造纸行业，为重污染行业。报告期发行人及子公司实际产量存在超过核定产能的情形。请发行人代表说明：（1）报告期发行人取得的排污许可证载明的许可量与经批准的环评文件是否一致，在超产的情况下，相关主要污染物的排放量未超过许可证载明许可量的原因及合理性；（2）发行人发生超产的原因、后续整改情况，是否构成重大违法违规行为，环保、安全生产等相关内控制度是否健全并有效执行。

【披露信息】

报告期内，五洲特纸和浙江五星曾因对生产线进行技改升级导致存在实际产量超过核定产能的情形，该情形不符合《环境影响评价法》的规定。根据《安全生产违法行为行政处罚办法》第 45 条的规定：对于超过核定的生产能力、强度或者定员进行生产的，将给予警告，并可以对生产经营单位处 1 万元以上 3 万元以下罚款，对其主要负责人、其他有关人员处 1000 元以上 1 万元以下罚款的处罚。

但鉴于五洲特纸和浙江五星未因超过核定产能生产而导致重大安全生产事故和环保污染事故，且相关主管部门已经出具以下相关证明：

一、经济和信息化主管部门出具的证明

2019年10月22日，衢州市衢江区经济和信息化局出具了证明，确认该局知悉2016年至2018年，五洲特纸由于对生产线进行技改升级导致实际产量超过核定产能的情况，上述超产能的情形不会导致五洲特纸受到该局的行政处罚。

2019年11月6日，衢州市经济和信息化局出具了证明，确认该局知悉2016年至2018年，浙江五星由于对生产线进行技改升级导致实际产量超过核定产能的情况，上述超产能的情形不会导致浙江五星受到该局的行政处罚。

二、生态环境主管部门出具的确认文件

2019年10月29日，衢州市生态环境局衢江分局确认：五洲特纸由于对生产线进行技改升级导致2016年至2018年，其实际产量存在超过核定产能的情况。但2016年1月1日至今，五洲特纸实际生产过程中污染物排放未超过当时有效的环境影响报告书批复及《排污许可证》载明的范围，没有造成重大环境污染，不存在因实际产量超过核定产能而受到环保部门行政处罚的情形。同时，鉴于五洲特纸已进行了整改，并履行了相关审批程序，五洲特纸上述实际产量超过核定产能的情形不属于重大环境违法违规行为。

2019年11月5日，衢州市生态环境局绿色产业集聚区分局确认：浙江五星由于对生产线进行技改升级导致2016年至2018年，其实际产量存在超过核定产能的情况。但2016年1月1日至今，浙江五星实际生产过程中污染物排放未超过当时有效的环境影响报告书批复及《排污许可证》载明的范围，没有造成重大环境污染，不存在因实际产量超过核定产能而受到环保部门行政处罚的情形。同时，鉴于浙江五星已进行了整改，并履行了相关审批程序，浙江五星上述实际产量超过核定产能的情形不属于重大环境违法违规行为。

三、安全生产监督主管部门出具的证明

2019 年 10 月 22 日，衢州市衢江区应急管理局出具证明，确认该局知悉 2016 年至 2018 年，五洲特纸由于对生产线进行技改升级导致实际产量超过核定产能的情况，上述超产能的情形不会导致五洲特纸受到该局的行政处罚。

2019 年 11 月 6 日，衢州市应急管理局出具证明确认：2016 年至 2018 年，浙江五星按照安全生产相关法律、法规规定，以及安全生产“三同时”要求，通过技改升级导致实际产量超过核定产能，但已履行了相关程序。自 2016 年以来，浙江五星未受到该局的行政处罚。

因此，保荐机构及发行人律师认为，由于发行人对生产线进行技改升级，导致其在报告期内存在实际产量超过核定产能的情形，该情形不符合《环境影响评价法》的相关规定，但鉴于发行人已经完成技改项目的备案及环评程序，且相关主管部门已经出具证明或确认文件对上述事项予以确认，因此，该事项不会构成本次发行上市的障碍。

小兵评析

1. 在 IPO 审核过程中，环保和安全问题应该说是最敏感且重要的红线，尽管在注册制下的审核对于发行人的很多合规和规范性问题表现出足够的宽容，但是对于一些涉及国家政策和战略的问题还是要审慎处理。

2. 本案例发行人实际产量超过核定产能的问题，在以往的 IPO 审核实践中算是敏感话题也是争议比较大的问题。除了这个问题之外，类似的问题还有：发行人的经营资质短期内到期没有及时更换、发行人的行业认定标准被强制暂停使用等。

3. 不论是生产资质还是行业标准，不论是核定产能还是经营规范，这些都与发行人的生产经营直接相关，而生产经营的合规性直接与环保和安全生产相关。正是基于这样的逻辑，以前的 IPO 审核中，如果发行人存在这样的问题，一般认为报告期内的生产经营是不合规的，相关的财务数据也是不值得信任相关，因而不符合 IPO 发行条件。

4. 从目前的审核标准来看，如果发行人只是因为客观原因在短期内存在认定标准强制暂停使用、没有资质经营以及实际产量超过产能的问题，那么只要充分论证该问题根据法律规定不构成重大违法违规行为，且对经营业绩不构成重大不利影响，那么就不会构成 IPO 实质性障碍。

5. 具体到本案例发行人，自我解释是因为技术升级在短期内存在超过核定产能生产的情况，发行人从法律规定、法律后果以及业绩的影响等方面做了解释。当然，更加关键的是，取得了跟产能管理相关部门的证明文件，从而获得监管机构的认可。从出具证明文件的部门来看，工业信息化部门负责产能认定、环保部门负责环保核查、安监部门负责安全生产问题，也算是对口管理，证明文件效力还是值得信赖的。

第三节　募投项目

案例 75　豪森股份（688529）——募投项目用地未履行完招拍挂程序

【问询问题】

根据招股书披露，为实施“汽车变速箱装配测试技术开发项目”，2011 年 3 月 21 日，豪森有限与大连市营城子工业园区管理委员会、大连市甘井子区营城子镇营城子村民委员会签署《协议书》，约定大连市营城子工业园区管理委员会同意豪森有限在营城子工业园区东园投资建设“汽车变速箱装配测试技术开发项目”，项目占地面积约 54,000 平方米，豪森有限已在前述《协议书》约定的土地上建设房屋建筑物并投入使用。上述土地尚未履行完毕招拍挂程序，亦无法办理土地使用权证及房屋产权证书。

请发行人说明：（1）上述土地出让程序及权证办理程序的进展情况，

预计办理完毕时间，是否面临无法取得土地及房产权属证书的风险；(2) 大连市甘井子区人民政府是否为发行人二期项目用地的主管部门，是否有权出具相关证明。请对照土地管理相关法律法规或规范性文件说明发行人未经批准占用集体农用地建设生产厂房的情形是否构成重大违法违规。

【披露信息】

一、上述土地出让程序及权证办理程序的进展情况，预计办理完毕时间，是否面临无法取得土地及房产权属证书的风险

大连市自然资源局于《大连日报》公示了《大连市国有建设用地使用权挂牌出让公告》，大连市自然资源局对位于甘井子区营城子街道营城子村、建设用地编号为大城（2020）—2 号宗地的国有建设用地使用权，即发行人二期项目所在地块的土地使用权，以挂牌方式出让。

发行人已与大连市自然资源局签署了《成交确认书》，确认发行人竞得二期项目土地的国有建设用地使用权，并与大连市自然资源局签署了二期项目土地《国有建设用地使用权出让合同》。

2020 年 4 月 15 日，大连市自然资源局向发行人核发了辽（2020）大连市内四区不动产权第 00901022 号不动产权证书，发行人已取得二期项目所在地块的土地使用权证。

此外，发行人已取得二地项目房产的权属证书。二期项目土地出让程序及权证办理程序已履行完毕，发行人已取得二期项目土地及房产的权属证书，不存在无法取得权属证书的风险。

二、大连市甘井子区人民政府是否为发行人二期项目用地的主管部门，是否有权出具相关证明。请对照土地管理相关法律法规或规范性文件说明发行人未经批准占用集体农用地建设生产厂房的情形是否构成重大违法违规

（一）大连市甘井子区人民政府及二期项目用地其他主管部门出具相关证明的情况

根据大连市人民政府办公室就发行人二期项目土地事项作出的会议

纪要，甘井子区人民政府负责组织二期项目用地的招拍挂程序，协助发行人做好二期项目土地证各方面的准备工作。因此，甘井子区人民政府出具了《情况说明》，对发行人二期项目用地招拍挂程序的办理进度等事项进行了确认，并说明发行人取得二期项目土地证后，不会因二期项目土地事项受到处罚。

此外，针对发行人在用地方面的合规性，大连市自然资源局已出具证明文件，证明发行人自2017年1月1日至证明出具之日，在大连市自然资源事务中心土地执法区域内不存在因违反土地管理法律法规受到行政处罚的处理记录。

（二）发行人历史上存在未经批准使用集体农用地建设生产厂房的情形不构成重大违法违规

根据发行人提供的相关文件并经发行人律师、保荐机构核查，二期项目厂房建设时，因土地规划指标等历史原因，政府部门当时未能组织进行二期项目用地土地使用权出让程序，导致发行人二期项目历史上存在使用集体用地建设厂房及未及时办理产权证书的情形。但鉴于：

1. 发行人建设二期项目时，项目用地已纳入土地利用总体规划，且发行人就二期项目办理了前期规划审批程序。

根据当时有效的《土地管理法》（2004修正）第4条的规定，“国家实行土地用途管制制度……使用土地的单位和个人必须严格按照土地利用总体规划确定的用途使用土地”，因此，发行人二期项目应符合土地利用总体规划。

根据发行人提供的资料，二期项目厂房建设时，发行人已取得大连市国土资源和房屋局甘井子分局出具的《关于大连豪森设备制造有限公司汽车变速箱装配、测试技术开发项目用地预审意见》，载明二期项目已纳入《甘井子区土地利用总体规划大纲（2006~2020年）》。

此外，根据发行人提供的资料，二期项目厂房建设时，发行人已就二期项目规划及变更情况取得大连市甘井子区规划局出具的甘规条字

（2011）—043 号《规划条件》及《甘规条字（2011）—043 补充说明》，载明大连市甘井子区规划局原则同意二期项目选址及规划条件调整。

2. 发行人已就二期项目用地与大连市营城子工业园区管理委员会、大连市甘井子区营城子镇营城子村民委员会签署用地协议并支付相关费用。

根据当时有效的《土地管理法》（2004 修正）第 10 条的规定，“农民集体所有的土地依法属于村农民集体所有的，由村集体经济组织或者村民委员会经营、管理……”发行人二期项目用地性质变更为建设用地前系由大连市甘井子区营城子镇营城子村民委员会管理。

经核查，豪森有限已与大连市营城子工业园区管理委员会、大连市甘井子区营城子镇营城子村民委员会签署《协议书》，约定由豪森有限在营城子工业园区东园投资建设二期项目。

根据发行人提供的付款凭证，豪森有限已根据上述《协议书》的约定向大连市营城子工业园区发展中心及大连市甘井子区营城子镇营城子村民委员会支付了建设用地有偿使用费、土地补偿费等相关费用。

3. 发行人二期项目用地已于 2012 年由集体农用地转为建设用地并征为国有。

根据当时有效的《土地管理法》（2004 修正）第 44 条第 1 款的规定：“建设占用土地，涉及农用地转为建设用地的，应当办理农用地转用审批手续。”因此，发行人使用二期土地项目建设厂房应通过农用地转为建设用地的审批程序。

根据辽宁省人民政府出具的《关于大连市甘井子区实施乡级规划批次用地的批复》，辽宁省人民政府同意二期项目所在地块集体农用地正式转为建设用地并征为国有。

因此，发行人二期项目 2011 年 5 月起至 2012 年 11 月存在未经批准使用集体农用地建设生产厂房的情形，随着二期项目用地由集体农用地转为建设用地程序的完成，该等情形业已消除。

4. 发行人已取得二期项目土地及房产的权属证书。

根据上述，截至本问询函回复出具之日，二期项目用地招拍挂程序已履行完毕，且发行人已取得主管部门就二期土地及房产颁发的不动产权证书。

综上所述，发行人二期项目 2011 年 5 月起至 2012 年 11 月内存在未经批准使用集体农用地建设生产厂房的情形，鉴于：(1) 发行人建设二期项目时，项目用地已纳入土地利用总体规划，且发行人就二期项目办理了前期规划审批程序；(2) 发行人已就二期项目用地与大连市营城子工业园区管理委员会、大连市甘井子区营城子镇营城子村民委员会签署用地协议并支付相关费用；(3) 发行人二期项目用地已于 2012 年由集体农用地转为建设用地并征为国有；(4) 截至本问询函回复出具之日，二期项目土地及房产已取得主管部门颁发的权属证书。因此，发行人律师经核查认为，发行人二期项目历史上存在未经批准使用集体农用地建设生产厂房的情形不构成重大违法违规。

小兵评析

1. 这个案例非常具有参考性：发行人的重要募投项目的土地是在没有履行完招拍挂程序的前提下，先进行了相关的建设工作。当然，这里也有两个前提：(1) 相关政府主管部门签署了协议书，确认了发行人的行为合法合规；(2) 发行人在 IPO 审核过程中取得了土地使用权证书。

2. 在注册制审核理念下，关于募投项目土地使用的问题，目前来看还是有了一些审核放宽的痕迹，是不是可以这样理解：只要是履行了招拍挂程序，取得了成交确认书，申报前没有取得土地证书也是允许的。

案例76 恒玄科技（688608）——募投项目是储备基金

【问询问题】

发行人报告期期末资产总额6.3亿元，本次拟募集资金20亿元。其中，9.3亿元投向智能蓝牙音频芯片升级、智能Wi－Fi音频芯片研发及产业化、Type－C音频芯片升级、研发中心建设4个项目，10.7亿元投向发展与科技储备基金。智能蓝牙音频芯片等4个项目资金主要用途均为研发，合计约为8.1亿元。首轮回复中，发行人从研发费用占比及规模均低于竞争对手、导入先进工艺需要较高资金储备、强化公司市场地位等方面对发展与科技储备基金项目的合理性、必要性及具体投向（先进工艺导入、智能可穿戴平台、面向智能家居的低功耗智能音视频平台、购置办公房产）进行了说明。

请发行人结合智能蓝牙音频芯片升级项目、智能Wi－Fi音频芯片研发及产业化项目、Type－C音频芯片升级项目、研发中心建设项目中研发资金具体投向及金额规划和发展与科技储备基金项目具体投向及金额规划的异同，发展与科技储备基金各具体拟投项目的时间规划、具体进展、未来资金需求规模等方面的情况，进一步说明本次募集10.7亿元投向发展与科技储备基金的合理性、必要性、资金规模与相关项目的匹配性。

【披露信息】

公司有明确产品技术迭代升级的计划，发展与科技储备基金是公司未来重要的产品布局及进一步的技术迭代发展方向。

一、发展与科技储备基金与其他募集资金投资项目具体投向的异同

发展与科技储备基金与其他募集资金投资项目在工艺、产品方向、关键技术应用、时间规划方面有明显差异，具体见表3－5－3：

表3-5-3 发展与科技储备基金与其他募集资金投资项目具体投向的差异

项目	1至4项募集资金投资项目	发展与科技储备基金
工艺	智能蓝牙音频芯片升级项目、智能Wi-Fi音频芯片研发及产业化项目逐步开发基于工艺A、工艺B及工艺C的升级产品	先进工艺导入则在前述产品的工艺水平上进一步升级至更先进工艺
产品方向	主要产品方向为智能耳机及智能音箱	新增智能眼镜、智能手表及智能音视频产品
关键技术应用	研发中心建设项目主要为前沿技术的研发，不涉及光罩及改版等流片投入。募集资金投资项目已有技术积累	在已有技术积累基础上，新增图像传感、智能视频、GPU、超低功耗Wi-Fi、高速数据接口等新技术
时间规划	2020~2022年	2022~2025年

二、发展与科技储备基金与其他募集资金投资项目金额规划的异同

发展与科技储备基金紧密衔接其他募集资金投资项目，投入规模与研发内容相匹配。目前公司对发展与科技储备基金投向已经进行论证，先进工艺导入、智能可穿戴平台芯片及智能音视频芯片是公司必要的研发方向，公司将根据市场发展变化，灵活调整上述研发项目的实施时间。

智能眼镜SoC芯片、智能手表SoC芯片及智能音视频平台芯片均是新研发项目，与原募集资金投资项目不重合。工艺C智能蓝牙及Wi-Fi音频芯片的研发投入在1.2亿元至1.6亿元，公司新项目的投资规模与之相匹配。公司尚需智能音视频平台芯片相关的技术积累，因此该项目所需研发投入相对较大。

公司拟分别在2020年至2022年基于现有产品，研发工艺A、工艺B及工艺C智能蓝牙音频芯片及智能Wi-Fi音频芯片的升级产品，并将在2022年开始导入更先进的工艺D。研发投入主要是光罩及光罩改版等试制投入、IP投入以及研发人员薪酬，工艺越先进，研发投入越高，智能蓝牙音频芯片及智能Wi-Fi音频芯片各年的研发投入与各工艺节点相匹配。

三、发展与科技储备基金的合理性、必要性

（一）工艺进一步升级的需要

公司计划在3年的投入期内，逐步开发基于工艺A、工艺B及工艺C的3个升级版本的智能蓝牙音频芯片及智能Wi－Fi音频芯片。发展与科技储备基金则在此基础上导入更先进工艺，对原有项目作进一步提升。

（二）扩大产品应用的需要

智能可穿戴及智能家居是公司重要的产品和业务布局方向，发展与科技储备基金拟投向智能可穿戴平台及智能音视频平台，是实现公司战略布局的重要一环。通过发展与科技储备基金项目实施，公司将新增智能眼镜、智能手表及智能音视频产品应用方向。项目实施所需资金量大，除目前募集资金规划外尚需公司自有资金投入。

（三）发展与科技储备基金投入规模与项目需要相匹配

综合考虑技术难度和工艺水平，智能眼镜、智能手表及智能音视频芯片的新产品项目投入规模，也与公司规划中的新一代智能蓝牙音频芯片及智能Wi－Fi音频芯片的平均研发投入相匹配。

（四）购置办公房产与公司的快速发展相匹配

截至2020年5月末，公司员工有227人，较2019年同期增长53.38%。为满足快速扩大的人员规模，公司拟将部分发展与科技储备基金用于购置办公房产。例如，根据安居客网站检索结果，张江园区办公楼每平方米价格在7万元左右，以2亿元投资额计算，购置面积约2857平方米。按照人均办公面积约12平方米计算，项目实施后公司办公场地可满足238人办公需求，与目前人员规模匹配。考虑到快速增长的研发团队，资金投入规模及购置面积属于谨慎合理的范围。

四、调整募投项目“发展与科技储备基金”的表述，并明确该等资金不得用于金融性资产的投资，避免误导

为了更明确地体现“发展与科技储备”相关募集资金的项目使用规划且不用于金融性资产的投资，公司已在招股说明书中调整募投项目

“发展与科技储备基金”为“发展与科技储备项目”，并相应调整了相关表述。

小兵评析

1. 发行人募集资金总额为20亿元，结果有10亿元不是投资到具体的项目而是作为专项储备基金，换句话说，就是为未来服务的。

2. 尽管看起来很神秘，也有一些具体的项目，但是小兵思考的是，这与补充流动资金是否有本质区别。

3. 在IPO审核理念中，其实一直存在对于募投项目监管的争议。在注册制审核理念下，募投项目的要求是否要放松甚至不要进行强监管，而是根据企业的自主决定来安排项目，这都是值得思考的问题。

第六章　知识产权问题

1. 小兵对于IPO涉及诉讼问题的基本观点就是：企业生产经营过程中难免会遇到一些摩擦和争议，只要充分披露诉讼的来龙去脉以及对发行人经营业绩和未来发展的影响，一般不构成IPO的实质性障碍。

2. 商标专利诉讼相对一般的合同纠纷诉讼，还是有一些不同的，毕竟商标专利直接影响发行人产品的有效性以及销售的合规性，严重时，会直接影响后续产品的生产销售，因而一般会重点关注。

3. 根据以前IPO审核的基本要求，如果发行人涉及商标专利的诉讼，必须要等诉讼完毕之后才能进入最后的审核程序，才能上市，也就是专利诉讼的影响已经全部体现，风险已经彻底清除。在很多案例中，我们看到的关于专利诉讼对发行人影响的分析，不过是一种技术手段的处理而已。

4. 根据目前注册制的审核要求，在进一步强调信息披露的情况下，涉及商标专利诉讼，就算是未决诉讼，如果能够披露清楚、说明影响，那么也不影响IPO后续的审核工作。从这个角度来说，这是目前IPO审核的重大变化。

案例77　松原股份（300893）——专利诉讼

【问询问题】

关于与奥托里夫的专利诉讼及专利授权许可。根据申报材料，2020

年6月，竞争对手奥托里夫将发行人及上海晋熙汽车服务有限公司作为共同被告提起诉讼，主张发行人产品侵害其第201080034686.6号专利。请求判令发行人停止名为“自锁式安全带卷收器”专利的全部行为，包括但不限于停止制造及销售侵害涉案专利的侵权产品，销毁库存侵权产品及相应的生产专用工具，发行人向原告赔偿人民币100万元以及原告为涉诉案件支出的合理费用及诉讼费用。此外，报告期内，奥托里夫还对发行人存在专利授权许可，并收取授权许可费。

请你公司补充披露：(1) 与奥托里夫相关诉讼事项发生的原因、诉由、有关事实情况及最新的诉讼进展情况；(2) 结合奥托里夫主张的涉诉产品对应的存货在产品及产成品余额、赔偿金额及最新的案件进展等情况，说明是否需计提预计负债，若需计提，相关预计负债的计提对发行人经营业绩的影响；(3) 专利授权使用费的实际计提及支付过程，相关专利技术对应的报告期各期安全带销量的确定是否需对方核实，是否存在未充分计提的情况，是否存在将部分按件授权使用费递延至报告期后计提或支付的情况；(4) 结合发行人自有专利情况，补充分析并披露奥托里夫所授权专利与发行人主营业务的关系及影响程度，是否涉及发行人核心专利技术，报告期内是否存在其他未披露的第三方授权情形，是否存在发行人授权给其他第三方的情形；(5) 前述诉讼是否涉及奥托里夫授权专利产品，是否影响授权合作及发行人正常经营活动；(6) 发行人核心技术及专利是否存在争议或潜在纠纷，是否存在影响发行人技术独立的未披露的风险因素，如有，请充分提示风险。

【披露信息】

一、与奥托里夫相关诉讼事项发生的原因、诉由、有关事实情况及诉讼进展情况

（一）诉讼的原因

相较而言公司与奥托里夫的客户重叠度较高，在公司与吉利汽车、上汽通用五菱等整车厂客户中与奥托里夫发生直接竞争并呈现出一定的

竞争潜力后，奥托里夫对公司进行专利诉讼作为其市场竞争的手段之一。

（二）诉讼的诉由

2020年6月5日，奥托里夫将发行人及上海晋熙汽车服务有限公司作为共同被告向上海知识产权法院提起诉讼（以下简称第一起诉讼），诉由为发行人产品侵害其第201080034686.6号专利，请求判令发行人停止对其第201080034686.6号、名为“自锁式安全带卷收器”专利的全部侵权行为，包括但不限于停止制造及销售侵害涉案专利的侵权产品，销毁库存侵权产品及相应的生产专用工具，发行人向原告赔偿人民币100万元以及原告为涉诉案件支出的合理费用及诉讼费用。

2020年6月30日，奥托里夫将发行人作为被告向宁波市中级人民法院提起第二起专利诉讼（以下简称第二起诉讼），诉由为发行人产品侵害其第200580004469.1号专利，请求判令发行人停止对其第200580004469.1号、名为“一种用于防震带扣的闭锁元件”专利的全部侵权行为，包括但不限于停止制造及销售侵害涉案专利的侵权产品，销毁库存侵权产品及相应的生产专用工具，发行人向原告赔偿人民币100万元以及原告为涉诉案件支出的合理费用。

（三）诉讼有关事实情况及影响分析

1. 发行人产品被认定为侵权的风险较低。

根据发行人聘请的专业机构北京思韬知识产权代理有限公司出具的《侵权风险评估报告》，发行人涉诉产品实施的技术方案未包含与专利第201080034686.6号、第200580004469.1号权利要求所记载的全部技术特征相同或等同的技术特征，不构成专利侵权。

根据《最高人民法院关于审理侵犯专利权纠纷案件应用法律若干问题的解释》第7条规定，人民法院判定被诉侵权技术方案是否落入专利权的保护范围，应当审查权利人主张的权利要求所记载的全部技术特征。被诉侵权技术方案包含与权利要求记载的全部技术特征相同或者等同的技术特征的，人民法院应当认定其落入专利权的保护范围；被诉侵权技术方案的技术特征与权利要求记载的全部技术特征相比，缺少权利要求记载的1个以上的技术特征，或者有1个以上技术特征不相同也不等同的，人民法院应当认定其没有落入专利权的保护范围。

2. 涉诉专利技术不涉及公司产品的核心技术，公司有成熟稳定的替代方案。

安全带产品通常由1个原理设计及40～60个组件设计组成，每个组件通常有4～10种设计方案，不同设计方案之间有一定的可替代空间。上述诉讼中涉及的专利均为组件设计专利，不涉及公司产品的核心技术，且公司具有充足的技术储备，具有成熟稳定的替代方案。

3. 败诉情况下对公司财务及生产经营影响较小。

虽然公司预计在上述案件中被判定专利侵权风险较低，但是如果公司败诉，则可能在生产经营及诉讼赔偿两个方面产生影响。

4. 实际控制人承诺。

针对上述涉诉事项可能给发行人及上市后的未来公众股东带来利益损失，发行人实际控制人已出具兜底承诺。

（四）诉讼进展

发行人已聘请专业机构积极应诉，并委托专业机构就涉诉专利第201080034686.6号提出无效申请，同时为第200580004469.1号专利的无效申请做准备。

二、结合奥托里夫主张的涉诉产品对应的存货在产品及产成品余额、赔偿金额及最新的案件进展等情况，说明是否需计提预计负债，若需计提，相关预计负债的计提对发行人经营业绩的影响

根据公司聘请的专业机构初步评估，公司产品构成涉案专利侵权的可能性较小，故未对上述诉讼计提预计负债。如最终判决公司产品构成涉案专利侵权，则预计损失金额约为244.83万元，占公司2019年度利润总额的比例为2.65%，占比较低，故对公司经营业绩影响较小。

三、专利授权使用费的实际计提及支付过程，相关专利技术对应的报告期各期安全带销量的确定是否需对方核实，是否存在未充分计提的情况，是否存在将部分按件授权使用费递延至报告期后计提或支付的情况

（一）专利授权使用费的实际计提及支付过程

根据公司与奥托里夫签署的专利实施许可合同约定，“本专利许可的费用收取采用一次性授权费+按销售量提取每件提成费的形式收取。一次性授权费为280.00万元，按销售量提取每件提成费为：从2017年1月1日起销售的被许可产品，人民币2.50元/件”。公司于2017年向奥托里夫支付一次性授权费280万元。公司于下年支付上年提成费用。

（二）奥托里夫对专利费用的确认情况

2020年7月14日，奥托里夫专利负责人就发行人报告期内已根据专利许可协议支付专利费用的情况进行了确认。公司与奥托里夫之间不存在专利许可费用相关的纠纷或潜在纠纷。

（三）发行人已充分计提专利费用，不存在将部分按件授权使用费递延至报告期后计提或支付的情况

报告期内各期末，公司根据当年产品销售清单及使用相关专利的产品的清单计算出各期销售使用相关专利的产品数量，并计提专利使用费，不存在将部分按件授权使用费递延至报告期后计提或支付的情况。

四、结合发行人自有专利情况，补充分析并披露奥托里夫所授权专利与发行人主营业务的关系及对其的影响，是否涉及发行人核心专利技术，报告期内是否存在其他未披露的第三方授权情形，是否存在发行人授权给其他第三方的情形

（一）奥托里夫授权专利与发行人主营业务的关系及对其的影响

报告期内，公司从奥托里夫取得专利授权的对应产品收入占同期主营业务收入逐年下降，同时由于该专利已于2020年6月26日到期，因此该专利对公司主营业务影响较小。

（二）奥托里夫授权专利不涉及发行人核心专利技术

奥托里夫授权专利并不涉及原理设计，仅涉及“驱动球”组件的设计，除了奥托里夫授权的专利设计外，公司拥有另外3种“驱动球”组件设计方案，因此该授权专利不涉及公司的核心专利技术。

（三）其他第三方授权或者授权给第三方的情形

报告期内，公司不存在未披露的第三方授权情形，也不存在授权给其他第三方的情形。

小兵评析

1. 在目前的IPO审核标准下，对于未决专利诉讼，只要是能够合理解释对于发行人生产经营和持续盈利能力的影响，充分提示风险，并且将影响彻底披露，那么一般不构成IPO的实质性障碍。关于这一点，算是注册制下审核逻辑的一个重要的变化。

2. 具体到本案例发行人，关于专利诉讼又有一些不同之处，具体体现在：（1）发行人是2019年6月申报IPO的，而诉讼是6月立案的，这说明原告起诉是在发行人IPO审核期间，且是准备上会审核的关键时刻。（2）发行人原本跟原告有技术授权的合作，约定280万元授权费加每年收入提成100多万元，授权合作到2020年6月22日到期，那么原告就在6月5日和30日分别提起诉讼，时间点也很蹊跷。（3）原告是世界知名的安全带生产企业，与发行人是直接竞争对手关系，这也是诉讼的一个背景和缘由。

3. 关于发行人的两起诉讼，一是专利诉讼，二是新发生的未决诉讼，还是比较重要和敏感的，发行人也是作了一些处理和解释，具体包括：

（1）发行人聘请了专业的知识产权代理公司出具了《侵权评估报告》，认为不构成专利侵权。

（2）根据司法解释，人民法院判定被诉侵权技术方案是否落入专利权的保护范围，应当审查权利人主张的权利要求所记载的全部技术特征。

（3）涉诉专利技术不涉及公司产品的核心技术，公司有成熟稳定的替代方案。安全带产品通常由1个原理设计及40~60个组件设计组成，每个组件通常有4~10种设计方案，不同设计方案之间有一定的可替代空间。上述诉讼中涉及的专利均为组件设计专利，不涉及公司产品的核心技术。

（4）如果发行人败诉，直接经济损失就是现有的40万元存货和200万元赔偿，间接经济损失就是发行人不能再生产涉及专利的产品。发行人解释相关产品已经提产，影响有限。

（5）发行人已聘请专业机构积极应诉，并委托专业机构就涉诉专利提出无效申请。

4. 为了解释涉诉专利在发行人产品中的影响，发行人还专门披露了汽车安全装置的具体组件以及装备情况，可以非常直观地体现涉诉专利在整个产品中的作用以及可替代性。这样的操作方式，是值得我们学习的。

5. 简要总结一下，关于专利诉讼的解决思路，就是三个层次：（1）发行人其实是不侵权的；（2）就算是最后被认定侵权，涉及产品的销售占比也不高，影响不大；（3）为了保护投资者利益，实际控制人承诺赔偿诉讼涉及的一切赔偿和损失。

案例78 长龄液压（605389）——专利宣告无效

【问询问题】

发行人曾持有的“液压中央回转体”发明专利(专利号为ZL200410014594.8)于2018年5月被宣告全部无效。请发行人代表：(1) 说明“液压中央回转体”发明专利在发行人中央回转接头产品中的地位和作用，是否属于该产品的核心专利；(2) 说明该专利被宣告无效对发行人相关产品生产及客户订单获取是否存在不利影响；(3) 说明发行人在用的其他专利或技术是否存在重大不利变化及相关应对措施；(4) 结合该专利被宣告无效的实际情况及对其他应用型专利的可能影响，说明申报材料对所有专利内容的表述是否真实、准确、完整。

【披露信息】

一、“液压中央回转体”失效专利的基本情况、具体用途、适用范围

“液压中央回转体”专利原系由公司持有的发明专利，由发行人全资子企业液压机具厂于2004年4月申请并于2006年12月获得授权；2011年长龄机械吸收合并液压机具厂时转入公司；该项专利于2017年4月被宣告部分无效，并于2018年5月被宣告全部无效。

二、“液压中央回转体”专利技术的形成及取得情况

“液压中央回转体”专利发明人为原液压机具厂员工。相关技术系由发明人于2002年至2003年在履行本职工作过程中，基于企业产品开发任务，利用液压机具厂的生产条件，依靠其工作经验并结合国内外相关技术文献资料研究自行开发形成。

上述专利发明人均系液压机具厂员工，相关专利技术系职务发明成果，专利权原归液压机具厂所有，并在长龄机械吸收合并液压机具厂转入长龄机械，专利取得及转让过程中不存在权属纠纷或潜在纠纷。

三、“液压中央回转体”专利获得批准的时间及被宣告无效的原因、过程

（一）专利获得批准的时间

液压机具厂于2004年4月9日向国家知识产权局申请“液压中央回转体”发明专利，并于2006年12月20日取得授权。

（二）宣告无效的原因

经国家知识产权局专利复审委员会重新审查后认定，上述专利为本领域技术人员可基于已有技术文献及相关领域的公知常识的结合显而易见地获得该专利保护方案，专利不具备突出的实质性特点和显著进步，不具创造性，继而相关专利被宣告无效。

（三）宣告无效的过程

在公司首先提出专利侵权申请的情况下，江苏腾旋科技股份有限公

司（以下简称腾旋科技）多次申请专利无效。国家知识产权局专利复审委员会经审理，前后分四次作出了专利“有效维持”（两次）、“部分无效”、“全部无效”的决定，因此时间跨度较大。

（四）纠纷或潜在纠纷的核查

“液压中央回转体”专利涉及的民事诉讼纠纷，已经上海知识产权法院于2017年7月出具裁定准许长龄机械撤诉；涉及的专利有效性的认定，已经国家知识产权局专利复审委员会于2017年4月及2018年5月分别作出《无效宣告请求审查决定书》，宣告专利全部无效。上述专利所涉及的专利无效申请、专利侵权诉讼纠纷均已完结，不存在其他纠纷或潜在纠纷。

四、“液压中央回转体”专利对公司的影响

1. “液压中央回转体”专利不属于公司核心专利。

2. 专利被宣告无效对公司相关产品生产及客户订单获取不存在不利影响。该专利失效后公司仍能继续应用，且不会构成对他人的专利侵权，对公司竞争优势未产生不利影响，未对公司生产及订单获取构成不利影响，报告期内公司订单及产品销售保持持续增长。

综上，报告期内，公司始终符合主要客户的供应商资质认证条件；从公司相关产品生产及客户订单获取情况来看，上述专利被宣告无效对公司不存在不利影响。

3. 相关专利被宣告无效后不影响其他专利的有效性。相关专利被宣告无效后，已不受专利法保护，作为通用型结构方案可广泛被市场上同类厂家使用，但上述专利无效不影响公司继续使用，亦不会造成公司侵害他人专利权的情形。

4. 对公司生产经营和业绩的影响。“液压中央回转体”专利系因不具有创造性而被宣告无效，原专利权利请求所保护的技术方案不再受专利法保护，但公司可以继续使用相关技术，不会导致公司出现侵害他人专利权的情形。专利被宣告无效前后，公司回转接头销售收入仍保持快速增长。

五、相关专利被宣告无效对公司竞争对手的具体影响

相关专利被宣告无效未对公司竞争对手产生重大有利影响，公司相关产品市场占有率仍保持行业第一。

随着下游工程机械行业的高速发展，公司及竞争对手同类产品销量均有一定增长，但公司专利失效事项未对竞争对手构成重大有利影响，具体情况如下：(1) 竞争对手同类产品销售占比未提升；(2) 竞争对手同类产品销售规模及增幅均低于公司；(3) 公司市场份额相对稳定，保持行业第一；(4) 公司撤诉的原因为专利被宣告无效；(5) 公司与腾旋科技不存在其他利益安排。

六、对于公司在用的其他专利或技术使用情况，不存在重大不利变化的风险

原专利被宣告无效后，公司可继续使用专利的通用结构方案，该方案已不受专利法保护，不会导致公司出现侵害他人专利权的情形。

报告期内，除与腾旋科技之间的专利纠纷外，公司与其他第三方之间不存在专利或技术侵权诉讼、申请宣告专利无效等情形。

七、公司保持技术领先的措施及知识产权保护措施（略）

八、相关专利被宣告无效不属于对投资者作出决策有重大影响的信息

相关专利被宣告无效不属于对投资者作出决策有重大影响的信息，因此，公司在首次申报时，将与腾旋科技的专利诉讼及专利被宣告认定为报告期内已了结的一般纠纷事项，未在申报材料中予以披露具有合理性，不存在违反《首次公开发行股票并上市管理办法》第4条、第41条的规定。

为便于投资者更好地理解公司核心技术、产品特点、关键竞争优势等信息，公司已在2020年5月申报的《招股说明书》（预披露更新稿）中对专利纠纷事项进行了补充披露。

小兵评析

1. 本案例的过程还是有一些意思的：本来是发行人觉得竞争对手侵犯了自己的专利，结果竞争对手直接申请发行人的专利无效。从 2013 年至 2018 年，这整整 5 年，国家知识产权局两次认定专利有效；竞争对手继续补充资料，随后被认定为部分无效；竞争对手还是没有放弃，最终被宣告全部无效。

2. 一个专利被宣告无效的理由自然很明确，那就是：专利发明使用的是公开的技术和数据，没有新颖性和独创性。

3. 尽管专利已经宣告无效了，但是对于发行人的影响是持续的，不仅在报告期，在未来 IPO 上市之后也是有影响的。因而，发行人在申报的时候没有及时披露这个专利无效的情形，按理来说是存在信息披露的瑕疵的。当然，发行人认为自己的披露是没有问题的，主要理由是：（1）公司与腾旋科技的专利诉讼及专利被宣告无效事宜已于报告期内处理完毕，不存在其他纠纷或潜在纠纷；（2）相关专利仅为产品的通用结构及一般工作原理，其设计不构成公司的核心技术，该专利不构成公司核心专利；（3）专利失效后已不受专利法保护，作为通用方案公司仍能继续使用且不会造成侵害他人专利权的情形，相关专利失效后未影响公司的核心竞争优势、未影响公司的持续经营能力，不会导致公司不符合发行条件。综上，相关专利被宣告无效不属于对投资者作出决策有重大影响的信息，未在申报材料中予以披露具有合理性，不存在违反《首次公开发行股票并上市管理办法》第 4 条、第 41 条的规定。

4. 对于这个问题，当然审核过程中也做了重点的关注，主要关注点在于：（1）专利宣告失效专利的基本情况、具体用途、适用范围；（2）专利形成的过程、获得批准的时间及被宣告无效的原因、过程；（3）专利不是属于公司的核心专利，宣告无效对公司相关产品生产及客户订单获取不存在不利影响；（4）相关专利被宣告无效后不影响其他专利的有效性；（5）相关专利被宣告无效未对公司竞争对手产生重大有利影响，公司相关产品市场占有率仍保持行业第一；（6）对于公司在用的其他专利或技术使用情况，不存在重大不利变化的风险；（7）相关专利被宣告无效不属于对投资者作出决策有重大影响的信息。

5. 需要关注的一点是，对于专利被宣告无效的影响，不仅要关注对于发行人是否有重大不利影响，还要关注对于竞争对手是否有重大利好的影响。毕竟专利无效了，对发行人就没有保护了，其他竞争对手就可以合法使用这些技术生产产品了。具体到本案例，可能是因为发行人和竞争对手差距太大，因而没有看出太大的影响；但如果是两个差不多的公司，影响可能会是根本性的。

附：《首次公开发行股票并上市管理办法》

第四条 公司依法披露的信息，必须真实、准确、完整，不得有虚假记载、误导性陈述或者重大遗漏。

第四十一条 招股说明书内容与格式准则是信息披露的最低要求。不论准则是否有明确规定，凡是对投资者作出投资决策有重大影响的信息，均应当予以披露。

案例79 汉弘集团（暂缓审议后撤回）——核心技术人员因侵犯商业秘密被起诉

【问询问题】

招股说明书披露，润天智于2019年1月起诉赵义发、李晓刚违反其与润天智所签署的保密协议约定，请求人民法院以侵犯商业秘密罪定罪量刑。一审法院依法驳回润天智对赵义发、李晓刚的起诉。润天智已就一审裁定向深圳市中级人民法院提起上诉，目前二审程序正在进行中。赵义发为发行人核心技术人员。

请发行人说明：（1）和润天智的诉讼进展，并结合赵义发、李晓刚在发行人任职情况、负责的主要业务及其成果、发挥的作用、参与研发的具体贡献等，说明是否对发行人核心技术、技术研发及生产经营带来重大不利影响；（2）赵义发如在上述诉讼二审中败诉导致其离职，是否构成发行人核心技术人员的重大不利变化，是否违反《科创板首次公开发行股票注册管理办法》第 12 条第 2 项的相关规定。

【披露信息】

一、润天智起诉赵义发、李晓刚案件的起因和发展过程

公司员工赵义发曾在润天智担任研发工程师并于 2009 年 11 月离职；员工李晓刚曾在润天智担任软件室主任并于 2010 年 3 月离职，上述二人离职后均入职汉拓数码并参与汉拓数码相关数码打印设备的研发工作。

汉拓数码于 2010 年 7 月推出 HT2512UV 平板数字喷墨机，润天智认为该产品与其生产的 PP2512UV 平板喷绘机的喷头控制板程序、打印驱动程序的 8 段源代码相同，并认为赵义发和李晓刚将其商业秘密披露给汉拓数码，用于生产与润天智相似的喷绘机。

2019 年 1 月 8 日，润天智向深圳市龙岗区人民法院提起刑事自诉，其认为赵义发、李晓刚违反与润天智签署的保密协议约定，侵犯润天智商业秘密，请求人民法院以侵犯商业秘密罪判处赵义发、李晓刚 3 年以上有期徒刑，并处罚金 50 万元。

2019 年 12 月 31 日，深圳市龙岗区人民法院下达刑事裁定书并作出裁定，认为润天智起诉被告人赵义发、李晓刚构成侵犯商业秘密罪的事实不清、证据不足，不能排除合理怀疑，依法驳回润天智对被告的起诉。

2020 年 1 月 12 日，润天智就上述一审裁定向深圳市中级人民法院提起上诉，2020 年 3 月 31 日，深圳市中级人民法院立案受理上述上诉案件。截至本回复出具之日，二审程序正在进行中，尚未开庭审理。

二、润天智主张的商业秘密不属于喷墨印刷设备的核心技术

润天智主张的商业秘密为喷头控制程序和打印驱动程序中的 8 段源代码（8 个源代码文件），上述源代码根本不构成喷墨印刷设备的核心技术，主要理由如下：(1) 喷墨印刷设备的核心是控制喷头和其他外部设备的各种控制卡，每个控制卡均有对应的程序，喷头、外部设备和数据传输方式不同，对应的程序也不同；每个程序都由几十个或上百个源代码文件组成，这些源代码自身并不单独构成喷墨印刷设备的核心，它们

从属于各类控制卡，必须和控制卡配合才能发挥作用。（2）各类控制卡和打印控制软件中包含数百个源代码文件，仅仅8个文件远远不足以支撑整个打印系统的核心功能。（3）核心源代码应该和打印功能的实现直接相关，而这8个文件中有5个仅用于初始化、定义变量、定义函数接口等辅助功能，与打印功能的实现无直接关系；此外，由于不同喷头、不同设备类型的参数不一样，相应的使用方法也不一样，需要定义的变量数量和类型存在很大差异。（4）润天智主张的另外3个文件与打印功能直接相关，但与打印功能直接相关的源代码文件有上百个，这3个文件不足以支撑整个打印系统的核心功能；此外，这3个文件与喷头相关，随着喷头的变化必须重新编写，这几个文件根本不可能用于所有应用领域的设备，也不可能用于其他品牌和型号的喷头。

三、润天智起诉赵义发、李晓刚案件的相关事实情况

鉴于汉拓数码的HT2512UV平板数字喷墨机与润天智的PP2512UV平板喷绘机采用的喷头和数据传输方式不同，相应的喷墨控制系统需要单独设计，故上述两种打印设备在喷头控制板程序和打印驱动程序的主要源代码方面存在根本性差异。

上述案件不涉及公司报告期内及目前的核心技术、其他技术及主营业务产品，公司不存在侵犯第三方权利的情形。

四、诉讼的最新进展情况

赵义发、李晓刚与润天智之间的二审程序正在进行中，截至本回复出具之日，二审尚未开庭审理。

五、赵义发、李晓刚败诉的风险及相关影响

目前，赵义发担任公司子公司弘博智能总经理，是公司核心技术人员之一，李晓刚担任公司子公司弘锐精密研发经理。赵义发、李晓刚未侵犯润天智商业秘密，润天智诉讼请求被二审法院支持的概率较小。若赵义发、李晓刚在上述诉讼二审中败诉，则直接导致该二人离职，造成公司研发人员及管理人员的流失，并可能会对公司及子公司汉拓数码与

润天智的民事诉讼产生不利影响。但润天智起诉公司及汉拓数码、赵义发、李晓刚案件涉及的机型不涉及公司报告期内及目前的核心技术、其他技术及主营业务产品，因此不会对公司核心技术、研发、生产经营、财务状况等产生重大不利影响。

六、敏感性分析

经核查，HT2512UV平板数字喷墨机系汉拓数码的研发团队自主研发完成，其喷头控制板程序和打印驱动程序的源代码与润天智的PP2512UV平板喷绘机存在根本性差异，润天智上述诉讼请求被法院支持的概率较小。

在侵犯商业秘密的民事审判程序中，主要适用《反不正当竞争法》的相关规定。在最不利情况下，假设法院认定公司及汉拓数码违反《反不正当竞争法》，侵犯了润天智的商业秘密并给润天智造成损害，对润天智的赔偿预计将不超过500万元。就上述纠纷可能带来的赔偿风险，公司的实际控制人肖迪于2020年6月23日出具书面承诺：其将承担公司因本次诉讼产生的侵权赔偿金、案件费用及生产、经营损失。

七、赵义发如在上述诉讼二审中败诉导致其离职，是否构成发行人核心技术人员的重大不利变化，是否违反《科创板首次公开发行股票注册管理办法》第12条第2项的相关规定

若赵义发在上述诉讼二审中败诉导致其离职，不会构成公司核心技术人员的重大不利变化，具体理由如下：

1. 目前公司认定的核心技术人员共6人，若赵义发离职，变动人数占核心技术人员总数比例较小；

2. 赵义发目前担任弘博智能总经理，全面负责弘博智能书刊机、标签机的生产、销售、运营等工作，就研发职责而言，赵义发由早期的参与具体研发工作转变为参与汉弘集团重大研发项目的立项、评审、分析、论证等，鉴于公司研发体系完整，且赵义发目前已经不再实际参与执行层面的研发工作，其对于公司整体的技术研发及经营管理不具有决定性

的作用。若赵义发因上述诉讼败诉而导致离职，不会对公司生产经营产生重大不利影响。

小兵评析

1. 这本来是很正常的一个人员变动的事实：发行人的两位研发人员原来在别的单位任职，原单位认为研发人员在新的单位研发的产品侵犯了其商业秘密，因而原单位提起刑事自诉，认为两位研发人员涉嫌商业秘密罪。

2. 案件的基本进程和事实是这样的：（1）原单位向公安局举报员工侵犯商业秘密，然后公安局立案调查，检察院审查起诉；（2）检察院认为证据不足，经过两次补充侦查之后作出不起诉决定书；（3）原单位提起刑事自诉，请求法院判处员工成立侵犯商业秘密罪；（4）法院认为证据不足，作出刑事裁定书，驳回起诉；（5）原单位继续上诉，目前二审还在审议中。

3. 对于这个问题，发行人还是做了充分的解释，当然最核心的解释思路自然是：从技术的层面，在不同的角度，解释发行人不存在侵犯原单位技术的情形，两者的研发方向和成果存在根本性差异。从小兵的角度来说，这样的专业解释不一定能充分理解，不过从数万字的篇幅来看，发行人还是具有足够诚意的。此外，还有很重要的一点，那就是发行人律师还进行了关于诉讼的敏感性分析，分别解释了诉讼可能导致的 3 种结果，从而认为，就算是最坏的结果，对于发行人的影响也是有限的，也不会对生产经营构成重大不利影响。

4. 科创板有关于核心技术人员变动的发行条件，因此，这里还关注到如果核心人员离职是否影响发行条件的问题，当然这个问题显然是不存在的。

案例 80　蓝特光学（688127）——关于专利质押

【问询问题】

根据招股说明书，发行人一共有 8 项发明专利，其中 6 项被质押。根据首轮问询回复12，其中被质押的6项发明专利中只有2项专利属于发行人核心技术范畴，而招股说明书第166页披露的核心技术与专利对应情况时，发明专利均对应了核心技术。

请发行人说明：(1) 8项发明专利中只有2项属于核心技术范畴的原因及合理性；(2) 首轮问询回复12与招股说明书披露前后矛盾的原因；(3) 列表说明发明专利在生产经营中的作用和贡献，形成的对应主营业务收入。

【披露信息】

8项发明专利中只有2项属于核心技术范畴的原因及合理性：

发行人共有8项已授权发明专利，其中4项（其中2项被质押，2项未被质押）对应了核心技术。首轮问询回复12的表述口径为被质押的有6项发明专利，其中有2项对应了核心技术。

8项发明专利中只有4项属于核心技术范畴，主要有两点原因：(1) 发行人的核心技术是通过多年行业积累形成的产品设计思路、加工工艺和技巧的综合提炼，部分核心技术为非专利技术，未申请发明专利；(2) 部分发明专利申请时间较早，虽然其仍在生产过程中具有重要作用，但发行人未将其认定为目前的核心技术范畴。截至本问询函回复日，发行人共有6项与核心技术相关的发明专利正在申请过程中。

小兵评析

1. 发行人一共有8项发明专利，其中有6项被质押了，并且6项被质押的发明专利中只有2项涉及核心技术。综合来看，其实发行人的8项发明专利说服力不强。发行人也解释了核心技术占营业收入的比例以及影响，不过这就是一个明显的悖论。质押的专利多，但是很多不是核心的，这是为了解释质押对发行人的经营影响不大，但是暴露了发行人很多专利并不是核心技术专利的事实。

2. 此外，关于专利质押的情况在 IPO 审核实践中并不是很多，因为都要上市了，还这么资金短缺的就比较罕见。当然，也不可否认，在注册制审核下，很多 IPO 发行人上市之前资金确实比较紧张。

第七章　劳动人事问题

1. 关于发行人员工相关的问题，在 IPO 审核实践中可以这么来理解：这些问题不会构成 IPO 的实质性障碍，但是具体问题的解决思路确实可以体现中介的专业以及企业的责任。从某种意义上来说，劳动人事问题可以看作最经典的 IPO 审核的规范性问题。当然，在注册制的审核理念下，这部分内容也有一些调整和变化。

2. 关于竞业限制，目前并没有专门单独的相关规定，只是在《劳动合同法》中有一条相关规定。从经营实践中来看，员工离职对于竞业限制的规定也不是很常见，这可能也是跟我们目前的发展阶段和商业环境有关。当然，最关键的一点是，竞业限制是权利和义务对等的一件事情，公司如果与员工约定了竞业限制的期限，那么就应该给予相应的竞业限制补偿金，没有支付补偿金的竞业限制也是不成立的。竞业限制的期限根据法律规定，最长就是 2 年。①

3. IPO 审核过程中对于社保和公积金的关注有了全新的角度和思路，不知道一些案例是属于特例还是普遍审核政策，但不管怎样都是值得我们关注的。因为这样的一些关注要点，跟我们以前的想法还是存在比较

① 《劳动合同法》第 24 条规定："竞业限制的人员限于用人单位的高级管理人员、高级技术人员和其他负有保密义务的人员。竞业限制的范围、地域、期限由用人单位与劳动者约定，竞业限制的约定不得违反法律、法规的规定。在解除或者终止劳动合同后，前款规定的人员到与本单位生产或者经营同类产品、从事同类业务的有竞争关系的其他用人单位，或者自己开业生产或者经营同类产品、从事同类业务的竞业限制期限，不得超过二年。"

大的差别的。

第一节　社保和公积金

案例81　慧翰股份（已过会）——异地委托第三方代理缴纳社保和公积金

【问询问题】

根据申报材料，发行人存在39名员工自愿将住房公积金缴费金额（公司+个人）计入工资而未缴纳住房公积金的情况。此外，发行人在厦门、上海、深圳、南京均存在用工，报告期内，发行人存在委托第三方公司为85名、81名员工在用工地代缴社会保险、住房公积金的情况。根据律师工作报告，发行人仅获取了福州当地相关部门开具的无处罚或无欠缴证明。

请发行人说明：(1) 上述未缴纳住房公积金的情况是否符合《住房公积金管理条例》的规定，相关员工就缴纳住房公积金事项与发行人之间是否存在纠纷；(2) 委托第三方公司代缴社保及住房公积金的劳动合同主体与缴费主体是否一致，代缴相关社保、公积金的资金是否来源于发行人，是否存在垫付情形，是否委托有资质的第三方代办社保、公积金相关手续；(3) 上述社会保险与住房公积金缴纳情况是否存在被用工所在地及发行人所在地相关部门追责处罚的风险。

【披露信息】

一、社会保险、住房公积金缴纳事项被处罚的风险

发行人委托第三方机构代缴部分员工的社会保险费的情形，未完全遵守《社会保险法》的有关规定，存在被相关社会保险费征收机构责令发行人限期缴纳或者补足，并自欠缴之日起，按日加收万分之五的滞纳金；逾期仍不缴纳的，存在被有关行政部门处欠缴数额1倍以上3倍以下

罚款的风险。发行人未替部分员工缴纳住房公积金及委托第三方公司代缴部分员工的住房公积金的情形，未完全遵守《住房公积金管理条例》的有关规定，存在被相关住房公积金管理中心责令发行人限期办理公积金账户/缴存公积金，逾期不办理/不缴存的，则存在被相关住房公积金管理中心处以罚款/申请人民法院强制执行的风险。

二、关于上述未缴纳住房公积金的情况是否符合《住房公积金管理条例》的规定，相关员工就缴纳住房公积金事项与发行人之间是否存在纠纷

《住房公积金管理条例》第15条第1款规定："单位录用职工的，应当自录用之日起30日内向住房公积金管理中心办理缴存登记，并办理职工住房公积金账户的设立或者转移手续。"

经查询中国裁判文书网、中国法院网、中国执行信息公开网公示信息，并与发行人及相关39名员工确认，截至本回复签署日，相关员工就缴纳住房公积金事项与发行人之间不存在纠纷。

三、关于委托第三方公司代缴社保及住房公积金的劳动合同主体与缴费主体是否一致，代缴相关社保、公积金的资金是否来源于发行人，是否存在垫付情形，是否委托有资质的第三方代办社保、公积金相关手续

1. 委托代缴员工的劳动合同主体与缴费主体存在不一致的情形。

2. 第三方公司为发行人员工代缴社会保险费、住房公积金的资金均来源于发行人，不存在由该等机构或其他第三方垫付的情形。

3. 上海富冈、上海外服厦门分公司等第三方公司为发行人提供代办部分员工的社会保险费、住房公积金的缴存服务，不属于《劳动合同法》《劳务派遣暂行规定》《人力资源市场暂行条例》等相关法律、行政法规、部门规章及规范性文件规定的应当取得相应资质后方可从事的劳务派遣或人力资源服务，无法定资质要求。

四、上述社会保险与住房公积金缴纳情况是否存在被用工所在地及发行人所在地相关部门追责处罚的风险

（一）关于未缴纳住房公积金及委托第三方代缴社会保险及住房公积金的相关风险

发行人未给部分员工缴纳住房公积金及委托第三方公司代缴部分员工的住房公积金的情形，未完全遵守《住房公积金管理条例》的有关规定，存在被相关住房公积金管理中心责令发行人限期办理公积金账户/缴存公积金，逾期不办理/不缴存的，则存在被相关住房公积金管理中心处以罚款/申请人民法院强制执行的风险。

发行人委托第三方公司代缴部分员工的社会保险费的情形，未完全遵守《社会保险法》的有关规定，存在被相关社会保险费征收机构责令发行人限期缴纳或者补足，并自欠缴之日起，按日加收万分之五的滞纳金；逾期仍不缴纳的，存在被有关行政部门处欠缴数额1倍以上3倍以下罚款的风险。

（二）发行人未缴纳住房公积金的原因及采取的措施

发行人未为该39名员工缴纳住房公积金的原因为：该39名员工中部分为当地居民，拥有住房，并无购房需求；部分为外地户籍，在福州长期定居并置业的意愿不强，而住房公积金的使用用途及条件存在较为严格的限制，故缴纳积极性不高。同时该39名员工均为发行人一线员工，流动性较强，该部分员工不希望因缴纳住房公积金而减少实发工资，因此均向发行人申请将其应缴纳的住房公积金金额（含个人和单位应承担的金额）合并计入工资，而不再缴纳住房公积金。针对前述情况可能带来的风险，发行人采取了以下措施：

1. 充分告知员工公司可以为其缴纳住房公积金的相关事宜，在员工明确放弃后，将应为员工缴纳的住房公积金（含个人和单位应承担的金额）合并计入工资，发放给员工，确保不因该事项实质损害员工利益。

2. 该39名放弃缴纳住房公积金的员工已分别签署声明，确认其不会

因公司未为本人缴纳自入职以来的住房公积金而对公司提起任何主张或诉讼。

3. 发行人控股股东国脉集团、实际控制人陈国鹰已分别出具承诺函，承诺其愿承担应补缴的社会保险金、住房公积金和由此产生的滞纳金、罚款等全部费用，保证发行人不会因此遭受损失。

（三）关于发行人委托第三方为相关异地办公员工缴纳社会保险费及住房公积金的原因及采取的措施

1. 发行人已着手设立慧翰股份厦门分公司、慧翰股份上海分公司，分公司设立后，将着手办理相关社会保险费及住房公积金的开户事宜，后续将由前述分公司自行为上海及厦门两地员工缴纳社会保险费及住房公积金，终止委托第三方公司代缴部分员工的社会保险费、住房公积金的行为。

2. 发行人控股股东国脉集团、实际控制人陈国鹰已分别出具承诺函，承诺其愿承担应补缴的社会保险金、住房公积金和由此产生的滞纳金、罚款等全部费用，保证发行人不会因此遭受损失。

此外，发行人及慧翰通信已取得福州经济技术开发区人力资源和社会保障局、福州市医疗保障基金管理中心马尾管理部及福州住房公积金中心出具的证明文件，报告期内，发行人及慧翰通信不存在违反劳动保障、住房公积金相关的法律、法规而被处以行政处罚的情形。

小兵评析

1. 发行人存在异地委托第三方机构帮助发行人员工缴纳社保和住房公积金的情形。对于这个问题，其实实践中还是比较普遍的，如有的企业在某些城市可能会有零星的员工驻守，这时候为了社保和公积金缴纳专门设个分公司主体也不一定便捷，于是就有了找人代缴的需求。

2. 从这个案例来看，发行人还是很明确地承认找第三方代缴是违反相关规定的；从后续规范的措施来看，也是逐步在当地设立了子公司或者分公司，后续由发行人自主缴纳社保和公积金。至于报告期内的代缴行为，也是取得了当地主管部门的一些证明文件。

3. 从 IPO 审核的角度来看，异地委托第三方缴纳社保的行为是不合规的，甚至是违反《社会保险法》的，还是需要通过设立分公司的方式来彻底解决这个问题。但是，我们要反思的是，劳务派遣都允许代付工资和社保，为什么不允许第三方代缴社保和公积金的行为？

4. 当然，从最新的创业板审核的案例来看，已经有案例允许发行人存在通过第三方机构代缴社保和公积金的情形，我觉得这样的审核理念才是对的。

5. 此外，本案例还存在 39 人签署承诺书不缴纳公积金的情况，而发行人也将公积金应由企业承担的部分直接以工资的形式发给了员工，从这个角度来看，发行人不存在规避社会义务的情形。

案例 82　翔宇医疗（688626）——补缴报告期的全部住房公积金和社保

【问询问题】

根据问询回复，关于 2017 年度缴纳社保、公积金比例较低的相关情况，发行人及其控股子公司均已取得所在地有关主管部门出具的合规证明，证明发行人及其控股子公司在报告期内无相关行政处罚记录。同时，经与相关主管部门沟通，发行人无法对社会保险金历史欠费进行补缴。

根据问询回复，发行人已主动为 2017 年年初至今仍在公司任职且自愿补缴的员工补缴 2017 年住房公积金，补缴人数为 508 名，占 2017 年至今仍在公司任职员工人数比例为 82.47%。

请发行人进一步说明：（1）迈迪尔、拓凯医疗、瑞贝塔 3 家企业报告期内是否存在住房公积金方面的行政处罚记录，并补充提交住房公积金主管部门开具的相关证明；（2）发行人社会保险金历史欠费情况的解决措施，是否应补缴社会保险金及其滞纳金；（3）报告期各期（非仅

2017年）对社保、住房公积金的补缴金额，补缴金额是否已计入相应期间的成本费用、是否应确认会计差错更正，相应会计处理方法是否符合相关规定和行业惯例。

【披露信息】

一、迈迪尔、拓凯医疗、瑞贝塔3家企业报告期内是否存在住房公积金方面的行政处罚记录，并补充提交住房公积金主管部门开具的相关证明

报告期内，迈迪尔、拓凯医疗、瑞贝塔与空间无限人力资源管理顾问有限公司河南分公司及/或安阳政联劳务派遣有限公司签订《人事代理协议书》，委托其为在职员工代缴住房公积金。截至本文件出具之日，迈迪尔、拓凯医疗、瑞贝塔已完成住房公积金开户，并确认将自行为员工缴纳住房公积金。

2020年9月4日，迈迪尔、拓凯医疗、瑞贝塔已取得郑州住房公积金管理中心出具的证明，报告期内3家公司无住房公积金方面的处罚记录。

二、发行人社会保险金历史欠费情况的解决措施，是否应补缴社会保险金及其滞纳金

（一）相关政策法规

根据《社会保险法》的规定，用人单位未按时足额缴纳社会保险费的，由社会保险费征收机构责令限期缴纳或者补足，并自欠缴之日起，按日加收万分之五的滞纳金；逾期仍不缴纳的，由有关行政部门处欠缴数额1倍以上3倍以下的罚款。针对社会保险费的补缴，《实施〈中华人民共和国社会保险法〉若干规定》第2条规定："参加职工基本养老保险的个人达到法定退休年龄时，累计缴费不足十五年的，可以延长缴费至满十五年。社会保险法实施前参保、延长缴费五年后仍不足十五年的，可以一次性缴费至满十五年。"

2018年9月18日，李克强总理主持召开国务院常务会议，会议强调

要按照国务院明确的“总体上不增加企业负担”的已定部署，严禁自行对企业历史欠费进行集中清缴。

2018年9月21日，人力资源和社会保障部办公厅发布《关于贯彻落实国务院常务会议精神切实做好稳定社保费征收工作的紧急通知》规定：“严禁自行组织对企业历史欠费进行集中清缴。目前，仍承担社保费征缴和清欠职能职责的地区，要稳妥处理好历史欠费问题，严禁自行对企业历史欠费进行集中清缴。已经开展集中清缴的，要立即纠正，并妥善做好后续工作。”

2018年11月16日，国家税务总局发布《关于实施进一步支持和服务民营经济发展若干措施的通知》，要求各级税务机关在社会保险费征管机制改革过程中，确保缴费方式稳定，对包括民营企业在内的缴费人以前年度欠费，一律不得自行组织开展集中清缴。

2019年4月1日，国务院办公厅发布《关于印发降低社会保险费率综合方案的通知》，明确要求妥善处理好企业历史欠费问题，在征收体制改革过程中不得自行对企业历史欠费进行集中清缴，不得采取任何增加小微企业实际缴费负担的做法，避免造成企业生产经营困难。

（二）相关解决措施

发行人高度重视职工权益，自2018年以来，发行人积极采取措施对社会保险金的缴纳予以规范：与员工积极沟通社会保险金的积极意义，劝导员工积极参保；及时为新入职员工开设社会保险账户，为发行人及其控股子公司符合法定条件的员工及时办理社会保险金缴纳手续，逐步提高社会保险金的缴纳比例。截至2020年6月，发行人为在职员工缴纳社会保险金的比例已超过88%（其中工伤保险缴纳比例已达97%）。

报告期内，除逐步完善社会保险金缴纳外，发行人曾尝试为员工补缴历史上的社会保险金，发行人咨询了其主要员工所在地的内黄县人力资源和社会保障局、郑州市社会保险局，咨询社保金历史欠费补缴事宜，均被告知：除“参加职工基本养老保险的个人达到法定退休年龄时，累计缴费不足十五年的，可以延长缴费至满十五年”，或根据社保稽查部门、人民法院或劳动人事争议仲裁委员会等出具的法律文书要求补缴社会保险金外，社会保险主管部门不接受企业为员工补缴社会保险费，相关企业在职员工也无法以个人身份进行补缴。

为进一步明确相关政策，发行人员工主要所在地内黄县人力资源和社会保障局已书面确认，明确“不接受企业集中补缴社保费的历史欠费，因此也不涉及滞纳金”；发行人下属子公司捷创睿、迈迪尔、拓凯医疗、瑞贝塔所在地的郑州市社会保险局已书面确认，明确根据现行相关规定，“我局不再进行集中清欠社保费工作”。

为进一步维护发行人利益，发行人控股股东翔宇健康、实际控制人何永正和郭军玲已出具承诺全额承担经有关政府部门认定的需由发行人、发行人控股子公司补缴的全部社会保险、住房公积金等费用，以及因上述事项给发行人造成的相关损失。

报告期内，未有员工因社会保险缴纳事宜而与发行人发生诉讼或纠纷的记录。

综上，根据相关政策规定及有关社会保险主管部门的确认，发行人无法对社会保险金历史欠费（包括滞纳金，如有）情况进行补缴；报告期内发行人无因社会保险金缴纳事宜而受到投诉、调查或处罚的记录，也未曾被主管部门要求限期缴存；并且发行人控股股东和实际控制人已就相关事项作出承诺，如发生主管部门依据相关法规要求发行人缴纳或补足社会保险费的情况，将由发行人控股股东、实际控制人承担。

三、报告期各期（非仅2017年）对社保、住房公积金的补缴金额，补缴金额是否已计入相应期间的成本费用、是否应确认会计差错更正，相应会计处理方法是否符合相关规定和行业惯例

发行人已主动为2017年年初至2020年6月仍在公司任职且自愿补缴的员工补缴2017年住房公积金39.54万元、2018年住房公积金9.03万元，补缴金额共计48.57万元计入2020年1~6月当期损益。

补缴金额对2020年1~6月的利润总额的影响为0.55%，对2018年利润总额影响为0.10%，对2017年利润总额影响为0.51%，影响比例较小。

该事项影响金额低于公司财务报表错报认定的一般缺陷标准，属于不重要的前期会计差错更正。

根据《企业会计准则第28号——会计政策、会计估计变更和差错更正》第12条规定的“企业应当采用追溯重述法更正重要的前期差错”，按照公司财务报表错报重要程度的定量标准，发行人本次补缴公积金不属于重要的前期差错，未采用“追溯重述法”而采用“未来适用法”进行差错更正符合企业会计准则且符合行业惯例。

小兵评析

1. 发行人的基本情况就是我们最常见的普遍情况：发行人在2017年和2018年存在社保和公积金缴纳比例比较低的情况，但是2019年缴纳比例已经接近90%，基本完成了规范。同时，发行人也取得了当地主管部门关于社保和公积金的没有违规记录的证明文件。

2. 处理到这一步，这个问题按说也就基本上到位了，最多按照审核的要求计算一下补缴社保和公积金的金额和占比情况，证明对于发行人经营业绩没有重大影响。在本案例的审核中，审核机构还关注以下问题：（1）发行人是否应该补缴报告期内没有缴纳的社保和公积金；（2）发行人如果补缴相关金额，相关会计处理是否属于会计差错；（3）如果社保费用不能补缴，是否违反相关规定，是否缴纳滞纳金，是否被处罚。

3. 关于是否应该补缴的问题，发行人首先补缴了2017年至2018年的住房公积金，并且补缴费用计入了2020年1~6月的当期损益。关于社保费用的补缴问题，根据国务院相关政策，从降低中小企业经营负担的角度，目前不允许任何单位强制要求企业补缴以前年度的社保费用，关于这个问题发行人也取得了主管部门的书面确认文件。

第二节　人员聘用特殊情形

案例 83　恒玄科技（688608）——对于竞业限制的核查思路和程序

【问询问题】

公司实际控制人 Liang Zhang 于 2014 年 12 月从锐迪科微电子离职，其离职时与锐迪科微电子存在竞业限制约定，并于 2016 年 1 月入职发行人；公司员工耿立伟于 2015 年 2 月从锐迪科微电子离职，其离职时与锐迪科微电子存在竞业限制约定，并于 2016 年 4 月入职发行人。前述二人的竞业限制期为 2 年，入职发行人时，其二人竞业限制期尚未届满。

请发行人提供上述两人与锐迪科微电子签署的竞业限制合同。请发行人结合上述合同的具体内容、约定的竞业禁止期限及违约的法律责任等，进一步说明如上述两人被追诉承担违约赔偿责任，对发行人及实际控制人是否可能构成重大不利影响。

【披露信息】

根据 Liang Zhang 和耿立伟与锐迪科微电子分别签署的劳动合同的相关约定，若员工违反竞业限制规定，应向锐迪科微电子支付总额不超过其上一年度 12 个月工资的违约金，如果锐迪科微电子可以证明其因员工的违约行为所遭受的实际损失超过违约金的，员工还应向锐迪科微电子赔偿违约金和实际损失之间的差额。

鉴于：(1) 二人从锐迪科微电子离职至今，均未收到锐迪科微电子向其支付的竞业限制补偿金；(2) 锐迪科微电子向该二人主张违约赔偿责任已超过法律规定的劳动争议申请仲裁的时效期间；(3) 司法实务中对原任职单位未支付补偿金是否影响竞业限制协议的效力及员工需要承担的责任存在不同的认定，但在其中相当一部分案例中法院和仲裁机构认为用人单位未按照约定给予劳动者经济补偿的，劳动者可以不履行竞业限制义务。据此，上述二人被追诉承担违约赔偿责任并收到不利判决/裁决的可能性很小，即使收到不利判决/裁决，预计结果也主要是二人向锐迪科微电子承担经济赔偿责任。

Liang Zhang 和耿立伟已分别出具确认及承诺函，承诺："若锐迪科微电子未来就上述竞业限制事宜向本人及/或恒玄科技提出任何权利主张，基于生效的司法判决或有权仲裁机构的生效裁决，本人承诺若恒玄科技由于前述情况遭受任何实际经济损失，均由本人承担。"

综上所述，Liang Zhang 和耿立伟被追诉承担违约赔偿责任的可能性很小，即使上述二人被追诉承担违约赔偿责任并收到不利判决/裁决，预计结果也主要是二人向锐迪科微电子承担经济赔偿责任，但对发行人不会构成重大不利影响。Liang Zhang 及耿立伟具备支付违约金的经济实力，前述情形不会影响二人在发行人任职的稳定性，也不会影响 Liang Zhang 的实际控制人地位。

保荐机构和发行人律师履行了以下核查程序：

1. 取得并核查了 Liang Zhang 和耿立伟与锐迪科微电子分别签署的劳动合同。

2. 取得了 Liang Zhang 和耿立伟的银行流水，核查其是否收到锐迪科微电子向其支付的竞业限制补偿金。

3. 取得并核查了 Liang Zhang 和耿立伟分别出具的确认及承诺函。

4. 检索了竞业限制相关司法判例。

5. 检索了 Liang Zhang 和耿立伟的诉讼记录。

6. 访谈当时在锐迪科微电子任职的人员，了解锐迪科微电子对于离职人员竞业限制义务的实际处理方式。

7. 保荐机构与发行人律师会同发行人联系了锐迪科微电子负责人并提出对其访谈及取得书面确认的请求，但对方以不了解当时情况为由未予明确回应。

8. 鉴于锐迪科微电子已被紫光展锐（上海）科技有限公司（以下简称紫光展锐）控股，中介机构于2020年6月28日走访了紫光展锐位于上海祖冲之路的总部办公楼，并通过前台联系了紫光展锐人力资源部相关负责人。该负责人表示不方便以当面形式进行访谈，但同意接受电话访谈并给予联系方式。随后，保荐机构与发行人律师以电话访谈的形式，与紫光展锐人力资源部相关负责人就Liang Zhang和耿立伟的竞业禁止等相关事项进行了了解。人力资源部相关负责人明确表示：（1）未在内部系统中查询到Liang Zhang和耿立伟的相关信息，因此无法确认相关情况；（2）就其了解，截至访谈日，紫光展锐及锐迪科微电子均与Liang Zhang、耿立伟之间未发生任何纠纷，未因竞业限制、保密等事项向其提出过任何主张。

在该等情况下，保荐机构及发行人律师采取现有核查手段对相关问题的核查，已履行了充分且必要的核查程序。

小兵评析

1. 本案例的情况，就是实际控制人和一个员工原来就职于前公司，并分别与前公司签署劳动合同，劳动合同中约定了竞业限制的要求，但是没有提供补偿金。员工离职后，在竞业禁止规定的期限届满之前入职发行人，这是违反竞业限制要求的，当然这个事情已经过了多年，基本上也没有很大的风险了。其实，以前关于这个问题的解释思路都是：没有支付竞业限制补偿金，竞业限制协议没有效力，且已经超过了2年的竞业限制期限，风险已经基本消除。

2. 这个问题本身并不复杂，小兵觉得，保荐机构和发行人对于这个问题的解释思路是有一些跑偏的，当然对于这个问题的一些核查思路和程序，却非常值得我们借鉴。至少通过这样的努力，我们看到了中介机构对于这个问题核查的逻辑以及付出的努力。其实，这一点小兵一直在说：IPO的项目过程中，中介机构对于绝大部分问题都无能为力，但是却可以尽力而为。

3. 对于竞业限制这个问题，除了核查合同条款、法律规定，核查是否存在纠纷、是否有补偿金等常规的核查手段之外，以下这些核查程序是值得称道的：

（1）访谈当时在锐迪科微电子任职的人员，了解锐迪科微电子对于离职人员竞业限制义务的实际处理方式。

（2）保荐机构与发行人律师会同发行人联系了锐迪科微电子负责人并提出对其访谈及取得书面确认的请求，但对方以不了解当时情况为由未予明确回应。

（3）鉴于锐迪科微电子已被紫光展锐控股，中介机构于2020年6月28日走访了紫光展锐位于上海祖冲之路的总部办公楼，并通过前台联系了紫光展锐人力资源部相关负责人。该负责人表示不方便以当面形式进行访谈，但同意接受电话访谈并给予联系方式。随后，保荐机构与发行人律师以电话访谈的形式，与紫光展锐人力资源部相关负责人就Liang Zhang和耿立伟的竞业禁止等相关事项进行了了解。人力资源部相关负责人明确表示：未在内部系统中查询到Liang Zhang和耿立伟的相关信息，因此无法确认相关情况；就其了解，截至访谈日，紫光展锐及锐迪科微电子均与Liang Zhang、耿立伟之间未发生任何纠纷，未因竞业限制、保密等事项向其提出过任何主张。

案例84　中天精装（002989）——关于劳务分包问题

【问询问题】

报告期内，发行人将工程施工中劳务作业性质的工作交由劳务外包公司实施。请发行人代表：(1) 说明劳务外包是否存在挂靠经营、转包等情形；(2) 说明报告期对不同劳务外包公司分包价格的差异情况及其合理性，劳务费用的定价是否公允，是否与同行可比公司存在明显差异，是否存在为发行人代为承担成本或费用；(3) 按照作业属性说明专业班组单位人工成本的波动情况及其公允性，劳务外包用工数量及费用变动与发行人业务成本、收入的匹配性，是否存在跨期核算情形；（4）说明报告期内对部分劳务公司采购额变动较大的原因及合理性，劳务公司与发行人及其实际控制人、董监高是否存在关联关系。

【披露信息】

一、劳务采购的基本情况

按照行业通行做法，公司承建工程的现场施工用工方式主要为劳务分包。发行人装修工程业务均由发行人外派项目工程管理人员进行管理并组织实施，同时将工程劳务分包给具备资质的劳务分包公司，由其组织劳务工人进行施工作业。随着公司业务的快速发展，劳务用工逐年增加。

二、劳务采购规模及交易情况

报告期内，发行人与主要合作的劳务分包公司不存在除正常劳务分包业务之外的其他业务合作，不存在除业务之外的资金往来。报告期内，发行人实际控制人乔荣健与发行人主要合作的劳务分包公司不存在业务合作、不存在资金往来。

三、劳务采购的协议履行情况

在劳务服务采购过程中，发行人未直接与劳务分包公司派出的劳务工人或各劳务班组签署劳动合同或合作协议，发行人与该等人员之间不存在直接法律关系，该等劳务工人并非发行人员工，与发行人不构成雇佣关系。

四、公司采取劳务分包经营模式的合法合规性

根据现行有效的《房屋建筑和市政基础设施工程施工分包管理办法》，建筑业企业可将其所承包的工程中的劳务作业发包给具有相应资质的劳务分包企业完成。根据住房和城乡建设部发布的《关于进一步加强和完善建筑劳务管理工作的指导意见》，“施工总承包、专业承包企业可通过自有劳务人员或劳务分包、劳务派遣等多种方式完成劳务作业”，施工总承包、专业承包企业“可以将劳务作业分包给具有施工劳务资质的

企业”。根据上述法律法规，报告期内，发行人作为施工专业承包企业可将劳务作业分包给具有施工劳务资质的其他建筑企业。

报告期内，与发行人合作的劳务分包公司均取得了《建筑业企业资质证书》，具备承揽建筑劳务分包业务所需的建筑业企业资质，符合相关法律法规的要求。

因此，发行人与劳务公司签订施工劳务分包合同、将部分施工劳务作业发包给具备相应资质的劳务分包公司，是合法合规的。

五、劳务分包公司的合法合规性

报告期内，与发行人合作的劳务分包公司均取得了《建筑业企业资质证书》，具备承揽建筑劳务分包业务所需的建筑业企业资质，符合法律法规的要求。

中泰劳务系因深圳瑞华薄膜科技有限公司二期年产600吨聚酰亚胺薄膜项目发生一般安全事故，于2017年4月7日被深圳市住房和建设局处以暂扣资质证书2个月的行政处罚。该等处罚并非由中泰劳务与发行人合作项目所导致。暂扣资质证书期间，中泰劳务未与发行人在深圳地区新签署劳务分包合同。

2016年6月22日，建业劳务由于项目违规，部分人员被深圳市住房和建设局处以暂扣资质证书2个月的行政处罚，该违规行为发生时，建业劳务尚未与发行人建立合作关系；2017年12月7日，建业劳务由于项目违规，被深圳市住房和建设局处以罚款8510.83元、部分人员暂扣资质证书1年的行政处罚，该处罚主要系针对建业劳务项目人员处罚，对建业劳务业务经营无重大影响，该违规行为发生时，建业劳务与发行人尚未在深圳区域建立合作关系。建业劳务前述处罚均非由与发行人合作项目所导致。

就上述中泰劳务处罚导致的资质暂扣事项，经访谈深圳市住房和建设局相关负责人确认，资质证书暂扣期间，证书仍然由企业保管，深圳市住房和建设局在其招投标系统中对暂扣资质的企业进行限制；资质证书暂扣期间受处罚公司不能承接深圳市内新的项目，就已承接项目可继续施工，且不影响其在外地承接项目。在上述劳务分包公司暂扣资质期间，发行人未与其在深圳地区新签署劳务分包合同。截至本招股说明书签署之日，资质暂扣期已经结束，根据发行人的书面确认，发行人未曾因该等劳务分包公司的违规事项受到相关政府部门处罚。

六、公司劳务采购的定价模式和用工人数

劳务分包定价模式系通过核算工程量及工序价格进行定价，而非通过人数及薪酬予以定价。

发行人与劳务分包公司签署的分包合同、劳务公司与劳务班组签订的班组承包责任合同书，仅就工作内容、工作量（分解工序）、工序单价或包干总价、工期等进行约定，但并不就具体施工的人数进行约定。

发行人收集并查阅了《深圳建设工程价格信息》中深圳市劳务用工市场价格情况，该劳务价格与市场实际价格的可比性较强，发行人在深圳地区的用工价格也参考了该等价格。

七、公司与劳务分包公司的关联关系核查

发行人主要合作的劳务分包公司曾经或现在均非发行人控制，发行人与该等劳务分包公司保持独立。

八、发行人劳务外包属于合法的劳务分包，而不是项目整体转包

发行人作为施工专业承包企业，全面负责项目获取、项目执行、竣工结算及项目维保等涉及的各个环节，仅将项目劳务施工作业合法分包给有资质的劳务公司，而劳务施工作业仅为项目执行过程中的一个环节，劳务分包不属于整体装修工程的转包。

小兵评析

1. 发行人在 2017 年 11 月 IPO 审核被否决之时，小兵曾经对这个案例作过分析，认为在当前的审核背景下，家装行业竞争相当激烈、存在很大的发展困

局，突围很难。发行人的业务主要就是跟房地产开发商合作进行精装修业务，最近几年在房地产调控越来越严苛的情况下，发行人的业务自然是“僧多粥少”，只能在存量的固定蛋糕上争夺份额，竞争之惨烈可想而知。

2. 发行人第一次被否决时，我们重点关注的问题自然是万科员工持股计划的入股以及发行人对单一客户万科的依赖。这些问题确实可以直接否决一个企业的申请，而更深层次的原因是发行人在与客户合作时的话语权弱，最直接的证据就是应收账款的增加和账期的拖延。

3. 这一次重新申报，发行人还是作了很大的改变，最主动且直接的变化就是万科的持股平台全部退出了发行人，这个也解释为审核意见的要求。2017年12月26日，万丰资产与顺其自然、乔荣健、张安签订《股份转让协议书》，将其持有的发行人555万股股份全部转让，其中由顺其自然受让351万股，乔荣健受让108万股，张安受让96万股。

4. 此外，对于万科销售单一销售占比也逐步降低，客户结构更加均衡。2016年、2017年、2018年和2019年1～6月，公司对万科地产的收入分别为46,372.00万元、37,149.08万元、33,752.48万元和26,272.95万元，占公司当期营业收入的比例分别为46.39%、39.54%、24.76%和29.50%。当然，最重要的原因，是发行人的业绩能够保持稳定且略有增长，最后一年超过了1亿元。

5. 发行人经营装修业务，那么最大的业务问题就是劳务分包，这也是我们在研究这个行业的IPO的时候需要重点关注的技术问题。发行人劳务成本占营业成本的比例在40%～50%，占比非常高。同时，发行人劳务采购主要集中在两家劳务公司，合计占比从报告期初的98%降低至35%，这也是很大的改变。通过这个案例，跟大家简单总结一下关于劳务分包需要关注的重点以及值得思考的思路。

6. 发行人在劳务分包问题上主要采取的内部控制措施包括：

（1）发行人对每个装修项目全面监控管理，派出相关人员负责项目的总体安排、进度控制、施工质量、材料出入库、数据报送以及财务核算等。

（2）在具体项目施工过程中，发行人项目现场管理人员负责工程项目的全面组织实施及日常管理。

（3）公司劳务采购采取“小班组”组织模式，即单一项目按不同工种专业分别聘请劳务班组，并保证各个专业作业流程有两个以上班组参与并相互竞争。

（4）劳务公司提供的服务内容主要包括泥水、油漆、木工、水电等重复性较高的施工作业。

（5）公司采取按项目进行劳务费用结算的方式，在劳务班组完成分包工程内容并经验收合格后，公司与劳务分包公司及其指定的劳务班组办理结算。一般情况下，劳务分包款按照施工进度予以支付：在项目施工过程中，逐月按照完工进度支付至合同价款的60%～70%，完工进度由劳务班组提出申请并经公司项目管理人员、财务管理人员、公司领导层等审核确认；完工并验收合格后，支付至合同价款的85%；办理完毕结算后，支付至合同价款的95%；剩余5%作为质保金，在施工项目整体质保期结束时进行支付。

（6）2016年、2017年、2018年及2019年1～6月，发行人采用现金支付劳务分包款分别为264.96万元、124.57万元、47.50万元和32.71万元，占当期劳务采购规模的比例分别为0.70%、0.36%、0.09%和0.10%。

7. 对于劳务分包，监管机构关注的审核要点非常具体，主要包括：

（1）发行人与劳务采购的金额、占比以及变动情况。

（2）发行人与劳务分包公司是否存在关联关系。发行人与劳务分包公司是否还存在其他的业务合作，尤其是服务和代理业务等。

（3）发行人与分包公司之间是否存在人员、资金往来的情形，是否存在经营混同的情形等。

（4）劳务公司是否只有发行人一个客户，是否专门为发行人提供服务。

（5）发行人与劳务公司均是劳务分包关系，不存在劳务派遣的情形。

（6）发行人是否只与劳务公司签署合同，不存在与项目人员直接签署协议的情形。

（7）劳务分包公司是否存在不具备资质的情形。

（8）劳务分包公司是否存在违法违规行为，违规行为是否存在导致资质暂停的情形，分包公司资质暂停期间是否与发行人有合作，合作是否有效。

（9）发行人的分包行为是否合法合规。根据法律规定，建筑业企业、施工总承包、专业承包企业是允许劳务分包业务的。同时，发行人劳务外包属于合法的劳务分包，而不是项目整体转包。

（10）劳务分包业务的定价模式，定价方式是否合理，分包班组和分包人数的情况，发行人不负责项目人员的统计。

案例85　法本信息（300925）——每年有近一半的员工离职，是否合理

【问询问题】

报告期内，发行人员工各年度离职人数分别为1679、2617、4192。多名员工因劳动纠纷向发行人提起诉讼、仲裁，要求发行人支付工资及补偿金等。请发行人补充披露：（1）报告期内各年度新进员工人数、员工离职率、离职员工职级及薪酬区间分布情况、离职员工对进行中业务及未来业务开展的影响情况；（2）结合同行业可比公司情况，披露员工大幅离职的背景、原因、员工流动性高是否符合行业状况，是否存在集体纠纷、群体性事件或其他潜在纠纷；（3）报告期内劳动用人是否合法合规、员工离职对生产经营是否产生不利影响；（4）与员工离职相关的费用具体内容、费用确认是否充分、相关信息披露是否充分；（5）发行人是否存在员工流动性高、人员构成不稳定的情形，如是，请充分揭示风险。

【披露信息】

一、补充披露报告期内各年度新进员工人数、员工离职率、离职员工职级及薪酬区间分布情况、离职员工对进行中业务及未来业务开展的影响情况

（一）报告期内各年度新进员工人数、员工离职率、离职员工职级及薪酬区间分布情况

1. 发行人报告期内离职率计算公式的说明

发行人报告期内的离职率为年度累计离职人数占年度累计在册人数的比例，计算公式为：年度离职率 = 年度累计离职人数/（年度累计离职人数 + 期末在册人数）×100% = 年度累计离职人数/（年初在册人数 + 年度累计入职人数）×100%。

发行人查询了其报告期内 14 家客户（报告期内前十大客户涉及主体）对供应商离职率的考核要求，除其中 2 家客户未明确约定离职率外，发行人将其离职率计算公式与剩余 12 家客户对供应商离职率的计算公式进行了比较分析：其中，8 家客户对供应商离职率的计算方式与发行人的计算方式保持一致，另外 4 家客户对供应商离职率的计算方式与发行人的计算方式存在差异。发行人报告期内离职率计算公式具有一定的行业代表性。

2. 报告期内，发行人新进及离职员工情况统计

报告期内，发行人的离职率分别为 34.34%、32.81% 和 34.55%，不存在大幅度波动，且与行业离职率经验值 30% ~40% 基本匹配。发行人报告期内的离职情况基本能够满足该等客户的考核要求。

（二）离职员工对进行中业务及未来业务开展的影响情况

离职员工对进行中业务及未来业务开展不存在重大影响，理由如下：

1. 报告期内，发行人未实施过大规模裁员或变相裁员，员工离职不存在重大异常情况。

2. 根据发行人新进员工人数和离职员工人数，报告期内，发行人初、中、高三个层级的新进人员均显著大于离职人员，员工人数不断增加，营业收入、净利润逐年增长，因此报告期内的员工离职人数上升并未对业务构成重大影响。

3. 离职员工的可替代性较强。从发行人离职员工在发行人任职的工

龄（以下简称司龄）分布情形来看，70%左右的离职员工在发行人的司龄不足1年，可替代性强。

4. 发行人制定了较为完善的离职管理流程，确保离职员工对业务的影响在可受控范围内。

5. 发行人招聘交付能力强，能够快速做到离职补充。

6. 在报告期内，发行人员工离职率总体上在客户满意的范围以内，没有造成较大不利影响。

综上，发行人报告期内的员工离职对进行中业务及未来业务开展并未造成重大不利影响。

二、结合同行业可比公司情况，披露员工大幅离职的背景、原因、员工流动性高是否符合行业状况，是否存在集体纠纷、群体性事件或其他潜在纠纷

（一）员工大幅离职的背景、原因、员工流动性高是否符合行业状况

1. 发行人报告期内的离职情况符合所属行业发展特性

发行人通过与同行业的沟通及对所属行业离职情况的多年观察与分析，同行业公司的离职率经验值在30%～40%。

2. 发行人报告期内的离职情况

发行人报告期内员工离职主要系自愿离职，非自愿离职的员工人数占比较低。

3. 离职员工司龄情况分析

报告期内，发行人各年度离职人员主要集中在司龄低于1年内的，该等人员占各年度离职总人数比例约为70%。其中，司龄在3个月内员工离职占各年度离职总人数比例约为30%，该类人员处于试用期阶段，该阶段的员工离职较高主要系其自身稳定性不足、与公司磨合度不高导致。

综上，发行人员工离职情况与所属行业的行业属性密切相关。发行人报告期内离职人员主要系自愿离职人员，该等人员的离职与其司龄存在一定的相关性。

（二）发行人不存在集体纠纷、群体性事件或其他潜在纠纷

报告期内，发行人离职员工中共有17人因为劳动纠纷提起诉讼或仲裁并要求发行人支付工资及补偿金等，该等员工向发行人申请的赔偿或补偿总金额为119.68万元，占各年度的净利润比例较低。报告期内，发行人因劳动争议累计支付工资及补偿金等费用总额为54.48万元，金额较小，分别占各年度净利润比例较低。

综上，发行人因离职而产生劳动纠纷并导致诉讼、仲裁的情形较少，不存在集体纠纷、群体性事件，也不存在其他重大潜在纠纷。

三、报告期内劳动用工是否合法合规、员工离职对生产经营是否产生不利影响

（一）报告期内劳动用工是否合法合规

1. 报告期内，发行人与其在册员工均及时签署了劳动合同，并及时为该等员工购买了相应的社会保险、公积金等。

2. 报告期内，发行人及其分支机构均已取得其所在地的劳动保障管理部门、社会保险管理部门和住房公积金管理部门出具的合规文件。

3. 发行人报告期内不存在因违反劳动法律法规规定而受到劳动主管部门处罚的情形。

4. 报告期内，发行人因离职而产生劳动纠纷并导致诉讼、仲裁的情形较少。

综上，发行人报告期内用工合法合规。

（二）员工离职对生产经营是否产生不利影响

报告期内，员工离职未对发行人的生产经营产生重大不利影响。

四、与员工离职相关的费用具体内容、费用确认是否充分、相关信息披露是否充分

公司员工离职包含自愿离职和非自愿离职两种情形，其中非自愿离职包含根据用工双方协商一致和未协商一致通过劳动仲裁或诉讼方式处理两种情形。对于自愿离职员工，公司根据离职当月的服务天数进行结

算工资，公司在员工提出辞职的当月进行计提相应的员工薪酬，计入对应的成本费用；对于非自愿离职的员工，公司与员工协商或者通过劳动仲裁或诉讼确定赔偿金额，公司按照人员归属部门及工作职能将相应的赔偿金额计入对应的成本费用。

综上，发行人员工离职相关的费用具体内容、费用确认充分。

五、发行人是否存在员工流动性高、人员构成不稳定的情形，如是，请充分揭示风险

发行人客观上存在员工流动性高的情形，其离职率总体平稳可控，发行人在报告期内的员工离职情况对生产经营及业务开展没有产生重大不利影响。

针对上述事项，保荐机构履行了以下核查程序：

1. 查阅了发行人报告期内的员工花名册、入职及离职人员名单、发薪名单。

2. 按比例抽阅发行人报告期内入职人员的劳动合同、离职人员的离职申请、劳动合同解除协议书、劳动诉讼/仲裁文件、离职补偿或赔偿金入账凭证及银行流水。

3. 查阅了发行人相关人力资源管理制度、报告期内的社保及公积金缴纳凭证。

4. 访谈发行人人力资源部门的负责人、财务部门负责人及招聘主管人员，了解了发行人员工离职相关内部管理制度及财务处理流程。

5. 访谈发行人法务负责人，了解报告期内公司出现的劳动纠纷情况。

6. 查阅了发行人及其分支机构取得的劳动主管部门出具的合规证明文件。

7. 查阅了发行人报告期内的审计报告。

8. 登录巨潮资讯网站（http：//www. cninfo. com. cn/new/index）查阅同行业可比公司的公开披露文件（包括但不限于招股说明书、年度报告、业绩快报等）。

9. 登录人民法院公告网（https：//rmfygg. court. gov. cn）、广东法院诉讼服务网（https：//ssfw. gdcourts. gov. cn/）、深圳市国际仲裁院（http：//www. sccietac. org/）、中国裁判文书网（http：//wenshu. court. gov. cn）、中国执行信息公开网（http：//zxgk. court. gov. cn）、信用中国（https：//www. creditchina. gov. cn/）等网站检索发行人劳动诉讼、仲裁纠纷情况。

经核查，保荐机构认为：

1. 2017年度、2018年度和2019年度，发行人的离职率分别为34. 34%、32. 81%和34. 55%，不存在大幅度波动，发行人报告期内的员工离职对进行中业务及未来业务开展并未造成重大不利影响。

2. 发行人员工离职情况与所属行业的行业属性密切相关，发行人因离职而产生劳动纠纷并导致诉讼、仲裁的情形较少，不存在集体纠纷、群体性事件，也不存在其他重大潜在纠纷。

3. 发行人报告期内用工合法合规，员工离职主要系正常流动所致，并不存在任何群体性、集体性事件，也不存在重大异常情况，发行人也未曾实施过大规模裁员行为。同时，发行人已为员工离职及人员补充制定了相应的积极举措，对发行人业务经营不存在重大不利影响。

4. 发行人与员工离职相关的费用具体内容、费用确认充分，并已在招股说明书中充分披露。

5. 发行人客观上存在员工流动性高的情形，该等风险发行人已在招股说明书中揭示。

小兵评析

1. 发行人的行业算是比较特殊的一个业务，简单来说就是软件外包业务，最典型的特征就是业务量很大、业务分布广、员工人数众多。从小兵的角度来看，这样的业务虽然没有太大技术含量、毛利率不高，但是有着商业必要性及自身的发展价值。对于人员的管理能力和资源调配能力，也是企业核心的竞争力之一。

2. 发行人员工数量众多，且大多是中低级别的员工，因而稳定性不高，存在很高的离职率。以本案例发行人为例，报告期内员工的离职率基本上保持在30%以上，最高的时候接近35%。按照披露的离职率的计算公式，也就是发行人每年有一半以上的员工是要更新的。

3. 在审核过程中，审核中心还要求发行人对比同行业员工离职率的情况，但是发行人承认未在公开可查询渠道查询到同行业离职相关数据。不过，发行人的客户对于供应商的离职率是有明确的考核规定的，这个数据同样可以说明这个问题。发行人查询了其报告期内14家客户（报告期内前十大客户涉及主体）对供应商离职率的考核要求，根据发行人的主要客户对发行人离职率考核的要求，其中对员工月离职率这项指标的标准一般在3%～6%，与发行人了解的行业年度离职率30%～40%基本相符。

4. 不论是怎样的行业特殊原因和背景，发行人如此高的离职率必然会让审核中心关注到经营稳定性问题，同时也会关注到另外一个指标：离职员工的司龄问题。从发行人离职员工的司龄分布情形来看，发行人各年度离职人员主要集中在司龄低于1年的，该等人员占各年度离职总人数的比例约为70%。其中，司龄在3个月内员工离职占各年度离职总人数比例约30%，该类人员处于试用期阶段，该阶段的员工离职较高主要系其自身稳定性不足、与公司磨合度不高导致。

5. 对于员工的离职，自然有主动离职也有被动离职，发行人也详细说明了辞退员工情况下相关费用的问题。发行人非自愿离职的员工比例占离职员工的比例在2%左右，基本上也是在一个可控的范围内，同时也详细说明了关于违约金以及相关费用的支出和会计处理的情况。具体见表3－7－1：

表3－7－1　离职人员违约金以及相关费用支出和会计处理情况

年度	2019年度	2018年度	2017年度	合计
离职人数（人）	4192	2617	1679	8488
其中：非自愿离职人数（人）	84	56	117	257

续表

年度	2019 年度	2018 年度	2017 年度	合计
违约支付金额（万元）	168.53	108.99	165.31	442.83
其中：计入主营业务成本（万元）	94.12	34.46	111.35	239.93
计入管理费用（万元）	31.17	59.51	38.96	129.64
计入销售费用（万元）	43.24	2.50	15.00	60.74
计入研发费用（万元）	—	12.52	—	12.52

6. 这么高的员工离职率，自然会涉及一定数量的纠纷诉讼和仲裁的情形，发行人也对这样的情形作了说明，同时对这些情形对发行人经营业绩的影响作出了测算。

第八章　财务规范问题

1. 在注册制的审核理念下，很多财务规范性问题有了较大的突破和包容，如典型的转贷、第三方回款、资金占用等内控问题，目前只要求在申报之前彻底解决就可以，没有明确的运行时间的要求。

2. 对于第三方回款和现金交易的问题，也不再是明确的禁止，只要符合基本的商业逻辑和交易规则并且内部控制措施有效实施，也是允许的。

3. 当然，任何一个好的制度或者概念，都是在宽容的同时有严格的地方，这才叫收放自如。比如，对收入客户的关注、对于成本核算问题的具体化、对内部控制措施的针对性，都要求得更加严格，也要求信息披露得更加详细。

4. 此外，我们也关注到一些跟发行人持续经营能力有关的问题，如收入结构发生重大变化、业绩粉饰、异常客户或者订单等。

案例86　奇安信（688561）——股改时存在大规模未弥补亏损

【问询问题】

招股说明书披露，截至股改基准日，发行人前身奇安信有限存在未分配利润为负的情形。请发行人按照《上海证券交易所科创板股票发行上市审核问答》第 13 条[①]的要求，完整披露未分配利润为负的形成原因；整体变更后的变化情况和发展趋势，与报告期内盈利水平变动的匹配关系；对未来盈利能力的影响等。

【披露信息】

一、未分配利润为负的形成原因

未分配利润为负的主要原因是公司为建设四大研发平台、布局新赛道产品、提升攻防竞争力、建立全国应急响应中心而进行了大量投入。在公司整体变更前，研发费用及销售费用投入金额较大，导致公司在整体变更时点存在较大的累计未弥补亏损。

二、整体变更后的变化情况和发展趋势，与报告期内盈利水平变动的匹配关系

整体变更后，由于公司的研发投入、产品及服务体系建设仍需持续投入，公司仍然处于亏损状态。从 2019 年度开始，公司的研发投入及销售费用支出增速将进一步放缓，收入规模将不断提升，公司利润水平将逐步提高，预期公司未弥补亏损将得到弥补。

报告期内，发行人合并口径累计未分配利润与报告期内盈利水平变

---

① 《上海证券交易所科创板股票发行上市审核问答》："13. 发行人在有限责任公司整体变更为股份有限公司时存在累计未弥补亏损的，信息披露有哪些要求？中介机构应当如何进行核查？答：部分科创企业因前期技术研发、市场培育等方面投入较大，在有限责任公司整体变更为股份有限公司前，存在累计未弥补亏损。此类发行人可以依照发起人协议，履行董事会、股东会等内部决策程序后，以不高于净资产金额折股，通过整体变更设立股份有限公司方式解决以前累计未弥补亏损，持续经营时间可以从有限责任公司成立之日起计算。整体变更存在累计未弥补亏损，或者因会计差错更正追溯调整报表而致使整体变更时存在累计未弥补亏损的，发行人可以在完成整体变更的工商登记注册后提交发行上市申请文件，不受运行 36 个月的限制。发行人应在招股说明书中充分披露其由有限责任公司整体变更为股份有限公司的基准日未分配利润为负的形成原因，该情形是否已消除，整体变更后的变化情况和发展趋势，与报告期内盈利水平变动的匹配关系，对未来盈利能力的影响，整体变更的具体方案及相应的会计处理、整改措施（如有），并充分揭示相关风险。保荐机构及发行人律师应对下述事项进行核查并发表核查意见：整体变更相关事项是否经董事会、股东会表决通过，相关程序是否合法合规，改制中是否存在侵害债权人合法权益情形，是否与债权人存在纠纷，是否已完成工商登记注册和税务登记相关程序，整体变更相关事项是否符合《中华人民共和国公司法》等法律法规规定。"

动的匹配关系具有合理性。

三、对未来盈利能力的影响分析及风险提示

公司如长期无法盈利，将造成公司现金流紧张，对公司资金状况、研发投入、业务拓展、市场拓展、人才引进、团队稳定等方面造成影响。预计首次公开发行股票并上市后，公司的前述各方面的资金需求将得到很大程度的缓解，有利于公司业务的稳步开展和进一步盈利能力的提升，但公司短期内尚无法现金分红，将对股东的投资收益造成一定程度的不利影响。

四、整体变更的具体方案及相应的会计处理

2020 年 4 月 19 日，奇安信召开 2020 年第一次临时股东大会，审议通过了《关于调整奇安信科技集团股份有限公司整体变更设立方案的议案》，此次调整后，奇安信有限截至 2018 年 12 月 31 日的经审计账面净资产由 675,036.29 万元调整为 609,910.69 万元；奇安信各发起人以截至 2018 年 12 月 31 日的奇安信有限经审计账面净资产 609,910.69 万元折股整体变更为股份公司，变更后的股份公司股份总额为 54,000.00 万股，每股面值人民币 1 元，资本公积为人民币 674,714.08 万元，同时保留未分配利润 -118,803.39 万元。

小兵评析

1.《证券法》修订之后，取消了发行人上市之前存在未弥补亏损的规定，这也是在法律上为持续亏损的企业能够上市扫清了障碍。在这个背景下，科创板和注册制下的创业板都允许股改的时候存在未弥补亏损的情形。其实，从规则上来讲，主板和中小板也是可以允许股改时存在未弥补亏损的，既然上市都可以存在亏损，股改再强调不存在亏损就没有任何意义了。当然，这里还需要关注的是，净资产是否低于实收资本，从而导致整体变更出资不实的情形。

2. 发行人是软件开发运营公司，出于行业特性和商业模式的不同，发行人自设立就长期亏损，股改的时候累计亏损 11 亿元，而在股改之后，发行人仍旧是持续亏损，每年亏损金额在5亿元左右，累计亏损已经超过了20亿元。这算是一个非典型的IPO审核案例，科创板上市的也不是很多，但是现在可以看作IPO体现出更大的包容性，希望这个公司在上市之后能够不辜负这份包容和信任。

3. 发行人原来是360集团的控股孙公司，2015年，360集团将股权进行了转让，不再持有发行人股权，算是提前实现了股权投资的回报。尽管发行人在股权上跟360集团没有了关系，但是在商标、专利等方面还存在互相使用和授权的情况。2017年、2018年、2019年以及2020年第一季度，使用360标识或者字样销售产品的收入占比分别为57.18%、55.56%、26.10%和21.31%；2017年至2019年使用360集团的技术形成的产品销售占比为13.68%、10.47%和13.37%。尽管发行人解释对360集团不存在重大依赖，发行人在研发技术人员等方面都存在独立性，但是后续的发展还是存在很大的隐患和担忧。

4. 对于软件企业来说，人工工资是最重要的成本组成，对于企业的内部控制来说，具有有效的工时系统是最基本的要求。工时系统要实现两个最基本的要求：一个是工时核算的准确性，另一个是工时分摊的合理性。在以前的IPO审核中，对于工时系统的信息披露并不是很多，这个案例作了一些简单的解释，具有一定的参考性。

案例87 科思科技（688788）——非专利技术和长期待摊费用

【问询问题】

招股说明书披露：（1）公司无形资产中共有3项非专利技术，系公司控股子公司高芯思通通过委托第三方开发取得的技术成果；（2）发行人将2017年委托湖南融创微电子有限公司开发芯片掩膜的制作费用和晶圆生产费计入长期待摊费用进行摊销。

请发行人说明：（1）非专利技术是否符合无形资产的确认条件，预计使用年限以及确定依据；(2) 作为长期待摊费用核算以及摊销期限的具体依据，相关会计处理是否恰当。

【披露信息】

一、非专利技术是否符合无形资产的确认条件，预计使用年限以及确定依据

（一）非专利技术符合无形资产的确认条件

公司控股子公司高芯思通无形资产中共有3项非专利技术，系高芯思通通过委托第三方开发取得的技术成果，3项非专利技术具体为："RC1602IP模块"、"GX1001芯片布局布线"及"DSP芯片地面试验验证版测试支撑平台"。

《企业会计准则第6号——无形资产》第4条规定："无形资产同时满足下列条件的，才能予以确认：（一）与该无形资产有关的经济利益很可能流入企业；（二）该无形资产的成本能够可靠地计量。"

上述非专利技术按照协议约定的金额入账，因此非专利技术的成本能够可靠地计量，满足"该无形资产的成本能够可靠地计量"的资产确认要点。因此高芯思通将上述3项非专利技术确认为无形资产。

（二）预计使用年限以及确定依据

高芯思通在确定无形资产摊销年限时，首先根据其合同规定年限对无形资产进行摊销；若合同无约定期限的无形资产，根据无形资产预计使用年限进行摊销，高芯思通出于谨慎性原则，对于合同年限没有约定的无形资产按5年期限进行摊销。根据合同约定，上述3项非专利技术，均无使用年限限制。"DSP芯片地面试验验证版测试支撑平台"及"RC1602IP模块"对于芯片的设计具有通用性，可用于后续多种型号芯片的设计和应用，预计使用年限较长，管理层将其定为5年进行摊销；"GX1001芯片布局布线"为GX1001芯片特定设计技术，具有专用性，其摊销年限根据项目的预计运行时间而定，高芯思通预估项目研发周期为3年，因此高芯思通管理层将其预计使用年限设定为3年。

二、作为长期待摊费用核算以及摊销期限的具体依据，相关会计处理是否恰当

（一）作为长期待摊费用核算具体依据

1. 掩膜制作费及芯片封测工装（晶圆生产费）的资产性质

封测工装及掩膜制造工艺从本质上都是对晶圆的一种再加工过程，因此高芯思通将芯片封测工装按照与掩膜相同的会计处理原则确认为“长期待摊费用”。

2. 芯片相关行业会计处理原则

根据与可比公司比较，高芯思通掩膜计入长期待摊费用进行摊销的会计处理与芯片相关行业内企业掩膜会计处理原则无重大差异。

（二）摊销期限的具体依据

2016年9月，科思科技、高芯思通与湖南融创签订的《GX1001项目后端设计合同》的《GX1001项目后端设计合同附属合同》约定，购买并加工12片晶圆，高芯思通按照12片晶圆在制造及封装芯片过程中的耗用数量，摊销掩膜及芯片封测工装。

2017年，湖南融创按照合同约定，消耗了3片晶圆加工出一批芯片，高芯思通摊销掩膜成本167.70万元（670.79万元×3/12）和芯片封测工装23.41万元（93.65万元×3/12），将其合计的摊销额191.11万元计入了芯片存货成本，研发领用芯片时计入研发费用。

2017年12月，高芯思通GX1001芯片项目样品研发工作已经完成，后续研发工作趋于暂停，管理层预计掩膜在后续项目启动尚可使用的前提下，出于谨慎性考虑将剩余掩膜制作费用金额503.09万元（670.79万元－167.70万元）在未来2年内平均摊销，每年的摊销金额为251.55万元计入管理费用。

高芯思通与湖南融创签订的《GX1001芯片封装技术服务合同》有效期限为12个月，高芯思通将剩余芯片封测工装（晶圆生产费）金额70.24万元（93.65万元－23.41万元）在2018年进行了全部摊销计入管理费用。

根据上述原则，掩膜的制作费用和芯片封测工装（晶圆生产费）的相关会计处理恰当。

小兵评析

1. 这个案例主要提到了两个不是很常见的会计处理问题：一个是非专利技术认定为无形资产；另一个是生产相关的一些费用计入长期待摊费用。

2. 关注这个问题，最核心的还是本应计入当期费用或成本的费用间接资本化了，因而关注到认定为无形资产或者待摊费用的合理性以及是否符合相关规则，并且关注后续摊销的期限和金额。

3. 小兵认为，这里如果将一次性计入成本和费用，与摊销进行一个模拟测算和对比，那么对这个问题的解释就完美了。

案例88　松原股份（300893）——银行承兑汇票的终止确认标准

【问询问题】

报告期各期末，公司已贴现未到期的银行承兑汇票分别为5236.91万元、4018.01万元和2615.99万元；已背书未到期的银行承兑汇票分别为3448.71万元、3577.70万元和4749.50万元，均予以终止确认。请你公司结合前述已贴现或已背书未到期的银行性质、相关银行承兑汇票是否仍具有追索权，补充披露将该等应收票据予以终止确认是否符合《企业会计准则》的规定。

【披露信息】

一、已贴现或已背书未到期应收票据承兑银行的银行性质

报告期各期末，已贴现或已背书未到期应收票据承兑银行的银行性质及金额情况见表3-8-1：

表3-8-1　报告期各期末已贴现或已背书未到期应收票据承兑银行的银行性质

单位：万元

类型	承兑银行性质	2019年年末	2018年年末	2017年年末
已贴现未到期	大型银行	2615.99	4018.01	5236.91
	非大型银行	—	—	—
已背书未到期	大型银行	2972.27	2137.50	2420.20
	非大型银行	1777.23	1420.20	1028.50
合计		7365.49	7575.71	8685.62
大型银行占比		75.87%	81.25%	88.16%
非大型银行占比		24.13%	18.75%	11.84%

注：根据银行资产规模、业务规模和信用情况，公司将政策性银行、邮政储蓄银行、国有大型商业银行和全国性股份制商业银行作为大型银行进行列示；将城市商业银行和农村商业银行作为非大型银行进行列示。

其中，大型银行包括中国银行、中国工商银行、中国建设银行、中国农业银行、中国邮政储蓄银行、广发银行、中国光大银行、交通银行、中信银行、兴业银行、平安银行、招商银行、浙商银行、上海浦东发展银行、中国民生银行和华夏银行。

二、相关银行承兑汇票是否仍具有追索权

（一）已贴现未到期票据

根据公司与银行签订的贴现协议及票据法相关规定，若票据到期后无法承兑，则银行有权向公司进行追索。

（二）已背书未到期票据

依据票据法相关规定，票据背书后是享有追索权的，但持票人要先行使付款请求权后遭到拒绝的，才能行使追索权。若票据到期后无法承兑，票据持票人有权向公司进行追索。

三、应收票据予以终止确认是否符合《企业会计准则》的规定

根据《企业会计准则第23号——金融资产转移》第5条和第7条之规定，企业转移了金融资产所有权上几乎所有风险和报酬的，应当终止确认

该金融资产。报告期各期末，公司已贴现或已背书未到期的银行承兑汇票承兑人均为商业银行，具有较高的信用，这些承兑银行主要系信用优良的大型银行，部分承兑银行虽为地方性银行，但也具有较高的信用，银行承兑汇票到期不获支付的可能性较低。在公司过往经营过程中，未发生过被背书人或银行因票据无法承兑向公司追索的情形。截至本回复报告出具日，2019年年末已贴现或已背书未到期的银行承兑汇票中，除由中国光大银行作为承兑银行的20万元的银行承兑汇票因未到期而尚未承兑外，其他已贴现或已背书的银行承兑汇票均已到期，且未发生被背书人或贴现银行因票据未能到期承兑向公司追索的情形。因此，公司报告期内将已贴现或已背书未到期的银行承兑汇票予以终止确认符合《企业会计准则》的规定。

四、模拟承兑银行信用等级进一步划分产生的相关影响

（一）承兑银行信用等级进一步划分后公司已贴现或已背书未到期的银行承兑汇票情况

公司对已贴现或已背书未到期应收票据按其承兑银行的信用等级作了进一步划分，将6家大型商业银行和9家上市股份制商业银行分为信用等级较高银行，其中6家大型商业银行分别为中国银行、中国农业银行、中国建设银行、中国工商银行、中国邮政储蓄银行和交通银行，9家上市股份制商业银行分别为招商银行、浦发银行、中信银行、中国光大银行、华夏银行、中国民生银行、平安银行、兴业银行和浙商银行；将其他商业银行分为信用等级一般银行。

（二）承兑银行为信用等级一般银行的应收票据在到期兑付时终止确认对公司财务报表影响说明

假设对上述信用等级较高银行承兑的银行承兑汇票在背书或贴现时予以终止确认，对信用等级一般银行承兑的银行承兑汇票在背书或贴现时不予终止确认，待到期兑付时再予以终止确认，具体处理为：（1）对期末已背书未到期银行承兑汇票，继续确认“应收票据/应收款项融资”，同时确认“其他流动负债”；（2）对期末已贴现未到期银行承兑汇票，继

续确认“应收票据/应收款项融资”，同时确认“短期借款”。

小兵评析

1. 以前对于应收票据的核算并不是很精准，也没有区分得很清楚，而现在随着审核理念进一步深入，对于这个问题的判断标准也越来越明确具体了。

2. 对于已背书或者已贴现但是具有追索权的银行承兑汇票，要区分不同的银行信用等级来确定是否可以到期前终止确认。

3. 本案例详细解释了这个问题，并且模拟测算了不同情况下票据终止确认对相关财务数据的影响。对于票据终止确认时点的确认，直接的影响是负债金额以及相对应的相关财务指标，对于损益数据没有任何影响。

案例89 奥来德（688378）——应收账款的预期损失率

【问询问题】

请发行人说明：(1) 2019年适用新金融工具准则后，应收账款预期信用损失仍按照账龄计提，考虑到不同客户信用期差异情况，账龄是否能充分反映客户逾期情况导致的不同程度信用风险；(2) 2017年、2018年应收账款坏账准备计提比例变动的原因；(3) 账龄5年以上应收账款的形成原因，并结合应收账款核销政策，说明未对上述应收账款进行核销的原因。

请保荐机构、申报会计师说明对报告期各期末应收账款余额的核查方式（包括但不限于函证及现场走访等）、核查过程、核查比例（包括对应收账款实施函证的比例、回函及差异情况）、核查结论。

【披露信息】

一、预期损失率的计算过程

自2019年1月1日起，公司根据《企业会计准则第22号——金融工具确认和计量》的相关规定，对应收款项采用简化模型计提坏账准备，按照整个存续期预期信用损失的金额计量应收账款损失准备。《企业会计准则第22号——金融工具确认和计量》规定：企业应当按照本准则规定，以预期信用损失为基础，对纳入减值范围的金融工具进行减值会计处理并确认损失准备。公司认为不同细分客户群体发生损失的情况没有显著差异，相同账龄的客户具有类似预期损失率，因此以账龄为依据划分应收账款组合。公司参考历史信用损失经验，结合当前状况以及对未来经济状况的预测，通过账龄迁徙率计算预期信用损失率。

目前的宏观经济增速放缓将对应收账款回收情况产生一定的负面影响。为了在历史损失经验基础上反映当前预期，企业基于以往经验和判断，预计5年以下账龄的预期损失率很可能比历史损失率提高5.00%。

公司目前计算预期坏账损失使用的预期损失率与原账龄分析法的计提比例一致。运用迁徙法计算预期信用损失率与原坏账计提比例相比有一定差异，预期信用损失率整体低于原坏账计提比例，考虑到公司客户质量以及信用状况与往年相比未发生重大变化，且基于谨慎性和一致性原则，公司仍按原坏账计提比例估计预期信用损失率。因此，目前采用的预期信用损失计提方式更合理。

二、应收账款核查程序

保荐机构及申报会计师对报告期各期末主要客户的应收账款余额实施了函证和走访程序，具体情况如下：

（一）函证

报告期各期末，对主要客户的应收账款余额进行函证，并对函证结果进行核对与评价，针对回函不符的客户编制回函调节表，针对未回函的客户执行替代测试。

1. 具体发函和回函比例（见表3－8－2）。

表3－8－2 具体发函和回函比例

单位：万元

项目	2019－12－31	2018－12－31	2017－12－31
期末应收账款余额①	5039.67	4362.28	1372.52
发函金额②	4884.68	4194.98	1275.92
发函比例③＝②/①	96.20%	96.16%	92.96%
回函金额④	4793.40	4090.95	1171.50
回函占发函金额比例⑤＝④/②	98.13%	97.52%	91.82%
替代测试金额⑥	91.28	104.03	104.42
替代测试占发函金额比例⑦＝⑥/②	1.87%	2.48%	8.18%
回函金额＋替代测试金额占发函金额比例合计⑧＝⑤＋⑦	100.00%	100.00%	100.00%

2. 针对差异的核查程序。

（1）了解并核实差异形成的原因及其合理性。报告期内，应收账款发函金额与回函金额差异金额较小，存在差异的原因主要为公司与客户入账时间不同。

（2）取得上述差异形成的销售合同或订单、出库单、运输单、客户验收（或签收）单、销售发票、出口报关单以及银行收款凭证检查其销售的真实性，并检查公司是否记录于正确的会计期间。

3. 对未回函部分实施替代测试。

针对未回函的客户执行替代程序，检查对应的销售合同、出库单、运输单、客户验收（或签收）单、销售发票、出口报关单以及期后银行收款凭证等资料。

（二）走访

保荐机构和申报会计师对报告期主要客户进行了走访，询问其结算政策和付款政策，走访金额及比例见表3－8－3：

表3－8－3 走访金额及比例

单位：万元

走访客户应收账款余额	3905.12	4075.08	1279.39
其中：实地走访客户应收账款余额	2203.53	1749.77	740.31
其中：视频走访客户应收账款余额	1701.59	2325.31	539.09
占比	77.49%	93.42%	93.21%
其中：实地走访占比	43.72%	40.11%	53.94%
其中：视频走访占比	33.76%	53.30%	39.28%

（三）其他核查程序

（1）了解和评价管理层与应收账款相关的关键内部控制的设计和运行有效性。

（2）比较应收账款增长比例与营业收入的增长比例，并与同行业情况进行比较，特别关注应收账款增长比例高于营业收入的增长比例的情况。

（3）访谈公司销售人员，了解应收账款客户长期挂账原因；并走访大额客户，询问销售内容、回款情况及未回款原因；同时查验相关银行转账及票据回款凭证，核实回款金额及回款对象。

（4）检查应收账款主要客户的销售合同、出库单、运输单、客户验收（或签收）单、销售发票、出口报关单等支持性文件。

（5）获取报告各期应收账款明细表，复核发行人应收账款账龄划分是否正确，复核发行人坏账准备计提是否正确，核查逾期应收款项是否存在无法收回情况，坏账准备计提是否合理。

（6）了解公司坏账计提政策，评估其合理性，且复核公司坏账准备计算过程；检查公司坏账政策与可比上市公司坏账政策的对比情况对公司坏账计提的充分性进行复核。

三、应收账款期后回款比例的正确计算方式

1. 首次反馈回复出具日回款比例的计算过程；

2. 期后回款计算依据。

对各报告期期末有余额的客户按照全年口径统计，取得全年回款金额进行对比，因2018年和2019年全年回款金额超过对应报告期期末金额，视同回款100%；2019年年末余额以截至2020年5月31日全年回款金额作为回款金额计算，回款比例为75.31%。

小兵评析

1. 2019年之后，《企业会计准则第22号——金融工具确认和计量》对于应收账款坏账计提比例的规定看起来应该是更加有针对性，也符合现实的情况。《企业会计准则第22号——金融工具确认和计量》要求根据应收账款的迁移率计算预期损失率，这样计算是有明确依据的，且计算出来的损失率每年也不同。这跟以前直接根据经验主义或者同行业水平直接预计5%或者10%的比例确实要更加精确和有效。但是，实践中如果就是按照计算的损失率计提坏账，那么有可能会被认为不审慎，甚至有可能不能反映企业的真实经营情况。

2. 对于应收账款的核查也是重点问题，本案例发函比例和回函比例都超过了95%，应该是比较高的水平了，未回函的也做好了替代程序。应收账款核查做到了全覆盖，这可能也跟发行人客户相对比较集中有直接的关系，不一定具有参考性。

3. 期后回款的金额和比例，这样的两种计算方式反映了两个思路，第一种相对比较粗放，一种算总账的概念，只要是应收账款大数上期后都回来了，那么就是没问题。另外一种就是精细测算的概念，甚至可以精细到每笔应收账款的期后回款进度和金额，从而整体测算应收账款的回款进度。小兵认为，对于应收账款金额不大或者期后回款很及时的企业来说，用第一种思路来计算回款金额和比例，并没有什么大的问题。

案例 90　森林包装（605500）——原材料从法人采购全部改为向自然人采购

【问询问题】

1. 2017 年 3 月起发行人从原向废纸公司采购废纸转为主要向个人采购废纸。请发行人代表说明：(1) 从向废纸公司采购废纸转为主要向个人大比例采购废纸的原因及商业合理性；(2) 发行人报告期内对外公布的各类废纸扣点要求和价格，与向个人收购的最终废纸价格是否一致，扣点对采购价格的敏感影响，向个人收购的废纸价格是否与市场价格可比、波动是否一致；(3) 向个人供应商大量采购所带来的经营风险和财务风险，发行人防范相关风险所设立的关键控制点，相关制度的执行和内部监督是否有效；(4) 发行人享受增值税即征即退政策是否符合相关条件，是否存在税务操纵，是否存在税务风险；(5) 个人废纸供应商与发行人、实际控制人、董监高及其他关联方是否存在关联关系，是否存在为发行人承担成本及支付费用等利益输送情形。

2. 进口废纸采购价大幅低于国内废纸采购价。主管部门表示自 2021 年起不再受理和审批固体废物进口相关申请。请发行人代表说明：(1) 报告期内进口废纸是否存在违反《进口废纸环境保护管理规定》的情形，废纸进口逐年减少对发行人生产经营及业绩产生的影响；(2) 废纸零进口政策未来对发行人生产成本、产品价格、毛利率及业绩可能产生的影响，发行人生产经营环境是否面临重大不利变化，公司正在采取或拟采取的应对措施及预计效果。

【披露信息】

一、国内废纸收购的主要流程、收购对象、收购数量

（一）收购流程

目前，公司收购废纸的主要对象为个人，主要业务流程及内部控制如下：过磅、验收、开票。

发行人废纸采购中按照相关规定全部开具了相应的发票；发行人已经建立了严格的废纸收购流程及相应的资金管理和内控制度，各项制度执行良好。

（二）收购对象情况

2016年，发行人废纸采购供应商均为法人单位；2017年起，发行人开始直接向个人采购，加权平均采购单价高于向单位法人采购价格，主要原因如下：

1. 公司结合废纸库存情况、近期收购量、周边市场供应情况、成品纸价格趋势、近期生产计划等因素，决定向个人收购废纸的采购单价，并以此价格为基础上浮12%左右确定法人单位的废纸采购单价，由于法人单位可提供税率为17%的增值税专用发票（向个人采购仅可获取增值税普通发票），故发行人向个人收购废纸的单价比法人单位不含税收购单价高。

2. 根据财税〔2015〕78号《关于印发〈资源综合利用产品和劳务增值税优惠目录〉的通知》，纳税人销售自产的资源综合利用产品和提供资源综合利用劳务，可享受增值税即征即退政策。

虽然向个人收购废纸单位采购成本偏高，但由于上述增值税政策可抵销部分成本，因此向个人采购废纸降低了公司的综合成本，故森林造纸以较高的采购价格直接向个人采购废纸具有可行性及合理性。

二、采购进口废纸情况

（一）采购进口废纸的原因

国外废纸纤维含量高，作为原料生产牛皮箱板纸，能够提高产品质量性能，且价格与国内废纸相近或较低。

2016年6月，公司新增一条牛皮箱板纸生产线，牛皮箱板纸产能扩大，因生产需要，公司于2016年开始申请进口废纸指标，于2017年正式获批并开始进口废纸。2017年、2018年、2019年1～6月，公司获得进口废纸指标额度分别为12万吨、7.2393万吨和3.6930万吨，呈逐年递减趋势。

森林造纸进口废纸系因生产经营所需，已依法获得批准，且核定废纸进口量逐年降低，符合国务院办公厅印发的《禁止洋垃圾入境推进固体废物进口管理制度改革实施方案》（国办发〔2017〕70号）等政策导向。

（二）发行人符合废纸加工企业规模、生产加工设备及配套的污染防治设施和措施的要求

1. 生产规模、生产加工设备。

根据《进口废纸环境保护管理规定》，进口废纸企业生产能力应不小于5万吨/年，并具有与加工利用能力相适应的制浆、造纸等生产加工设备。森林造纸拥有三条瓦楞原纸、牛皮箱板纸生产线，具备完整的采购、加工、销售、环保等经营能力，符合生产规模、生产加工设备要求。

2. 污染防治设施和措施。

根据《进口废纸环境保护管理规定》，浙江省环境保护科学设计研究院出具的《限制进口类可用作原料的固体废物加工利用企业环境保护报告》，森林造纸的《排污许可证》《台州森林造纸有限公司进口固体废物加工利用经营情况记录簿》、一般固废购销合同及处理协议、与有资质企业签订的《委托处置服务协议》《台州森林造纸有限公司突发环境事件应急预案》、浙江省经济和信息化委员会与浙江省环境保护厅颁发的“浙江省清洁生产阶段性成果企业”荣誉证书。

（三）发行人进口国外废纸依法经过环保部门的审查并取得进口许可证，符合商务部门管理规定

森林造纸取得了由杭州海关颁发的《进口可用作原料的固体废物国内收货人注册登记证书》，编号为B33160021，注册登记废物原料种类：废纸，有效期至2024年6月21日；取得了生态环境部颁发的《中华人民共和国限制进口类可用作原料的固体废物进口许可证》。

（四）发行人进口废纸途径及使用情况合规

森林造纸进口废纸全部通过海关途径合法入境并全部自用，不存在

对外销售的情况。

森林造纸通过在线监测平台及时监测污染物排放情况，并聘请台州市绿安监测技术有限公司对排放情况进行监测，出具检测报告，对经营情况和环保监测情况进行报告报备。

（五）发行人境外废纸供应商已按照国家规定进行注册登记

境外废纸供应商均取得了由我国海关总署颁发的《进口可用作原料的固体废物国外供货商注册登记证书》。

小兵评析

1. 发行人的主营业务决定了公司产品的全部原材料均来自废纸。因而，不论是审核人员还是普通百姓，都会对发行人的原材料采购情况格外关注。

2. 从披露的信息来看，发行人报告期每年采购的废纸的原材料金额都在 10 亿元以上，这样的规模还是比较大的。从采购的来源来看，约有 90% 是来自国内采购，还有约 10% 来自国外进口。2016 年以前，发行人是没有进口采购废纸的，从 2017 年开始申请进口的配额。

3. 对于进口的废纸来说，发行人要申请相关的配额，进口的废纸均需要检疫检测的相关证明之后才可以入关。入关之后，发行人要严格按照用途使用这些废纸，而不能擅自进行销售或者处置。这两年，国务院一直在限制和禁止洋垃圾的进口，明确在 2021 年禁止进口废纸，那么还需要关注发行人后续应对这些政策的措施和面临的风险。

4. 对于境内采购的废纸来说，发行人最大的变化就是从法人采购废品变成了从个人采购废品。按照 IPO 的审核标准以及我们日常处理问题的思路，对于原材料采购都是从分散采购到集中采购，从自然人采购转为法人采购，这样做的理由也非常简单：保证了采购的稳定性和集中度，也便于财务核算的规范性。

5. 发行人反其道而行之的处理思路其实也比较简单，就是为了享受国家

50%的增值税退税的税收优惠。为了这个优惠，发行人不仅提高了自然人的收购单价，还向税务局申请代开自然人的发票，同时要对数量众多的自然人供应商进行规范的系统的管理。

6. 如果按照以前的审核标准，就算是有很大的一块利益空间，发行人也是断然不敢进行这样的反向操作的；而现在我们只能说注册制了，对于企业的商业判断更加宽容，也有了更大的调整空间。

7. 最后说一个细节，发行人国内采购废纸的单价在每公斤2元至2.5元，如果大家有卖废品的，可以算一下你卖的价格是多少，收废品的大概有多少毛利空间。

第九章　刑事犯罪

1. 最近几年，商业贿赂一直是 IPO 审核重点关注的问题。商业贿赂中有一种情况就是受贿人被刑事处罚，同时行贿人也被牵出，有的行贿人被判刑，有的行贿人被要求协助调查。

2. 如果是判刑，那么要论证行贿是个人行为，与发行人没有任何关系，这种情况下，只要相关行贿人员离职且发行人发表意见就可以了。这种情况下，行贿的一般都不是发行人的高管人员或者核心人员，通常只是普通的销售人员或者负责人之类的。

3. 如果是协助调查，那么取得检察院不予起诉的证明也是可以的，即证明行贿人不构成犯罪，那么就不构成 IPO 实质障碍。当然，这时候也会论证这属于个人行为，而不是单位行为。

附：《首发业务若干问题解答》（2020 年 6 月修订）

问题 11.《证券法》（2005 年修订）将最近 3 年无重大违法行为作为公开发行新股的条件之一。对发行人及其控股股东、实际控制人的合规性，发行人和中介机构应如何把握？

答：（1）“重大违法行为”是指发行人及其控股股东、实际控制人违反国家法律、行政法规，受到刑事处罚或情节严重行政处罚的行为。认定重大违法行为应考虑以下因素：

1）存在贪污、贿赂、侵占财产、挪用财产或者破坏社会主义市场经济秩序等刑事犯罪，原则上应认定为重大违法行为。

2）被处以罚款以上行政处罚的违法行为，如有以下情形之一且中介机构出具明确核查结论的，可以不认定为重大违法：①违法行为显著轻微、罚款数额较小；②相关处罚依据未认定该行为属于情节严重；③有权机关证明该行为不属于重大违法。但违法行为导致严重环境污染、重大人员伤亡、社会影响恶劣等并被处以罚款以上行政处罚的，不适用上述情形。

（2）发行人合并报表范围内的各级子公司，若对发行人主营业务收入或净利润不具有重要影响（占比不超过5%），其违法行为可不视为发行人本身存在相关情形，但其违法行为导致严重环境污染、重大人员伤亡或社会影响恶劣的除外。

（3）如被处罚主体为发行人收购而来，且相关处罚于发行人收购完成之前执行完毕，原则上不视为发行人存在相关情形。但发行人主营业务收入和净利润主要来源于被处罚主体或违法行为社会影响恶劣的除外。

（4）最近3年重大违法行为的起算时点，从刑罚执行完毕或行政处罚执行完毕之日起计算。

（5）保荐机构和发行人律师应对发行人及其控股股东、实际控制人是否存在上述事项进行核查，并对是否构成重大违法行为及发行上市的法律障碍发表明确意见。

案例91　亚辉龙（已过会）——创始人行贿受贿

【问询问题】

根据申报文件，发行人为胡德明、刘清波、何林、阳辉共同出资设立的公司。2013年10月因一辉龙单位行贿罪，胡德明、刘清波被判处有期徒刑；2018年2月因和一商贸单位行贿罪，阳辉被判处有期徒刑；何林2006年8月因受贿罪被判处有期徒刑。和一商贸、一辉龙（现已更名为深圳市佳驰姆进出口贸易有限公司）均为胡德明实际控制的企业，目前正在办理注销手续。发行人的董事、总经理、法定代表人宋永波曾任职于一辉龙。

请发行人说明：(1) 一辉龙、和一商贸单位行贿罪的案由等具体情况，胡德明、刘清波、何林、阳辉受到刑事处罚的案由和执行情况；上述刑事案件是否涉及发行人及其实际控制人及发行人现任董事、监事、高管、核心技术人员。(2) 一辉龙、和一商贸的业务经营情况，与发行人业务是否存在相似性，发行人是否承接了一辉龙、和一商贸的业务、资产、人员、技术等。(3) 结合报告期内一辉龙、和一商贸与发行人的业务往来情况，胡德明、刘清波、何林、阳辉报告期内在发行人处任职和发挥作用的情况，说明上述单位犯罪和发行人创始团队的刑事犯罪对发行人是否存在影响。(4) 发行人现有业务经营中是否存在与上述受到刑事处罚事项相同或类似的行为和情形；报告期内，发行人及其员工是否存在因商业贿赂等行为而被调查或处罚的情形。(5) 和一商贸、佳驰姆公司注销手续办理进展情况。

【披露信息】

一、关于发行人创始团队受到刑事处罚及相关股权转让

发行人为胡德明、刘清波、何林、阳辉共同出资设立的公司。2013年10月因一辉龙单位行贿罪，胡德明、刘清波被判处有期徒刑；2018年2月因和一商贸单位行贿罪，阳辉被判处有期徒刑；何林2006年8月因受贿罪被判处有期徒刑。和一商贸、一辉龙（现已更名为深圳市佳驰姆进出口贸易有限公司）均为胡德明实际控制的企业，目前正在办理注销手续。发行人的董事、总经理、法定代表人宋永波曾任职于一辉龙。

（一）一辉龙、和一商贸单位行贿罪的案由等具体情况，胡德明、刘清波、何林、阳辉受到刑事处罚的案由和执行情况；上述刑事案件是否涉及发行人及其实际控制人及发行人现任董事、监事、高管、核心技术人员

1. 一辉龙、胡德明、刘清波的刑事犯罪情况。

2004年至2012年，一辉龙、和一商贸、胡德明及刘清波在医疗器械

销售过程中为使相关医院能优先采购其公司代理的检验设备，违反国家规定向深圳市妇幼保健院、深圳市光明新区光明医院的相关工作人员行贿共计133.5万余元。2013年10月11日，深圳市盐田区人民法院出具《刑事判决书》，判决一辉龙犯单位行贿罪，判处罚金20万元；一辉龙法定代表人胡德明犯单位行贿罪，判处有期徒刑1年；一辉龙副总经理刘清波犯单位行贿罪，判处有期徒刑6个月，缓刑1年。

2. 和一商贸及阳辉的刑事犯罪情况。

2011年，东莞市中医院在采购医疗设备的过程中，和一商贸总经理阳辉请托东莞市中医院相关工作人员利用其职务上的便利，为东莞市中医院采购和一商贸代理的医疗设备提供帮助，向相关医院工作人员行贿合计95万元。2018年2月11日，东莞市第三人民法院出具《刑事判决书》，判决和一商贸犯单位行贿罪，判处罚金45万元；阳辉犯单位行贿罪，判处有期徒刑1年5个月，缓刑1年9个月。2018年8月7日，针对部分原审被告提出的上诉，东莞市中级人民法院出具《刑事裁定书》，裁定驳回上诉，维持原判。

3. 何林的刑事犯罪情况。

2001年3月，何林时任深圳市人民医院检验科副主任。当时深圳市人民医院公开招标采购一批医疗设备，招标设备参数的制定由何林负责。在公开招标前，何林提前将该消息告知了投标方广州保税区信捷医疗设备有限公司（与发行人无关联关系），帮助投标方顺利中标，何林后续获款共22万元。2006年8月29日，深圳市盐田区人民法院出具《刑事判决书》，判决何林犯受贿罪，判处有期徒刑3年，缓刑4年，退出的赃款22万元予以没收，上缴国库。

4. 胡德明、刘清波、何林、阳辉的执行情况。

胡德明因身体状况原因，由深圳市福田区司法局执行社区矫正，于2014年5月18日矫正期满；刘清波由深圳市福田区司法局执行社区矫正，于2014年10月24日矫正期满；阳辉由深圳市南山区司法局执行社区矫正，于2020年5月9日矫正期满。胡德明、刘清波、阳辉已就其执行社区矫正情况分别取得《接受社区矫正告知书》及《解除社区矫正证明书》。

根据何林刑罚执行当时有效的《刑法》第76条，被宣告缓刑的犯罪分子，在缓刑考验期限内，由公安机关考察，所在单位或者基层组织予以配合，如果没有《刑法》第77条规定的情形，缓刑考验期满，原判的刑罚就不再执行，并公开予以宣告。据此，何林缓刑考验期已于2010年9月届满，原判刑罚不再执行。

截至本回复出具之日，胡德明、刘清波、阳辉、何林除上述所列犯罪情形外，不存在其他犯罪记录。

5. 上述刑事案件是否涉及发行人及其实际控制人及发行人现任董事、监事、高管、核心技术人员。

上述刑事案件的当事人不涉及发行人及其实际控制人及发行人现任董事、监事、高管、核心技术人员。

（二）结合报告期内一辉龙、和一商贸与发行人的业务往来情况，胡德明、刘清波、何林、阳辉报告期内在发行人处任职和发挥作用的情况，说明上述单位犯罪和发行人创始团队的刑事犯罪对发行人是否存在影响

报告期内，由于发行人与一辉龙、和一商贸不存在业务往来情形，上述单位犯罪和发行人创始团队的刑事犯罪均不涉及发行人、发行人实际控制人及发行人其他现任董事、监事、高级管理人员、核心技术人员，且相关犯罪事实均发生在2012年之前，上述单位犯罪和发行人创始团队的刑事犯罪对发行人的生产经营不存在不利影响。

（三）发行人现有业务经营中是否存在与上述受到刑事处罚事项相同或类似的行为和情形；报告期内，发行人及其员工是否存在因商业贿赂等行为而被调查或处罚的情形

报告期内，发行人现有业务经营中不存在与上述受到刑事处罚事项

相同或类似的行为和情形；除上述披露的阳辉因2011年行贿导致的刑事犯罪情况外，报告期内发行人及其员工不存在因商业贿赂等行为而被调查或处罚的情形。

二、发行人业务与犯罪主体的关联关系

根据问询回复，自2013年开始，由于涉及刑事犯罪，一辉龙、和一商贸陆续开始进行业务收缩并逐渐停止经营。一辉龙及和一商贸业务收缩前，主要从事贝克曼品牌深圳、东莞地区的代理业务。开源医疗自2009年起开始作为贝克曼品牌中山、珠海区域的代理商，对华南区域医疗器械市场较为熟悉。2013年3月，开源医疗与贝克曼香港及贝克曼中国签订了《贝克曼库尔特代理商协议》，将其代理区域扩展至深圳、东莞。2013年8月，发行人与开源医疗原股东张波、闵必英签署股权转让协议，发行人以329.91万元的价格受让张波、闵必英合计持有的开源医疗100%的股权（对应注册资本300万元）。开源医疗于2013年按账面价值陆续购买了一辉龙的部分存货合计1032.67万元；一辉龙与贝克曼中国当时尚在履行的5份医疗仪器租赁协议，通过三方协议由开源医疗取代一辉龙继续承租相关医疗仪器。

（一）开源医疗原股东张波、闵必英与胡德明、刘清波、何林、阳辉、一辉龙、和一商贸以及发行人是否存在关联关系

除张波曾担任一辉龙经理及和一商贸名义股东、监事，闵必英为胡德明的婶婶之情形外，张波、闵必英与胡德明、刘清波、何林、阳辉、一辉龙、和一商贸以及发行人不存在《科创板上市规则》规定的其他关联关系。

（二）开源医疗原股东在新增取得原属于一辉龙、和一商贸的贝克曼品牌深圳、东莞地区代理权后，以接近注册资本的价格将开源医疗卖给发行人的原因

由于开源医疗实际系胡德明控制的公司，其股权转让与亚辉龙的控股权转让系整体性的安排，综合考虑当时开源医疗的经营情况并基于胡

德明与胡鹍辉的父子关系，经协商，亚辉龙按评估价 329.91 万元收购了开源医疗 100% 股权。

（三）结合相关情况以及开源医疗承接一辉龙存货和承租仪器情况，说明是否存在通过开源医疗的过桥交易，将存在单位犯罪的一辉龙、和一商贸的业务转入发行人的情况；上述事项是否存在规避证券发行上市相关规定的情况，上述交易的真实性、合法合规性以及对本次发行上市的影响

开源医疗取得贝克曼深圳、东莞地区的代理权并购买一辉龙部分存货等事项，均系市场化的行为，开源医疗取得贝克曼深圳、东莞地区的代理权后，独立、合法的获取客户并开展业务，与一辉龙、和一商贸不存在实质性的业务承接关系，上述事项已履行相应内外部程序，协议内容未违反法律、行政法规的强制性规定，合法有效。

一辉龙、和一商贸是与发行人及其各子公司独立的法人主体，未纳入发行人合并报表范围，其相关犯罪事实均发生于 2012 年及之前，且不涉及发行人及其子公司或发行人的控股股东、实际控制人。开源医疗取得贝克曼深圳、东莞地区的代理权并购买一辉龙部分存货，及发行人收购开源医疗 100% 股权等交易均不存在违法违规情形。

因此，发行人符合《科创板首次公开发行股票注册管理办法（试行)》第 13 条等相关法律法规的规定，不存在通过过桥交易规避证券发行上市相关规定的情况。

（四）开源医疗与相关主体的往来情况

开源医疗取得贝克曼深圳、东莞地区的代理权、获取客户并开展业务、购买存货、租赁关系转移、发行人收购开源 100% 股权等事项均已履行相应内外部程序，相关协议内容未违反法律、行政法规的强制性规定，合法有效，不存在违法违规情形。一辉龙、和一商贸相关犯罪事实均发生于 2012 年及之前，且不涉及发行人及其子公司或发行人的控股股东、实际控制人、董事、监事和高级管理人员。据此，一辉龙、和一商贸所

涉单位行贿犯罪刑罚执行完毕虽未满 3 年，但不会构成本次发行上市的障碍。

小兵评析

1. 发行人的设立时间是 2008 年，设立时的股权结构见表 3－9－1：

表 3－9－1　发行人设立时的股权结构

序号	股东名称	认缴出资额（万元）	持股比例
1	胡德明	1012.5000	67.50%
2	刘清波	202.5000	13.50%
3	何林	150.0000	10.00%
4	阳辉	135.0000	9.00%
合计		1500.0000	100.00%

上述 4 位自然人分别在 2006 年、2013 年和 2018 年因为行贿罪和受贿罪判处了相应的刑罚。2013 年 10 月因一辉龙单位行贿罪，胡德明、刘清波被判处有期徒刑；2018 年 2 月因和一商贸单位行贿罪，阳辉被判处有期徒刑；何林 2006 年 8 月因受贿罪被判处有期徒刑。

2. 一辉龙与和一商贸因为单位行贿罪被处罚后，积极地改变了经营策略，相关的资产和业务也在作着一些处理：胡明德成立了开源医疗（股权全部由别人代持），开源医疗于 2009 年开始从事贝克曼品牌的中山、珠海代理业务。2012 年，胡德明由于身体健康状况不佳，将亚辉龙的控股权转让给胡鹍辉，同时计划将其控制的相关公司也一并转让或注销。2013 年 9 月 3 日，亚辉龙完成对开源医疗的收购。

3. 发行人在 2015 年整体变更为股份公司时，胡明德已经完全不持有发行人的股份。发行人整体变更时，主要发起人见表 3－9－2：

表 3-9-2　发行人整体变更时主要发行人的情况

序号	股东名称	持股数量（万股）	持股比例
1	胡鹍辉	2266.9556	47.73%
2	阳辉	811.4894	17.08%
3	刘清波	588.5246	12.39%
4	何林	206.4999	4.35%

4. 不仅胡明德不再持有发行人股份，后续的3位自然人也渐渐不持有或者持有少量的发行人股份，同时在发行人处只担任顾问或技术指导类的工作，不存在担任董监高的情形。自此，作为公司的4位创始人，彻底在发行人中淡化，不仅淡化了身份也淡化了利益。

5. 审核中心自然是重点关注这个问题，除了关注4位自然人的刑罚执行情况以及是否影响后续相关任职资格的问题，更加关键的是，原来单位行贿罪的2个法人的业务、资产、人员等是否与发行人有关联关系；是否存在通过开源医疗的过桥交易，将存在单位犯罪的一辉龙、和一商贸的业务转入发行人的情况；上述事项是否存在规避证券发行上市相关规定的情况，上述交易的真实性、合法合规性以及对本次发行上市的影响。

6. 发行人的创始股东的历史原罪问题，是否影响后续的IPO审核，值得全方位思考。在注册制下，这个问题是否会被宽容和理解，需进一步观察。

案例92　芯海科技（688595）——总经理行贿

【问询问题】

根据公开资料，2014年发行人总经理卢某建曾因“高速模数转换（ADC）芯片关键技术研发”项目贿赂陈剑山，后陈剑山一审被判处受贿罪。该项目扶持资金为人民币500万元。

请发行人说明：实际控制人卢国建是否涉及该案件，如是，发行人或卢国建是否存在被追究刑事责任的风险，发行人是否存在受到重大行政处罚的风险。

【披露信息】

一、根据公开资料，2014年发行人总经理卢某建曾因“高速模数转换（ADC）芯片关键技术研发”项目贿赂陈剑山，后陈剑山一审被判处受贿罪。该项目扶持资金为人民币500万元。请发行人说明：实际控制人卢国建是否涉及该案件，如是，发行人或卢国建是否存在被追究刑事责任的风险，发行人是否存在受到重大行政处罚的风险

2016年4月，卢国建作为证人，配合深圳市罗湖区人民检察院及监察机关对原深圳市科技创新委员会规划发展处处长陈剑山案件的调查，出具证人证言，属于配合调查的情形。

2017年8月22日，深圳市罗湖区人民法院作出《刑事判决书》，判决陈剑山犯受贿罪。2018年5月16日，深圳市罗湖区人民法院作出《执行裁定书》，前述《刑事判决书》已经发生法律效力，该案件判决已生效、执行完毕并结案。

深圳市市场监督管理局出具《违法违规记录证明》，证明发行人没有违反市场（包括工商、质量监督、知识产权、食品药品、医疗器械、化妆品和价格检查等）监督管理有关法律法规的记录。

深圳公安局无犯罪记录证明书办事处出具《无犯罪记录证明书》，证明卢国建未发现有犯罪记录在案。

综上，陈剑山案件判决已生效、执行完毕并结案。截至本回复报告出具日，发行人及其实际控制人卢国建均不存在被追究刑事责任的风险，不存在受到重大行政处罚的风险。

二、请发行人结合相关资金来源、公司内部决策程序等情况，进一步说明认定卢国建向陈剑山行贿为单位行贿，而非个人行贿的理由和依据

（一）关于陈剑山受贿案的相关事实情况

1.《刑事判决书》《执行裁定书》所认定的相关事实。

为感谢陈剑山在深圳市芯海科技有限公司（系发行人前身，以下简

称芯海有限或公司）向市科技创新委员会申报“高速模数转换（ADC）芯片关键技术研发”项目（以下简称申报项目）扶持资金过程中的帮忙与关照，发行人实际控制人、公司总经理卢国建于 2014 年春节前送给陈剑山 5 万元现金。陈剑山受贿案已经结案且执行完毕。

2. 案件侦查过程中的相关事实。

办案人员在对卢国建代表芯海有限给予陈剑山 5 万元现金的事实进行调查后认为：

（1）卢国建时任芯海有限总经理，代表芯海有限给予陈剑山 5 万元现金属于单位行贿行为，责任主体为芯海有限。

（2）芯海有限向陈剑山给予人民币 5 万元的行为因金额未达到单位行贿罪立案标准，不构成单位行贿罪。

（3）由于芯海有限的上述行为未达到单位行贿罪立案标准，不构成单位行贿犯罪，卢国建作为对其直接负责的主管人员也无须承担刑事责任。此外，因陈剑山受贿案已结案并执行完毕，相关涉案人员已被执行判决，不存在另行启动司法程序追究发行人及其实际控制人卢国建刑事责任的情形。

3. 关于给予陈剑山 5 万元现金的资金来源。

卢国建时任芯海有限总经理，代表芯海有限向陈剑山行贿 5 万元现金的资金来源为公司，不存在使用个人自有资金行贿的情形。

4. 关于给予陈剑山 5 万元现金的公司内部决策程序。

根据当时有效的《深圳市芯海科技有限公司章程》及《财务管理制度》的规定，卢国建时任芯海有限执行董事、总经理，其职权和职责包含主持公司的生产经营管理工作、资金调配等财务管理决策，因此，卢国建在与经营决策层讨论并履行必要的程序后所作出的相应行为，属于芯海有限的单位行为。

（二）关于卢国建代表芯海有限向陈剑山行贿系单位行贿的认定

1. 单位行贿罪与行贿罪的区别及法理依据及分析。

当前司法实践区分单位行贿与个人行贿行为的主要标准为：（1）行贿目的是否出于为单位非法谋利；（2）行贿意志的形成是否由单位决策机构按单位决策程序作出；（3）是否以单位的名义实施；（4）该等行贿行为是否在具体实施行为人的职务范围内，或者与单位业务有关；（5）违法所得利益是否归属于单位，个人是否将该等利益进行再分配或转移而使之归属于个人；（6）行贿资金、财物的来源等相关方面进行考量。

2. 依据《刑事判决书》及陈剑山受贿案办案人员相关访谈对卢国建行贿行为的认定。

（1）根据《刑事判决书》，芯海有限向市科技创新委员会申报项目扶持资金获得通过后，卢国建代表芯海有限向陈剑山给予5万元现金表示感谢。卢国建时任芯海有限总经理，代表芯海有限行贿的目的在于为单位谋取利益。

（2）根据对陈剑山受贿案办案人员的访谈，其对判决书所载明的事实进行了确认：卢国建于芯海有限申报项目审批成功后向陈剑山行贿是为芯海有限谋取利益。

3. 根据前述事实、情节，卢国建代表芯海有限向陈剑山行贿5万元现金行为是单位行为，责任主体为芯海有限。

（三）发行人及实际控制人不存在被立案侦查、追究刑事责任的风险

1. 单位行贿罪的立案标准。

单位行贿罪是指公司、企业、事业单位、机关、团体为谋取不正当利益而行贿，或者违反国家规定，给予国家工作人员以回扣、手续费，情节严重的行为。涉嫌下列情形之一的，应予立案：（1）单位行贿数额在20万元以上的；（2）单位为谋取不正当利益而行贿，数额在10万元以上不满20万元，但具有下列情形之一的：①为谋取非法利益而行贿的；②向3人以上行贿的；③向党政领导、司法工作人员、行政执法人员行贿的；④致使国家或者社会利益遭受重大损失的。因行贿取得

的违法所得归个人所有的，依照关于个人行贿的规定立案，追究其刑事责任。

2. 芯海有限的单位行贿行为未达到单位行贿罪的立案标准。

芯海有限向陈剑山行贿 5 万元现金的单位行贿行为，未达到前述单位行贿罪行贿金额 20 万元的立案标准，也未达到“为谋取不正当利益而行贿，数额在 10 万元以上不满 20 万元”的四项立案标准任一情形，即芯海有限未达到单位行贿罪的立案标准，不构成单位行贿罪。

3. 卢国建不存在被立案侦查、追究刑事责任的风险。

芯海有限的前述行为属于单位行贿行为，系前述行为的责任主体，因未达到单位行贿罪的立案标准，不构成单位行贿罪；因此，芯海有限的直接责任人员卢国建无须承担刑事责任，也不存在因前述单位行贿行为被立案侦查、追究刑事责任的风险。

此外，根据陈剑山受贿案办案人员的说明，对于该等情节轻微、不构成犯罪行为的，在其《侦查终结报告》不予体现或说明，仅对构成犯罪需要追究刑事责任的单位或人员予以体现或说明。因此，芯海有限以及卢国建并未在《侦查终结报告》体现，芯海有限以及卢国建不存在被立案侦查或另案起诉等追究刑事责任的风险。

综上，根据立案标准的相关规定，芯海有限的单位行贿行为未达到单位行贿罪的立案标准，发行人及实际控制人均不存在被司法机关立案侦查或另行起诉等被追究刑事责任的风险。

（四）芯海有限及卢国建均已过单位行贿罪的追诉期限

总经理卢国建代表芯海有限向陈剑山行贿 5 万元的行为属于单位行贿行为，责任主体为芯海有限，因未达立案标准，不构成单位行贿罪，不存在被追究刑事责任的风险；卢国建作为其直接责任人，也不存在因前述单位行贿行为被追究刑事责任的风险。此外，根据当时生效的《刑事诉讼法》第 15 条第 1 款之规定，前述单位行贿行为属于不追究刑事责任的法定情形；同时根据《刑事判决书》载明的事实，该等行贿行为发生在“2014年春节前”，即2014年1月31日之前，距本回复报告出具日已超过5年，即使在对芯海有限单位行贿行为进行追究刑事责任的假设前提下，已过刑事责任追诉期，根据《刑事诉讼法》第15条第2款之规定，亦属于不追究刑事责任的法定情形。

因此，即使在对芯海有限单位行贿行为进行追究刑事责任的假设前提下，芯海有限及卢国建也均已过单位行贿罪的追诉期限，属于不追究刑事责任的法定情形，即发行人及实际控制人均不存在被追究刑事责任的法律风险。

（五）结论

综上所述，卢国建时任芯海有限总经理，其代表芯海有限向陈剑山行贿的5万元现金的资金来源为公司，而非自有资金；经公司主管研发的副总经理与公司时任总经理卢国建商议后，决定由卢国建代表芯海有限具体实施的行为系单位行贿行为，而非个人行贿行为，上述单位行贿行为的责任主体为芯海有限；由于该单位行贿行为未达到单位行贿罪的立案标准，不构成单位行贿罪；同时，即使在对芯海有限单位行贿行为进行追究刑事责任的假设前提下，该等行为已过单位行贿罪的最长追诉期限5年，属于“不追究刑事责任”的法定情形，故芯海有限不存在被立案侦查或另行起诉等被追究刑事责任的风险；卢国建作为其直接负责的主管人员，也不存在因前述单位行贿行为被追究刑事责任的风险。

小兵评析

本案例的主要特殊之处在于：（1）行贿的是发行人的总经理，是公司高级管理人员也是核心人员。（2）行贿对象已经因受贿罪被判决，且总经理行贿金额是确定的事实。（3）个人行贿罪的定罪标准是1万元而单位行贿罪的量刑起点是 10 万元。[①] 由于这三个原因，发行人必须只有一个目标，那就是要论证行贿是单位行为，达不到定罪量刑的标准。对此，发行人和发行人律师都作了很多法理上的论证，可以作为我们学习的样本。

案例 93 中控技术（688777）——实际控制人违法犯罪不能担任董监高

【问询问题】

招股说明书披露，公司控股股东、实际控制人褚健于 2017 年 1 月因经济犯罪被判刑罚，并于 2017 年 2 月执行完毕，截至本招股说明书签署日，刑罚执行完毕已满 3 年。除此以外，控股股东、实际控制人报告期内不存在其他重大违法情形。请发行人说明：（1）发行人实际控制人经济犯罪是否与发行人的历史沿革、生产经营、公司治理等相关，发行人是否据此承担刑事责任或被处以行政处罚；（2）实际控制人因刑事犯罪无法担任公司董事、监事、高级管理人员对公司的生产经营的影响；（3）请提供实际控制人经济犯罪的判决书。

---

① 《最高人民检察院关于行贿罪立案标准的规定》："一、行贿案（刑法第三百八十九条、第三百九十条）行贿罪是指为谋取不正当利益，给予国家工作人员以财物的行为。在经济往来中，违反国家规定，给予国家工作人员以财物，数额较大的，或者违反国家规定，给予国家工作人员以各种名义的回扣、手续费的，以行贿罪追究刑事责任。涉嫌下列情形之一的，应予立案：1. 行贿数额在一万元以上的；2. 行贿数额不满一万元，但具有下列情形之一的：（1）为谋取非法利益而行贿的；（2）向三人以上行贿的；（3）向党政领导、司法工作人员、行政执法人员行贿的；（4）致使国家或者社会利益遭受重大损失的。因被勒索给予国家工作人员以财物，已获得不正当利益的，以行贿罪追究刑事责任。……"

《最高人民检察院关于人民检察院直接受理立案侦查案件立案标准的规定（试行）》："一、贪污贿赂犯罪案件……（八）单位行贿案（第 393 条）单位行贿罪是指公司、企业、事业单位、机关、团体为谋取不正当利益而行贿，或者违反国家规定，给予国家工作人员以回扣、手续费，情节严重的行为。涉嫌下列情形之一的，应予立案：1. 单位行贿数额在 20 万元以上的；2. 单位为谋取不正当利益而行贿，数额在 10 万元以上不满 20 万元，但具有下列情形之一的：（1）为谋取非法利益而行贿的；（2）向 3 人以上行贿的；（3）向党政领导、司法工作人员、行政执法人员行贿的；（4）致使国家或者社会利益遭受重大损失的。因行贿取得的违法所得归个人所有的，依照本规定关于个人行贿的规定立案，追究其刑事责任。……"

【披露信息】

一、发行人实际控制人经济犯罪是否与发行人的历史沿革、生产经营、公司治理等相关，发行人是否据此承担刑事责任或被处以行政处罚

根据判决书，实际控制人的犯罪事实不涉及发行人的历史沿革、生产经营、公司治理等事项。鉴于实际控制人的刑罚已于2017年2月执行完毕，其犯罪不会对发行人本次发行上市造成不利影响。

经查询中国裁判文书网（http：//wenshu. court. gov. cn/）、信用中国（https：//www. creditchina. gov. cn/）、中国执行信息公开网（http：//zxgk. court. gov. cn/）、人民检察院案件信息公开网（http：//www. ajxxgk. jcy. gov. cn/html/index. html）等网站，发行人未因实际控制人的刑事处罚承担刑事责任或被处以行政处罚。

二、实际控制人因刑事犯罪无法担任公司董事、监事、高级管理人员对公司的生产经营的影响

实际控制人目前无法担任公司董事、监事、高级管理人员，但其作为发行人的大股东、战略顾问，在股东大会、重大战略规划等方面全面参与公司的决策或管理，行使控制权。实际控制人无法担任公司董事、监事、高级管理人员对公司的生产经营未产生重大不利影响。

小兵评析

1. 实际控制人犯了贪污罪还有销毁会计凭证罪，不过已经服刑完毕。

2. 因为2017年才服刑完毕，因而不符合《公司法》规定的董监高任职条件，所以实际控制人不能做董监高，这个也是值得关注的。

3. 实际控制人不在公司担任董监高，这样的情形在以前是没有的，这也算是注册制下对于类似问题的一种宽容处理。

PART 04

第四部分

信息披露的根基

1. 我们都知道，注册制审核的命脉和根基就是充分的信息披露，以信息披露作为IPO审核的依据，同时信息披露也是判断企业合规和价值的依据。

2. 信息披露的重要性，对于注册制来说，怎么说都不过分。不过从技术分享和业务交流的角度来说，信息披露的很多内容可能又是“只可意会不可言传”的感觉。

3. 现在，对于信息披露的要求，不仅要真实准确完整，小兵觉得还应该加上一个标准，那就是友好——对阅读者的友好。你的披露不仅要准确反映情况，关键是还要让阅读者最大限度地理解你的信息。对于信息披露，能用图表的绝对不用文字，能用平实语言就尽量不用专业术语，能简介论述就不通篇大论。这是对发行人的要求，更是对投行从业人员的要求。

4. 注册制下强调信息披露，现在对于可比上市公司的选择也更加关注合理性和匹配性，要关注可比公司跟发行人的业务是否更加接近。从审核实践来看，要求从目前主板、中小板、创业板及科创板（包括在审企业）中全面筛选发行人的可比公司。

第一节 信息披露差异

案例94 利扬芯片（688135）——与新三板披露数据不一致

【问询问题】

请保荐机构、发行人律师和申报会计师核查并说明本次发行上市申请文件与发行人在“新三板”挂牌所披露的文件内容有无重大差异，发行人披露的数据与主要客户、供应商披露的数据是否有差异；如有，进一步核查并说明原因，并就发行人信息披露是否合法合规发表明确意见。

【披露信息】

一、信息披露差异情况

保荐机构、发行人律师和申报会计师核查了发行人挂牌期间公开披露的信息，并与本次申请文件内容进行了比对，核查情况如下：

（一）财务信息方面

2020年3月7日，公司召开第二届董事会第十二次会议，审议通过了《关于〈广东利扬芯片测试股份有限公司重要前期差错更正的说明〉的议案》《关于〈公司前期会计差错更正及追溯调整的报告〉议案》等，并于2020年3月10日披露了《关于前期会计差错更正及追溯调整的公告》《2017年年度报告（更正公告）》《2018年年度报告（更正公告）》等。

经核查，保荐机构、发行人律师与申报会计师认为，截至本回复出具之日，发行人在新三板公开披露的财务信息与本次申报文件已不存在差异。

（二）非财务信息方面

由于公司新三板挂牌及挂牌期间信息披露系按照《非上市公众公司

监督管理办法》《全国中小企业股份转让系统业务规则（试行）》等相关业务规则的要求进行披露，本次申报文件的信息披露按照科创板相关配套的业务规则的要求进行披露，而两者在信息披露规则、要求、细节、信息披露覆盖期间等方面存在一定差异。

二、发行人信息披露是否合法合规

上述列表信息披露差异主要是基于科创板申报的需要而更加完整、准确地披露，不属于重大差异。对于股份代持信息披露的合法合规性说明如下：发行人于 2016 年 3 月存在股份代持但未及时披露，该等行为不符合股转公司的相关规定。但鉴于：

1. 相关股份代持关系已经解除，相关各方未对代持关系及其解除发生争议或纠纷，未损害发行人或其他股东的利益。

2. 发行人已就该等不合规情况向股转公司汇报，并及时回复了股转公司的反馈意见，截至本回复出具之日，未收到股转公司的进一步反馈意见，亦未受到股转公司的监管措施或纪律处分。

3. 截至本回复出具之日，发行人股权结构明晰。

因此，保荐机构、发行人律师认为，发行人历史上的股份代持情形未及时披露，不符合股转公司的相关规定，但不构成本次发行上市的实质性法律障碍。

小兵评析

1. 发行人原来是新三板挂牌企业，现在申报 IPO 有些信息与新三板披露数据不一致的情况也是非常常见的事项。

2. 发行人同样存在信息披露不一致的情况，不过有一个非常特殊的情况：发行人历史上存在 300 万股的股份代持的情况，而新三板没有披露，直接发表意见认为没有股份代持的情形。

3. 为了解决这个问题，发行人专门去股转公司进行沟通，股转公司也算是配合，为这个事情出具了专门的反馈意见，发行人及时作出回复。发行人称后来也没有受到处罚，这个事情就算是在新三板层面解决了。尽管仍有一些瑕疵，不过这样的处理方式算是最好的选择了，值得借鉴。

案例95　金达莱（688057）——前次科创板申报撤回后重新申报

【问询问题】

发行人曾申请在科创板上市，问询后撤回申请。请发行人说明：(1) 结合本次申报情况，说明前次问询重点问题回复是否发生变化及相关变化情况；(2) 两次申报差异情况及原因。

【披露信息】

一、结合本次申报情况，说明前次问询重点问题回复是否发生变化及相关变化情况

本次审核问询函与前次问询问题的变化情况见表4－1－1：

表4－1－1　本次审核问询函与前次问题的变化情况

本次问询函问题	前次问询问题	变化情况
问题1关于三类股东	第一轮问询函第3题、第二论问询函第1题、第三轮问询函第10题	股转系统中发生股权转让，导致发行人三类股东较前次发生变化，对于本次申报时发行人存在的20名“三类股东”相关情况，按照《上海证券交易所科创板股票发行上市审核问答（二）》之9的相关规定，逐项进行了回复
问题2关于参股公司	第一轮问询函第23题	更新核查程序，发行人BOT、PPP项目及项目公司问题未发生重大变化
问题3关于境外经营	第一轮问询函第4题	更新核查程序，发行人美国子公司问题回复内容未发生重大变化，本次回复补充资产情况

续表

本次问询函问题	前次问询问题	变化情况
问题 4 关于核心技术人员	—	—
问题 5 关于公司技术	第二轮问询函第 16 题	对于公司智能控制系统的相关功能、实现途径等进行了细化描述
问题 6 关于分包	第一轮问询函第 13 题	前次问询函关注发行人是否存在违法将工程项目转包或分包给无相应业务资质的单位实施的情况；本次问询问题关注施工分包单位是否主要为发行人服务，是否存在关联关系或其他可能导致利益输送的特殊关系，前述问题对报告期内施工分包单位进行了逐一核查
问题 7 关于标准制定	—	—
问题 8 关于客户	—	—
问题 9 关于土地房产	第一轮问询函第 21 题（6） 第二轮问询函第 20 题（2）	更新核查程序，发行人土地房产问题回复内容未发生重大变化
问题 10 关于水污染治理装备	第一轮问询函：问题 8	报告期更新至 2017～2019 年

二、两次申报差异情况及原因

本次申报的招股说明书、问询问题回复与前次申报内容的差异主要集中在以下三个方面：

（一）财务信息差异

本次申报中，针对前次申报存在的信息披露不规范问题，金达莱对水污染设备销售收入政策进行细化；以及对 BOT 资产确认时点进行了变更，构成会计差错更正的，对以前年度财务报表进行了追溯调整。上述差异调整系本次申报中财务信息主要差异来源，相关会计差错更正具体情况如下：

1. 水污染治理装备收入确认政策细化。

公司根据变更后水污染治理装备收入确认政策，追溯调整了收入、成本、存货、应交税费、税金及附加、应收账款、资产减值损失、销售费用—市场推广费、应付账款、预付账款、递延所得税资产、预计负债、所得税费用、盈余公积等科目金额，并相应调整了招股说明书和历次问询回复中列示的销量、应收账款发生额、毛利率等相关财务数据。

2. BOT 项目转固时点变更：

为了收入与成本更匹配，公司 2019 年度对 BOT 项目的转固时点进行了变更。变更前 BOT 项目的转固时点为 BOT 项目在达到预定可使用状态并且取得竣工决算报告时；变更后 BOT 项目的转固时点为政府认可的正式商业运营时间。

金达莱根据变更后 BOT 项目转固时点，追溯调整了无形资产、在建工程、营业成本、管理费用、预计负债、盈余公积等科目金额。

（二）非财务信息差异

公司在本次发行申报文件中按照《公开发行证券的公司信息披露内容与格式准则第 42 号——首次公开发行股票并在科创板上市申请文件》《公开发行证券的公司信息披露内容与格式准则第 41 号——科创板公司招股说明书》等要求，全面、系统地进行了相应信息披露。

1. 细化主营业务和主要产品描述；

2. 重新选取了可比公司；

3. 细化了核心工艺、技术表述。

除上述事项以外，发行人前次报送的科创板申请材料非财务会计部分披露信息与本次发行申报文件非财务会计部分披露信息不存在重大差异。

（三）本次申报对应报告期与前次申报不同，导致两次申报文件内容有所差异

除上述财务信息和非财务信息的更正、修改外，前次申报对应报告期包括2016年、2017年、2018年、2019年1～6月，本次申报对应报告期包括2017年、2018年、2019年，对不同报告期财务及非财务信息的更新导致两次申报文件内容有所差异，主要存在以下信息差异：

1. 发行人“三类股东”有所变化。

2. 主要客户及供应商。因水污染治理装备收入确认政策细化等收入调整原因，导致本次申报披露的发行人主要客户2017年、2018年有所调整；因两次申报的报告期不同，对2019年主要客户与主要供应商进行了更新。

3. 核查程序。由于本次申报过程中，保荐机构和申报会计师独立于前次申报，重新执行了走访、函证等核查程序，对应的走访覆盖金额及比例、回函确认金额及比例等也有所不同。

4. 其他。本次申报，对水污染治理项目运营服务涉及的BOT、BOO、O&M（委托运营）三种模式进行了重新梳理，对个别如BOO、O&M（委托运营）项目的运营收入及成本的归属进行了细化及重新分类；另外，由于发行人水污染治理装备及水环境整体解决方案均需耗用风机、泵等原材料，导致前次申报时原材料等成本在不同项目之间的分配不够准确，本次申报亦进行了对个别项目领用原材料的重新分配调整。

小兵评析

1. 发行人申报过科创板，在三次问询之后选择自动撤回申请，半年之后重新申报科创板。

2. 本次审核自然重点关注两次申报的不同之处，不论是财务信息还是非财务信息，甚至包括两次问询问题主要有哪些差异。

3. 从对比的角度来看，发行人主营业务是水处理设备和工程，各种业务合同和业务模式都存在。第一次申报没有对收入确认进行明确的划分；而第二次申报根据不同的业务类型制定了针对性的收入确认方式，这其中包括最近比较常见的完工百分比法确认收入调整为一次性确认收入。

案例96 中岩大地（003001）——重要会计政策变更和信息披露差异

【问询问题】

根据申报材料，发行人将工程结算结转应收账款方式从按照已完工工作量金额变更为按合同约定付款节点确认。请发行人代表说明：(1) 按照合同约定付款节点确认应收账款的具体方法，根据已完工工作量判断达到合同约定付款节点的具体依据是否充分、适当；(2) 报告期内是否按照合同约定结算时点及时办理结算，是否出现按照合同约定结算时点办理结算但客户未予结算或拖延结算的情形；(3) 是否存在未经客户确认即按合同约定付款节点确认应收账款的情形，发行人是否具有实质收款的权利，相关应收账款确认是否真实、准确；(4) 相关调整对发行人经营业绩的具体影响，是否构成本次发行的实质性障碍，相关信息披露是否真实、准确、完整。

【披露信息】

一、发行人本次申请文件与新三板挂牌期间的信息披露差异情况说明

（一）财务信息披露的差异及原因

经查询公司公告，公司《公开转让说明书》中的财务报告期间为2013年度、2014年度及2015年1~6月，此外，公司披露的定期报告为《2016年年度报告》，因此本次招股说明书披露的财务数据与公司在全国中小企业股份转让系统披露的财务数据的差异仅限于2016年度（末）。

1. 前五大客户披露差异。

数据披露差异的原因为工程承包收入确认原则变更。其中，2016年

年度报告中披露的第三大客户“杭州北辰置业有限公司”名称披露错误，应为“杭州北辰京华置业有限公司”。

2. 前五大供应商披露差异。

数据披露差异的原因为披露口径不同，招股说明书中披露的前五大供应商为合并口径数据，2016年年度报告披露的前五大供应商为单体口径数据。

（二）非财务信息披露差异情况的说明及原因

信息披露差异的原因为公开转让说明书披露错误。

二、工程承包收入确认事项

公司对于所提供的工程承包服务，在工程承包合同的结果能够可靠估计时采用完工百分比法在资产负债表日确认合同收入和费用，具体按照实际完工量占预计总工作量的比例确定完工进度；公司管理层需要对工程承包服务的预计总收入和预计总成本作出合理估计和判断，并于合同执行过程中持续评估和修订，以及完工进度确认，其对公司的经营成果产生重大影响；2019年1~6月，公司的工程承包服务收入在营业收入中占比为99.83%，基于上述因素，发行人会计师将工程承包收入确认认定为关键审计事项。

（一）收入与成本的确认原则

本公司提供的工程承包服务，在一个会计年度内完成的，在完成时确认合同收入和合同费用。跨年度完成的，如果工程承包合同的结果能够可靠地估计，根据完工百分比法在资产负债表日确认合同收入和费用。

（二）确定合同完工进度的方法

本公司确认完工进度的方法为：根据经监理、委托方确认的工程量清单所确认的实际完工量占预计总工作量的比例确定。在资产负债表日，应当按照预计总收入乘以完工进度扣除以前会计期间累计已确认收入后的金额，确认为当期合同收入；同时，按照预计总成本乘以完工进度扣除以前会计期间累计已确认费用后的金额，确认为当期合同费用。

（三）发行人完工百分比的确认方法、相关会计处理方法与同行业可比公司的比较

公司完工百分比根据已经完成的合同工作量占合同预计总工作量的比例确定，属于同行业可比公司普遍采用的方法之一，符合公司主营业务特征和行业经营模式。

（四）收入确认的具体会计政策

对于当期实施过程中的工程项目，在资产负债表日，按照项目合同所确定的总工作量作为该项目实施过程中可实现的合同收入的总额，根据完工百分比确认该会计期间实现的营业收入；对于当期已完工尚未办理决算或已办理决算的工程项目，按预计总收入减去以前会计年度累计已确认的收入后的差额作为当期收入。

（五）工程承包业务的结算模式

工程进度结算：资产负债表日或阶段工程结算时，公司向监理、委托方提供已完成工程量清单，经其审核确认后，公司提交工程进度款支付申请，按合同约定支付工程款；全部合同清单范围内的工程完工后，经验收合格、工程资料交验合格后，公司向委托方提交竣工结算报告，经委托方审核、确认后，办理工程竣工结算。

（六）合同预计损失的确认标准和计提方法

本公司于每报告期终了，对工程承包业务进行全面检查，存在合同预计总成本将超过合同预计总收入时，按该合同预计总成本超过合同预计总收入的差额计提预计损失，本公司将预计损失计入当期损益。

（七）完工进度与成本结转、收入确认的匹配分析

公司在会计处理上根据完工进度确认当期的收入和成本，其中，当期确认的收入 = 预计总收入 × 完工进度 − 以前会计年度累计已确认的收入，当期确认的成本 = 预计总成本 × 完工进度 − 以前会计年度累计已确认的成本。基于前述的这种收入、成本确认原则，公司当期确认的收入、成本与当期的完工进度相互匹配。

小兵评析

1. 发行人是典型的工程施工类企业，因而也采用工程量法的完工比法确认收入，这样的处理基本上符合行业惯例和准则的要求。至于完工百分比的确认方式，发行人也是采取了多方外部证据互相验证的方式。

2. 不过，本案例发行人还是有一些特殊的情况：

（1）发行人是2015年新三板挂牌的，那么新三板公告的2016年年报和IPO申报的报告期有一年是重合的，那就是2016年。发行人详细披露了2016年股转公司披露和IPO披露的差异情况，从某种意义上来说，发行人的信息披露差异还是比较大且敏感的：①发行人的相关资产负债表和利润表财务数据，基本上每个客户都存在或多或少的差异，有的差异比较大。②发行人的财务指标存在比较大的差异，有的超过30%。③发行人的前五大客户和前五大供应商存在披露差异的情形。④不仅重要的财务数据和财务指标存在差异，连基本的股东大会召开时间和验资报告时间都披露错误，这也看出来以前的信息披露质量有多差。

当然，对于发行人来说，由于2016年是发行人IPO申报的报告期第一年，且审核的时候已经远远不在报告期内，因而后续的影响没有那么严重。

（2）发行人报告期内存在重大会计政策变更的情形，且作了追溯调整。我们都知道，最近几年会计准则经常有一些更新和修订，这种情况下会计政策变更是符合要求的，如研发费用的单独列示、应收账款和应收票据的列示等。但是发行人的会计政策变更涉及收入确认和费用计提，影响还是很敏感的：①发行人99%以上的收入为工程承包收入，而工程承包收入确认方式由“项目验收时点完工进度按照95%认定”变更为“按照实际完工进度确认”。②取消风险准备金计提和冲销的政策，这个如果有合理的理由和历史数据作依据倒是可以理解的。③其他的会计政策的变更倒没有什么异常，主要就是根据最新的会计政策文件作出的调整，尤其是金融工具计量的新规则，对于财务报表的相关数据影响还是很大的。

3. 发行人对于收入确认方式的描述，相对比较详细和具体，对于我们了解这个行业的一些基本标准和要求也有参考价值。

第二节 信息披露细节

案例97 苑东生物（688513）——删除“技术领先”字样

【问询问题】

发行人招股说明中多处表述作出修改，如删除“技术领先”字样，“国家级高新技术企业”修改为“高新技术企业”。请发行人排查招股说明书中与核心技术及行业地位相关的信息，以客观、准确反映发行人真实状况，以免误导投资者。

【披露信息】

在首次问询函回复中，由于无法保证数据查询的完备性，为保证披露的严谨性和避免产生误导，将招股书中“公司的膜控型复方药物小丸技术领先于国内水平，技术难度在于药物丸芯外层均匀覆盖另一种药物后再包上一定厚度的包衣膜”的表述调整为“公司的膜控型复方药物小丸技术难度在于药物丸芯外层均匀覆盖另一种药物后再包上一定厚度的包衣膜”，将“公司的该项核心技术在国内领先，实现复方制剂中的二种药物的缓控释”的表述调整为“公司应用该项核心技术，实现复方制剂中的二种药物的缓控释”。

由于高新技术企业证书上写明为“高新技术企业证书”，而非“国家级高新技术企业证书”，为保证披露的严谨性和避免产生误导，公司将招股书中“公司是一家以研发创新为驱动的国家级高新技术企业”的表述改为“公司是一家以研发创新为驱动的高新技术企业”。发行人已对招股说明书中与核心技术及行业地位相关的信息进行了排查、验证，首次问询修改后的招股说明书已客观、准确反映了发行人的核心技术及行业地位。

小兵评析

1. 发行人在问询回复中，因为无法保证数据的完备性，也没能提供证明技术领先地位的佐证材料，迫不得已删除了“技术领先”的字样。

2. 目前一些申报 IPO 企业的招股书中存在“世界先进”“填补国内空白”等夸大其词的字样，却无法提供权威数据和论证材料，审核机构对于此类不客观的描述，很容易就该问题进行问询，甚至造成本案例中不得不修改招股书的尴尬。

案例 98 海尔生物（688139）——“风险因素”披露不完善

【反馈问题】

发行人在招股说明书“风险因素”部分提示预测性陈述存在不确定性的风险，但未指明预测性陈述的具体内容，不符合相关规范要求，请予删除。发行人披露预测性陈述时，应紧随相应内容提示投资者此为预测性陈述，并详细披露作出预测性陈述的依据或基本假设，列明影响其结论的主要因素。

另请发行人对招股说明书披露内容进行整理和精练，切实提高招股说明书的可读性，并以投资者投资需求为导向编制招股说明书，为投资者作出价值判断和投资决策提供充分且必要的信息，保证相关信息的内容真实、准确、完整。

【披露信息】

发行人已将招股说明书“第四节　风险因素”部分的“预测性陈述存在不确定性的风险”删除。发行人对招股说明书中的预测性陈述进行了梳理，补充披露了预测性陈述的依据或基本假设、影响结论的主要因素，具体如下：

1. 在招股说明书“第六节　业务和技术”之“二、发行人所处行业及行业竞争情况”之“（三）行业发展概况”之“2. 生物医疗低温存储行业发展状况”，以脚注形式补充披露：本部分涉及了预测性陈述，所涉及预测性陈述的依据为行业公开信息、研究机构出具的研究报告，影响预测性陈述结论的主要因素为行业发展趋势的变化。

2. 在招股说明书“第六节　业务和技术”之“二、发行人所处行业及行业竞争情况”之“（六）行业发展面临的机遇与挑战”，以脚注形式补充披露：本部分涉及了预测性陈述，所涉及预测性陈述的依据为行业公开信息、研究机构出具的研究报告，影响预测性陈述结论的主要因素为行业发展趋势的变化。

3. 在招股说明书“第八节　财务会计信息与管理层分析”之“六、主要税项”之“（六）税收优惠对报告期业绩的影响”，以脚注形式补充披露：本部分涉及了预测性陈述，所涉及预测性陈述的依据为公司的历史财务数据、报告期内研发投入情况、国家税收政策等，影响预测性陈述结论的主要因素为公司未来研发投入的实际规模和国家税收政策的稳定性。

4. 在招股说明书“第八节　财务会计信息与管理层分析”之“九、资产质量分析”之“（三）主要非流动资产分析”之“5. 商誉”，以脚注形式补充披露：本部分涉及了预测性陈述，所涉及预测性陈述的依据为子公司的历史财务数据、资产评估机构出具的评估报告等，影响预测性陈述结论的主要因素为子公司的发展前景及评估报告的准确性。

5. 在招股说明书“第八节　财务会计信息与管理层分析”之“十、偿债能力、流动性与持续经营能力分析”之“（四）资本性支出分析”之“2. 未来可预见的重大资本性支出计划及资金需求量”，以脚注形式补充披露：本部分涉及了预测性陈述，所涉及预测性陈述的依据为公司的历史财务数据、公司投资计划、项目建设进度等，影响预测性陈述结论的主要因素为公司项目建设进度。

6. 在招股说明书“第八节　财务会计信息与管理层分析”之“十、

偿债能力、流动性与持续经营能力分析”之“（六）持续经营能力分析”，以脚注形式补充披露：本部分涉及了预测性陈述，所涉及预测性陈述的依据为行业公开信息等，影响预测性陈述结论的主要因素为行业未来发展趋势。

7. 在招股说明书“第八节　财务会计信息与管理层分析”之“十一、报告期内重大投资、重大资产业务重组或股权收购合并事项”，以脚注形式补充披露：本部分涉及了预测性陈述，所涉及预测性陈述的依据为子公司、参股公司历史经营情况、行业公开信息等，影响预测性陈述结论的主要因素为行业未来发展趋势。

8. 在招股说明书“第八节　财务会计信息与管理层分析”之“十三、填补被摊薄即期回报的措施及承诺”之“（一）首次发行股票摊薄即期回报对公司加权平均净资产收益率、每股收益的影响”及“（四）关于本次公开发行摊薄即期回报的填补措施”，以脚注形式补充披露：本部分涉及了预测性陈述，所涉及预测性陈述的依据为公司历史财务数据、公司规划、行业公开信息等，影响预测性陈述结论的主要因素为行业未来发展趋势。

9. 在招股说明书“第九节　募集资金运用与未来发展规划”之“二、募集资金投资项目分析”，以脚注形式补充披露：本部分涉及了预测性陈述，所涉及预测性陈述的依据为公司发展规划、行业公开信息、研究机构出具的研究报告等，影响预测性陈述结论的主要因素为公司规划的实现情况、行业发展趋势的变化。

小兵评析

1. 审核机构要求发行人补充披露预测性陈述的依据或基本假设、影响结论的主要因素，发行人补充了关于预测性陈述的依据，包括行业公开信息、研究机构出具的研究报告、行业发展趋势的变化、公司历史经营情况、公司发展规划等。

2. 目前审核机构对于科创板企业披露风险因素相关信息的关注度越来越高，对于风险因素描述得不够明确，如未能详细披露风险产生的原因以及对发行人的影响，一般会被要求补充披露。

3. 建议中介机构在披露“风险因素”时尽量详细、完善，有针对性地作出定性描述、量化分析，并对导致风险的变动性因素作敏感性分析。

案例99　光华科技（002741）——质疑数据权威性

【问询问题】

招股说明书披露，根据中国化工学会涂料涂装专业委员会统计，公司2017~2019年聚酯树脂销量分别为4.75万吨、5.97万吨及7.11万吨，居于行业第二，是国内领先的粉末涂料用聚酯树脂供应商。招股说明书多处使用“领先”“先进”“市场地位突出”及其类似定性表述，还披露“公司品牌及产品在粉末涂料用聚酯树脂市场地位突出”“产品及业务遍布国内外”“与全球最大的粉末涂料供应商阿克苏诺贝尔合作”等。请发行人说明：(1) 中国化工学会涂料涂装专业委员会的单位性质、统计口径、数据是否具有权威性；招股说明书其他引用数据的资料来源及数据权威性。(2) 粉末聚酯树脂国内销量数据是否包括国际同行业可比公司的数据，发行人市场地位“行业第二”的表述是否包括国际同行业可比公司。如否，请重新披露“发行人在行业中的竞争地位”内容。(3) 自查招股说明书全文，对于披露核心技术或市场地位使用“领先”“先进”“市场地位突出”“遍布国内外”“全球最大”“世界先进”“行业一流”及其类似定性表述的，请逐项提供客观依据，如无充分依据，请删除相关表述。

【披露信息】

一、中国化工学会涂料涂装专业委员会的单位性质、统计口径、数据是否具有权威性；招股说明书其他引用数据的资料来源及数据权威性

（一）中国化工学会涂料涂装专业委员会的单位性质、统计口径及数据权威性

1. 单位性质。

中国化工学会涂料与涂装专业委员会是经国家民政部批准，中国科协和中国化工学会对其进行业务管理，我国粉末涂料涂装行业唯一的一家权威性行业组织，由粉末涂料与涂装行业的企业管理人员、技术人员、专家学者、市场营销及策划人员组成的集行业协会、学会、商会于一体的行业组织，根据行业发展需要，制定相关的行业政策，达到行业自律的效果，使中国粉末涂料与涂装行业健康发展。

2. 统计口径。

作为唯一的一家权威性粉末涂料行业组织，中国化工学会涂料与涂装专业委员会每年都会对国内粉末涂料及相关行业进行调研、统计并分析，最后得出权威数据并进行发布，同时为粉末涂料行业的从业者提供指导参考、运行方向等意见。

3. 数据权威性。

发行人在招股说明书中主要引用的《2018 年中国粉末涂料行业年度报告》《2019 年中国粉末涂料行业年度报告》为中国化工学会涂料涂装专业委员会分别于 2019 年、2020 年发布的权威报告，介绍了 2018 年、2019 年粉末涂料行业的运行情况，包括行业发展态势、经济数据、政策导向及未来发展的意见与建议等，作为中国化工学会涂料涂装专业委员会历年统计年报之一，其数据在行业内具有权威性。

（二）招股说明书其他引用数据的资料来源及数据权威性

发行人招股说明书其他应用数据由万得信息技术股份有限公司（以下简称 wind）提供，wind 是我国领先的金融数据、信息和软件服务企

业。国内多数知名的金融学术研究机构和权威的监管机构也与 wind 建立了合作关系，是大量中英文媒体、研究报告、学术论文数据引用的提供商。

发行人招股说明书引用的同行业可比上市公司数据来自其公开披露的年度报告、招股说明书。

因此，发行人招股说明书其他引用的外部数据、资料具备权威性、客观性和独立性。

二、粉末聚酯树脂国内销量数据是否包括国际同行业可比公司的数据，发行人市场地位“行业第二”的表述是否包括国际同行业可比公司。如否，请重新披露“发行人在行业中的竞争地位”内容

中国化工学会涂料涂装专业委员会关于粉末涂料用聚酯树脂的国内销量数据统计包括帝斯曼、湛新等国际同行业可比公司在国内市场的销量，根据《2019 年中国粉末涂料行业年度报告》，2019 年度帝斯曼国内聚酯树脂销量为 5.00 万吨，湛新国内销量未进入前十。发行人国内市场销量行业第二符合实际。

小兵评析

1. 关于招股说明书的数据的引用，除引用 wind 此类较常见的数据库外，如引用行业内专业委员会、协会等单位的统计数据，建议对于该单位及数据统计过程进行介绍。

2. 发行人使用多处关于“领先”“先进”“市场地位突出”“遍布国内外”“全球最大”“世界先进”“行业一流”的表述字样，被审核机构要求提供客观依据，小兵认为，招股说明书的书写需保持谨慎，避免出现过度宣传推广的字眼。

案例 100 有方科技（688159）——董监高薪酬披露

【问询问题】

招股说明书披露，报告期各期末，发行人员工人数分别为 184 人、304 人、414 人及 421 人，其中 2017 年员工人数增长较快。发行人注册地及生产经营地址均位于深圳地区，发行人部分董监高及核心技术人员工资水平较低。

请发行人：(1) 补充披露报告期内除实际控制人之外，发行人董监高、核心技术人员和普通员工扣除社保、公积金的税后薪酬水平，发行人员工的薪酬水平是否有利于发行人管理和技术团队的稳定；(2) 结合当地的物价水平，分析并披露发行人平均税前人均工资水平与当地平均薪酬水平和同区域或同行业公司相比是否存在重大差异；(3) 补充披露未来 3 年薪酬计划、薪酬变动依据、条件及幅度，是否存在上市后大幅提高员工薪酬的计划和安排，若是，请具体说明对发行人经营业绩的影响，并作风险因素披露。

【披露信息】

一、补充披露报告期内除实际控制人之外，发行人董监高、核心技术人员和普通员工扣除社保、公积金的税后薪酬水平，发行人员工的薪酬水平是否有利于发行人管理和技术团队的稳定

报告期内，公司除实际控制人外，所有员工税后薪酬水平整体呈上升趋势。2017 年所有员工平均薪酬较 2016 年略有下滑，系因为当期员工人数大幅增加，且增加的员工主要为应届毕业生等相对资浅的员工，该部分新增员工薪酬水平相对较低，导致普通员工平均薪酬下降，进而影响所有员工薪酬水平。2018 年公司董监高平均薪酬低于 2017 年，主要系 2018 年公司经营业绩未达预期，调整工资绩效和年终奖所致。

报告期内，公司员工薪酬水平远高于当地平均薪酬水平及当地人均生活消费支出，公司董事、监事、高级管理人员、核心技术人员及其他

业务骨干已通过基思瑞投资、方之星合伙、方之星有限和方金连聚间接持有公司股份，建立了核心员工与公司发展的利益分享和风险共担机制，充分调动员工的积极性和创造力，增强公司的凝聚力和竞争力。报告期内，公司核心管理人员和技术团队保持了良好的稳定性。

二、结合当地的物价水平，分析并披露发行人平均税前人均工资水平与当地平均薪酬水平和同区域或同行业公司相比是否存在重大差异

1. 发行人税前人均工资水平与当地平均薪酬水平对比情况；

2. 发行人税前人均工资水平与同行业公司对比情况。

报告期内，公司员工薪酬水平整体呈上升趋势，远高于当地平均薪酬水平及当地人均生活消费支出。公司员工薪酬水平低于同行业可比公司，但不存在重大差异，主要系公司当期营收规模及业绩小于可比上市公司平均水平。

三、补充披露未来3年薪酬计划、薪酬变动依据、条件及幅度，是否存在上市后大幅提高员工薪酬的计划和安排，若是，请具体说明对发行人经营业绩的影响，并作风险因素披露

公司未来3年薪酬计划将延续目前的薪酬政策，在保持稳定的基础上，根据当地平均工资水平，结合实际经营业绩、员工绩效考核进行适时调整，持续优化薪酬体系，不存在上市后大幅提高员工薪酬的计划和安排。

目前，公司员工的薪酬组成以及确定情况如下：

（一）公司董事薪酬组成

1. 在公司担任董事且同时担任其他职务的董事按其在公司的具体任职岗位领取相应报酬，不再另行领取董事津贴。

2. 在公司只担任董事不担任其他职务的董事：如在公司领取薪酬，其薪酬依据其在公司投入时间、精力，参照高管薪酬确定；如不在公司领取薪酬，其出席公司董事会、股东大会（股东董事除外）等按《公司法》和公司章程相关规定行使职责所发生的合理费用由公司承担。

3. 独立董事薪酬津贴标准为每年4.8万元（税前），独立董事出席公

司董事会、股东大会等按《公司法》和公司章程相关规定行使职责所发生的合理费用由公司承担，除此之外不在公司享受其他报酬、社保待遇等。

（二）公司监事薪酬组成

监事按其在公司的具体任职岗位领取相应报酬，不再另行领取监事津贴。

（三）公司高级管理人员薪酬构成

公司高级管理人员薪酬由基本工资、绩效工资、各项津贴福利和年度奖金等组成，其中，基本工资、绩效工资按月兑现，年度奖金按年考核，年终一次性兑现。

（四）其他人员薪酬构成

公司除董事、监事和高级管理人员外的其他员工的薪酬由工资和奖金组成。

小兵评析

1. 发行人通过对比和解释，得出的结论是员工的薪酬水平有利于发行人管理和技术团队的稳定。发行人员工薪酬水平虽然低于同行业公司平均薪酬水平，但不存在重大差异，主要系发行人当期营收规模及业绩小于同行业可比上市公司平均水平，对于风险因素未作直接回复。

2. 董监高及核心技术人员间接持有公司股份，对于薪酬较低的情形不失为一种弥补方式。

案例101 九号智能（689009）——要求浅白易懂、简明扼要

【问询问题】

关于虬龙重组，请发行人以浅白易懂、简明扼要的方式解释并披露

有关“镜像反映”的架构调整方式。

【披露信息】

“镜像反映”是境内公司搭建红筹架构的常见方案。具体到虬龙重组中，“镜像反映”是指红筹架构搭建完成后，新设的开曼公司虬龙开曼的股权结构将和境内融资主体杭州虬龙的股权结构保持一致，即虬龙开曼设立后实际股东构成及各股东享有的权益比例与杭州虬龙完全相同。“镜像反映”的架构调整在纳恩博（北京）认购杭州虬龙发行的可转股债之后实施，并将在发行人通过增资和换股的形式持有虬龙开曼40%的股份之前完成。

小兵评析

1. 发行人解释“镜像反映”是境内公司搭建红筹架构的常见方案，但是小兵认为，招股说明书的最大受众是投资人，中介机构在写招股说明书时需要考虑普通投资者是否能看懂招股说明书的内容。

2. 招股说明书中对于特定的专业术语需进行解释，达到浅白易懂的程度，也就是信息披露的语言表述要尽量对读者友好。

PART 05

第五部分

从业人员的挑战

1. 注册制审核，并不是IPO不审核，也不是IPO审核的标准降低了，而是审核标准更加多元化，需要判断和解决的问题更加多维度。

2. 注册制审核强调信息披露，充分的信息披露保证了审核的质量，同样也对从业人员的执业素养提出了更高的挑战。任何问题的说明和解决都需要详细披露并且接受公众的监督，因而从业人员就不能犯错误，因为根本没有改正的机会。

3. 注册制下的IPO审核，对于很多规范性问题更加宽容，对企业本身的生产经营和所处行业的商业逻辑更加看重，这就要求从业人员的思路要从重点解决合规问题转变为发现企业价值。如何判断一个企业的行业地位、业务竞争以及未来上市之后能够体现的价值，将成为从业人员需要深度思考的问题也是从业人员需要面对的挑战。

第一章　收入真实性核查

1. 对于中介机构来说，走访和函证仍旧是最重要的验证收入真实性的手段和方式，此外视频访谈也成为访谈的重要补充，是值得鼓励和推广的。在审核实践中，在目前新冠疫情的情况下，视频访谈确实起到了非常重要的补充作用。

2. 此外，中介机构还会采取一些替代手段，如核查合同、股权关系、中标通知书、最终用户签收单，确认邮件等原始资料等。不论采取常规手段还是替代措施，目前的主流审核标准都是：无论是经销商还是最终用户，核查比例基本上都要满足 70% 。

3. 小兵一直认为，IPO 审核过程中对于经销商最终销售的核查就是一个伪命题。用最简单的逻辑说明这个问题：如果经销商配合核查，那是否就应该怀疑发行人与经销商存在关联关系；如果经销商不配合核查，那么你就无法得到一个明确的结论。

4. 其实，从小兵的角度来说，在买断销售的情况下，经销商和发行人就是独立的经营主体，没有谁配合谁的问题。当然，因为市场地位和话语权的不同，在实践中可能会存在经销商配合发行人 IPO 财务核查的情形，但是小兵一直觉得这是一件很耗费时间和精力的事情，也是不符合注册制审核理念的。

5. 在注册制审核理念之下，如果我们能够适当放弃对于经销商最终销售核查的执念，小兵倒是觉得这又是注册制的一个进步。

第一节 经销商及最终销售的核查

案例102 浙海德曼（688577）——经销商的核查比例及核查方式

【问询问题】

根据首轮问询回复，公司海外经销商具有多年从业经验，对机床行业及机床产品较为了解，具有产品的安装、调试和售后服务能力。公司外销根据合同约定，无须承担安装调试及验收义务，风险报酬转移的时点为产品报关、离岸。公司产品出口的商务模式与国内同行目前通行模式基本相同。根据首轮问询回复，2017年主要的经销商客户MASHIMPORTLLC（俄罗斯）注册资本为1万卢布，约1000元人民币；HERRAMENTALMONTERREY，S. A（墨西哥）注册资本为3万墨西哥比索，折合人民币约1万元。请发行人结合注册资本情况等，逐个说明公司海外经销商是否有产品的安装、调试和售后服务的能力，相关依据是否充分，相关收入确认方法是否符合《企业会计准则》的相关规定。

请保荐机构、申报会计师：（1）对上述核查并发表明确意见；（2）说明对国内经销核查、经销最终客户核查是否足以论证发行人最终销售实现情况，并发表明确意见；（3）说明对海外经销商、海外经销最终客户核查的具体情况，对最终客户的核查金额、比例，相关核查是否足以论证发行人最终销售的实现情况，并发表明确意见。

【披露信息】

一、对国内经销商、经销最终客户的核查情况

发行人中介机构对公司国内经销商进行了实地走访或视频访谈，通过访谈、实地走访或视频查看了解经销商的经营场所、经营情况、最终销售情况、最终客户的经营情况、最终客户现场海德曼设备的数量、型

号及使用情况等，对经销收入最终实现情况进行核查。

二、对海外经销商核查的具体情况

发行人中介机构对公司海外经销商进行了实地走访或视频访谈，通过访谈、实地走访或视频查看了解经销商的经营场所、经营情况、最终销售情况；发行人中介机构对公司海外经销商进行了函证，核查报告期内的交易发生额及期末往来余额的准确性。

除履行上述走访、询证等核查程序外，鉴于发行人与海外经销商的经销模式为买断模式，除发行人原因外，不允许海外经销商退货的销售政策，中介机构核查了报告期内发行人历年海外经销商的退换货情况（核查了公司出入库记录、海关进出口报关数据资料、访谈了发行人财务、业务相关人员和海外经销商），验证发行人海外经销商报告期内不存在进行退换货的情形，确认发行人海外销售的真实性。

三、对海外经销最终客户核查的具体情况，对最终客户的核查金额、比例

不同于国内经销模式下公司直接发货至最终客户处，在海外经销模式下，公司只负责产品的报关出口，同时海外经销商存在符合当地法律法规保护下的商业秘密等因素，发行人无法全面具体掌握最终客户信息，因此难以准确计算对海外经销最终客户的核查金额和比例。

报告期内，海外经销收入金额较小，海外经销商及最终客户分布分散，每家海外经销商所对应的收入和产品数量都较少。

中介机构除履行对海外经销商实地走访、询证的核查程序外，还抽取了10家最终客户进行了实地走访，现场了解最终客户的经营情况、最终客户现场海德曼设备的数量、型号及使用情况等。验证了海外经销商不存在人为积压海德曼产品，虚增海德曼销售收入的情形。

小兵评析

1. 对于国内经销模式，中介机构通过实地走访或者视频访谈的方式核查

收入占比超过 80%，而走访或访谈最终客户的比例超过 60%，这是一个相对较高的核查比例，尤其是对于最终客户的核查来说。

2. 本案例中，中介机构对境外经销商和最终客户情况作了实地走访或者视频访谈，经销商核查收入占比除 2018 年之外也均超过 80%。在海外经销模式下，公司只负责产品的报关出口，同时海外经销商存在符合当地法律法规保护下的商业秘密等因素，发行人无法全面具体掌握最终客户信息，因此难以准确计算对海外经销最终客户的核查金额和比例。中介机构除履行对海外经销商实地走访、询证的核查程序外，还抽取了 10 家最终客户进行了实地走访，现场了解最终客户的经营情况、最终客户现场海德曼设备的数量、型号及使用情况等。

3. 还有一个问题，本来是发行人前员工设立的经销商，后来发行人要集中清理，不能有前员工跟发行人合作。结果前员工觉得注销手续太麻烦，又因为公司是个壳公司，于是就免费转让给有缘人了，这样的转让实在很容易被怀疑代持。

4. 关于信息披露的问题，非常典型的展现了中介机构从业人员的应变和变通能力。第一次计算发行人市场占用率时没有考虑境外企业和境外企业在境内的合资企业的情况，因而市场占有率超过 10%，导致发行人市场地位很高。后来重新作了统计，发现整个市场占有率不足 1%，说明发行人所处行业充分竞争，未来发展空间广阔。

5. 发行人强调行业和产品保密程序很高，因而很多涉及的核心技术暂时不能申请专利。这个问题也就是小兵认为的发明专利的悖论。鉴于目前我国发明专利申请的信息披露现状，尤其是专利保护的措施不利等现实，很多时候出现：申请专利的技术对企业不是最重要的，最重要的专利却因怕被仿冒而不敢申请专利，因而有时候专利的数量也不一定代表企业的研发能力和技术水平。

案例 103　天能股份（688819）——聘请第三方机构对经销商进行核查

【问询问题】

保荐机构和申报会计师对发行人经销商的核查情况，对经销商是否实现最终销售、是否存在多个经销商受同一方控制的核查过程及意见。

【披露信息】

1. 保荐机构和申报会计师对发行人销售部门、财务部门、信息技术部门的主要人员进行了访谈，了解公司销售环节主要流程，了解公司销售管理 CRMS 系统的主要功能，了解公司销售流程中信息化控制环境，取得了相关制度文件；保荐机构和申报会计师还访谈了 IT 审计，就 2016 年至今公司销售信息系统控制的有效性进行了了解。

保荐机构和申报会计师从 CRMS 系统查看了经销商名录，核查了经销商同一控制的相关情况，并核查了 2016 年至 2019 年重要经销商的订单明细，就合作时间、订单下单频率、订单发货地址等是否存在异常进行了核实；保荐机构和申报会计师进一步通过 SAP 系统核查了重要经销商的回款明细，与公司 2016 年至 2019 年的银行对账单、订单明细、收入金额进行了比对，检查是否存在不匹配情形。保荐机构和申报会计师取得了 2016 年至 2019 年重要经销商与发行人的销售合同，并对重要经销商执行了函证程序。

经核查，发行人经销商 2016 年至今下单均通过公司的 CRMS 系统进行，经销商在订单明细中注明电池型号、数量、下单地址，在完成付款后，系统审核通过订单并安排生产发货。2016 年至 2019 年经销商的下单、回款信息均可控可查，保荐机构和申报会计师针对重要经销商的下单信息进行了抽查，经抽查下单频率、下单地址及下单数量不存在异常情形。

2. 保荐机构和申报会计师根据重要性、特殊性的原则筛选出了发行人 2016 年至 2019 年 455 个经销商，合计销售收入占各期经销收入的

50% 以上。

保荐机构和申报会计师实地走访了上述经销商的仓库，取得了经销商及其控制的经营主体的基本资料，了解该等经销商 2016 年至 2019 年与公司交易的基本情况、采购流程等，对是否存在多个经销商受同一控制的情况进行确认，取得了该等经销商的进销存明细、客户清单、账本或银行流水记录，并与发行人销售至经销商产品的情况进行了比对。

保荐机构和申报会计师对经销商下游超过 950 家终端门店执行了核查程序，对终端门店采购及销售发行人产品的情况进行了解，获得相应的采购及销售数据。同时，保荐机构和申报会计师亦聘请了深圳市智信经纬信息咨询有限公司对 20 个经销商下游的合计 8468 个终端门店进行核查。

经抽查比对经销商提供的出入库明细、销售明细或送货明细、向下游客户的银行收款流水，结合公司对该等经销商的销售情况，保荐机构和申报会计师未发现存在较大异常情形；根据深圳市智信经纬信息咨询有限公司走访、对比采集的 8468 个终端门店采购及销售数据，发行人和经销商的电池交易情况不存在较大差异。经核查，经销商的下游最终销售情况正常，与公司对该等经销商的销售情况相互匹配。

同时，保荐机构和申报会计师从 CRMS 系统查看了经销商名录，核查了经销商同一控制的相关情况，并取得了走访经销商及其控制的经营主体的基本资料，对是否存在多个经销商受同一控制的情况进行确认。

经核查，报告期内发行人存在多个经销商实际受同一控制的情形，具体情况包括：（1）在发行人不断推动经销商公司化运营过程中，部分经销商亦设立经营实体与发行人进行交易，形成同一控制的情况；（2）部分优质经销商在拓展业务空间时，存在通过其近亲属等在发行人处申请目标区域的经销商资格以开展业务，实际仍由原先的经销商控制的情况。招股书及本回复报告披露的经销商数量均已进行了同一控制下合并处理。

小兵评析

1. 发行人销售模式基本上都是经销模式，且经销商的数量非常多，接近1000家。当然，这还不是最重要的，发行人每个经销商后面还有无数的终端门店，门店的数量合计超过3万家。

2. 对于经销商的核查，本案例对于核查方式还是作了很多的说明，值得我们借鉴：

（1）访谈IT审计，就2016年至今公司销售信息系统控制有效性进行了解。

（2）从CRMS系统查看了经销商名录，并核查了2016年至2019年重要经销商的订单明细，就合作时间、订单下单频率、订单发货地址等是否存在异常进行了核实。

（3）进一步通过SAP系统核查了重要经销商的回款明细，与公司2016年至2019年的银行对账单、订单明细、收入金额进行了比对，检查是否存在不匹配情形。

（4）取得了2016年至2019年重要经销商与发行人的销售合同，并对重要经销商执行了函证程序。

3. 对于核查的比例和覆盖程度，发行人也作了说明。特别值得说明的是，为了核查终端门店的销售情况，发行人还聘任了独立第三方机构进行核查。具体体现在：

（1）根据重要性、特殊性的原则筛选出了发行人2016年至2019年455个经销商，合计销售收入占各期经销收入的50%以上。

（2）实地走访了上述经销商的仓库，取得了经销商及其控制的经营主体的基本资料，了解该等经销商2016年至2019年与公司交易的基本情况、采购流程等，取得了该等经销商的进销存明细、客户清单、账本或银行流水记录，并与发行人销售至经销商产品的情况进行了比对。

（3）对经销商下游超过950家终端门店执行了核查程序，对终端门店采购及销售发行人产品的情况进行了解，获得相应的采购及销售数据。

（4）保荐机构和会计师聘请了深圳市智信经纬信息咨询有限公司对 20 个经销商下游的合计 8468 个终端门店进行核查。

案例 104 恒而达（300946）——经销商最终销售核查的“天花板样本”

【问询问题】

申报材料显示，保荐人及申报会计师实地穿透走访了 70 家经销商的 202 个下游经营主体，包含 36 家分销商和 166 家终端客户，核查主要经销商对外销售的真实性、终端客户与发行人的关联关系，核查情况见表 5－1－1：

表 5－1－1　实地穿透走访的项目及核查情况

单位：万元

项目	2020 年 1～6 月	2019 年度	2018 年度	2017 年度
经销收入	16,313.74	35,593.42	33,377.33	28,106.48
实地穿透走访终端客户的经销商销售金额	11,193.22	27,643.07	26,912.77	21,334.14
实地穿透走访终端客户的经销商收入占比	68.61%	77.66%	80.63%	75.90%

请发行人：（1）补充披露对终端客户销售核查中实地穿透走访、访谈的经销商及其下游经营主体样本的选择依据及合理性、对应穿透核查的经销商数量占比、下游经营主体数量占比，实地穿透走访、访谈的主要内容，并说明上述核查手段、方式、核查范围及覆盖率是否能够有效验证发行人产品实现最终销售；说明发行人是否存在为了实现最终销售通过经销商向下游客户压货或向经销商和终端客户提供财务资助的情形。（2）结合发行人与主要经销商合作年限和下游终端客户的开发及维护方式，说明下游行业需求变动、经销商稳定性及终端客户开发维护成本变化等对发行人最终销售实现情况及持续经营能力的影响，并在招股说明

书中充分揭示相关风险。

【披露信息】

一、对终端客户销售核查中实地穿透走访、访谈的经销商及其下游经营主体样本的选择依据及合理性

（一）对终端客户销售核查实地穿透走访样本的选择依据

保荐机构及申报会计师根据上述样本选择标准对70家经销商（包含64家报告期前五十大经销商和6家报告期非前五十大经销商）实施终端客户穿透核查，对进入核查样本的每家经销商穿透2～5家下游经营主体（包括分销商和终端客户）进行实地走访，共实地走访202个下游经营主体（包含36家分销商和166家终端客户），并对上述202个下游经营主体全部进行现场访谈。

（二）样本选取的合理性

在经销商层面，保荐人及申报会计师通过上述重点选择与随机抽查相结合的方法，选取的经销商样本覆盖了占发行人报告期各期经销收入占比较高的前五十大经销商以及部分报告期非前五十大经销商，具有较高的经销商覆盖范围与比例。

在经销商下游经营主体层面，兼顾了终端核查全面性的要求以及经销商及其下游经营主体的配合度客观情况。

综上，保荐人及申报会计师认为，上述实地穿透走访、访谈的经销商及其下游经营主体的样本选取通过重点选择与随机抽查相结合的方法，兼顾了终端核查全面性的要求以及经销商及其下游经营主体的配合度客观情况，符合金属切削工具作为工业耗材的行业特点、发行人与经销商及其下游经营主体的商业模式，样本选择依据具有合理性。

二、实地穿透走访、访谈的主要内容

保荐人和申报会计师在对经销商下游经营主体实地走访时，主要执行了以下核查程序：

1. 现场查看经销商下游经营主体的经营场所，查看经营场所的商号

并核对营业执照，观察经营场所的大概面积、正在当班人员人数、使用发行人产品的场景和发行人产品在经营场所的库存状态，核查经销商对外销售的真实性。

2. 确认受访人的身份，核对身份证，并与下游经营主体的工商登记信息（如有）进行核对。

3. 现场访谈经销商下游经营主体的经营者，访谈内容主要包括：(1) 下游经营主体成立时间及向经销商购买的发行人产品名称；(2) 下游经营主体在报告期内购买发行人产品的金额或数量；(3) 下游经营主体使用的同类产品的主要厂家名称，使用发行人与其他厂家同类产品的价格、数量、质量的比较情况；(4) 下游经营主体使用的发行人产品退换货情况；(5) 新冠疫情对下游经营主体的影响；(6) 下游经营主体与发行人及其控股股东、实际控制人、董事、监事、高级管理人员及其关系密切人员是否存在关联关系或其他利益安排；(7) 下游经营主体的员工是否曾经在发行人任职。

三、说明上述核查手段、方式、核查范围及覆盖率是否能够有效验证发行人产品实现最终销售

在对发行人的经销商下游经营主体进行实地穿透走访、访谈前，保荐人和申报会计师为核查发行人的经销商是否已最终销售发行人的产品，还在发行人经销商层面执行了以下核查程序：

1. 在国家企业信用信息公示系统查询主要经销商的登记信息。

2. 实地走访发行人主要经销商，现场查看主要经销商的经营场所。

3. 现场访谈经销商，了解其主要业务、经营情况、销售模式，核实其经营规模、采购与库存周期，核实其与发行人是否存在关联关系或其他特殊利益安排等情况。

4. 取得并查阅 79 家经销商的进销存表，查阅经销商采购、销售和库存情况，分析其期末库存的合理性，涵盖报告期各期前五十大经销商。

5. 对 67 家经销商的存货进行现场盘点，核查库存合理性，涵盖了报

告期各期前五十大经销商。

6. 保荐人及申报会计师查阅62家经销商的销售台账，抽查经销商其对306家下游客户的发货单、销售合同、销售发票、出口报关单等销售凭证，了解经销商对外销售及下游客户的类型、分布，核查经销商对外销售的真实性，涵盖了报告期各期大部分前五十大经销商。

保荐人和申报会计师认为，通过对经销商和经销商下游经营主体执行的上述核查手段、方式、核查范围及覆盖率可以有效验证发行人产品实现了最终销售。

四、说明发行人是否存在为了实现最终销售通过经销商向下游客户压货或向经销商和终端客户提供财务资助的情形

（一）核查程序

针对上述事项，保荐人和申报会计师履行了以下主要核查程序：

1. 查看经销商下游客户使用发行人产品的场景和发行人产品在经销商及下游客户的经营场所的库存情况，核实其经营规模、采购与库存周期。

2. 现场访谈经销商下游经营主体的经营者，了解使用的发行人产品退换货情况，了解经销商下游经营主体与发行人及其控股股东、实际控制人、董事、监事、高级管理人员及其关系密切人员是否存在关联关系或其他利益安排，了解下游经营主体的员工是否曾经在发行人任职。

3. 取得发行人及其子公司、发行人实际控制人控制的其他企业、实际控制人及其在发行人任职的直系亲属、董事（独立董事除外）、监事、高级管理人员、出纳的银行账户声明书和报告期的银行对账单，取得实际控制人报告期的微信转账记录，核查交易对方是否有发行人经销商、发行人经销商下游经营主体及其主要人员。

（二）核查意见

经核查，保荐人和申报会计师认为，发行人不存在为了实现最终销售通过经销商向下游客户压货或向经销商和终端客户提供财务资助的

情形。

五、核查程序

保荐人、申报会计师就上述事项执行了如下核查程序：

1. 执行了本问题回复之“二、实地穿透走访、访谈的主要内容”“三、说明上述核查手段、方式、核查范围及覆盖率是否能够有效验证发行人产品实现最终销售”和“四、说明发行人是否存在为了实现最终销售通过经销商向下游客户压货或向经销商和终端客户提供财务资助的情形”中所描述之核查程序。

2. 访谈发行人分管销售副总，查阅了发行人销售明细账，了解发行人的销售模式和主要经销商的合作年限，核查发行人主要经销商合作的稳定；实地访谈发行人主要经销商的经营者，了解经销商与发行人的合作模式及其开拓和维护终端客户的方式；查阅发行人在招股说明书中补充披露的风险因素内容。

小兵评析

1. 对于经销商最终销售核查的问题，一直是重点也是难点，发行人对于这个问题一直向着最美好的目标努力，而监管机构也一直在向最美好的目标靠拢。因而，截至目前，也没有一个对于经销商最终销售核查比例和程度的明确标准，有的说要超过70%，有的说达到50%就可以，当然这跟企业的经营规模、业务模式、经销商数量、客户分布情况也都有着直接的关系。

2. 这个问题，本案例可以作为一个很好的研究和讨论的案例：中介机构实地穿透走访了70家经销商的202个下游经营主体（包含36家分销商和166家终端客户），核查经销商收入的比例报告期内均超过了70%，这是一个完全可以接受的比例。当然，这里发行人也明确了现实中的一个困难，那就是对于经销商最终销售的核查，只能抽取每个经销商2～5家最终销售客户去核查，而无法判断一个经销商到底有多少销售终端或者分销商，也无法真正做到全面核查。毕竟对于每一个经销商来说，下游的销售客户和对应的销售体系，都是基本的商业机密。

3. 在审核的过程中，监管机构对于这个问题也是问询了很多有针对性的问题，如你选择的方法和合理性，核查的方式和手段能否保证核查结果的合理性，下游经销商的稳定性以及日常维护的手段等。针对这些问题，发行人逐一进行了详细的解释，也就是通过这些解释，可以让我们对经销商最终销售的核查在实践中有了更多的操作指引：

（1）通过重点选择与随机抽查相结合的方法，对于实地穿透走访、访谈的经销商进行样本选取。重点选择方面，选择发行人报告期各期前五十大经销商进行核查，报告期各期前五十大经销商共涉及 80 家经销商，发行人对该等经销商的销售金额占经销收入比重分别为 83.19%、86.10%、83.19% 和 78.73%。随机抽查方面，随机抽查了报告期各期非前五十大经销商的 6 家经销商进行核查。

（2）获取了该等经销商的前五大客户名单，并根据该名单与经销商及其下游经营主体沟通，选择其中 2～5 家下游经营主体进行实地走访。出现名单中的个别经销商下游经营主体不愿意配合实地走访的，则选取顺位的样本替代进行实地走访。

（3）穿透核查的经销商收入占比是比较高的，但是如果单纯结算经销商数量的占比则比较低，数据就比较难看。这时候发行人就使用了一个规模以上经销商（销售规模 100 万元以上）的概念，这样经销商数量占比就基本上跟收入占比保持一致了。

（4）发行人的经销商除了响应必要的终端客户技术支持、质量反馈、产品评价和用户需求市场调研外，发行人一般不与经销商的下游分销商及终端客户建立直接联系。发行人无法完整掌握经销商的下游经营主体的具体情况，亦无法掌握保荐人和申报会计师因执行经销商穿透核查而实地走访的下游经营主体数量占比。

4. 除了我们所熟悉的常规的核查手段，发行人还披露了一些我们以前觉得很难实现的核查方式，比如：

（1）取得并查阅 79 家经销商的进销存表，查阅经销商采购、销售和库存情况，分析其期末库存的合理性，涵盖报告期各期前五十大经销商。

（2）对 67 家经销商的存货进行现场盘点，核查库存合理性，涵盖了报告期各期前五十大经销商。

（3）查阅 62 家经销商的销售台账，抽查经销商其对 306 家下游客户的发货单、销售合同、销售发票、出口报关单等销售凭证，了解经销商对外销售及下游客户的类型、分布，核查经销商对外销售的真实性，涵盖了报告期各期大部分前五十大经销商。

第二节　特殊客户类型的核查

案例 105　祖名股份（003030）——个体工商户的核查

【问询问题】

报告期内，以个体工商户为主的经销模式为发行人主要的销售模式，主要客户中个体工商户汪长娣、个体工商户郑学军销售金额较大。请发行人代表说明：（1）经销客户以个体工商户为主的原因及合理性，是否符合行业惯例；（2）发行人向个体工商户汪长娣、个体工商户郑学军大额销售的原因及合理性；（3）发行人向郑学军销售产品的真实性以及郑学军购买产品最终实现销售的真实性；（4）相应内控措施如何保证向个体工商户销售的真实、准确；（5）报告期内向个体工商户销售保质期较长的休闲豆制品和其他产品金额增长明显高于生鲜豆制品和植物蛋白饮品的原因和合理性。请保荐代表人说明核查依据、过程，并发表明确核查意见。

【披露信息】

1. 经销模式下主要客户的基本情况及交易背景，主要客户销售占比发生变化的原因。

2. 主要客户及其关联方与发行人之间是否存在关联关系或其他利益安排。

3. 经销模式下主要客户的最终销售情况。

（1）对于生鲜豆制品、自立袋豆奶等保质期较短（一般为3~5天）的产品，主要经销商的订货周期一般为每日订货1次，报告期各期末通常不备或者仅备有少量库存。经销商的采购均根据其下游客户需求合理确定，其最终销售情况真实，不存在通过囤积产品虚增公司利润的情形。

（2）对于休闲豆制品等保质期较长（一般为9个月）的产品，主要经销商的订货周期一般为每月订货1~3次，由于公司主要采取先款后货的信用政策，经销商为减少资金占用，一般仅保持较低的安全库存量。经销商的采购均根据其下游客户需求合理确定，其最终销售情况真实，不存在通过囤积产品虚增公司利润的情形。

4. 发行人产品的配送方式、运费承担方式。报告期内，公司与主要客户约定由公司进行货物配送并承担相应运费。针对不同的区域，公司的配送方式有所不同，配送方式主要为公司自行配送和第三方物流公司配送。

5. 向个体工商户客户销售情况。报告期内，公司个体工商户均为经销商客户，公司对于个体工商户的管理与对其他经销商的管理均保持一致。公司将产品配送至客户指定地点，并取得客户确认后作为收入确认的时点与依据。

（1）个体工商户客户的数量和销售收入。

我国农副产品流通渠道主要包括“生产者→经销商→农贸市场→终端消费者”的经销渠道、“生产者→商超→终端消费者”的商超渠道、“生产者→终端消费者”的直销渠道。目前各类农贸市场一直是农副产品交易的主要集散中心，占流通总量约70%，其中，配送至农贸市场的经销商大多是个体工商户、个体运输户和经纪人。目前公司产品中经销渠道主要通过农贸市场流向终端客户，而此类市场中经营者多为个体工商户类型的经销商，这与目前我国农副产品流通渠道是相匹配的。

报告期内，公司个体工商户经销商数量和收入金额较高。

（2）公司向个体工商户客户销售产品明细。

报告期内，生鲜豆制品、植物蛋白饮品两类产品是公司向个体工商户销售的主要收入来源，2017 年度、2018 年度和 2019 年度其销售收入合计占比分别为 92.96%、91.73% 和 90.14%。其中，豆腐、千张和素鸡类、豆腐干、自立袋豆奶是公司向个体工商户销售的主要产品，报告期各期四种主要产品的销售收入合计占比分别为 80.98%、79.05% 和 77.23%。

小兵评析

1. 科技不仅改变生活，也能改变某些行业在 IPO 的前景。以支付宝和微信为代表的快捷支付的普及，让餐饮行业和快消品行业的 IPO 不再有实质性的障碍，IPO 核查问题成为一个可以完成的任务。

2. 从典型的餐饮公司同庆楼成功上市，到现在中伦巴比食品在创业板上市和祖名食品在中小板上市，都是受到支付方式的影响。一个是销售馒头包子的，另一个是销售各类豆制品的，这些业务看起来是不那么高大上，却能够做大做强并在一定领域内代表着行业，实在是一件很好的事情。小兵认为，这样的企业 IPO 之后是可以期待有更好的发展的，这样的企业不仅代表了最典型的实体经济并且有着最广阔的发展蓝海。

3. 具体到本案例，发行人的主营业务就是各种豆制品的销售，豆干辣条之类的保质期长的豆制产品的生产销售我们倒不陌生，不过发行人有占比很高的鲜豆腐的生产和销售，这是本案例很大的特色。发行人销售模式主要有三种：直销、经销和商超。经销模式下，发行人客户基本上是个体工商户，这个案例我们主要就是关注这个问题。

4. 发行人个体工商户的销售占比还是很高的，报告期每年的销售占比都超过了50%。当然，这些个体工商户也都是经销商，准确来说就是批发商，然后再一级级往下分销，最终到达终端消费者手里。对于这样的情形，在小兵有限的案例学习中，这应该是第一家。

5. 这个问题，审核过程中自然是重点关注，主要问题有：（1）个体工商户的经营内容、具体经营者、与发行人建立合作关系的背景、合作期限、向发行人采购的主要产品；（2）个体工商户合作的稳定性，是否存在重大波动，是否存在新增或者退出的个体工商户的情形；（3）个体工商户的最终销售情况，因为豆制品都是保质期比较短的产品，囤货是有难度的，这算是验证是否最终销售的一个有利佐证。

6. 从某种意义上来讲，在物流和资金流保证的情况下，只要发行人内部控制措施到位，那么财务的真实性是有保证的。尤其是现在结算手段便捷，保证了资金来往的凭证和痕迹。

案例106 巴比食品（605338）——加盟商门店的核查

【问询问题】

报告期内，发行人主营业务收入主要来源于加盟模式。请发行人代表说明：(1) 加盟商和加盟门店的选择标准、程序及相关制度执行情况及其有效性；(2) 报告期内加盟、直营门店的数量变动情况及主要原因，报告期各期加盟商和加盟门店的变化情况，与发行人同期收取的加盟费、品牌使用费、保证金的匹配关系；(3) 对加盟商和加盟门店的供货模式，包括供货周期、库存管理和库存权属，报告期各期末加盟店和加盟商的库存情况；(4) 加盟商和加盟门店的毛利水平是否可以覆盖门店全部成本费用，是否能够获得合理利润；(5) 报告期内，包子类面点特许加盟店销售毛利率总体呈上升趋势、直营门店销售毛利率呈下降趋势的原因及合理性。请保荐代表人说明核查依据、过程，并发表明确核查意见。

【披露信息】

公司采用特许加盟为主，直营门店、团餐销售为辅的销售模式。团餐客户中包括少量经销商客户。为了节约物流成本、向中小型商超、便利店、农贸市场等零售终端拓展，公司将产品销售给经销商后，经销商再向上述渠道供货，通过经销商销售渠道的补充，使公司的销售网络进一步延伸、公司产品的覆盖率和市场占有率进一步提高。

一、公司不同销售模式的具体情况

（一）特许加盟销售

特许加盟是指公司与加盟商签订《特许经营合同》，授权加盟商开设加盟门店，在规定区域内使用公司的商标、服务标记、商号、经营技术、食品安全标准，在统一形象下销售巴比品牌产品及提供相关服务。公司加盟商主要为个人加盟商，自主负责会计核算和税费缴纳。发行人对加盟商及其销售人员不具有控制权，加盟商拥有对加盟门店的所有权和收益权，实行独立核算，自负盈亏，但在具体经营方面须接受公司的业务指导与监督。发行人具有独立和完整的销售能力和销售体系。公司对加盟门店采取10日信用期的结算制度。

（二）直营门店销售

直营门店由公司投资设立，公司对各直营门店拥有控制权，统一财务核算，享有门店产生的利润，并承担门店发生的一切费用开支。公司通过直营店将产品直接销售给终端客户。

公司加盟模式和直营模式的比较情况见表5－1－2：

表 5－1－2　公司加盟模式和直营模式的比较情况

项目	加盟门店	直营门店
权益归属	加盟商拥有投资收益权	公司拥有投资收益权
人员安排	加盟商聘请，须接受公司培训和督导	公司聘请，属于公司员工
销售模式	公司向加盟商销售，加盟商通过门店向客户销售	公司通过直营门店以零售方式销售
订货方式	门店根据近期销售情况和节假日情况，预估次日的销售情况后，通过手机 App 系统向公司订货	
物流模式	全程冷链配送	
产品定价方式	公司根据不同地域统一定价	

（三）团餐销售

团餐客户中包括少量经销商客户。由于公司对经销商的销售在已发货并获得经销商确认收货后即已实现，公司经销商渠道产品在约定交付验收后风险转移，符合《企业会计准则第 14 号——收入》的相关规定，公司经销为买断模式。

二、加盟商销售的具体情况分析

（一）报告期加盟商的数量和对应的加盟店的数量基本情况、发行人对加盟店的供货模式

1. 主要加盟商名称、旗下的加盟门店的数量、成立时间、股权结构、与发行人的合作时间的情况。主要加盟商为个人，加盟门店为个体工商户，无股权结构。

2. 发行人对加盟店的供货模式。

（1）供货周期。发行人加盟店大部分每天供货一次。加盟门店订货前一日11：00之前在手机 App 中进行下单，公司 SAP 系统根据加盟门店下单情况汇总数据到生产计划科，组织生产，产品生产完成后，运输车辆根据订货信息进行送货，加盟门店收到货物后，在 App 中点击确认收

货，系统则根据收货情况确认收入。加盟门店的销售每10日对账一次，公司财务通过App下发对账单与加盟门店对账，SAP系统中均自动生成对账单。

（2）库存管理。为了保证公司产品做到新鲜美味，公司要求加盟店采用“预测销售量”的订货管理模式，避免库存囤积导致产品积压、过期。

（3）库存权属。公司配送到加盟门店的货物，加盟店收货人员应及时清点、验收，如发现问题应在规定时间内通过公司投诉系统提出异议，逾期视为验收无误。验收无误之后，货物损坏、灭失等一切风险及库存权属均转移至加盟门店。

（二）报告期各期末加盟店的库存金额和占当期供货金额的比例

1. 报告期各期加盟店的库存情况。

公司销售给加盟店的产品包括即食性较强的面点产品和馅料产品，对产品的新鲜度及口感要求较高，一般情况下，公司每日都会按照各加盟店报送的需求进行生产并配送，要求加盟商严格按照每日需求量进行订货，不允许恶意多订或囤积产品。加盟店产品每日基本销售完毕。

2. 中介机构对发行人加盟店存货的核查过程。

（1）访谈发行人财务及销售负责人，了解发行人与加盟店的业务开展模式。

（2）检查公司与加盟店相关的发货单、装车单等相关配送信息。

（3）走访相关加盟店。保荐机构和申报会计师累计对2073家加盟门店进行实地走访，核查加盟店订货及库存管理等情况。

综上，报告期各期末加盟店的产品对外基本销售完毕，不存在积压发行人产品的情况。

小兵评析

1. 出于管理控制和品质管理的考量，目前对于连锁类企业来说，至少在

IPO 审核实践中，直营模式占比还是相对较高，也是比较常见的。像发行人这种加盟模式销售占比超过 90% 以上的情形，还是不多见的。

2. 关于加盟模式的主要特征，我们应该比较好理解，这里简单再给大家总结一下：（1）加盟商主要为个人加盟商，自主负责会计核算和税费缴纳。（2）发行人对加盟商及其销售人员不具有控制权，加盟商拥有对加盟门店的所有权和收益权，实行独立核算，自负盈亏。（3）公司只是具体经营方面须接受公司的业务指导与监督。（4）公司对加盟门店采取 10 日信用期的结算制度。（5）加盟期限为 3 年，到期可续约。

3. 关于加盟模式下的权利义务关系，具体来说包括：（1）加盟商在 App 上下单，发行人将面点成品产品、馅料销售给加盟商。（2）加盟门店的销售每 10 日对账一次，公司财务通过 App 下发对账单与加盟门店对账，SAP 系统中均自动生成对账单。（3）公司要求加盟店采用“预测销售量”的订货管理模式，避免库存囤积导致产品积压、过期。（4）加盟商对产品进行验收，验收无误之后，货物损坏、灭失等一切风险及库存权属均转移至加盟门店。（5）一般情况下，公司每日都会按照各加盟店报送的需求进行生产并配送，要求加盟商严格按照每日需求量进行订货，不允许恶意多订或囤积产品。加盟店产品每日基本销售完毕。

4. 关于财务核查，保荐机构和申报会计师累计对 2073 家加盟门店进行实地走访，核查加盟店订货及库存管理等情况。在这种情况下，加盟商对于财务核查还是相对比较配合的，这是这种加盟商模式在 IPO 方面比较有利的一个方面。

5. 发行人报告期内每期的退货比例都非常低，基本上在万分之三至万分之五的水平。对于非质量类退货情形，除食品类产品原则上不予退货外，其余商品在不影响二次销售的情形下予以退货。退货商品存在质量问题不可二次销售的情形，退货当期直接冲减退回商品已确认收入的金额，同时对有质量问题商品进行报废处理，结转对应的销售成本进营业外支出；退货商品不存在质量问题可二次销售的情形，退货当期直接冲减退回商品已确认收入的金额，同时增加库存商品、冲减销售成本。

6. 报告期内，发行人对加盟店不存在财务支持、返利政策，但是存在一定金额的补贴和折扣政策。补贴主要是门店装修补贴与市场拓展补贴。折扣政策主要包括开业折扣、竞争折扣、专项折扣。从具体金额来说，发行人向加盟商提供补贴和折扣的金额占收入的比重并不是很高，这某种程度上体现出发行人品牌价值的自信和对加盟商的控制。

7. 对于各种补贴，发行人直接计入销售费用。对于销售折扣，按其实际折扣金额抵减应收账款与主营业务收入，同时抵减相应金额的销项税额。

案例 107 阿拉丁（688179）——线上销售数据核查

【问询问题】

通过对 74 项控制目标的测试（含穿行测试），IT 审计团队共获取并分析了 2017～2019 年所有生产工单原料采购、生产领用、销售明细、期末库存等数据，测算公司整体运营数据，查看并穿行了公司业务与系统间关键控制点及风险点，在 IT 审计中发现：公司的业务管理系统、官网电商平台和第三方平台（天猫、京东等）数据记录可以有效防范数据篡改风险。通过年度整体测试、数据分析和理论依据，证实通过虚增或人为调整数据进而虚增收入的可能性非常低。公司自身使用及业务所依赖的信息系统可以合理保证公司业务数据（主要是收入、成本和存货数据）和财务数据的真实性（含可篡改性）、及时性、准确性及有效性。

请申报会计师核查发行人是否存在刷单、自充值等虚假交易情况，发行人 IT 系统的内部控制是否建立健全并有效执行，收入确认及相关会计处理是否符合《企业会计准则》的相关规定。

【披露信息】

大华国际管理咨询（北京）有限公司以评价发行人自身使用及业务

所依赖的信息系统是否可以合理保证业务数据（主要是收入、成本、存货数据）和财务数据的真实性（含可篡改性）、及时性、准确性及有效性控制为目标，对发行人的信息系统进行了专项核查并出具了《上海阿拉丁生化科技股份有限公司信息系统专项核查报告（二）》。

一、核查程序

保荐机构、申报会计师履行了以下核查程序：

1. 利用 IT 审计专家的工作，对 IT 审计专家进行访谈，并对 IT 审计专家的胜任能力及相关信息进行查验；

2. 查阅《上海阿拉丁生化科技股份有限公司信息系统专项核查报告（二）》并复核相关工作底稿；

3. 了解发行人官网电商平台、ERP 系统运行状况以及二者之间数据传输过程；

4. 分析发行人报告期内新增用户的地域分布与数量、留存用户的数量、活跃用户数量、月活用户数量、单次访问时长与访问时间段相关数据，确认与第三方统计平台数据是否一致；

5. 获取发行人报告期内用户 IP 地址信息，分析“僵尸用户”情况；

6. 分析发行人报告期内平均用户收入、主营业务收入期间结构的合理性；

7. 获取发行人报告期内支付给第三方搜索引擎的费用，分析其与官网电商平台销售金额的匹配性；

8. 对发行人管理层、财务人员及相关业务人员进行访谈，了解发行人报告期内的销售与收款活动相关的内部控制，执行销售与收款流程的穿行测试，确定相关控制是否得到执行；

9. 抽取样本实施控制测试，核对销售订单、发票、出库信息、物流单号、期后收款等信息，确定相关控制是否有效；

10. 对销售收入实施细节测试，核查销售合同（订单）、销售出库单、物流单号、发票以及银行回单等支持性文件；

11. 分析发行人报告期内含税销售金额与销售回款之间的关系；

12. 获取发行人报告期内应收账款明细账，对其大额回款记录实施检查程序，检查相应的银行单据，核对销售订单客户名称与回款单据付款方名称是否一致；

13. 获取发行人及子公司报告期内银行流水以及发行人董事、监事、高级管理人员报告期内个人账户银行流水；

14. 走访和访谈发行人报告期内主要客户，获取客户基础资料；

15. 对发行人报告期内主要客户实施函证程序；

16. 查询发行人主要客户的工商资料，关注其成立时间、注册资本、股东及出资情况、经营范围、董监高任职情况等，核查其与发行人是否存在关联关系。

二、核查结论

1. 用户真实性与变动合理性，包括新增用户的地域分布与数量、留存用户的数量、活跃用户数量、月活用户数量、单次访问时长与访问时间段等，系统数据与第三方统计平台数据是否一致。

（1）包括新增用户的地域分布与数量。报告期内发行人官网电商平台新增注册用户地域分布结构保持稳定，新增注册用户地域分布结构与当年度销售收入分布结构基本保持一致。

（2）留存用户的数量、活跃用户数量、月活用户数量、单次访问时长。报告期内发行人留存用户的数量、活跃用户数量、月活用户数量逐年增长，与发行人报告期内销售规模不断扩大的趋势相吻合。同时，报告期内发行人用户单次访问时长基本保持稳定。

（3）访问时间段。报告期内，发行人官网电商平台用户登录且下单时间段分布情况如下：报告期内发行人用户登录且下单高峰主要为10时左右以及14时左右，在12时迎来波谷，主要访问时段为8时至18时，与国内工作、上课时段基本吻合。

（4）系统数据与第三方统计平台数据是否一致。报告期内发行人活跃用户数量、月活用户数量变动趋势与第三方统计平台百度统计数据变动趋势基本一致。

2. 用户行为核查，包括但不限于登录IP或MAC地址信息、充值与消费的情况、重点产品消费或销售情况、“僵尸用户”情况等，用户充值、消耗或消费的时间分布是否合理，重点用户充值或消费是否合理。

（1）登录IP或MAC地址信息。

（2）充值与消费的情况，用户充值、消耗或消费的时间分布是否合理，重点用户充值或消费是否合理。报告期内，发行人官网电商平台未开展充值业务。

（3）重点产品消费或销售情况。发行人主营业务突出，报告期内科研试剂占主营业务收入比重均超过95%，且报告期内科研试剂项下高端化学、生命科学、分析色谱及材料科学四大类产品的销售占比也基本保持稳定。

（4）“僵尸用户”情况。发行人主要通过电商平台销售科研试剂及实验耗材，非互联网信息服务或互联网游戏公司，销售收入非来自信息展示或用户点击，因此“僵尸用户”占比非发行人重点关注指标。

3. 系统收款或交易金额与第三方支付渠道交易金额是否一致，是否存在自充值或刷单情况。

（1）是否存在自充值情况。经核查发行人及子公司报告期内银行流水，发行人董事、监事、高级管理人员个人账户银行流水，发行人不存在自充值情况。

（2）是否存在刷单情况。①经IT审计发行人通过自身IP刷单的可能性极低；②发行人通过刷单方式虚增收入的操作难度较大；③对发行人销售收入实施的细节测试不存在异常；④对发行人主要客户进行的走访、访谈和函证不存在异常。

4. 平均用户收入、平均付费用户收入等数值的变动趋势是否合理。报告期内发行人平均用户收入/平均付费用户收入金额分别为5233.76元/

户、6273.37元/户及7158.72元/户，呈上涨趋势，主要系报告期内部分经销商的采购金额增幅较大，集中度有所增加。

5. 业务系统记录与计算虚拟钱包（如有）的充值、消费数据是否准确。报告期内，发行人官网电商平台未开展虚拟钱包业务。

6. 互联网数据中心（IDC）或带宽费用的核查情况，与访问量是否匹配。报告期内，发行人租用阿里云服务器作为互联网数据中心（IDC），只选购了存储、负载均衡与安全产品，按年支付固定费用。因此，互联网数据中心（IDC）或带宽费用与访问量不存在直接关系。

7. 获客成本、获客渠道是否合理，变动是否存在异常。报告期内，发行人支付给第三方搜索引擎的费用与官网电商平台销售金额呈同步上升趋势，但比值略有下降，主要系一方面发行人科研试剂品牌拥有较高的知名度，深受客户信赖，客户基础坚实，新增客户主要来源于原有客户口碑相传；另一方面发行人较早建立了官网电商平台，客户黏性较强，部分老用户通过收藏网页或直接输入网址登录发行人官网电商平台，因此发行人对于第三方搜索引擎依赖度较低。报告期内发行人获客成本、获客渠道合理，变动不存在异常。

8. 如因核查范围受限、历史数据丢失、信息系统缺陷、涉及商业秘密等，导致无法获取全部或部分运营数据，无法进行充分核查的，保荐机构、会计师应考虑该等情况是否存在异常并就信息系统可靠性审慎发表核查意见，同时，对该等事项是否构成本次发行上市的实质性障碍发表核查意见。

2018年3月至2019年7月，发行人官网电商平台用户访问IP地址主要为4个重复IP地址段，主要系此前发行人网站存在异常访问或恶意攻击等情况，发行人于2018年3月新增了WEB应用防火墙（堡垒机）业务，外部用户访问发行人官网电商平台时须先访问此台堡垒机，再通过堡垒机访问官网电商平台服务器，因此，该段时间记录访问服务器IP地址为相同IP地址段（阿里云IP地址）。由于发行人未单独购买终端用户

IP 地址留存服务，因此无法取得该时段终端用户 IP 地址。2019 年 7 月，发行人购买阿里 SCDN 服务，此服务可以将 WEB 应用防火墙（堡垒机）的访问地址同步到服务器访问地址中，有效解决了该问题。

小兵评析

1. 在目前的 IPO 审核标准中，如果存在金额和占比较大的线上销售的情形，发行人一般都会出具关于信息系统环境有效性和数据合理性的专项说明，我们一般称为“IT 审计专项报告”。具体到本案例发行人，虽然主营业务和产品是生物试剂，并不是我们传统意义上的快速消费品，但是因为存在一定的线上销售，因而针对目前的审核要求，对 IT 审计的相关工作作了详细说明，这可以作为我们研究的经典案例样本。

2. 关于 IT 审计，目前主要是对两个内容进行核查并发表明确意见：一个是数据是否存在被篡改的风险，以保证不存在通过人为调整数据进而虚增收入的行为；另一个是信息系统是否可以合理保证公司业务数据（主要是收入、成本和存货数据）和财务数据的真实性（含可篡改性）、及时性、准确性及有效性。

3. 对于 IT 审计，除了保证数据在收集、转移、汇总、修正等过程中不存在篡改的可能之外，主要的工作就是对信息系统存在的数据进行合理性分析，这也就是我们一直提到的——用合理性倒推真实性。

4. 如何核查信息系统数据是否被篡改，本案例的具体操作就是：通过脚本定时（1 次/2 秒钟）将官网电商平台数据导入公司 ERP 系统，未同步订单的差异率 0.02%，系网络延时原因造成，已通过客服人员与客户沟通后全部处理。

5. 对于用户真实性和合理性的分析，主要分析维度有：（1）新增用户的地域分布和数量情况；（2）留存用户的数量、活跃用户数量、月活用户数量、单次访问时长；（3）访问时间段是否存在异常，是否与工作时间相匹配；（4）系统数据与第三方统计平台数据是否一致；（5）包括但不限于登录 IP 或

MAC 地址信息、充值与消费的情况、重点产品消费或销售情况、“僵尸用户”情况等，用户充值、消耗或消费的时间分布是否合理，重点用户充值或消费是否合理；（6）系统收款或交易金额与第三方支付渠道交易金额是否一致，是否存在自充值或刷单情况；（7）平均用户收入、平均付费用户收入等数值的变动趋势是否合理；（8）业务系统记录与计算虚拟钱包（如有）的充值、消费数据是否准确；（9）互联网数据中心（IDC）或带宽费用的核查情况，与访问量是否匹配；（10）获客成本、获客渠道是否合理，变动是否存在异常。

6. 在核查的过程中，还有一点需要特别注意：是否存在由于核查范围受限、历史数据丢失、信息系统缺陷、涉及商业秘密等原因，导致无法获取全部或部分运营数据，无法进行充分核查的情形。本案例发行人刚好存在这种情况，具体情形是：2018 年 3 月至 2019 年 7 月，发行人官网电商平台用户访问 IP 地址主要为 4 个重复 IP 地址段，主要系此前发行人网站存在异常访问或恶意攻击等情况，发行人于 2018 年 3 月新增了 WEB 应用防火墙（堡垒机）业务，外部用户访问发行人官网电商平台时须先访问此台堡垒机，再通过堡垒机访问官网电商平台服务器，因此，该段时间记录访问服务器 IP 地址为相同 IP 地址段（阿里云 IP 地址）。由于发行人未单独购买终端用户 IP 地址留存服务，因此无法取得该时段终端用户 IP 地址。2019 年 7 月，发行人购买阿里 SCDN 服务，此服务可以将 WEB 应用防火墙（堡垒机）的访问地址同步到服务器访问地址中，有效解决了该问题。对于上述的问题，发行人和中介机构也是作了完善的替代工作，主要就是具体到每个月份，将前面提到的用户数据合理性的核查工作进一步做到位。

7. 最后，值得说明的是，对于线上销售金额比较大的发行人，一般 IT 审计都聘请四大会计师事务所出具专门的审计报告。而本案例聘请的是大华国际管理咨询（北京）有限公司，小兵猜测应该这就是发行人审计机构大华会计师事务所的关联公司，其实某种程度上也是不够审慎和权威的，当然可能也跟发行人的线上销售占比不高有直接关系。

案例108 谱尼测试（300887）——大规模小客户的核查

【问询问题】

发行人客户数量较多，报告期内分别为76,106个、80,115个、78,120个，同时上述客户中存在一定比例的第三方回款。请发行人代表说明客户模式和第三方回款是否符合行业惯例。请保荐人代表说明客户走访和回函比例较低的原因及合理性。

【披露信息】

一、销售模式

（一）销售方式

公司采取直销模式，通过遍布全国的销售服务网络，为客户提供检验检测、计量、认证及相关技术服务。

公司报告期内呈现客户数量较多，客户结构较为分散，大客户集中度提高，小客户变化程度较大的特点。这是因为公司客户主要来自食品、环境、消费品质量鉴定检测领域，小规模企业客户的数量占比较高，多数小规模企业客户的检测需求不稳定，具有临时性、偶发性的特点，而大型企业客户和政府部门的检测需求较为稳定。

公司与广电计量每年新增客户比例基本一致，符合同行业可比上市公司的特征。每年减少客户方面，公司比例高于广电计量，这是由于公司客户结构较广电计量更为分散，小型个体户、农村合作社等临时性检测需求较多所致。

（二）定价方式

具体业务发生时，客户送检的业务往往包括跨行业、多个项目的检测要求，销售人员将结合各项目的指导性报价，根据业务复杂程度、检测频度等确定该项具体业务的报价。公司的指导性报价体系将根据市场竞争情况、行业发展趋势、成本变化等进行定期或不定期调整。

（三）结算方式

对于客户，公司一般采取“先付款后检验检测”和“客户审批信用额度”等结算方式，公司基于一般业务需要批准的信用额度，除特殊情况外，此类信用额度有效期一般在 1～12 个月；对于检验检测业务规模大且资信良好的客户，可给予 12 个月信用期。

二、第三方回款情况

公司在日常经营活动中存在第三方回款的情况。该等第三方回款行为是政府、事业单位基于财政预算和财政统一拨款支付的需要，以及其他多方企业客户基于业务合作过程中的需求真实发生的，具有必要性和商业合理性，具体情况如下：

（一）第三方回款的界定

根据《深圳证券交易所创业板股票首次公开发行上市审核问答》的规定，第三方回款通常是指发行人收到的销售回款的支付方（如银行汇款的汇款方、银行承兑汇票或商业承兑汇票的出票方或背书转让方）与签订经济合同的往来客户不一致的情形。

（二）第三方回款的原因、必要性和商业合理性

发行人不存在通过发行人员工个人银行账户代收资金的情况。发行人存在第三方代客户付款的情况，主要原因如下：

1. 政府行政单位由财政部门统一拨款支付。例如，发行人为各地市的市场监督管理局、教育局等提供检测服务，款项通常由当地财政部门统一拨款支付。

2. 同一集团下关联公司代替客户付款。

3. 客户安排其实际控制人或其亲属、客户员工或具有合作关系的第三方公司代客户付款。

基于发行人所处的检验检测行业特有的经营模式，公司第三方回款必要性和商业合理性如下：

1. 公司存在较多的政府、事业单位客户，以各地市场监督管理局、

教育局等为典型代表。此类客户大多纳入财政预算，由财政部门统一支付的情形，从而构成第三方回款。

2. 公司存在较多的大型集团企业客户，部分该类客户通过其集团的财务公司、或集团旗下的关联公司回款，从而构成第三方回款。

3. 检测活动涉及的领域广、检测项目多，不同客户的检测需求具有差异化的特点。检验检测行业单笔订单的金额通常较小，尤其是在农产品检测领域，存在一定数量的个体户等小型客户。此类客户回款通常惯用其经营者或员工的微信、支付宝或者个人银行账户向公司支付款项，从而构成第三方回款。

4. 检验检测报告和数据较多用于公证作用，以降低不同主体间的信息不对称，因此检测业务开展过程中可能涉及检测任务的委托方、样品送检方、最终付款方等多个主体，检测机构与检测任务委托方签订检测合同或订单，并向其出具检测报告，但检测样品送检方和付款方可能为其他主体，从而构成第三方回款。

经核查，保荐机构和发行人会计师认为，发行人报告期内的第三方回款所对应的业务具备必要性和商业合理性，符合发行人实际情况。

（三）公司第三方回款的构成情况

报告期内，剔除政府、事业单位财政支付后，公司 2017 年度、2018 年度、2019 年度第三方回款形成收入分别占营业收入（含税）的比例为 10.17%、8.23%和 7.76%，呈总体下降趋势。主要原因如下：报告期内发行人逐步规范了第三方回款的内控制度，要求客户通过对公账户进行转账，有效避免了部分非财政支付原因造成的第三方回款。

（四）公司规范第三方回款的措施

公司通过协议约定对客户第三方账户销售回款进行严格限制，同时财务部设立专门的销账组，对每一笔回款归属进行甄别，以确保客户资金准确及时入账，并避免不必要的纠纷。公司成立以来也从未发生过任何与客户第三方账户回款相关的纠纷。

（五）第三方回款的真实性

保荐机构及发行人会计师主要采取了如下核查手段：

1. 获取并审阅了发行人与第三方回款相关的内部控制制度，对相关内部控制制度的合理性进行评估；

2. 通过访谈、穿行和控制测试，了解发行人第三方回款相关内部控制是否有效执行；

3. 取得报告期内销售订单明细表（含订单收款金额和付款方信息），将报告期各会计期间的收款金额、确认的收入发生额与独立获取的银行流水进行比对，对统计记录的完整性进行核查；

4. 从上述销售订单中筛选出属于第三方回款的客户，采取分层随机抽样法，抽取样本追查至委托检测协议、检测报告、交付记录、银行对账单和汇款证明、代付证明以及关系证明等证据，对相关业务的真实性进行核查。

经核查，保荐机构和发行人会计师认为，发行人统计的第三方回款完整，相关业务真实，不影响发行人销售收入真实性的确认。

（六）公司及其实际控制人、董监高或其他关联方与第三方回款的付款方不存在关联关系或其他利益安排

经比对公司及其实际控制人、董监高或其他关联方公司与银行对账单对手方、汇票前手方信息，以及收集并核查代付证明及其他关系证明文件，报告期内，公司及其实际控制人、董监高或其他关联方与第三方回款的付款方不存在关联关系或其他利益安排。

小兵评析

1. 在以前的 IPO 审核实践中，直接面对私人（自然人）的业务模式一般是不受待见的，一来是业务不稳定、盈利空间有限，二来也是更重要的就是对于财务核查的难度无限增加。

2. 本案例发行人的主营业务是检测业务，有对公业务自然也有对私业务，并且对私业务的比例还是非常高的，这也就是发行人报告期内的客户基本上稳定在 8 万家左右的原因。尽管交易金额在 100 万元以上的收入占比有增长的趋势，不过并不是非常明显。

3. 发行人全部是直销模式，且客户极度分散、数量众多，那么在财务核查方面需要付出更多努力。此外，还存在客户是否配合的问题，因为很多客户是一次性合作，要去走访或者电话访谈是很难做到的。

4. 从另外一个方面来说，这样的业务模式对于发行人的内部控制要求也是非常高的，即要保证每一个客户的业务流程和后续回款情况都能及时在系统体现，并且从商业逻辑上得到足够的证据去验证。

5. 针对发行人的业务模式，还关注到了客户流失率问题，发行人的客户流失率大概在 30%，这个尽管高于同行业 20% 左右的水平，不过也是可以理解的。很简单的道理：如果是机构客户多，必然客户稳定性较强，重复采购的可能性大，反之亦然。

6. 从技术的角度来说，发行人这种模式还存在一个很重要的问题，那就是第三方回款的问题。发行人在统计的时候是将政府部门统一付款以及集团统一付款也认定为第三方回款的，这样分类的比例是超过 20% 的。如果我们界定狭义的第三方回款，只认定非合理范围情形的，比如自然人的近亲属付款等，那么第三方回款的比例不超过 10% 且逐年下降。

案例 109 仁会生物（已过会）——终端药店核查

【问询问题】

针对经销商向终端药店的销售情况，请保荐机构、申报会计师说明：具体核查方法、核查程序，包括但不限于走访的终端药店的数量、金额占比情况，是否获取经销商销售明细清单，是否核对经销商销售发票、运输凭证等，是否获得终端药店采购和使用数据的盖章或签字的确认文件等，如有请说明获得证据所对应的具体销售金额及占比情况。

【披露信息】

针对经销商向终端药店的销售情况，保荐机构及申报会计师说明如下：

一、走访的终端药店的数量、金额占比情况

报告期各期保荐机构及申报会计师走访（包含实际走访和电话访谈）发行人全国各地的终端药店数量、采购产品数量及占比具体见表5－1－3：

表5－1－3　走访发行人全国各地的终端药店数量、采购产品数量及占比

项目	2019年		2018年		2017年	
	药店家数（家）	支数（支）	药店家数（家）	支数（支）	药店家数（家）	支数（支）
终端药店总体情况	987	11.87	774	5.61	480	2.34
走访的终端药店情况（包含实际走访和电话访谈）	130	5.92	100	2.33	48	0.95
占比	13.17%	49.87%	12.92%	41.46%	10.00%	40.71%

上述实际走访和电话访谈已覆盖报告期各期发行人全国范围内销售金额较高的主要省份。

二、是否获取经销商销售明细清单，是否核对经销商销售发票、运输凭证等

1. 选取了发行人报告期各期前二十大经销商客户共计25家，并对剩余经销商客户随机抽样共计10家，合计35家。

2. 获取经销商关于发行人的产品销售流向单，并由经销商加盖印章。对于部分建设了网上流向查询系统的经销商客户，保荐机构、申报会计师通过其提供的官网流向查询系统的账户信息获取了经销商报告期内的产品销售流向单。保荐机构、申报会计师结合上述两个来源的数据，对经销商客户的销售流向进行核查。

3. 如经销商客户的下游仍属于分销商，则进一步向下穿透，要求经销商客户下游的主要分销商进一步提供产品销售流向单。

4. 保荐机构、申报会计师未能取得经销商对下游医院、药店或非一级经销商（如有）的销售发票和运输凭证。一方面，药品流向数据属于国家药品监督管理局药品经营质量管理规范（GSP）认证管理范围，属于对下游药品流通企业重点监管的内容，流通企业需持续满足GSP管理的相关要求，保证对外提供流向数据的真实、准确；另一方面，发行人的产品需冷链运输，基于生物制品使用安全性的要求，《药品冷链物流技术与管理规范》等法规对于冷链药品物流链过程中的收货、验收、储藏、养护、发货、运输、温度控制等均有严格规定，冷链运输药品的流向数据具有可追溯性。

保荐机构、申报会计师根据对经销商产品销售流向单的穿透获取和核查，并结合经销商客户与终端药店和医院的访谈情况，能够合理地认为发行人在报告期内的终端销售具有真实性、准确性和完整性。

三、是否获得终端药店采购和使用数据的盖章或签字的确认文件等，如有请说明获得证据所对应的具体销售金额及占比情况

报告期内，经销商客户覆盖的终端药店数量较多，且较为分散。根据重要性原则，保荐机构及申报会计师取得对主要终端药店的销售清单，结合清单进行实地走访或电话访谈其药店店长或相关负责人，并取得：（1）访谈记录（签字确认）；（2）与被访谈者的合影记录；（3）受访者身份证复印件或名片；（4）营业执照、药品经营许可证或GSP证书等；（5）终端药店中谊生泰存货的照片。

对于终端药店采购和使用数据的核查情况，由于2014年原国家卫计委联合国家中医药管理局颁布的《关于加强医疗卫生机构统方管理的规定》中明确“严禁为不正当商业目的统方”，公司无法获取医院或者药店最终销售的患者情况，因此保荐机构及申报会计师亦无法直接取得终端药店的进销存数据。

保荐机构及申报会计师主要通过上游经销商的销售流向以间接核查终端药店的采购和使用情况。同时，保荐机构及申报会计师在实地走访或电话访谈终端药店过程中，会询问被访谈人报告期内谊生泰产品采购和销售的情况，被访谈人的回复结果与发行人实际统计结果并无明显差异。

小兵评析

1. 关于医药行业，鉴于其行业的特殊性，中介机构对于发行人终端药店的核查无法达到正常的核查比例。

2. 本案例中，可借鉴保荐机构和申报会计师对发行人终端药店走访和访谈核查的内容：

（1）访谈对象的身份、终端药店的基本情况。

（2）谊生泰在药店采购和销售的情况，竞品使用情况和产品质量情况等。

（3）了解使用发行人产品的历史，通过哪些途径获得发行人产品的信息。

（4）了解发行人产品的优势和不足。

（5）了解终端药店采购药品的整体过程，患者支付方式，医保情况等。

（6）特别事项，包括是否存在纠纷、退换货情况、重大违法违规、不诚信行为、仲裁或诉讼、商业贿赂等。

（7）被访谈对象与仁会生物的关联关系情况。

第二章　特殊情况的应对

1. 从业人员的执业技能和素养，就是严格把握共性的问题，同时灵活处理随时发生的个性的问题。任何 IPO 案例，都是共性和个性并存的一个综合体，这也是从业人员需要积极面对的问题。

2. 我们研究注册制下的 IPO 审核，最关键的就是把握共性的问题，保证以后遇到同样的问题可以有完整成熟的解决方案。当然，我们也需要关注个性问题，尽管这个案例很特殊甚至没有复制性和参考性，但是其中涉及的一些思维和逻辑，同样值得我们借鉴和思考。

3. 对于一些特殊情况，中介机构是否能灵活应对，极大考验了从业人员的专业度和处理问题能力。当然，能够应对的前提仍是需要满足审核机构的基本要求和规则。所有的应对措施均需在尊重事实和规律的条件下进行，并且能够进行合理解释。

案例 110　仁会生物（已过会）——捐赠“罗生门”

【问询问题】

招股说明书披露，报告期内发行人对白求恩公益基金会进行现金捐赠；报告期内基金会通过广州锐讯医药有限公司采购公司生产的贝那鲁肽注射液，广州锐讯系发行人 2018 年前五大客户之一。综合考虑两项交易实质，从谨慎性的角度出发，发行人冲减相关收入 2,932,758.60 元和成本1,794,242.38元，并冲减捐赠支出1,138,516.22元。

请发行人说明：（1）差错更正前两项交易发生的背景、时间、交易内容，报告期各期白求恩公益基金会通过广州锐讯向发行人采购的贝那鲁肽注射液数量、单价及金额，两项交易原本的会计处理方法，更正时的会计处理方法；（2）发行人通过广州锐讯销售给白求恩公益基金会是否存在价格、回款方式等方面的特殊条款，基于何种业务实质进行差错更正、更正的原因；（3）发行人捐赠对象实为采购发行人产品的终端客户，捐赠行为是否与销售业务相关联，相关会计处理是否符合业务实质、是否符合相关规定；（4）捐赠支出产生的企业所得额抵扣与会计上确认的捐赠支出金额是否存在差异及差异产生的原因。

【披露信息】

一、差错更正前两项交易发生的背景、时间、交易内容，报告期各期白求恩公益基金会通过广州锐讯向发行人采购的贝那鲁肽注射液数量、单价及金额，两项交易原本的会计处理方法，更正时的会计处理方法

（一）差错更正前两项交易发生的背景、时间、交易内容

1. 对基金会现金捐赠。

2018年7月和12月，公司合计捐赠现金5,499,865.80元。2019年12月15日，双方签订《关于“谊路恩行—糖尿病患者关爱项目”的项目提前终止说明》，经双方协商，双方提前终止本项目合同关系。2019年12月，公司支付余款1,633,453.39元，项目自此终止。

2. 公司向广州锐讯销售产品。

广州锐讯是一家从事药品经销的医药流通企业，是公司2018年度的经销商客户。2018年1月，双方接洽并商业谈判后，双方签订《2018年度经销商协议》，经销商协议主合同均为格式条款，约定谊生泰产品的供应价格为含税金额378元/支。

公司分别于2018年6月和10月向广州锐讯发出贝那鲁肽注射液5000

支和4000支，当期确认主营业务收入2,932,758.60元，主营业务成本1,794,242.38元。

（二）报告期各期白求恩公益基金会通过广州锐讯向发行人采购的贝那鲁肽注射液数量、单价及金额

根据对白求恩公益基金会的访谈、对广州锐讯的访谈及广州锐讯药品流向数据，报告期内，白求恩公益基金会发起的“关爱项目”通过广州锐讯采购发行人产品均发生在2018年。广州锐讯采购发行人谊生泰数量为9000支，结算价格为《2018年度经销商协议》约定的结算价378元/支，总金额为340.20万元（含税）。

二、发行人通过广州锐讯销售给白求恩公益基金会是否存在价格、回款方式等方面的特殊条款，基于何种业务实质进行差错更正、更正的原因

公司与广州锐讯虽签订了商业合同，但从现金流的角度来看，两项交易间接构成一揽子交易，不符合“相关的经济利益很可能流入企业”的收入确认条件。因此，公司基于谨慎性考虑并从实质重于形式的原则出发，进行了会计差错更正，冲减广州锐讯相关的收入成本和部分现金捐赠支出，并同时调整其他相应科目。

三、发行人捐赠对象实为采购发行人产品的终端客户，捐赠行为是否与销售业务相关联，相关会计处理是否符合业务实质、是否符合《企业会计准则》的规定

“关爱项目”援助药物类别为GLP-1类药物。经过基金会内部评审，最终选定了贝那鲁肽注射液作为该项目的援助药品。仁会生物不参与基金会的相关项目，也未指定“关爱项目”购买药品。

根据上述情况，发行人捐赠行为不直接与其销售业务相关联。而由于广州锐讯采购的谊生泰产品最终的使用者为白求恩公益基金会“关爱项目”资助的糖尿病患者，与发行人的捐赠行为间接相关。因此，基于谨慎性考虑并从实质重于形式的原则出发，公司在账务处理上不应确认

对广州锐讯的销售收入和成本，本次差错更正，发行人相关会计处理更加符合业务行为实质，符合相关规定。

四、捐赠支出产生的企业所得额抵扣与会计上确认的捐赠支出金额是否存在差异及差异产生的原因

公司进行捐赠的当期（2018年）利润总额为负数，因此暂未进行捐赠支出企业所得税抵扣。根据《关于公益性捐赠支出企业所得税税前结转扣除有关政策的通知》（财税〔2018〕15号），企业发生的公益性捐赠支出未在当年税前扣除的部分，准予向以后年度结转扣除，但结转年限自捐赠发生年度的次年起计算最长不得超过3年。因而捐赠支出产生的企业所得额的可抵扣额与会计上确认的捐赠支出金额不存在差异。

五、根据问询回复，《合同法》第186条①规定，赠与人在赠与财产的权利转移之前可以撤销赠与，具有救灾、扶贫等社会公益、道德义务性质的赠与合同或者经过公证的赠与合同，不适用前款规定

发行人与白求恩公益基金会于2018年6月19日签订《捐赠协议》，约定向基金会捐赠9,999,756.00元现金用于支持"谊路恩行—糖尿病患者关爱项目"，公司按照协议约定支付了前期款项549.99万元，后捐赠工作未继续推进，双方于2019年12月签订了《关于"谊路恩行—糖尿病患者关爱项目"的项目提前终止说明》。

（一）该"关爱项目"是否属于社会公益性质，《关于"谊路恩行—糖尿病患者关爱项目"的项目提前终止说明》是否具有法律效力，白求恩公益基金会是否有权利要求发行人继续履行《捐赠协议》

根据"关爱项目"涉及的《捐赠协议》以及发行人与基金会共同签署的声明文件，关爱项目性质上属于救助类社会公益项目。

《捐赠协议》的提前终止是协议双方协商一致的结果，而非发行人对

① 现规定于《民法典》第658条中。——编者注

其捐赠行为的单方撤销，双方对《捐赠协议》的解除合法、有效。

（二）结合捐赠协议，说明是否存在捐赠期限、捐赠约束措施等内容，是否实质上不可撤销

根据《捐款协议》以及《关于“谊路恩行—糖尿病患者关爱项目”的项目提前终止说明》，“关爱项目”提前终止是双方协商一致的结果，协议的解除不属于单方提出撤销的情形。因此，《捐赠协议》的签署和解除并未涉及实质上不可撤销的情形。

小兵评析

1. 发行人这件事情不知道是好心捐赠变成了坏事，还是本来就有别的隐情被无情看穿。到底是哪种情况，现在已经无从考证，不过差点儿就影响了发行人的 IPO 进程却是事实。

2. 小兵简单总结一下这个事情的来龙去脉：

（1）2018 年，白求恩公益基金会成立了一个关爱糖尿病患者的项目。

（2）发行人就是研发糖尿病新药的，于是跟基金会签了协议约定捐赠 999 万元资助这个项目。

（3）2018 年 6 月和 12 月，发行人合计向基金会捐款 550 万元。同年，发行人的前五大经销商之一广州锐讯向发行人采购 293 万元的产品，最终销售渠道就是白求恩公益基金会。

（4）发行人基于谨慎原则，从资金流向的考虑认为不符合收入确认的条件，因而调减了收入，从而调减了成本。

（5）为了防止引起其他的质疑，2019 年 12 月，发行人和基金会约定终止协议，发行人支付了余款 163 万元。

（6）经核查，广州锐讯除了采购发行人产品之外几乎没有向其他人采购，甚至因为基金会与发行人的合作终止，导致采购发行人的产品过期而退货。

（7）2019 年，因基金会项目未继续实施，广州锐讯经过内部决策程序，

退出发行人一级经销商。

3. 在项目审核过程中，自然对这个问题也是重点关注，这里我们也学习一下主要关注要点：

（1）发行人捐赠的背景和原因，发行人向广州锐讯销售产品的背景和原因。

（2）发行人向广州锐讯销售的产品价格是否存在重大差异，销售条款是否有特殊安排，广州锐讯是否告知产品销售就是为了服务白求恩公益基金会。

（3）捐赠行为的税收抵扣行为是否合理，捐赠行为终止是否影响税收抵扣。

（4）捐赠合同是否可以提前终止，是否符合民法的规定。

（5）发行人的捐赠行为与白求恩公益基金会采购发行人的产品是否为独立行为，市场上是否还有同类产品可以选择。

（6）发行人一共捐款710万元，而基金会采购发行人产品只有340万元，是否还存在通过其他经销商采购发行人产品的情形。

（7）广州锐讯向发行人退货的会计处理以及合理性，广州锐讯2019年不再成为发行人经销商的原因。

（8）发行人将临近有效期的产品销售给经销商是否合法合规。

4. 这个问题，看起来就像一个罗生门，真相已经不那么重要。从投行业务技术的角度，发行人这样处理已经最大诚意地解决了风险也解释了原因，算是值得借鉴的处理思路。

案例111 奕瑞科技（688301）——股份支付由一次性确认变更为分摊

【问询问题】

根据问询回复，部分员工与发行人及员工持股平台签署的《员工持股协议》第2条权益回购中约定了服务期条款，如员工在服务期届满之前离职的，发行人有权指定员工持股平台的执行事务合伙人或其他第三方以等同于员工持股计划对价加上对应的贷款或存款利息减去员工持股平台应分配予或已分配予员工的全部利润分配的价格购买员工持有的全部员工持股平台的有限合伙权益。该约定主要偏重员工所持股权处置时点约定，而非员工的可行权条件，因此发行人一次性确认2015年度股份支付费用。

请发行人说明：(1) 在服务期届满之前离职的员工除能获取支付对价相应的利息外是否能获取其他实质收益，该服务期是否实质上构成可行权条件之前的等待期及其原因，一次性确认股份支付费用是否符合相关规定；(2) 按照该服务期测算如分期确认股份支付费用对发行人报告期内经营业绩及相关财务数据的影响。

【披露信息】

1. 在服务期届满之前离职的员工除能获取支付对价相应的利息外是否能够获取其他实质收益，该服务期是否实质上构成可行权条件之前的等待期及其原因，一次性确认股份支付费用是否符合相关规定

2015年12月，发行人董事会决议通过员工持股计划方案，计划通过员工持股平台上海常锐和上海常则实施股权激励计划，激励对象均为发行人员工，股权激励均系以换取服务为目的。发行人员工与员工持股平台上海常锐、上海常则签署了《员工持股协议》，其中，部分员工签署的协议第2条权益回购中约定了服务期条款，如员工在服务期3年届满之前离职的，根据合伙协议相关规定，发行人部分员工在服务期届满之前离职可以获取支付对价及相应的利息，公司将相关股份支付费用一次性确认计入2015年度损益，主要基于如下考虑：

(1) 服务期不构成可行权条件之前的等待期。3年偏重于处置股权的时间约定，用于员工激励的股权在完成增资的时候已经授予，前述授予限制性股票的股份支付实质上属于授予后立即可行权的换取职工提供服务的权益结算的股份支付。即便是未满3年退出，也会取得利息等相应的回报。因此，相关股权激励方案没有明确约定可行权的服务期限。

（2）授予后一次性计入股份支付的相关案例。案例中各家公司均约定了服务期，服务期不构成可行权条件之前的等待期，在授予后均一次性计入了相关股份支付费用。

2. 按照该服务期测算如分期确认股份支付费用对发行人报告期内经营业绩及相关财务数据的影响。根据员工与发行人及员工持股平台签署的《员工持股协议》约定，持股平台上海常锐的部分员工未设置服务期，持股平台上海常锐的部分员工及持股平台上海常则的全部员工设置了服务期，服务期约定为员工承诺其应自《员工持股协议》签约之日起 3 年内作为公司的雇员连续而不间断地为公司工作，且员工应该持续履行服务义务。

报告期内，按服务期测算如分期确认股份支付，对发行人 2017 年、2018 年归属于母公司所有者的净利润影响分别为减少 1768.52 万元，对发行人 2019 年归属于母公司所有者的净利润无影响，对发行人报告期内各年末的净资产无影响。

3. 根据问询回复，上海常锐的部分员工以及上海常则的全部员工签署的《员工持股协议》中明确约定了服务期条款，发行人于 2015 年一次性确认股份支付费用。请发行人进一步说明：一次性确认股份支付费用是否符合相关规定。

（1）一次性确认股份支付费用的原因及更正情况。发行人在科创板申报时对 2015 年股权激励在授予日一次性确认对应的股份支付费用 7601.07 万元，计入 2015 年度管理费用，同时确认资本公积，作出上述会计处理的主要原因如下：

第一，发行人员工与员工持股平台上海常锐、上海常则签署的《员工持股协议》中，部分员工未约定服务期条款，部分员工约定了服务期条款，若员工在服务期 3 年届满之前离职，可以获取支付对价及相应的利息，上述服务期偏重于处置股权的时间约定。

第二，公司在前次创业板 IPO 申报过程中，根据与监管机构的沟通意见及当时的监管精神和导向，基于谨慎性原则，将相关股份支付费用一次性确认计入2015年度损益，本次科创板申报根据当时监管政策理解沿用了相同的会计处理方式。

发行人对2015年股份支付费用确认方式存在一定会计差错，未严格遵守相关规定，主要系由于对《员工持股协议》中有关服务期条款及企业会计准则的规定理解不够深入、全面，同时系由于发行人根据创业板IPO首次申报时与监管机构的沟通意见及当时的监管精神和导向，沿用了相同的会计处理方法。发行人并不存在会计基础薄弱、内控不完善的情形。

（2）会计差错更正符合《企业会计准则》的规定，发行人不存在会计基础工作薄弱、内控不完善的情形。前期差错通常包括计算错误、应用会计政策错误、疏忽或曲解事实等。发行人此次会计差错更正主要系发行人管理层根据2018年创业板首次IPO申报时监管政策理解的延续处理，对《员工持股协议》中有关服务期条款的规定理解不够深入、全面，导致在确定股份支付费用确认方式上存在差错，不存在会计基础工作薄弱、内控不完善的情形。

相关差错更正符合《企业会计准则第28号——会计政策、会计估计变更和会计差错更正》的规定。

小兵评析

1. 发行人2018年申报创业板，根据当时的监管政策和沟通情况，将2015年的股份支付一次性确认在2015年，这是符合政策，并且认为这样做才是谨慎的才是对的。

2. 发行人2019年申报科创板，对于这个问题提出了不同的见解，就问询发行人一次性确认是否符合会计准则规定。第一次问询的时候，发行人作出解释，认为约定的服务期不是等待期，一次性确认也是跟当时的监管机构沟通过的。第二次继续问询，发行人只好承认是自己沿用了以前的思维处理问题不对，同时对会计政策和相关协议认识不足，犯了错误，然后根据新的要求分摊 3 年确认，对 2016 年至 2018 年的净利润产生影响。

3. 小兵认为，即使是分摊了，对发行人 2019 年的净利润没有影响，同时也不影响发行人的上市条件和估值。

案例 112 艾力斯（688578）——控股股东代第三方还款

【问询问题】

报告期内，发行人 2017 年、2018 年其他应收款前五名均为关联方、第三方借款及利息，金额较大且账龄较长；2018 年、2019 年公司现金分红分别为 21,283.13 万元、6344.07 万元，根据申报材料，在清偿第三方借款时，借款方未能及时偿还相关债务，相关债务发生逾期，因此上海扬子江和 JEFFREY YANG GUO 履行了其连带保证责任，上海扬子江和 JEFFREY YANG GUO 使用其在 2018 年和 2019 年取得的利润分配对关联方和第三方借款进行清偿。

请发行人：（1）结合其他应收款逾期主要对象及资金金额、账龄、连带责任人是否能够及时履行连带责任的情况，说明报告期内其他应收款坏账计提是否充分；（2）说明发行人实际控制人、大股东、董监高等是否通过关联方、第三方变相占用发行人资金，或发行人是否存在应披未披的担保事项；（3）报告期内发行人年年亏损，说明大额分红的未分配利润来源；（4）《公司法》规定公司弥补亏损和提取公积金后所余税后利润进行分配，2019 年发行人补缴 2016 年度企业所得税 3520.88 万元和对应滞纳金 1542.15 万元，说明上述事项是否影响发行人分红金额；（5）股东用分红对关联方、第三方借款进行清偿，说明资金偿还是否到位；（6）说明关联方和非关联方资金拆借与筹资活动现金流以及其他应收应付款余额的勾稽关系，存在非关联方资金拆借的主要对象、原因及合理性，资金拆借是否收取或支付资金使用费，相关利息的金额及会计处理方式，并说明后续的整改落实情况；（7）公司是否对资金管理建立健全内部管理制度，相关内控制度是否得到有效运行。

【披露信息】

对于第三方资金拆借，根据首轮问询回复，第三方主要为实际控制人杜锦豪在建筑工程行业的同业友商和伙伴，从事建筑工程、房地产开发等业务，因资金周转等需要，向公司借款主要用于日常业务经营。考虑到提高闲置资金的经济效益，公司向第三方出借资金以获取利息收入。

2018年12月31日，第三方借款人民币5600.00万元及应收利息已逾期。2017年12月31日，第三方借款人民币24,643.61万元及应收利息已逾期，公司认为由于公司股东上海扬子江及JEFFREY YANG GUO对该等借款提供了全额担保，因此不对其计提坏账准备。2018年和2019年，上海扬子江和JEFFREY YANG GUO对前述未能及时偿还的第三方借款履行了连带责任担保，代第三方向发行人偿还了债务。

一、上海扬子江和JEFFREY YANG GUO代为偿还第三方借款的具体信息

上海扬子江和JEFFREY YANG GUO于2018年和2019年使用上海艾力斯对其的利润分配和应收公司的代垫费用对公司应收第三方借款及利息进行了清偿。为简化付款流程，在清偿过程中，公司没有实际使用现金支付应付股东的股利和代垫费用，公司依据董事会决议、《担保函》、《同意函》等，以股东所享有对发行人的利润分配和应收款项与发行人所享有对第三方的资金拆借所形成的债权等额抵销，对相应"应付股利"、"其他应付款"和"其他应收款"进行会计处理，公司应收相关拆借对象的余额已得到全部清偿。因此，上海扬子江和JEFFREY YANG GUO代偿相关债务没有通过银行转账，没有资金流转凭证。

二、上海扬子江和JEFFREY YANG GUO与代偿的第三方如何约定债权债务关系，是否签署补充合同或协议

公司与上海扬子江和JEFFREY YANG GUO签订了《债权转让协

议》，将上海扬子江和JEFFREY YANG GUO代偿的第三方借款和相应利息转让给了上海扬子江和JEFFREY YANG GUO，并履行了债权转让的通知义务，上海扬子江和JEFFREY YANG GUO取得了其已经代偿的第三方借款和应收利息的债权。上海扬子江和JEFFREY YANG GUO不需要通过与第三方签署补充合同或协议取得其已经代偿的第三方借款和应收利息的债权。

三、公司未对逾期拆借资金计提坏账的账务处理合规、准确

公司将按组合计提坏账准备的应收款项划分为极低风险组合（合并报表范围内关联方往来款、应收押金、应收员工借款、股东担保的款项等信用风险不重大的应收款项）和其他组合，极低风险组合根据历史实际损失率确定计提比例为零，其他组合按照账龄分析法计提坏账。

对于关联方资金拆借，考虑到杜锦豪和JEFFREY YANG GUO为公司的主要股东，报告期内相关个人财务情况正常，其个人的债务清偿能力足以覆盖公司应收其款项的余额，公司应收该等关联方款项不能够收回的可能性较小。

对于第三方资金拆借，考虑到所存在的信用风险及无法收回的风险，为保障发行人利益不受到损害，上海扬子江和JEFFREY YANG GUO于2017年年末签订了《担保函》，对公司2017年年末第三方借款余额及相应利息提供连带责任担保。2018年和2019年，上海扬子江和JEFFREY YANG GUO对未能及时偿还的第三方借款履行了连带责任担保，代第三方向发行人偿还了债务。鉴于上海扬子江和JEFFREY YANG GUO的履约能力和实际履约情况，公司应收第三方借款的可回收性较好。

报告期内，结合关联方和第三方的还款能力以及《担保函》的履约担保情况，公司预计关联方和第三方借款形成坏账风险较低，无客观证据表明其发生减值，因此公司将关联方往来款及股东担保的款项等信用风险不重大的应收款项作为极低风险组合，没有对应收关联方和第三方的借款计提坏账准备，符合相关规定。

公司第三方资金拆借由股东上海扬子江及 JEFFREY YANG GUO 签署《担保函》担保，报告期内，担保人财务状况良好，并已履行完毕担保义务，截至 2019 年 12 月 31 日，所有第三方资金拆借均已清偿完毕。综合公司的第三方资金拆借已获得股东全额担保的事实，公司判断第三方资金拆借具有低风险的信用特征，有确凿证据表明其不存在减值风险，因此将其纳入低风险组合，不计提坏账准备。

综上所述，公司对报告期内受到担保的资金拆借没有计提坏账的会计处理与上市公司保持一致，相关会计处理合规、准确。

小兵评析

1. 发行人原来的控股股东经营建筑和房地产业务，实际控制人认识了一群同行业的小伙伴。

2. 发行人闲置资金较多，为了提高使用效率，2017 年和 2018 年合计将 3 亿元资金对外出借，以赚取利息收入。结果到最后不仅利息没赚到，本金也未能按时收回。

3. 借出去的钱逾期收不回来，这按照《企业会计准则》应该计提坏账准备吧。小兵觉得这都不是坏账准备计提比例的问题，而是根据债务人的经营情况进行单独的坏账测试，如果是经营不善甚至破产，那么就必须全额计提坏账了。

4. 控股股东和实际控制人提供了连带责任担保，发行人认为有了还款的保障，所以就不用计提坏账准备了。

5. 小兵认为，控股股东和实际控制人用发行人的分红和利润分配偿还发行人的借款，也就是完全不用任何资金往来，只要把账稍微调整一下就可以了。可是有两个问题没有说清楚：债务转移是否符合民法的相关规定，以及实际控制人的分红是否需要缴纳个税。

案例113 盛美股份（已过会）——境外存放资金

【问询问题】

招股说明书披露，发行人报告期各期存放在境外的款项总额分别为327.18万元、6832.42万元、15,259.82万元。2019年年末自愿承诺受限资金22,817.00万元。2019年，公司进行股权融资，公司自愿对相应筹集的资金作出了使用的限制承诺。

2019年6月，盛美有限第五次增资，公司自愿作出以下承诺：在公司完成科创板上市或用于回购新投资者股份前，该增资款仅作存储之用。2019年11月，盛美半导体第一次增资，公司自愿作出以下承诺：在公司向上海证券交易所递交科创板上市文件或用于回购新投资者股份前，该增资款仅作存储之用。公司计划在提交科创板IPO申请后终止上述自愿承诺，相应资金的使用受限将解除。

请发行人披露：（1）报告期内存放于境外的款项大幅增加的原因、主要存放国家或地区及商业合理性，境外存款与业务经营的关系，境外存款的合理性、必要性；（2）上述自愿承诺限制资金使用的原因、背景及商业合理性，是否涉及发行人业务经营，是否涉及对赌或其他利益安排，解除使用受限需要履行的具体程序，截至最新时点的解除进度及尚未解除的原因。

【披露信息】

一、报告期内存放于境外的款项大幅增加的原因、主要存放国家或地区及商业合理性，境外存款与业务经营的关系，境外存款的合理性、必要性

（一）银行境外存款情况

报告期各期末，发行人境外款项余额分别为327.18万元、6832.42万元和15,259.82万元，均为发行人境外全资子公司的银行存款。其中，香港清芯的银行存款存放于我国香港地区，盛美韩国的银行存款存放于

韩国，盛美加州的银行存款存放于美国。

（二）报告期内存放于境外的款项大幅增加的原因、境外存款与业务经营的关系，境外存款的合理性、必要性

发行人存放于境外的款项大幅增加的原因为发行人营业收入大幅增加；发行人存放于我国香港地区的款项为香港清芯未汇回境内的销售回款，存放于韩国和美国的款项为境外子公司日常经营活动所需资金，具备合理性和必要性。

二、说明报告期各期香港清芯汇回境内的资金金额及其与香港清芯销售金额的匹配性

报告期内，公司一般在香港清芯收到订单货款后，通过内部流程申请向境内公司汇款，且公司每月通常只执行一次集中付款审批，香港清芯从收到货款到向境内汇款周期一般在3个月以内。通常，客户年末回款较多，报告期各期末，公司存放于香港的部分销售回款尚未办理相关手续汇回境内，因此，香港清芯当期实际汇回境内的资金金额与当期销售回款资金金额存在时间性差异。

报告期各期香港清芯汇回境内的资金金额与香港清芯销售金额相匹配。

三、说明报告期各期末香港清芯银行存款期后汇回境内的情况

报告期各期末，香港清芯银行存款余额分别为人民币261.29万元、6696.58万元、14,507.61万元，相关销售回款已在期后汇回境内。

四、核查程序和核查意见

申报会计师、保荐机构采用询问、检查、函证等核查方法就上述事项进行核查，具体核查程序如下所示：

1. 获取报告期各期境外存款明细表，复核境外存款存放地点的准确性；对境外存款执行函证程序，核查境外存款的真实性、准确性及受限性；

2. 获取报告期各期银行对账单，检查香港清芯收付款记录，复核报告期各期香港清芯汇回境内资金与香港清芯销售金额的匹配性；

3. 获取期后银行对账单，检查香港清芯期后收款情况以及期后汇回境内资金的真实性、准确性；

4. 检查香港清芯银行账户大额资金流水记录，核查是否存在与关联方的资金往来以及是否存在关联方资金占用的情形。

经核查，保荐机构认为：

1. 发行人报告期各期末存放境外款项真实、准确，除盛美韩国境外退休金储备账户资金仅限于支付员工退休金外，不存在其他存放境外款项受限的情况。

2. 报告期各期，香港清芯一般在收到销售货款的3个月内向发行人境内公司汇回销售货款。2017年，香港清芯未退回美国ACMR拟用于收购上海创业投资有限公司持有的公司18.77%股权的资金，不属于关联方占用发行人资金的情形。除发行人在财务报表附注披露的2019年6月香港清芯向美国ACMR借出500万美元外，不存在其他关联方资金占用或类似情形。上述香港清芯向美国ACMR借出的500万美元已在2020年1月全额收回。

小兵评析

1. 发行人有很大一部分业务是在境外，同样客户回款也会回到境外的账户，但是发行人没有及时将境外资金汇回到境内。这在目前的外汇管理政策下，肯定要被重点关注的一个问题。尤其是发行人报告期内境外存放的货币资金从300多万元暴增到1.5亿元。

2. 发行人在吸收外部投资者的时候，也有一个很不常见的处理，那就是吸引的投资者的资金在没有申报科创板之前是承诺不动用募集的资金的，只有当申报了IPO之后承诺才会自动解除，这可能主要是从保护投资者的权利方面考虑的。

3. 不过，从另外一个角度来说，发行人如果融资那都是因为有项目要投资，需要资金才融资的。如果融资了还不能动用这笔钱，那么融资的目的又是什么呢？因而发行人这样的处理方式在实践中并不会经常出现，小兵认为这是与基本的商业规则和逻辑不符的。

案例114　建研设计（未上会）——判断发行人行业地位及竞争优势

【问询问题】

关于主营业务，申报材料显示：(1) 公司主要从事建筑设计、咨询、研发及其延伸业务，包含常规建筑设计业务、新兴业务设计与咨询、EPC总承包业务、施工图审查业务等。(2) 报告期内，公司来源于安徽省的收入占公司主营业务收入的比例分别为88.75%、93.34%、93.65%和91.98%；公司下游行业中的房地产行业具有较强的周期性，受宏观经济形势、产业政策调控影响明显。(3) 近年来国家的政策导向放开了原先由政府指导价管理的工程勘察设计服务收费，未来建筑设计收费水平的变动会更加明显。发行人业务承接模式分为招投标、议标洽谈、直接委托三种模式。(4) 发行人生产部门下设建筑设计一院、二院、三院、四院，建筑装饰设计院等机构。

请发行人：结合发行人在不同行业领域获得的资质情况、行业格局、准入门槛、终端客户及主要竞争对手情况，披露发行人行业地位、主要竞争优势及其可持续性。

【披露信息】

一、发行人在不同行业领域获得的资质情况、行业格局、准入门槛、终端客户及主要竞争对手情况

(一) 公司在不同行业领域获得的资质情况（略）

(二) 准入门槛

1. 行业资质壁垒。

取得主管部门颁发的合格资质证书是进入建筑设计行业的基本门槛。

2. 人才壁垒。

建筑设计行业属于典型的技术密集型、智力密集型生产性服务行业。专业技术人才的数量和质量，是企业建筑设计能力的直观体现和重要保证，也是成功参与行业竞争的关键因素。

3. 技术壁垒。

建筑兼具艺术性和工程性，需要综合应用建筑史学、建筑美学、结构力学、工程力学、物理学等多个学科的专业技能，同时需要设计软件、结构软件、渲染软件等专业工具的支持，具有较高的综合技术壁垒。

4. 品牌壁垒。

建筑设计产品的质量将影响整个建筑工程项目的质量和进度，因此客户在选择设计企业时极为谨慎。公司的行业口碑、品牌影响力、过往经营业绩以及标志性设计作品往往成为客户选择设计服务供应商的关键因素。部分建筑设计行业优势企业在不断积累成功设计项目经验的基础上，形成了一定的品牌竞争优势。新进入的企业由于缺少典型项目成功经验的支撑，短时间内无法形成品牌影响力。因此，企业品牌影响力在一定程度上构成了其他企业进入建筑设计行业的壁垒。

（三）终端客户

公司下游客户包含政府机构、事业单位、房地产及其他企业等。政府机构、事业单位主要在城区改造、城乡规划、安置房建筑、政务办公建筑、医疗建筑、教育建筑、文体建筑、产业园区等设计方面存在需求；房地产企业主要在居住建筑、商业中心等设计方面存在需求；其他企业主要是基于自身生产经营需要，对自用生产办公的建筑设计方面存在需求。

（四）行业竞争格局

我国的建筑工程技术服务行业经历了以国有设计院所为主导、市场区域一定程度上割据的时代，但随着市场经济的不断发展、工程技术服务领域的法治建设和招投标制度的推行，特别是工程建筑领域多种所有制经济主体的充分参与，各类型工程建设投资显著增加，带动建筑工程设计和创作需求持续增长，市场上由此诞生一批民营工程技术服务企业。此外，随着国家政策层面不断削弱地域隔离和行政保护，各大中型设计企业跨区域经营、综合化经营成为趋势。根据中国勘察设计协会资料显示，截至2019年年末，全国建筑设计类企业数量为23,183家，市场参与主体众多、市场化程度高，形成了以大中型国有（或国有控股）企业和上市民营企业为主导、同区域内中小型企业为辅的行业竞争格局。

（五）主要竞争对手

公司主要竞争对手包含大中型国有（或国有控股）企业和上市民营企业以及同区域内中小型企业。

二、发行人行业地位、主要竞争优势及其可持续性

经过多年的发展和积淀，公司拥有类别较为齐全、等级优良的建筑工程设计以及一类审图机构等资质，满足了公司开展建筑设计、咨询、研发及其延伸业务的资质需求；建立了一支专业齐全、结构合理的人才队伍，覆盖了较为全面的建筑领域，形成了广泛的客户类型和具有特色的服务产品；具备全面的建筑工程技术服务能力，并持续注重技术研发创新，积极参与行业或领域标准制定；在区域内形成了良好的品牌影响力，并已发展成为安徽省内行业领先，国内建筑设计行业拥有较高的知名度的建筑设计领域整体解决方案的综合服务商。

小兵评析

1. 注册制下，审核机构对于发行人的生产经营和所处行业的商业逻辑更加看重，这对于中介机构发现企业价值的能力提出了更高的要求。

2. 本案例中，审核机构就要求中介机构结合发行人各方面的情况，补充披露发行人的行业地位、主要竞争优势及其可持续性。中介机构从各个维度进行了对比分析，并提出相关措施以提升发行人的竞争优势，最终得出结论：发行人行业地位、主要竞争优势符合发行人实际情况，具有可持续性。

PART 06

第六部分

注册审核的底线

1. 在目前的IPO注册制审核形势下，不仅审核速度很快，审核通过率也非常高，接近100%的审核通过率。这样的审核形势，会让很多发行人和中介机构有一种错觉：注册制下IPO是否真的没有门槛，是否真的只需要信息披露就可以不需要其他条件了？

2. 显然不是！注册制不是不审核，注册制也不是没有任何门槛，注册制强调信息披露但是信息披露并不能解决企业的所有问题。小兵一直强调，IPO审核逻辑是选择最优秀的企业成为公众公司，注册制可能改变了筛选的模式和逻辑，但是筛选的本质目的没有改变。

3. 在注册制审核下，IPO否决的案例并不多，但是却非常地典型，如果再加上终止审核的案例，就可以很好地帮助我们理解注册制下IPO的底线是什么？这些否决案例很好地解释了，不是什么样的公司都可以IPO。这些否决企业可以看作一个反面的教材，提示我们：这就是注册制或者IPO的底线；这样的企业以及这个企业水平以下的企业，目前是不符合IPO审核标准的。

4. 注册制下，IPO审核会更加宽容和高效，但是有些底线是必须要坚守的，哪些是底线是需要好好思考的问题。注册制可以大刀阔斧地改革，但是改革也需要循序渐进，不要等一地鸡毛了再回头收拾，那就麻烦了。

5. 最后，小兵还想强调一下关于创业板业绩门槛5000万元之争的问题。小兵觉得，闭着眼睛讨论业绩门槛没有任何的意义，甚至就是完全不负责任地讨论。否决案例中的发行人，很多净利润超过了5000万元又怎样？

案例 115 嘉曼服饰（中小板否决案例）——为了突击业绩，收入结构大幅变化

【问询问题】

1. 报告期内，发行人存在刷单与自买货行为、固定资产相关内控不健全、使用个人账户支付款项或费用、未能充分抵销内部交易未实现利润、存货及其减值计提等问题。请发行人代表说明：（1）前述问题的基本情况，采取的整改措施及效果，相关责任追究情况，整改是否到位。（2）实际控制人曹胜奎与自然人初锋、马长海之间资金往来的原因及合理性，是否存在利益输送或其他利益安排；相关固定资产的核算是否真实、准确。（3）申报后至2019年6月仍存在使用个人账户支付款项或代垫费用情形的原因，相关内控制度是否健全有效。（4）涉及事项的相关历史会计处理、资产负债确认，整改会计差错期后调整，是否符合《企业会计准则》的规定；上述事项所产生错报对报告期财务状况的影响。（5）发行人报告期内部控制是否存在缺陷、会计基础工作是否薄弱。

2. 发行人报告期内营业收入持续增长。请发行人代表说明：（1）营业收入持续增长的原因及合理性，是否与行业可比公司情况一致。（2）对加盟商销售产品实现终端销售及期末库存情况，是否存在加盟商铺货为发行人调节收入等情形。（3）电商直营快速增长的原因，是否与同行业可比公司趋势一致；电商渠道销售和回款的流程、IT审计的结论，是否存在线上浏览和下单客户的异常情况。

3. 发行人主要产品为童装，包括自有品牌、授权经营品牌和国际零售代理品牌。请发行人代表：（1）说明授权经营品牌的营业收入占比逐年增长、自有品牌收入占比逐年下降的原因，是否符合行业惯例；（2）结合与国际零售代理业务相关的21个国际品牌商未签署长期合作协议、哈吉斯童装品牌授权许可将于2020年12月31日到期的情况，说明发行人与相关品牌方合作的稳定性与可持续性；（3）结合前述情况，说明发行人

的核心竞争力及可持续经营能力。

4. 报告期各期末，发行人存货余额较大。请发行人代表说明：(1) 报告期内库存商品余额较大且增长较快的原因及合理性；1年期以上存货占比约为30%，说明其主要构成内容，是否存在产品滞销情形，与同行业可比公司的差异情况及合理性。(2) 对各类产品及不同库龄存货计提存货跌价准备的具体方式，存货跌价准备计提是否充分，存货跌价准备计提比例远小于同行业公司的原因及合理性。

【披露信息】

公司是一家经营中高端童装业务的企业，主要从事童装的研发设计、供应链管理、运营推广、直营及加盟销售等核心业务。

报告期内，发行人实现的收入和净利润情况见表6-1-1：

表6-1-1　报告期内发行人实现的收入和净利润情况

单位：元

项目	2018年1~6月	2017年	2016年	2015年
营业收入	329,486,336.63	548,448,784.04	402,391,483.14	385,213,666.15
营业利润	51,998,751.72	72,874,263.38	42,863,464.75	39,437,370.13
利润总额	52,019,065.61	72,550,237.15	49,622,251.84	41,892,075.76
净利润	39,106,487.44	54,617,558.25	37,105,209.21	30,988,045.62
归属于母公司所有者的净利润	39,106,487.44	54,617,558.25	37,105,209.21	30,988,045.62
扣除非经常损益后归属于母公司所有者的净利润	36,442,217.06	46,558,602.04	32,035,119.68	28,993,419.93

小兵评析

1. 发行人主营业务是经营童装的，自有品牌水孩儿还算是有一定的知名度，同时代理很多其他品牌的经营。随着互联网模式越来越深入、居民消费需求越来越多样化，服装产业有很大的不确定性，甚至是在危机中求生存，突破和变革随时都在发生。女装自不必说，从朗姿股份到拉夏贝尔，上市之后表现得都不尽如人意甚至到了断臂求生的地步。童装可能会好一些，市场规模还在，传统的销售模式也还有价值，但是充分激烈的竞争也是显而易见的。

2. 从经营业绩来看，发行人报告期内基本上保持5000万元左右的净利润规模，尽管这样的业绩是符合创业板审核基本门槛的，但是对于服装行业来说，这样的业绩水平在行业中是没有充足的竞争力的。还有很重要的一点就是发行人的收入结构。尽管发行人业绩规模变化不大，但是收入结构却有了翻天覆地的变化，从原来自主品牌占比高变成主要依靠代理其他品牌实现收入，发行人为了保持一个基本的IPO审核门槛付出了很多不得已而为之的努力。现在为了盈利就很辛苦，那么上市之后又怎么能保证业绩持续发展呢?

3. 尽管发行人曾经因为刷单等问题被检查之后收到了警示函，也不代表IPO审核肯定不会通过。当然，从问询问题来看，发行人涉及的内控问题不仅情形很多，而且性质相对严重。这里简要总结来说，主要有以下情形：(1) 刷单和自买货的行为，对于线上销售的企业来说，可能都会存在这种情况，但是如果金额很大且长期持续，那么性质就很严重了。单纯的刷单行为只是为了流量并不直接影响收入数据的真实性；而自买货不同，那就是赤裸裸的财务造假了。这个问题肯定后续还是解决了，但性质却是很敏感。(2) 发行人是轻资产运营的公司，固定资产原值基本上也就是6000万元左右，这里主要是关注实际控制人和自然人资金往来影响固定资产的核算，这个也是直接影响发行人财务数据真实性的问题。(3) 未能充分抵销内部交易实现的收入，这个从基本的准则要求和实际操作来说，都是不应该的，当然如果是为了不抵销而冲业绩，那就是另外一个问题了。

4. 以前我们讲内部控制，主要说的是规范性问题，也就是对发行人财务数据真实性和合规经营没有本质影响的问题，这些只要发行人解决到位就不影响IPO审核。而上面我们提到的三个问题，却很可能直接与财务数据真实性相关，这在目前的审核背景下基本上是不可能被接受的。此外，发行人还涉及个人卡结算的问题以及存货跌价准备计提问题，这两个问题就算是我们一般意义上理解的规范性问题，只要自己有充足理由解释或者已经及时解决就可以，但是发行人的问题在于发行人申报之后竟然还有个人卡结算的问题，这显然是不合适的，也是小兵给很多想突击申报材料的企业提的一个醒。

5. 从单纯的收入利润变动趋势来看，发行人的收入从3.8亿元增长至5.4亿元，净利润从2800万元增长至4600万元，2019年很可能超过5000万元。但是，发行人的经营毕竟不能离开整个行业的环境和发展趋势，在发行人没有独特竞争优势的情况下，业绩持续增长是与同行业变动趋势不一致的，这个合理性很难解释。

6. 发行人报告期初还是主要靠线下销售的，而到了报告期末线上销售则接近四成的比例。在线下销售中，发行人还有加盟商销售的模式，那么自然会关注到是否涉及囤货和配合业绩调节的情形。对于加盟商，发行人应该是可以核查加盟商的存货和销售数据的，在服装行业如果销售完善和内控到位，发行人是可以自我证明的。

7. 最重要的也是最难的就是线上销售的核查，从发行人披露的信息来看，发行人还是作了很多的解释，包括客户消费水平的区分、消费习惯的画像、是否存在浏览和异常订单等。发行人关于这个问题的解释思路，有值得我们借鉴的地方，但不管怎么解释都无法影响最终IPO的结果。

8. 发行人本来主要靠自主品牌经营的，业绩每年保持在2000万元至3000万元，后来为了IPO，那么业绩必须上一个很大的台阶，这时候发行人就需要做其他的努力，而最快的渠道就是代理销售和授权。也就是说，发行人业绩尽管高速增长，最后也是勉强达到了5000万元的水平，但是这样的状态并不是发行人正常的经营策略，也不是发行人正常的盈利水平。如果能够想明白这一点，那么对于这个企业的判断就会很简单明了。

9. 存货金额大、占比高是纺织服装行业的一个很重要的财务特征，关键要看这样的数据跟发行人的生产经营是否匹配，是否符合行业的发展规律。发行人的存货基本上是库存商品，这跟服装企业的经营是匹配的，但是发行人也有着特殊的问题：（1）发行人存货金额占流动资产的比例接近60%，而同行业占比基本上在30%左右。(2)发行人销售收入基本上在4亿元的规模，而存货就超过了2亿元，占比也超过了50%。(3)发行人库存商品有30%以上的库龄超过了1年，这些产品是否会成为滞销品而价值大幅下降，服装面临最大的挑战就是过季的问题，如果成为过季商品那么价值就会极度贬值，这时就需要关注存货跌价准备是否充足的问题。

案例116　兆物网络（主板否决案例）——下游客户集中在一个行业且区域集中

【问询问题】

2019年营业收入、净利润均出现下滑。请发行人代表说明：(1)报告期各期业务收入波动变化的原因及合理性，是否与同行业可比上市公司变动趋势一致；(2)获取订单的方式，报告期内是否存在应履行招投标程序而未履行招投标的情形，是否存在商业贿赂或不正当竞争等情形，是否构成本次发行的障碍；(3)发行人在手订单是否存在下滑风险，收入是否具有可实现性和持续性，各级公安机关职能调整是否对发行人的业绩产生重大不利影响；(4)新冠疫情对发行人业绩的影响，结合2020年上半年业绩实现情况，说明发行人的核心业务、经营环境、主要指标是否发生重大不利变化，是否具有市场竞争力，影响业绩下滑的因素是否已消除，是否对发行人的生产经营构成重大不利影响。

【披露信息】

公司主营业务为网络信息安全与大数据信息化领域的技术研究、产品开发、销售及服务。公司主营产品主要包括网络行为分析产品、电子数据取证产品、网络安全审计产品、基于大数据和应用交换系统的新一代信息系统，见图6-1-1。

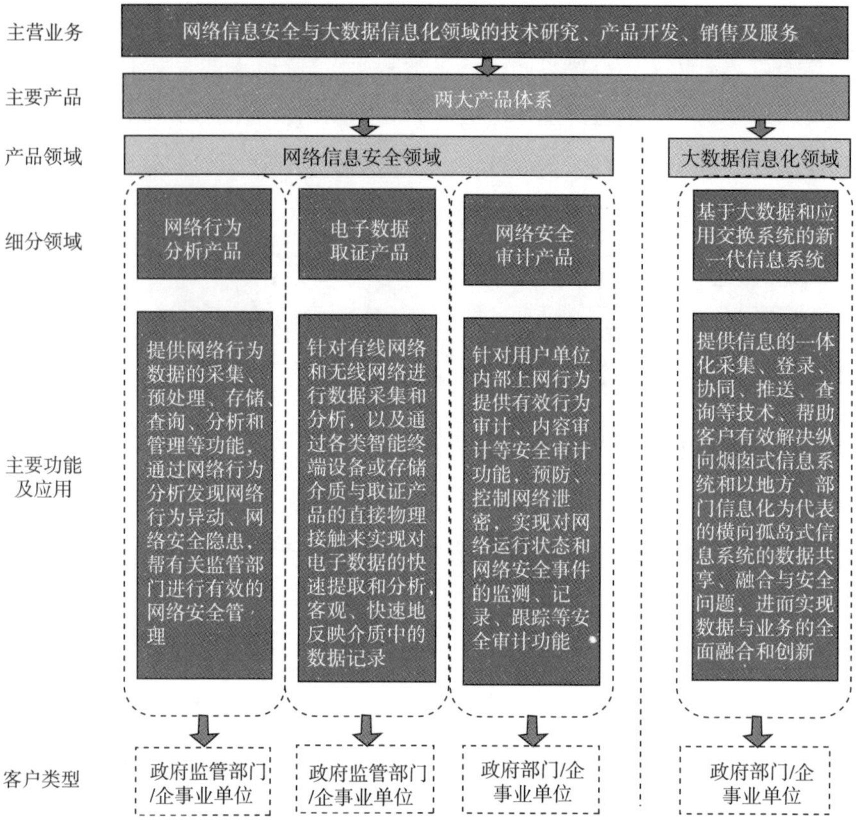

图 6－1－1 公司主营业务

报告期内，发行人实现的收入和净利润情况见表 6－1－2：

表 6－1－2 2016～2018 年度公司实现的收入和净利润情况

单位：万元

项目	2016 年度	2017 年度	2018 年度
营业收入	13,134.52	18,387.85	19,429.58
营业利润	2601.71	7410.88	8310.48
利润总额	4280.17	7431.96	8425.06
净利润	3374.33	6418.78	7341.15
归属于母公司所有者的净利润	3378.30	6456.46	7363.70

续表

项目	2016 年度	2017 年度	2018 年度
扣除非经常性损益后归属于母公司所有者的净利润	5099.48	6202.68	7099.15

公司主营业务为网络信息安全与大数据信息化领域的技术研究、产品开发、销售及服务，主要分为两块：一块是信息安全，另一块是大数据。

公司2016年、2017年、2018年对直接来自公安系统的营业收入占当期营业收入的比例分别为80.26%、87.64%、81.12%，占比较高。公司产品具备的功能特点使销售对象主要为公安机关等政府部门。

公司报告期内前五大客户全部是公安局，并且主要是山东和新疆地区的公安局，见表6－1－3。

表6－1－3　2016～2018年度公司前五大客户

单位：万元

期间	排名	客户名称	销售额（万元）	占营业收入比例（%）
2016 年度	1	淄博市公安局	1071.55	8.16
	2	潍坊市公安局	823.08	6.27
	3	哈密市公安局	691.97	5.27
	4	山东省公安厅	431.60	3.29
	5	枣庄市公安局	427.18	3.25
	合计		3445.37	26.24
2017 年度	1	新疆维吾尔自治区分安厅	4008.55	21.80
	2	潍坊市公安局	2342.67	12.74
	3	黑龙江省公安厅	1864.03	10.14
	4	淄博市公安局交通警察支队	1232.10	6.70
	5	黑龙江省垦区公安局	850.43	4.62
	合计		10,297.78	56.00

续表

期间	排名	客户名称	销售额（万元）	占营业收入比例（%）
2018 年度	1	乌鲁木齐市公安局	1921.93	9.89
	2	淄博市公安局	1852.31	9.53
	3	德州市公安局	1178.00	6.06
	4	潍坊市公安局	1095.64	5.64
	5	东营市公安局	823.65	4.24
	合计		6871.54	35.37

小兵评析

1. 简单总结一下，发行人存在的以下事实，可能就是 IPO 没有通过审核的原因：（1）发行人业务基本上全部来自公安领域，且销售区域主要来自山东和新疆。（2）发行人 2019 年净利润大幅下滑，70% 左右的毛利率难以为继。（3）发行人存货中试用商品金额较大，会计处理没有得到认可。

2. 发行人毛利率很高，都在 70% 以上。公司 2016 年、2017 年、2018 年综合毛利率分别为 73.77%、69.11%、71.64%，维持在较高水平。从收入、净利润水平和增长趋势来看，至少 2016 年至 2018 年看起来还是很美好的。但是，发行人这种收入和净利润稳定增长的美丽曲线在 2019 年却没有继续维持，尽管我们没有找到公开的财务数据，不过从发审会审核意见中，我们看到了足够的线索，也产生了不少担心。最关键的是，直到申报时，发行人业绩下滑的趋势应该都没有根本性的逆转，这是 IPO 审核最大的风险。

3. 报告期各期末，存货账面价值分别为 3482.64 万元、3812.58 万元、5717.14 万元，占同期期末流动资产总额的比例分别为 21.23%、18.28%、21.86%。报告期各期末，公司存货的结构情况见表 6－1－4：

表 6 –1 –4　2016 ~2018 年度公司存货的结构情况

单位：万元、%

项目	2016 –12 –31		2017 –12 –31		2018 –12 –31	
	账面价值	占比	账面价值	占比	账面价值	占比
原材料	576. 95	16. 57	260. 97	6. 84	324. 32	5. 67
库存商品	226. 29	6. 50	316. 64	8. 31	462. 81	8. 10
发出商品	2679. 41	76. 94	3234. 97	84. 85	4930. 02	86. 23
合计	3482. 64	100. 00	3812. 58	100. 00	5717. 14	100. 00

4. 试用商品系公司为满足客户对产品进行测试或售前试用需求而发出的商品，公司与试用客户签署试用协议，试用商品所有权归公司所有。发行人关于试用商品的会计处理是没有得到监管机构认可的。这倒并不说明会计师不专业、保荐机构不负责，很可能因为如果试用商品的会计处理更改，对财务报表影响很大，甚至直接影响发行条件，因而只能硬着头皮冲一把。

5. 试用商品的问题在商业合作中其实并不是稀罕事项，只是发行人的试用商品太特殊了，主要体现在：（1）发行人试用商品余额大；（2）部分试用商品试用期大于 2 年；（3）2018 年年底至目前试用商品金额大幅增加的原因及合理性。

案例 117　威迈斯（中小板否决案例）——大客户“带资入股”是否合理

【问询问题】

1. 扬州尚颀、同晟金源合计持有发行人 7. 93% 股份。2018 年发行人第一大客户上汽集团及其下属公司间接持有扬州尚颀、同晟金源股权及财产份额。请发行人代表说明：（1）发行人获得上汽集团及下属公司订单与扬州尚颀、同晟金源合计持有发行人 7. 93% 股份是否存在关联。（2）上汽集团是否能够控制扬州尚颀及同晟金源。（3）扬州尚颀及同晟金源入股发行人后，发行人与上汽集团及其下属公司的合作条件是否存在明显变化。（4）上汽集团与发行人的合作条件是否与其他第三方可比供应商存在明显不同；双方是否就业务开发、渠道沟通、订单获得等事项存在潜在的安排或承诺；同步开发模式下是否依赖上汽集团的技术或技术资料。（5）上汽集团及其下属公司是否存在对其他供应商投资的情况；这些投资是否与扬州尚颀、同晟金源或者冯戟、陈立北相关。

2. 2017年6月发行人进行股权激励时确认股份支付费用采用的每股价格同2018年3月引入外部投资者的每股受让价格存在较大差异。请发行人代表：结合两次股份变动时的定价过程及期间的关键影响事件，说明转让价格与授予股份公允价值之间产生差异的合理性。

3. 关于售后服务费计提。2017年至2019年售后服务费实际支出超过预计负债计提金额。2017年发行人净利润为300.84万元。请发行人代表：（1）说明发行人无法对计提比例进行合理预估的原因；在实际发生费用占车载电源产品销售收入比例高于计提比例的情况下，发行人未重新估计并调整计提比例的原因及合理性。（2）结合2018年、2019年实际发生维修费用的构成，说明2018年、2019年的维修费用是否来源于2018年之前的产品销售合同，该因素无法纳入2017年售后服务预计范围的理由及合理性，各期维修费用的列支是否存在跨期确认的情况。（3）说明2019年将过去3年实际发生售后服务费用占销售收入比例的平均值为基础调整预计负债计提比例是否合理，是否充分考虑当期销售合同在未来期间出现维修需求的概率，是否满足《企业会计准则》的相关要求。

4. 2009年9月，蔡友良、杨学锋曾接受万仁春委托代其持有威迈斯有限的股权。2013年7月，经双方协商由万仁春将其实际持有的发行人部分股权转让给蔡友良。发行人持股5%以上股东蔡友良涉及的执行案件目前仍处于司法程序中。请发行人代表：（1）说明2009年至2013年蔡友良、杨学锋代发行人控股股东、实际控制人万仁春持有股份是否真实；

(2) 结合万仁春向蔡友良借款的背景、金额、支付方式等因素，说明解除代持时股权转让款由万仁春向蔡友良的借款抵销的真实性，在解除代持关系过程中是否存在纠纷或潜在纠纷；(3) 说明蔡友良持有发行人的股份被司法查封、冻结的可能性以及对发行人的影响。

【披露信息】

发行人是一家专业从事电力电子产品研发、生产、销售和技术服务的高新技术企业，发行人的主要产品是开关电源，包括车载电源、通信电源、电梯电源等多类应用领域的产品。发行人是上汽集团、奇瑞汽车、吉利汽车、长安汽车、北汽新能源、华为、新华三、日立等知名企业电源解决方案的核心供应商。

报告期内，发行人产品销售按照产品构成情况见表6－1－5：

表6－1－5　发行人产品销售按照产品构成情况

单位：万元

产品类别	2019年1～9月		2018年度		2017年度		2016年度	
	金额	占比	金额	占比	金额	占比	金额	占比
车载电源	45,919.90	82.43%	46,532.19	75.96%	23,906.65	57.23%	9564.93	37.86%
通信电源	5127.19	9.20%	10,432.10	17.03%	12,875.21	30.82%	9886.56	39.13%
电梯电源	4109.09	7.38%	4292.23	7.01%	4993.03	11.95%	5160.23	20.42%
其他	554.28	0.99%	—	—	—	—	653.91	2.59%
合计	55,710.45	100%	61,256.52	100%	41,774.88	100%	25,265.64	100%

报告期内，发行人的营业收入及利润均有较大程度的增长，具体情况见表6－1－6：

表6－1－6　报告期内发行人营业收入及利润情况

单位：元

项目	2019年1～9月	2018年度	2017年度	2016年度
营业收入	570,383,825.45	615,832,339.42	425,152,599.88	256,900,774.82
营业利润	63,860,204.70	74,173,353.95	22,551,197.79	23,704,003.54

续表

项目	2019年1~9月	2018年度	2017年度	2016年度
利润总额	63,837,863.75	74,339,403.57	22,490,297.39	27,574,952.80
净利润	57,442,864.11	68,522,598.29	16,353,398.52	24,346,688.02
归属于母公司股东的净利润	57,442,864.11	68,522,598.29	16,353,398.52	24,346,688.02

报告期内，公司向前五大客户的销售收入及占营业收入的比例见表6-1-7：

表6-1-7　报告期内公司向前五大客户的销售情况

单位：万元

年度	序号	客户名称	销售收入	占营业收入比例	销售产品
2019年1~9月	1	上汽集团	16,852.70	29.55%	车载电源
	2	奇瑞汽车	13,803.28	24.20%	车载电源
	3	长安汽车	5442.15	9.54%	车载电源
	4	日立楼宇技术（广州）有限公司	4109.09	7.20%	电梯电源
	5	吉利汽车	3052.46	5.35%	车载电源
	合计		43,259.67	75.84%	—
2018年度	1	上汽集团	18,580.23	30.17%	车载电源
	2	奇瑞汽车	16,824.63	27.32%	车载电源
	3	华为技术有限公司	5689.75	9.24%	通信电源
	4	日立楼宇技术（广州）有限公司	4292.23	6.97%	电梯电源
	5	吉利汽车	3285.04	5.33%	车载电源
	合计		48,671.87	79.03%	—

续表

年度	序号	客户名称	销售收入	占营业收入比例	销售产品
2017 年度	1	奇瑞汽车	7284.75	17.13%	车载电源
	2	吉利汽车	6470.12	15.22%	车载电源
	3	华为技术有限公司	5555.42	13.07%	通信电源
	4	日立楼宇技术（广州）有限公司	4993.03	11.74%	电梯电源
	5	上汽集团	3777.72	8.89%	车载电源
	合计		28,081.04	66.05%	—
2016 年度	1	奇瑞汽车	5314.43	20.69%	车载电源
	2	日立楼宇技术（广州）有限公司	5160.23	20.09%	电梯电源
	3	深圳市双赢伟业科技股份有限公司	2348.18	9.14%	通信电源
	4	上汽集团	2313.44	9.01%	车载电源
	5	中山大洋电机股份有限公司	1984.70	7.73%	车载电源
	合计		17,120.99	66.66%	—

2018 年 3 月 19 日，根据威迈斯有限全体股东审议通过的《股东会决议》，万仁春分别与扬州尚颀、同晟金源和韩广斌签署《股权转让协议书》，将其持有的威迈斯有限 0.0273% 的股权以 16.8508 万元的价格转让给扬州尚颀，0.0727% 的股权以 44.9353 万元的价格转让给同晟金源，3% 的股权以 1853.5836 万元的价格转让给韩广斌；刘钧分别与扬州尚颀和同晟金源签署《股权转让协议书》，将其持有的威迈斯有限 0.4364% 的股权以 269.6120 万元的价格转让给扬州尚颀，1.1636% 的股权以 718.9654 万元的价格转让给同晟金源；蔡友良分别与扬州尚颀和同晟金

源签署《股权转让协议书》，将其持有的威迈斯有限0.5455%的股权以337.0150万元的价格转让给扬州尚颀，1.4545%的股权以898.7067万元的价格转让给同晟金源；其他股东放弃上述股权转让优先购买权。

同时，扬州尚颀、同晟金源与威迈斯有限及其全体股东签署《增资及股权转让协议》，威迈斯有限注册资本由2667.00万元增加至2805.7288万元，新增138.7288万元注册资本由扬州尚颀和同晟金源认缴，其中，扬州尚颀以876.5222万元的价格认缴新增注册资本37.8351万元，同晟金源以2337.3926万元的价格认缴新增注册资本100.8937万元，溢价部分均计入威迈斯有限资本公积；其他股东放弃上述新增注册资本优先认购权。

2018年3月19日，扬州尚颀、同晟金源与威迈斯有限及其股东万仁春、特浦斯、倍特尔、刘钧、蔡友良、胡锦桥、森特尔、李秋建、丰图汇瑞、洪从树、冯颖盈、杨学锋、姚顺签署《增资及股权转让协议》，约定扬州尚颀、同晟金源受让威迈斯有限原股东股权，并向威迈斯有限投资3213.9148万元。

本次股权转让及增资中，扬州尚颀、同晟金源与威迈斯有限及其股东万仁春、刘钧曾签署补充协议，约定了对赌事项。

一、股份解除代持的情形

2013年7月，万仁春与蔡友良和杨学锋解除了威迈斯有限的股权代持关系。蔡友良原代万仁春持有的股权对应的出资额为470.40万元，因万仁春曾向蔡友良借款本金及利息合计500万元，为偿还前述借款，且蔡友良有意向威迈斯有限投资，经双方协商，由万仁春将持有的威迈斯有限500万元出资额对应的股权按照500万元作价转让给蔡友良，具体安排为：万仁春将由蔡友良代为持有的全部股权转为蔡友良实际持有，将由杨学锋代为持有的部分股权转让给蔡友良。上述股权转让后，蔡友良合计持有威迈斯有限500万元出资额对应的股权。

杨学锋原代万仁春持有的股权对应的出资额为129.60万元。万仁春除将由杨学锋代为持有的29.58万元出资额对应的股权转让至蔡友良外，还将52.02万元出资额对应的股权以股权激励方式转让至刘钧，将剩余48.00万元出资额对应的股权以股权激励方式由杨学锋代为持有转为实际持有。本次转让完成后，蔡友良和杨学锋不再与万仁春存在股权代持关系。

2013年7月，威迈斯有限全体股东审议通过《深圳威迈斯电源有限公司股东会决议》，一致同意杨学锋将其持有威迈斯有限4.93%的股权（对应29.58万元出资额）作价6元转让至蔡友良；杨学锋将其持有威迈斯有限8.67%的股权（对应52.02万元出资额）作价9元转让至刘钧。

二、股份因担保连带责任而司法冻结

2017年11月3日，杨俊远与邹源、蔡友良、汪大明以及深圳前海权瑞股权投资基金管理有限公司签署《借款合同》，约定邹源向杨俊远提供借款人民币7000.00万元，月利率2.5%，借款期限为自杨俊远实际收取借款本金之日起10个月。蔡友良、汪大明作为保证人为上述借款提供连带责任担保，保证期间是《借款合同》项下的债务履行期限届满之日起3年；深圳前海权瑞股权投资基金管理有限公司以其持有的立得空间信息技术股份有限公司股份提供质押担保。

由于杨俊远未向邹源按时支付利息，且经邹源多次催收，杨俊远仍未支付。2018年7月2日，邹源以杨俊远、蔡友良、汪大明及深圳前海权瑞股权投资基金管理有限公司作为被申请人，就前述借款纠纷向中国国际经济贸易仲裁委员会申请仲裁。根据中国国际经济贸易仲裁委员会于2018年12月26日就上述借款纠纷作出的裁决书，中国国际经济贸易仲裁委员会作出如下裁决：杨俊远应向邹源返还借款人民币7000.00万元并支付相应的利息费用；杨俊远应向邹源支付律师费、担保费、保全费；蔡友良、汪大明对上述债务承担连带清偿责任；深圳前海权瑞股权投资基金管理有限公司以其持有的立得空间信息技术股份有限公司股份对应的价值对上述债务承担连带清偿责任；仲裁费全部由杨俊远、蔡友良、汪大明及深圳前海权瑞股权投资基金管理有限公司共同承担。

2019年2月20日，债权人邹源向深圳市中级人民法院申请强制执行。截至2019年9月30日，该案正在法院执行过程中。

根据蔡友良出具的书面说明，法院所查封、冻结的债务人财产价值已超出案件债权金额。上述发行人5%股东蔡友良所涉及的尚未了结的案件对本次发行上市不构成实质性障碍。

小兵评析

1. 发行人是经营专业电源的，主要就是车载电源、通信电源和电梯电源三类。值得特别注意的是，报告期内，发行人车载电源的占比从38%提高至82%，而其他两类电源占比都是逐年下降，尤其是通信电源从39%下降至9%，也是直接下降了30个百分点。这样看来，发行人尽管主营业务就是专业电源的生产和销售，不过报告期内的具体业务结构还是产生了很多的变化，并且这样的变化是趋于稳定还是会继续变化，这样的变化是有利的还是不利的，都需要一个明确的解释。

2. 发行人的业务好不好，小兵喜欢用毛利率这个指标来判断。尽管报告期内发行人的产品结构发生重大变化，不过毛利率还是保持基本稳定的，为27%~29%，这样的毛利率在工业制造企业里面，不算很高但是也算中游水平吧。此外，发行人的研发投入也很高，每年研发投入占营业收入比例都在10%左右，也取得了20多项发明专利，看起来至少技术水平还是不错的。

3. 最后具体到收入和净利润的变动情况，如果考虑到2017年股份支付的特殊情形，那么发行人报告期内收入和净利润都是保持高速增长趋势的，并且这个趋势在报告期内非常明显。发行人净利润也从2000多万元增长至7000万元左右，基本上还是满足中小板审核的财务门槛的。

4. 上汽集团是发行人的客户，上汽间接持有权益的平台持有发行人7.9%的股份，这也属于典型的客户入股的情形。关于客户入股发行人的情况，现在的案例也非常多，审核关注点和实践操作也比较成熟，这个倒是没有什么重点关注的。但是，本案例的特殊情况，却至少从表面上成为一个反面典型。上汽的投资平台是2018年4月通过股权转让和增资成为发行人股东的，也就是在2018年，上汽集团从发行人的第四名或者第五名客户一跃成为发行人第一大客户，且这个地位非常牢固。从销售金额上来看，就更加直观，上汽入股之后，2018年和2019年1～9月发行人向上汽集团销售的金额分别为1.86亿元和1.68亿元，2019年全面突破2亿元是大概率事件。而发行人向上汽集团销售的金额在2017年则只有3777万元。我们再回到发行人收入变化情况，发行人2018年比2017年增长1.9亿元，而通过上汽集团增加的收入就有1.5亿元，这个还是很敏感的。

5. 关于股份支付确认费用的公允价格的问题，这都是非常常见的问题了，虽然发审会上经常关注，不过基本上也没有影响到IPO的审核结果，企业都顺利过会了。而本案例最特殊的情况在于：如果按照最严格和审慎的标准来认定股份支付的费用，那么发行人2017年的净利润可能是负的，这样，发行人就不满足最基本的“最近三年连续盈利”的IPO基本发行条件了。

6. 关于售后服务费以及预提负债的问题，一般都是按照历史的平均水平进行计提的，并且要对每年计提的预计负债和实际发生的费用进行对比，保证计提的准确性，从而也保证了内控的有效性。对于这个问题，发行人披露的信息有限，从这些信息中我们觉得发行人还是有很多做得不到位的地方：（1）每年实际支出金额都超出了预提负债金额。（2）对2018年和2019年根据历史数据进行了调整，但是没有考虑一些特殊因素的影响。（3）2017年净利润只有300多万元，如果2017年费用再进行调整，可能会进一步减少利润，从而影响发行条件。（4）售后服务费与产品销售的对应性关系，是否存在跨期确认和调整的问题。2017年至2019年售后服务费实际支出超过预计负债计提金额。

7. 关于股份代持问题，发行人自己操作得很复杂，同时中介机构在处理这个问题的时候也有点语焉不详。小兵简单总结一下就是：甲本来是由乙代持自己的股票，那么乙直接将股票转给甲就可以了，但是因为甲又欠乙的钱，所以又准备拿股票去抵债，并且价格也没有说得很清楚，因而引起很多的质疑。其实，关于股份代持以及解除代持的情形，其实最真实的情况只有当事人最清楚。在 IPO 审核中，这个问题只要双方当事人没有纠纷和法律风险，并且认可当时的事实和后续的解决措施，那么就不会有太大的问题。但是，一定要解决得合法合理，且交代清楚前因后果。

案例 118 精英数智（科创板否决案例）——业务模式不符合商业逻辑和行业惯例

【问询问题】

上交所发布的《关于终止精英数智科技股份有限公司首次公开发行股票并在科创板上市审核的决定》文件披露如下：

上市审核中心在审核问询中重点关注了以下事项：根据发行人披露，发行人业务主要采用项目服务商模式，项目服务商起到协调客户和发行人关系、顺利推进项目并回款等职能。报告期内发行人向项目服务商支付的项目服务费金额分别为 1411.94 万元、2769.52 万元、5743.10 万元。发行人项目服务费一般以项目毛利率、所属区域的市场竞争情况、市场成熟度和项目实施复杂度为依据确定费用，项目服务费与销售合同金额之间不具有稳定的量化关系。审核重点关注：通过项目服务商协助销售的商业合理性以及与最终达成销售交易价格的关系，相关内控制度是否健全有效，是否存在商业贿赂、利益输送或体外资金循环的情形。

1. 请发行人代表：(1) 分析采用项目服务商方式开展业务的商业合理性，选取典型案例说明与项目服务商建立合作关系、确定双方分工及收费的具体流程；(2) 说明是否已建立与项目服务外包业务相关的内部控制制度，包括对外包服务商的资质要求、选择流程、与回款相关义务的落实、避免在合作过程中发生体外资金循环、商业贿赂及不正当竞争等情况；（3）结合期末应收账款余额中逾期款项占比较高的情况，说明项目服务商与回款相关的履约义务是否未能切实履行、相关合同条款是否流于形式。

2. 请发行人代表：（1）说明在发行人部分主要客户已呈现诸多信用风险、期末应收账款余额中逾期款项占比较高的情况下，发行人对资信状况恶化客户应收账款的坏账准备计提是否充分，是否符合《企业会计准则》的相关规定，与同行业可比公司相比是否存在重大差异；（2）说明发行人是否对应收账款逾期风险采取了有效的应对措施，发行人控股股东、实际控制人是否已采取有效措施避免发行人由于已存在应收账款计提坏账准备不充分而可能遭受损失的风险；（3）说明发行人、控股股东、实际控制人、董监高、发行人员工及前述主体的关联方是否与相关客户、第三方达成任何未披露的约定。

3. 请发行人代表：（1）结合山西省煤炭行业安全生产信息化建设的总体情况，说明发行人在报告期内占主营业务收入比例较大的安全生产风险智能检测业务是否将大幅回落，分析该等变化是否对发行人持续经营能力构成重大不利影响；（2）结合2020年上半年业务的实际情况及对2020年全年业务收入的展望，说明发行人未来业务变化的前景，分析在市场空间可能收窄的情况下，以募集资金投入"安全生产智能感知系统产业化项目"的必要性。

4. 请发行人代表说明：（1）自身地理信息系统的核心GIS平台作为核心技术的产品特点，是否存在较高进入壁垒，是否存在相关专利保护或需要面对竞争对手通过专利保护形成的进入壁垒；（2）是否在地理信息外部供应商的基础操作系统基础上进一步做行业应用开发；（3）开发过程中是否与大部分商业化的地理信息系统一样，需要大量人力现场标记和采集信息。

【披露信息】

根据招股书的披露，发行人是一家为煤炭等高危行业提供以自主软件为主的安全生产监测及管理整体解决方案的高新技术企业，产品和服务面向煤矿等高危行业企业、安全监管部门、保险及安全服务机构。

报告期内，发行人合并利润表主要数据见表6－1－8：

表6－1－8　2017～2019年度发行人合并利润表

单位：元

项目	2019年度	2018年度	2017年度
营业收入	253,214,986.20	210,633,412.12	161,066,933.28
营业利润	73,316,707.27	46,164,488.61	25,207,428.11
利润总额	73,370,100.12	46,214,142.93	25,096,392.78
净利润	62,859,373.89	39,989,797.52	21,122,778.71
归属于母公司股东的净利润	60,379,191.96	39,052,252.12	21,067,389.90

公司2020年1～6月主要财务数据与上年同期主要财务数据情况见表6－1－9：

表6－1－9　公司2020年1～6月主要财务数据与上年同期主要财务数据情况

单位：万元

项目	2020年1～6月	2019年1～6月	变动率
营业收入	11,684.42	10,964.99	6.56%
营业利润	3955.05	4047.52	－2.28%
利润总额	3955.75	4046.98	－2.25%
净利润	3297.79	3382.64	－2.51%
扣除非经常性损益后的净利润	3123.42	3383.11	－7.68%
归属于母公司股东的净利润	3206.09	3279.32	－2.23%
扣除非经常性损益后归属于母公司股东的净利润	3031.71	3279.78	－7.56%
经营活动产生的现金流量净额	2078.72	289.81	617.27%

报告期内，公司项目服务费与销售合同金额的占比情况见表6－1－10：

表6－1－10　报告期内公司项目服务费与销售合同金额占比情况

项目服务费区间	合同数量（个）	占比（%）	项目服务费金额（万元）	占比（%）	合同金额（万元）	占比（%）
(0,5]	619	67.36	976.68	9.43	9984.73	16.20
(5,20]	154	16.76	1638.80	15.83	14,477.67	23.49
(20,50]	100	10.88	3078.00	29.73	14,266.16	23.15
(50,100]	36	3.92	2397.78	23.16	8768.47	14.23
(100,+∞)	10	1.09	2262.13	21.85	14,124.52	22.92
总计	919	100.00	10,353.39	100.00	61,621.56	100.00

公司项目服务费一般以项目毛利率、所属区域的市场竞争情况、市场成熟度和项目实施复杂度为依据确定费用。受不同销售模式、不同销售区域的市场竞争情况，不同产品的市场成熟度、销售策略和项目实施复杂度等因素的影响，项目服务费占合同金额的比例存在一定的差异，项目服务费与销售合同金额之间不具有稳定的量化关系。

公司、控股股东和实际控制人、董监高已出具《关于公司业务合规性、不存在利益输送及商业贿赂相关事项的承诺函》。

由于政策驱动（晋煤监办〔2018〕100号），公司应用于煤矿的安全生产风险智能监测业务需求快速增长，为快速占领市场，发行人部分业务通过项目服务商获取客户；同时公司因受服务人员数量及服务地域限制，将部分工程实施服务，包括基础施工、软硬件调试和运维服务等交给项目服务商完成。

报告期内，发行人主营业务收入金额分别为16,106.69万元、21,063.34万元和25,321.50万元，其中有项目服务商参与的项目收入金额分别为10,485.75万元、19,342.05万元和22,930.34万元，占当期营业收入的比例分别为65.10%、91.83%和90.56%，公司大部分项目需要支付项目服务费。项目服务商协助销售是公司的商业模式，具有商业合理性，不符合行业惯例。

小兵评析

1. 发行人是一家主要进行系统集成的企业，2019 年以前核心技术占销售的比例只有 30% 左右，而 2019 年突然提高至 65% 的变动趋势非常令人迷惑。报告期内，公司依托核心技术产品（自主软件）为核心产生的业务收入分别为 9244.50 万元、11,205.27 万元和 22,429.11 万元，占营业收入的比例分别为 28.38%、31.13% 和 64.57%。

2. 公司来自煤炭企业的收入分别为 10,638.85 万元、13,599.71 万元和 23,022.40 万元，占主营业务收入的比例分别为 66.05%、64.57% 和 90.92%，煤炭行业的占比也是在 2019 年突然提高至 90% 以上，这个比例就非常危险了。

3. 公司来自山西省的收入金额分别为 15,119.81 万元、19,935.35 万元和 23,261.69 万元，占当期主营业务收入的比重分别为 93.87%、94.64% 和 91.87%。大家都清楚山西是煤炭大省，发行人依靠山西煤炭企业起家也没有问题，但是报告期内在山西的销售区域比例没有任何改进和优化，这个是不会被认可的。

4. 公司应收账款余额分别为 11,627.27 万元、24,421.75 万元和 27,039.08 万元，应收账款逾期金额分别为 8721.05 万元、14,078.99 万元和 16,781.68 万元，占应收账款余额的比例分别为 75.01%、57.65% 和 62.06%。对于一个收入只有 2 亿元左右，净利润只有 5000 万元左右的企业来说，这样规模的应收账款是非常危险的，关键是应收账款逾期的占比非常高，同时很多客户都存在回款周期越来越长甚至无法回款的风险。

5. 当然，对于发行人来讲还有非常重要的一点，就是业务模式以及获取客户订单的合法合规性。公司采取直销模式销售商品和提供服务，直销模式又分为两种情形：一种情形是公司独立开拓市场并获取订单；另一种情形是公司与项目服务商合作开发项目，发行人支付项目服务商费用，项目服务商协助发行人拓展新的市场。报告期内，发行人有项目服务商参与的项目收入情况见表6－1－11：

表6－1－11 2017～2019年度发行人有项目服务商参与的项目收入情况

单位：万元

项 目	2017年	2018年	2019年
有项目服务商参与的项目收入	10,485.75	19,342.05	22,930.34
营业收入	16,106.69	21,063.34	25,321.50
占营业收入的比例	65.10%	91.83%	90.56%

关于这个问题，还不仅仅是业务来源的问题，也不是简单的业务独立性问题，而是更深层次的经营合规性问题和灰色地带的商业贿赂问题。尽管发行人实际控制人和董监高对这个问题作了承诺，显然没有得到认可，上交所最终出具的否决意见，重点强调的也是这一条的规定。

6. 科创板上市委说得还是非常客气的，最终强调的还是费用的逻辑关系和内部控制的问题，其实最核心的就是关注发行人业务模式和业务合规性问题。发行人自己也承认，项目服务费与销售合同金额之间不具有稳定的量化关系，这当然可以说是内控问题，但更重要的是这是根本就无法说清楚的问题。因而，审核过程中交易所重点关注到项目服务的提供内容以及支付费用的金额，是否存在商业贿赂或者利益输送等情形。

7. 发行人在申报材料中明确提示：项目服务商协助销售是公司的商业模式，具有商业合理性，不符合行业惯例。能让发行人明确承认自己的业务模式不符合行业惯例，也是不容易的，显然也是审核中心要求的结果。如果说前面讨论的很多行业问题和财务问题还有一些争议的话，那么这个合法合规性问题确实可以直接否决掉企业的IPO申请，且没有任何疑问。

8. 而关于项目服务商的内控制度，发行人在之前的反馈回复中披露其制定了《项目服务费管理办法》用于规范项目服务商的评定、合同签订、服务成果确认、付款审批等流程。项目服务商作为发行人供应商的一种类型，与发行人硬件设备供应商、其他服务供应商执行相同的内部控制制度。发行人通过制定《供应商绩效考评及管理办法》、《关于工程和研发的外包管理规定》和《项目服务费管理办法》等采购类体系文件规范项目服务商选择、采购合同签订、项目服务成果确认和项目服务商管理。然而经过几轮反馈后，上市委仍对发行人的上述商业模式及内控制度持怀疑态度。

9. 发行人客户中共有 99 家处于失信状态（含列为失信被执行人、超过1000万元诉讼被法院强制执行和被申请破产重组，以及控股股东和实际控制人被申请破产重组的情形），其中国有企业 56 家，民营企业 43 家。发行人解释在合同签订过程中，通常不会直接考虑客户自身的资信状况，而主要关注对合同条款的风险审查，这是由发行人客户所处行业特性所决定的。部分客户存在失信情况并不表明其不具备合同履约能力，故发行人与存在失信情况的客户签订大额销售合同并不能表明相关内部控制制度未得到有效执行。与此同时，发行人的应收账款规模持续增长，且出现经营性活动现金流量净额低于净利润的情形。如果发行人未能及时筹措资金或者应收账款不能及时收回，将面临资金短缺的风险，其持续经营能力的确令人担忧。

10. 煤炭行业是典型的周期性行业，且受监管政策影响较大，如果未来国家及相关省份的产业政策、监管规定出现对发行人不利的变化，如发行人未能在经营和产品技术上及时调整以适应相关政策的变化，会对发行人的经营产生不利影响。同时，发行人存在明显的市场区域性风险，营业收入集中于山西省。发行人同时存在客户行业和市场区域集中的风险，若无法解决此发展“瓶颈”，在销售区域广度和深度上没有实质性突破，则将面临成长空间受限的风险。

案例 119 前进科技（创业板否决案例）——最重要的大客户被竞争对手抢走了

【问询问题】

1. 报告期各期发行人产品主要销往欧洲，其中对 Ideal 公司的销售收入占比超过 80%。请发行人代表：（1）说明业务高度依赖第一大客户是否符合行业惯例；（2）结合 Ideal 公司的市场竞争力，说明发行人业务高度依赖是否会对持续经营能力产生重大不利影响。

2. 发行人主要客户 Ideal 公司受新冠疫情影响于 2020 年第二季度停产，对发行人订单大幅减少。请发行人代表结合最新的在手订单以及收入实现情况，进一步说明海外疫情是否对发行人未来经营业绩造成重大不利影响。

3. 发行人竞争对手明志科技于 2019 年成为 Ideal 公司供应商后，明志科技与发行人对 Ideal 公司的销售收入差距缩小。请发行人代表结合产品研发、生产、技术创新能力，说明与明志科技相比的竞争优劣势，是否存在因竞争导致市场份额减少的风险。

4. 请发行人代表结合报告期内新客户拓展情况，说明发行人新客户开拓进展缓慢的原因及未来业务发展的成长性。

【披露信息】

发行人是一家专业从事铝合金冷凝式热交换器研发、生产和销售的高新技术企业。发行人主要产品是铝合金冷凝式热交换器，按应用领域可以分为家用铝合金冷凝式热交换器及商用铝合金冷凝式热交换器。报告期内，发行人以生产销售家用铝合金冷凝式热交换器为主。此外，发行人对外销售少量中间产品覆膜砂。

报告期内，发行人销售收入的结构构成具体见表 6－1－12：

表 6－1－12　报告期内发行人销售收入的结构构成

单位：万元

项目	2020 年 1～3 月		2019 年度		2018 年度		2017 年度	
	金额	比例	金额	比例	金额	比例	金额	比例
家用热交换器	4112.69	91.13%	20,064.15	93.89%	18,367.34	89.68%	14,591.09	91.28%
商用热交换器	398.86	8.84%	1290.30	6.04%	2070.87	10.11%	1535.61	8.36%
覆膜砂	1.30	0.03%	15.79	0.07%	41.76	0.20%	58.69	0.37%
主营业务收入合计	4512.84	100.00%	21,370.24	100.00%	20,479.97	100.00%	15,985.39	100.00%

报告期内，发行人实现的收入和净利润情况见表6－1－13：

表6－1－13　报告期内发行人实现的收入和净利润情况

单位：万元

项目	2020年1～3月/2020－03－31	2019年度/2019－12－31	2018年度/2018－12－31	2017年度/2017－12－31
营业收入	4522.29	21,658.57	20,705.70	16,095.45
净利润	1170.96	6661.44	6024.57	402.69
归属于母公司所有者的净利润	1170.96	6661.44	6024.57	402.69
扣除非经常性损益后归属于母公司所有者的净利润	1087.45	6003.63	5889.07	3475.76

针对截至2020年9月30日发行人的相关财务信息，天职国际会计师事务所（特殊普通合伙）已出具了天职业字〔2020〕38138号《审阅报告》，具体情况见表6－1－14：

表6－1－14　《审阅报告》具体信息

单位：万元

项　　目	2020年1～9月	2019年1～9月	同比变动
营业收入	11,933.66	16,880.63	－29.31%
净利润	4496.01	4541.76	－1.01%
扣除非经常性损益后归属于发行人股东的净利润	3284.22	4431.17	－25.88%

根据2020年1～9月的经营成果，并结合2020年第四季度在手订单情况，发行人预测全年业绩情况见表6－1－15：

表 6－1－15　发行人预测 2020 年全年业绩情况

单位：万元

项目	2020 年度	2019 年度	同比变动
营业收入	16,509.66～17,526.54	21,658.57	－19.08%至－23.77%
净利润	5853.54～6155.21	6661.44	－7.60%至－12.13%
扣除非经常性损益后归属于发行人股东的净利润	4633.45～4935.12	6003.63	－17.80%至－22.82%

小兵评析

1. 发行人主营业务和产品其实很简单也很好理解，就是铝合金材料的冷凝式热交换器，专门给壁挂炉配套。壁挂炉产品在国内应用的范围不是很广，因而发行人的产品主要是对国外的壁挂炉产品进行配套。

2. 从业务模式的角度来说，产品的最终用户基本上都在境外，但是对于发行人来说却有两种销售路径：一种是产品销售给境内的壁挂炉生产企业然后下游客户再将产品全部出口；另一种是产品直接销售给境外的壁挂炉生产企业。发行人的销售路径显然是后者，并且对境外第一大客户的销售占比在报告期内均超过 80%。在疫情之下，这个大客户的生产经营必然受到重大影响，第二季度已经停产。尽管发行人努力解释正在开拓新的客户，并且尽量保证业绩的稳定，但是通过 2020 年 1～9 月的审阅报告和 2020 年全年的盈利预测情况，发行人 2020 年的业绩持续下滑是不争的事实：2020 年 1～9 月，扣除非经常性损益后，归属于发行人股东的净利润同比下降 25% 左右，2020 年全年预计下降 22% 左右。

3. 当然，这还不是最关键的，主要是发行人的业绩过了 2020 年就一定会好吗？显然不是，很可能还会继续坏下去。IPO 上市就是上未来，那么这样前途非常不明朗的企业显然就构成了 IPO 的实质性障碍。在注册制审核理念下，对于很多规范性问题已经足够宽容，对复杂的商业环境和逻辑的合理性也给予足够的解释空间。但是，一个企业如果未来发展趋势不明朗甚至是确定的持续变坏，那么必然不符合 IPO 的审核标准。

4. 发行人报告期内对单一客户的销售占比均超过 80%，最高的一年占比 86%，最低的一年占比 81%。在注册制的审核理念下，某些案例，对单一客户销售占比超过 95% 甚至是 99% 的都顺利通过了审核，那么这个事项是不是本案例发行人没有通过审核的本质原因呢？

5. 从审核的规则来说，对单一客户的销售占比高但不构成审核的实质障碍，至少有两个前提：（1）这个大客户自身规模很大，生产经营很稳定；（2）发行人与这个大客户的合作历史永久且非常愉快，谁也离不开谁。这个问题其实就很简单了，如果顺着第一个层次来思考，就更加清晰明了：发行人本来就靠着一棵大树好乘凉，结果这棵大树都因为各种原因自己不能稳定经营生产了；这样，就是直接损害了关于单一客户依赖解释逻辑的第一个层次。

6. 从另外一个角度来思考这个问题，可能会更加残酷：就算是有疫情，欧洲市场的壁挂炉消费应该不会受到太大的影响，毕竟这就是取暖的东西，所以壁挂炉行业还是要稳定发展的。那么，发行人依靠的这个大客户是不是在欧洲壁挂炉行业也不是最有竞争力和话语权的呢？果真如此的话，应对疫情的能力也算是判断一个企业以及下游客户的重要参考因素。

7. 此外，发行人与大客户合作还需要思考另外一个维度的问题：可能这个大客户实力还是很强，只是并不一定与发行人保持稳定合作，这就是我们第一个层次提到的客户依赖解释思路的另外一个维度。明志科技，2020 年 12 月 18 日科创板顺利过会，是发行人最直接的行业竞争对手。2019 年明志科技也成了这个大客户的供应商，且供应规模大幅提高，与发行人的供货差距已经非常小。大家想一想，发行人的竞争对手作为后来者，很快就“分享”了发行人供货市场的大蛋糕的一半，并且发行人未来可能还会被“蚕食”，这对发行人来说应该算是致命的打击。更何况，竞争对手在 2020 年 12 月科创板过会成功，上市也要比发行人早。

8. 大客户生产有问题，大客户跟发行人的合作也存在问题，那么，发行人为了经营稳定必然要去开拓新客户。开拓新客户的措施有很多，发行人也可以作出很多承诺，但是结果不理想是最大的障碍：2020 年业绩下滑 20% 以上。

案例 120 驰田汽车（中小板否决案例）——强监管下的生产资质存在重大疑问

【问询问题】

1. 驰田装备拟与国营江华机械厂联合组建合资公司，以该资产重组为由发行人取得了改装车生产资质，但江华机械厂未合资入股。请发行人代表说明：(1) 江华机械厂未按照协议书约定条款取得驰田有限股权的原因及合理性，是否存在纠纷或潜在纠纷；(2) 以资产重组为由申请资质变更的审批是否以江华机械厂成为驰田有限股东为前提，审批时以组建合资公司为名但江华机械厂未成为驰田有限股东，该变化是否对资质变更审批造成重大影响，发行人等相关单位未及时向审批机构报告是否符合（国经贸产业〔2001〕1111 号）的相关规定；(3) 发行人资质更名、迁址过程中是否存在违法违规行为，是否对发行人的生产经营造成重大不利影响，相关风险揭示是否充分，是否构成本次发行的障碍；(4) 江华机械厂变更资质至驰田有限而未享有驰田有限股权或取得相关对价的事项是否履行了国资审批程序，是否涉及国有资产流失问题，是否存在被有关部门处罚的风险。

2. 发行人为大河工贸借款提供担保，发行人、发行人控股股东、实际控制人及其配偶等 10 名担保人为前述债务提供了共同连带责任保证之担保，发行人在承担担保责任后放弃对控股股东、实际控制人及其配偶的追偿权。请发行人代表说明：(1) 2016 年 1 月，发行人为大河工贸提供担保的股东会决议与提交给十堰农商行的股东会决议内容不一致的原因及合理性，控股股东、实际控制人及其配偶向大河工贸提供担保存在前置条件是否属实。(2) 在控股股东、实际控制人持有发行人的股份并拥有分红权和股份转让权的情况下，认为控股股东、实际控制人及其配偶不具备承担担保责任的能力是否符合实际情况。（3）发行人放弃对其他保证人追偿权事项，相关董事会和股东大会审议表决时发行人控股股东、实际控制人是否回避表决，表决结果是否合法有效。（4）前述放弃追偿权的行为是否损害了债权人的利益，是否存在涉及债权人的代位权和撤销权的纠纷或潜在纠纷；是否损害了发行人的利益，是否构成"代偿债务、代垫款项或者其他方式占用"等变相资金占用情形，是否构成本次发行的障碍。（5）前期招股说明书申报稿未充分披露发行人放弃对控股股东、实际控制人及其配偶追偿权事项的原因，是否构成重大遗漏。（6）发行人的合规经营、信息披露等内控制度是否健全，执行是否有效，能否防范控股股东、实际控制人、董事、监事、高级管理人员损害公司利益。（7）发行人实际控制人兼董事长黄玉鸿是否知悉其对公司负有忠实义务，是否履行了忠实义务，本次发行申请是否符合《首次公开发行股票并上市管理办法》第15条的规定。

【披露信息】

发行人专注于重型专用汽车领域，拥有工信部颁布的民用改装车生产企业公告资质，报告期主要产品包括重型专用汽车产品的研发、生产和销售。

以2019年1~9月为例，发行人前五大客户情况见表6-1-16：

表6-1-16　2019年1~6月发行人前五大客户情况

单位：万元

年度	客户名称	销售金额	占主营业务收入比例
2019年1~9月	东风汽车	13,219.33	15.50%
	其中：东风商用车有限公司	12,724.91	14.92%
	东风柳州汽车有限公司	451.61	0.53%
	东风华神汽车有限公司	19.56	0.02%
	东风商用车新疆有限公司东风专用卡车公司	23.25	0.03%

续表

年度	客户名称	销售金额	占主营业务收入比例
2019年1~9月	一汽解放汽车	10,458.94	12.27%
	其中：一汽解放汽车销售有限公司	7194.49	8.44%
	一汽解放青岛汽车有限公司	3264.45	3.83%
	上汽依维柯红岩商用车有限公司	8983.40	10.54%
	深圳市宏驰汽车销售服务有限公司	7696.60	9.03%
	陕西重型汽车有限公司	7074.85	8.30%
	合计	47,433.12	55.64%

报告期内，发行人实现的收入和净利润情况见表6-1-17：

表6-1-17 报告期内发行人实现收入和净利润的情况

单位：万元

项目	2019年1~9月	2018年度	2017年度	2016年度
营业收入	86,687.42	112,948.76	79,820.76	27,704.78
营业利润	16,827.14	17,136.25	11,013.49	2879.04
利润总额	16,812.41	17,090.01	4256.13	2894.36
归属于母公司股东的净利润	14,759.84	14,610.47	2611.13	2568.79
扣除非经常性损益后归属于母公司股东的净利润	11,959.48	14,547.54	9292.04	2361.66

发行人前身驰田有限为大河工贸在十堰农商行借款提供担保，截至2017年7月，驰田有限累计为大河工贸承担连带责任保证担保金额为6735万元。由于大河工贸经营困难，无力偿还银行贷款，驰田有限作为保证人代其偿还了在十堰农商行的6735万元债务。

2018年3月9日，发行人向十堰市茅箭区人民法院起诉大河工贸及十堰市物协贸易有限公司、忻州通顺汽车服务有限责任公司、十堰神旭置业发展有限公司、山西三鼎贸易有限公司、邓伟、顾红，要求清偿债务6735万元，并归还借款800万元及相关利息。2018年11月8日，十堰市茅箭区人民法院出具（2018）鄂0302民初901号《民事调解书》，确认大河工贸将持有十堰农商行的1495万股股份转让给发行人，转让价格为3200万元，用于抵偿相应债务；发行人放弃对大河工贸全部债权中的2700万元债权，并就该部分债权放弃对其他保证人的追偿权；大河工贸欠发行人的800万元借款及利息，由发行人对申请保全的大河工贸、邓伟、顾红的财产依法处置受偿，保全财产无法受偿的差额部分，由保证人十堰市物协贸易有限公司、忻州通顺汽车服务有限责任公司、十堰神旭置业发展有限公司、山西三鼎贸易有限公司、邓伟、顾红承担连带清偿责任。

截至本招股说明书签署之日，十堰神旭置业发展有限公司50个车位已交付给发行人；邓伟、顾红在太原市的两处住宅房产已过户至发行人名下；大河工贸持有的十堰农商行的1495万股股份已经过户至发行人名下；十堰农商行的分红款已支付给发行人。发行人正在通过执行程序就大河工贸及相关方未支付部分进行追偿。

小兵评析

1. 根据披露，发行人主营业务就是民用的专用重型汽车的研发、生产和销售，从销售结构来看，渣土车以及环保车等占据了最重要的份额。发行人的业务模式有两种，虽然称谓不同，但实质上唯一的区别就是：一个是客户给底盘，另一个是发行人自己购买底盘。

2. 发行人拿到底盘，一顿操作之后，就有了专用汽车的整车，然后再卖给国内知名的重型汽车企业，从2019年披露的前五大客户来看，红岩、依维柯等都是发行人的重要客户。小兵作为一个非专业素人的第一疑问是：这感觉也不是重型汽车的改装，这不就是直接生产吗？那么发行人用改装的资质直接生产汽车，合法合规吗？从发行人的业务模式来看，给人感觉发行人就是下游客户的一个委托加工厂，那么是生产了整车之后，给下游客户贴牌销售吗？这样的话，对于下游客户来说，是合法合规的吗？更何况，发行人取得的改装车生产资质还存在重大疑问。

3. 尽管发行人报告期内业绩规模快速增长，从最初的2000多万元跳跃至1.5亿元，而且发行人的业务也是具有技术含量和市场竞争力的，但是如果一切经营的基础存在合规的疑问、存在基本资质要求的质疑，那么业绩的飘红是否也就没有本质的价值了呢？

4. 招股书对于国营江华机械厂合资以及资质变更的事项没有任何披露和描述。这件事情简单来说就是：重型汽车的改装生产行业是强监管行业，发行人没有资质，就想跟一个有资质的国有企业合资设立公司，然后以合资公司的名义取得国有企业的资质。这样的操作理论上符合相关规定，实践中也确实有这样处理的。不过发行人有一个最大的问题就是，合资公司没有成立起来，发行人只是以这样的一个计划和名义取得了这个宝贵的资质。于是，最简单的问题就来了：发行人这么操作，是不是欺骗了资质的审批机关而拿到的资质呢？还有，国有企业把宝贵的资质给了发行人，却没拿到股权，这算不算重大国有资产流失？发行人的业绩从2016年开始起步，后来有了爆发性的增长，显然主要就是靠这个资质，现在这个资质存在如此大的争议和质疑，显然对企业的IPO会有本质的影响。

5. 发行人为别人向银行的借款提供了连带责任担保，控股股东以及相关人员提供了反担保，借款人没有钱还银行，于是发行人就代为偿还了全部债务，这是连带责任的本质，没有问题。发行人代偿之后，起诉借款人以及反担保人偿还债务，借款人偿还了一部分，后续的就豁免了债务，同时豁免了控股股东等人的担保责任。发行人为什么要豁免控股股东的责任？要知道IPO拟上市公司不能吃一点亏的，这个审核重点是要对未来的投资者负责的。这个事情本身的起源并不复杂，只是后续的处理有些迷惑，企业都要上市了，控股股东持有那么多拟上市公司股份，就算是去借过桥资金也能把发行人的借款还上，如果这样操作，在注册制审核理念下是可以被接受的。而现在的操作结果，往大了说就是控股股东和实际控制人的资金占用行为，直接触发了发行上市条件，直接阻碍了上市进程。

案例121 兴嘉生物（科创板否决案例）——科创属性不足

【问询问题】

1. 请发行人代表：（1）说明新产品研发及饲喂效果验证的流程；（2）说明如何区分新产品研发支出的量产产品的成本；（3）分析发行人所持发明专利与核心技术、主营业务收入的相关性；（4）说明包括董事长、总经理在内的管理团队成员参与研发项目的情况；（5）结合发行人在审核期间将部分工资支出由研发投入改列为管理费用的情况，说明对研发投入的会计核算是否准确、合理。

2. 请发行人代表说明：（1）经销商的终端销售及期末存货情况、经销商是否根据其终端客户的需求向发行人采购、国外经销商期末库存情况、经销商期末库存水平是否合理；（2）上述情形是否受到2020年新冠疫情的影响而发生重大变化；（3）报告期内，是否存在通过放宽信用政策促进销售、利用经销商囤货提前确认收入的情形，发行人披露的各期营业收入是否真实准确。

请保荐代表人说明对境外经销商期末存货、报告期内销售收入的核查情况，包括但不限于是否受到疫情影响而未能进行现场访谈、该等情形是否对销售真实性的核查造成不利影响，并发表明确意见。

3. 请发行人代表结合发行人在审核期间，修改关于自身行业属性、专利数量等表述的情况，说明发行人是否已按照注册制的要求，对自身科创板定位进行合理的评价，相关信息披露是否充分、准确。

【披露信息】

发行人自2002年成立以来，持续专注、聚焦于新型、安全、高效的矿物微量元素研发、生产、推广与销售，为客户提供高品质的矿物微量元素平衡营养方案。

报告期内，发行人实现的收入和净利润情况见表6－1－18：

表6－1－18　报告期内发行人实现的收入和净利润情况

项目	2020－6－30/2020年1～6月	2019－12－31/2019年度	2018－12－31/2018年度	2017－12－31/2017年度
营业收入（万元）	15,864.62	30,563.21	31,234.22	30,753.64
净利润（万元）	3010.42	4976.06	4497.54	2501.92
归属于母公司股东的净利润（万元）	3014.24	4994.89	4493.45	2603.97
扣除非经常性损益后归属于母公司股东的净利润（万元）	2901.24	4767.03	4389.43	2501.22
基本每股收益（元）	0.49	0.81	0.75	0.46
稀释每股收益（元）	0.49	0.81	0.75	0.46
加权平均净资产收益率（%）	12.87	22.21	23.79	18.51
经营活动产生的现金流量净额（万元）	4405.49	4928.84	4346.62	2385.12
现金分红（万元）	3529.80	2353.20	1176.60	588.30
研发投入占营业收入的比重（%）	5.11	5.10	5.39	4.71

小兵评析

1. 发行人的业务围绕矿物微量元素展开，将自己定位为生物医药行业，后来又变更为“符合科创板定位的其他领域”。

2. 发行人与羟基蛋氨酸螯合物系列产品相关的共有 4 项发明专利，其中 2 项发明专利于 2020 年 8 月 15 日到期。发行人将 16 项发明专利质押给长沙银行汇丰支行，作为最高额 4957 万元的债权的担保。专利到期和专利质权实现，都会对发行人的生产经营造成不利影响，进而直接影响对于发行人科创属性的评估。

3. 此外，发行人专利核心技术和主营业务关系不密切、上市过程中修改其研发费用中的高管薪酬列支情况等表明其关于研发投入的内部控制或存在缺陷，更是加深了审核机构对于发行人自身定位的怀疑。

4. 科创板并不适合所有的行业，也不是增加几个专利就算具有了符合上市标准的科创属性，建议企业在上市前还是事实求是找准自己的定位。

案例 122 网进科技（创业板否决案例）——业务主要来自疑似实际控制人

【问询问题】

1. 请发行人代表结合黄玉龙、张亚娟和潘成华之间的股权转让及其资金往来和纳税情况等说明实际控制人的认定理由是否充分，实际控制人所持发行人的股份权属是否清晰，是否符合《创业板首次公开发行股票注册管理办法（试行）》第 12 条的有关规定。

2. 发行人的第一大股东文商旅集团持股比例超过 1/3，并有 2 名来自文商旅集团的人员担任董事，其中 1 名担任发行人董事长。文商旅集团为昆山市国有独资企业，报告期发行人 90% 以上销售收入来源于昆山市智慧城市建设。请发行人代表说明文商旅集团被认定为对发行人既无控制权，也无重大影响，仅作为财务投资人的理由是否充分。

3. 请发行人代表说明报告期内发行人长期应收款未计提减值准备是否符合《企业会计准则》。

【披露信息】

发行人以自主研发的一系列软件产品及物联网应用平台为支撑，围绕城市运行、社会治理和安全管理的核心领域，运用大数据和人工智能等技术，向客户提供项目咨询、方案设计、设备采购、软件研发、系统集成及运营维护的一站式综合解决方案，是智慧城市IT服务商。

报告期内，发行人实现的收入和净利润情况见表6－1－19：

表6－1－19　报告期内发行人实现的收入和净利润情况

项目	2020年1～3月/2020年3月末	2019年度/2019年年末	2018年度/2018年年末	2017年度/2017年年末
资产总额（万元）	47,167.64	57,841.06	43,019.03	25,503.69
归属于母公司所有者权益（万元）	21,208.62	22,832.65	16,975.81	8461.99
资产负债率（母公司）（%）	55.01	60.51	60.62	66.96
营业收入（万元）	4527.68	43,620.54	38,856.77	27,251.50
净利润（万元）	99.32	6752.21	2017.55	3588.14
归属于母公司所有者的净利润（万元）	99.35	6726.84	2017.82	3589.16
扣除非经常性损益后归属于母公司所有者的净利润（万元）	101.31	6162.51	5476.42	3457.50
基本每股收益（元）	0.02	1.16	0.38	0.72
稀释每股收益（元）	0.02	1.16	0.38	0.72
加权平均净资产收益率（%）	0.43	34.04	16.57	50.08

续表

项目	2020 年 1～3 月/2020 年 3 月末	2019 年度/2019 年年末	2018 年度/2018 年年末	2017 年度/2017 年年末
经营活动产生的现金流量净额（万元）	－12,222.53	10,358.58	－3048.23	318.64
现金分红（万元）	1078.80	870.00	—	500.00
研发投入占营业收入比例（%）	16.40	5.04	5.15	3.62

潘成华先生直接持有并控制网进科技 25.86% 的股份，作为黑角投资的执行事务合伙人，间接控制网进科技 18.97% 的股份（其中 10.81% 的股份为潘成华间接持有），通过与黄玉龙、敦石投资、和丰投资签订一致行动协议，控制网进科技 20.69% 的股份，通过上述方式合计控制网进科技 65.52% 的股份，为网进科技的控股股东、实际控制人。

公司第一大股东文商旅集团系昆山市政府国有资产监督管理办公室出资设立，自文商旅集团成立至今，昆山国资办一直持有其 100% 的股权。昆山国资办主要负责制定国有资产监督管理制度，对国有资产经营公司运营情况和国有资产保值增值情况进行监管。其控制的文商旅集团主要负责文化旅游及相关产业的项目投资、建设、开发和管理。文商旅集团成为公司的财务投资者后，其与昆山国资办未参与网进科技的各项日常经营管理。

公司现阶段销售收入基本来自昆山市，存在一定程度的区域依赖及地域限制，符合公司所处发展阶段及行业经营特征。

报告期内，除文商旅集团及其控制的部分企业外，公司不存在向董事长薛仁民曾任职单位获取订单的情形。自 2012 年 10 月起，薛仁民就职于文商旅集团，任党委书记、董事长，文商旅集团的主营业务为文化旅游及相关产业的项目投资、建设、开发和管理。薛仁民的工作重心为文旅行业的投资建设管理。公司的智慧城市解决方案主要应用于公安、交通、政务、建筑等行业。报告期内，除与文商旅集团及其控制的部分企业交易 361.57 万元外，未发生其他与薛仁民任职经历相关的订单。

小兵评析

1. 3 个问询问题其中两个与实际控制人的认定有关。发行人最开始的实际控制人是黄玉龙，2016 年 3 月至 5 月，黄玉龙将持有网进科技 60.00% 的股权分别转让给黑角投资、敦石投资、和丰投资及文商旅集团。2016 年 3 月，张亚娟将网进科技 30.00% 的股权转让给潘成华。股权转让完成后，黄玉龙持有网进科技 10% 的股权，不再是公司的实际控制人。

2. 2016 年 5 月 28 日，潘成华与黑角投资、黄玉龙、敦石投资及和丰投资签署了《一致行动协议书》，该协议约定：一致行动人意见不一致时，以潘成华意见为准。该协议自签署之日起生效，至公司股票上市之日起满 36 个月时终止。据此，上述一致行动关系具有稳定性。

3. 关于发行人历史沿革上的一系列房产项目收益款变股权款的花式操作，让发行人的实际控制人身份更加扑朔迷离。

4. 发行人坚持声称持股超过 1/3 的第一大股东文商旅集团不是实际控制人身份，然而文商旅集团的法定代表人兼董事长兼党委书记薛仁民担任了发行人的董事长职务，且文商旅集团在发行人董事会提名了 2 名董事。

5. 更重要的是，发行人 90% 以上销售收入来源于昆山市智慧城市建设，文商旅集团的实际控制人是昆山市国资办，如此，发行人还能将文商旅集团只是视为机构投资者?

6. 从这个角度来看，发行人的业务不过是国资集团的边边角角，大树下面的一棵小草，这种情况下都要准备独立 IPO 上市，显然是不合理的，也是不符合注册制审核理念的。

案例123 周六福（中小板否决案例）——品牌管理的“历史原罪”

【问询问题】

1. 发行人报告期内主营业务收入大幅增加，增幅远高于同行业可比公司。发行人加盟模式下实现的收入占比超过80%。请发行人代表说明：(1) 以加盟销售为主的销售模式是否符合行业惯例；加盟商和发行人是否存在实质和潜在的关联关系，是否存在向加盟商提供财务资助或者资金支持的情形。(2) 报告期各期新增加盟店家数是否和同行业可比上市公司相近，各期新增加盟店月平均销售额逐年增长的原因及合理性，新增加盟商店均销售额远高于平均店均销售额的原因及合理性。(3) 部分销售额高的加盟商销售波动较大或合作期限较短的原因及合理性。(4) 报告期自营店店均销售额呈下滑趋势但加盟店店均销售额呈上升趋势的原因及合理性。(5) 发行人主营业务收入增幅远高于同行业可比公司的原因及合理性。(6) 报告期内发行人调整品牌使用费和特许经营费的原因及合理性；加盟商更多的选择从发行人处直接采购的商业合理性。(7) 部分加盟店不使用发行人POS系统进行开单销售的原因及合理性，发行人关于加盟商管理的内控制度是否健全并有效执行。(8) 加盟商的终端销售情况及加盟商各报告期平均期末存货变动情况，加盟商是否存在大量库存积压，是否提前压货销售，是否存在调节收入的情形，是否存在资金来自发行人、实际控制人、董监高及主要股东的情形。(9) 新冠疫情对发行人经营和财务状况的具体影响，是否会对发行人经营产生重大不利影响。

请保荐代表人说明针对加盟商模式下的收入增长的合理性与真实性、加盟商终端销售实现情况及期末存货结存情况的核查依据、过程，并明确发表核查意见。

2. 请发行人代表说明：(1) 发行人主要商标的取得及使用情况；(2) 关于商标、品牌保护及管理的相关制度；(3) 发行人多起商标权纠纷的原因，是否对发行人的生产经营产生重大不利影响。

3. 发行人采取入网模式指定供应商或备案供应商为加盟商提供产品。报告期内应收账款及存货余额较大且增长较快。请发行人代表说明：（1）发行人采取入网模式指定供应商或备案供应商为加盟商提供产品是否符合行业惯例，入网模式下产品质量控制体系及其有效性；（2）存货余额较大且增长加快的原因及合理性；（3）2018 年 10 月出台的助力北方区域渠道信用政策实施的原因及合理性，是否存在为增加销售放宽信用政策的情形，结合具体回款情况进一步说明相关坏账计提是否充分。

【披露信息】

发行人是集珠宝首饰研发设计、生产加工、连锁销售、品牌运营为一体的时尚珠宝集团。开展“周六福”珠宝品牌的连锁经营。

报告期内，发行人实现的收入和净利润情况见表 6－1－20：

表 6－1－20　报告期内发行人实现的收入和净利润情况

单位：万元

项目	2020 年 1～6 月	2019 年度	2018 年度	2017 年度
营业收入	83,479.15	226,872.75	167,917.70	96,204.52
营业利润	21,762.30	53,307.37	39,425.61	18,903.34
利润总额	22,667.70	54,808.99	40,441.19	19,894.02
净利润	17,279.99	41,375.41	30,334.50	14,038.50
归属于母公司股东的净利润	17,212.03	41,311.64	30,291.49	14,081.03
扣除非经常性损益后归属于母公司股东的净利润	16,013.76	39,759.83	30,108.98	16,414.17

一、与相同或类似商标、商号、品牌使用人之间的纠纷对发行人生产经营、品牌声誉的影响

报告期内，发行人与相同或类似商标、商号、品牌使用人之间的纠纷主要为发行人与张建斌等，以及发行人与张文伯、陈洪金等的相关纠

纷，其余均为发行人因品牌维权而提起的相关投诉或诉讼。

（一）发行人作为原告的诉讼、投诉对发行人生产经营、品牌声誉的影响

针对发行人作为原告的诉讼、投诉，系因发行人认为他人使用相关商标、商号、品牌侵害发行人商标权或者发行人通过投诉手段请求相关政府部门保护发行人合法权益而进行的维权行为，如果上述案件中发行人胜诉或被满足投诉目的，将有利于制止侵害发行人商标权的行为，保护发行人品牌声誉。

相关诉讼或者投诉不涉及对发行人商标权属的争议，不会对发行人商标权属产生不利影响。即便上述诉讼及投诉案件中发行人败诉或者未达到投诉目的，除承担相应诉讼费用外，并不会导致发行人承担相关财产责任，不会给发行人造成直接经济损失。

（二）发行人作为被告的诉讼、投诉对发行人生产经营、品牌声誉的影响

针对发行人作为被告的已决诉讼、投诉需由发行人承担相关责任的，发行人已实际承担相应的责任并履行了相应的整改义务，尽量降低其对发行人品牌声誉的负面影响。截至本招股说明书签署日，发行人持续经营，该等诉讼、投诉并未对发行人持续经营造成实质性障碍。

针对发行人作为被告的未决诉讼、投诉，对发行人生产经营、品牌声誉的影响具体如下：

1. 发行人作为被告的诉讼、投诉均未涉及发行人的商标权属，并不会导致发行人丧失相关商标权属或特许经营资质。

2. 发行人、香港周六福作为被告与张建斌的未决诉讼均系合同违约纠纷，不存在发行人商标、商号侵权的情况。

即使发行人败诉，也仅导致发行人承担相关经济损失，金额相对较小。发行人并未因张建斌关联门店而收到任何行政投诉或遭受任何行政处罚，未对发行人的品牌声誉造成实质损害。

即使张建斌的主要诉讼请求被人民法院支持，发行人也仅需承担少量违约金，并不会给发行人的持续经营造成重大障碍。

二、与相同或类似商标、商号、品牌使用人之间的纠纷

与发行人名称中商号存在个别字样重合的已上市的知名其他珠宝品牌包括：周大福、六福珠宝、周生生、周大生。报告期内，发行人与上述品牌权利人或者使用人之间不存在因商标、商号使用或品牌仿冒的诉讼或仲裁纠纷，发行人并未因侵权或不正当竞争行为被起诉或收到任何行政投诉、遭受任何行政处罚。

报告期内，公司采取加盟销售为主、自营销售为辅的业务模式，其中自营销售主要包括自营店销售及电商销售，详见表6－1－21。经过多年的发展和积累，截至2020年6月30日，公司拥有加盟店3425家、自营店28家，营销网络遍布全国。

表6－1－21　发行人的三种销售模式

项目	加盟模式	自营店模式	电商模式
产品定价	发行人根据成本加成法定价，据此确定对加盟商的销售价	发行人以终端零售价对终端消费者销售	发行人以终端零售价对终端消费者销售
促销政策	根据发行人制订的促销方案	根据发行人制订的促销方案	根据发行人制订的促销方案或深度合作平台的促销政策
结算方式	先款后货，但给予一定授信；入网模式下，加盟商与指定/备案供应商结算货款，与发行人结算品牌使用费	终端消费者或联营商场与发行人结算	平台定期与发行人结算或终端消费者通过线上店铺与发行人结算
退换货方式	发行人向加盟商提供换货服务，退货服务仅当加盟商撤店时提供	发行人直接向消费者提供退换货服务	发行人通过电商平台或直接向消费者提供退换货服务

续表

项目	加盟模式	自营店模式	电商模式
信用政策	根据授信政策执行	不涉及	不涉及
场地提供方式	加盟商购买/租赁/联营	租赁/商场联营	不涉及
货物流转方式	发行人直接向加盟商发货，加盟商向消费者供货	发行人直接向消费者供货	发行人通过电商平台或直接向消费者发货
日常管理	加盟商负责，发行人营运督导	发行人负责	发行人与电商平台负责

公司加盟模式是指加盟商在公司授权下开设“周六福”品牌的加盟店，根据商业特许经营合同的规定，由加盟商负责管理并承担相应责任，加盟店内的货品所有权归属于加盟商。公司向加盟商进行产品销售并提供相应的培训、督导以及形象设计等一系列服务。

公司向加盟商的销售主要通过以下方式：

（一）通过总部展厅、巡展、订货会进行现货销售

对于钻石镶嵌产品，公司主要通过总部展厅现场选货与配货为加盟商供货，实现大规模产品销售；公司将特定货品运往在全国各地的办事处举办巡展，为邻近办事处的加盟商提供采购便利；公司每年定期举办订货会、采购节等，为加盟商采购提供价格优惠。

一般业务流程体现为加盟商自主挑选现货产品，公司在收到货款后实施物流配送。

（二）通过网络下单的订单式销售

对于钻石镶嵌产品，加盟商也可通过订单管理系统下达订单，公司在收到订单后，将通过系统或电话与加盟商进行确认，加盟商在进行确认并支付 300 元/件定金后，公司根据订单安排生产满足加盟商的订单需求，从而实现产品销售。

小兵评析

1. 证监会要求周六福说明:（1）周六福主要商标的取得及使用情况;（2）关于商标、品牌保护及管理的相关制度;（3）周六福多起商标权纠纷的原因,是否对周六福的生产经营产生重大不利影响。

公开资料显示，与发行人商号非常近似的周大福创立于 1929 年，周生生起源于 1934 年，而诞生于 2004 年的周六福很难不被怀疑傍名牌。2015 年，香港周六福黄金钻石首饰集团、福建周六福黄金钻石首饰等一众名称含有“周六福”的公司对周六福提起诉讼，请求确立对“周六福”这一商品名称具有在先使用权;并确认“周六福”三个中文字不享有注册商标权;确认中文“周六福”不是知名商品的特有名称，而是经过众多企业和经营者共同使用已被公众普遍认为指代珠宝首饰商品的通用名称。发行人与经销商张建斌家族的商标纠纷已近 10 年。此外，发行人的知识产权纠纷还涉及香奈儿、卡地亚、葛优、“喜羊羊与灰太狼”等品牌或明星。

发行人存在较多的知识产权诉讼，商标与商号混淆的潜在纠纷风险，发行人的知识产权取得和使用的合规性、品牌管理能力显然受到了监管机构的质疑。

2. 发行人拥有加盟店 3425 家、自营店 28 家，发行人主营业务收入主要来自加盟模式。报告期各期加盟模式收入占主营业务收入的比例分别为 86.45%、82.18%、82.00% 和 62.05%，发行人自己也承认过度依赖加盟模式，若发生加盟商大规模地自主撤店停止经营或转换品牌、无法续约店铺租赁合同或联营合同等情形，则产品销售将面临增长放缓甚至下降的风险。

3. 小兵认为，过度依赖加盟店的业务模式，对于企业的持续盈利能力是有较大的影响的。报告期内，公司关闭加盟店的数量分别为 130 家、202 家、233 家及 185 家。发行人解释由于加盟店总体数量呈上升趋势，报告期各期关闭加盟店的数量也有所增加，但关闭门店占期末加盟店数量的比例保持在较低水平。然而加上受疫情影响，2020 年 1 ~ 6 月，公司关闭门店单店收入为负数，系退货金额增加所致。显然，发行人的解释无法抹去数据的事实存在，最终也未能取得审核机构的认可。

图书在版编目(CIP)数据

注册制：IPO的新逻辑和新标准 / 投行小兵著. --
北京：法律出版社，2021
ISBN 978-7-5197-5453-2

Ⅰ. ①注… Ⅱ. ①投… Ⅲ. ①上市公司-股票发行-
研究-中国 Ⅳ. ①F279.246

中国版本图书馆CIP数据核字(2021)第048373号

注册制:IPO的新逻辑和新标准
ZHUCEZHI:IPO DE XINLUOJI HE XINBIAOZHUN

投行小兵 著

责任编辑 慕雪丹 章 雯
装帧设计 马 帅

出版 法律出版社
总发行 中国法律图书有限公司
经销 新华书店
印刷 固安华明印业有限公司
责任校对 赵明霞
责任印制 胡晓雅

编辑统筹 法商出版分社
开本 710毫米×1000毫米 1/16
印张 34.5
字数 463千
版本 2021年4月第1版
印次 2021年4月第1次印刷

法律出版社/北京市丰台区莲花池西里7号(100073)
网址/www.lawpress.com.cn
投稿邮箱/info@lawpress.com.cn
举报维权邮箱/jbwq@lawpress.com.cn
销售热线/400-660-8393
咨询电话/010-63939796

中国法律图书有限公司/北京市丰台区莲花池西里7号(100073)
全国各地中法图分、子公司销售电话：
统一销售客服/400-660-8393/6393
第一法律书店/010-83938432/8433 西安分公司/029-85330678 重庆分公司/023-67453036
上海分公司/021-62071010/1636 深圳分公司/0755-83072995

书号:ISBN 978-7-5197-5453-2 **定价**:128.00元